鋼構造物の座屈に関する諸問題 2022

Stability Problems of Steel Structures 2022

日本建築学会

本書のご利用にあたって

本書は，作成時点での最新の学術的知見をもとに，技術者の判断に資する技術の考え方や可能性を示したものであり，法令等の補完や根拠を示すものではありません．また，本書の数値は推奨値であり，それを満足しないことが直ちに建築物の安全性を脅かすものでもありません．ご利用に際しては，本書が最新版であることをご確認ください．本会は，本書に起因する損害に対しては一切の責任を有しません．

ご案内

まえがき

鋼構造座屈小委員会は，新しい材料の開発や構造形態の出現，あるいは新たな設計概念の創出に対応できるよう，鋼構造物の設計を支配する安定・不安定問題を継続的に研究するために設けられたものであり，座屈問題をいわゆる釣合分岐問題あるいは固有値問題に限定せず，一般の安定問題も広い意味での座屈問題ととらえ，活動を行ってきた。2018 年に「鋼構造座屈設計指針」の改定を行ったが，その時点では必ずしも完全に解明されていなかった内容や，その後新たな課題に取り組み，得られた知見について議論を重ねてきた。そして，従来に比べて，より精緻に実構造物の挙動に反映できる，新たな評価手法・設計法に関する提案について約 5 年にわたり精査してきた。2020 年初頭からの新型コロナウィルスの感染拡大の影響により，委員会活動が制約を受ける中，当初の予定よりも 1 年ほど遅れたものの，その成果を「鋼構造物の座屈に関する諸問題 2022」として出版するものである。

「鋼構造物の座屈に関する諸問題」は，1992 年に五十嵐定義主査，2001 年に森野捷輔主査，2013 年に竹内徹主査の下で，それぞれ「鋼構造座屈設計指針」の改定の中間時期に刊行されているが，本書はその第 4 版となる。

今回対象とした内容は，理想的な条件下での鋼構造部材単体の座屈の知見を基に，実挙動を解明するために，骨組における周辺部材の拘束効果を考慮した部材，もしくは実構造物において鋼構造部材に作用する外力条件を考慮した部材の座屈挙動や座屈荷重式の誘導，座屈応力度の評価である。さらに，鋼構造部材の座屈や座屈から誘発される破断が骨組全体の不安定挙動に与える影響を把握し，部材単体の座屈耐力もしくは塑性変形能力の評価の積み上げでは，骨組全体の性能を評価できない可能性を示唆している。さらに，基礎構造においても，二次設計法の導入に伴い，RC 系杭に比べて高靭性である鋼管杭の優位性が評価されている一方，軟弱地盤，特に液状化地盤での不安定現象が問題となることから，鋼管杭の曲げ座屈挙動について取り上げている。本書ではこれらの諸問題に対する最新の研究成果を公表し，実務設計への適用，検証に基づく意見を集約することで「鋼構造座屈設計指針」の次期改定に向けて準備するものである。

本書が，建築鋼構造の研究・設計・施工に携わっておられる方々の活動の一助になれば誠に幸いである。

2022 年 11 月

日本建築学会

本書作成関係委員

―五十音順・敬称略―

構造委員会

委員長	五十田　博		
幹　事	楠　浩一	永野正行	山田　哲
委　員	（略）		

鋼構造運営委員会

主　査	五十嵐規矩夫			
幹　事	岡崎太一郎	聲高裕治	村上行夫	
委　員	石田交広	石原　直	井戸田秀樹	岩田善裕
	宇佐美徹	尾崎文宣	越智健之	小野潤一郎
	兼光知巳	吉敷祥一	木村祥裕	桑原　進
	澤泉紳一	澤本佳和	竹内　徹	田中　剛
	津田惠吾	成原弘之	原田幸博	見波　進
	山田　哲	山田丈富		

鋼構造座屈小委員会

主　査	木村祥裕			
幹　事	金尾伊織			
委　員	五十嵐規矩夫	井戸田秀樹	宇佐美　徹	城戸將江
	倉田真宏	小橋知季	田川　浩	竹内　徹
	中澤祥二	松井良太		

本書の構成

本書は近年の論文などで発表された内容を中心に，座屈に関する諸問題に対する知見を取りまとめたものである。全6章よりなり，部材から骨組・杭の座屈を含む終局挙動に関する問題を取り扱っている。

座屈と周辺部材の影響を考慮した部材・板材の終局挙動

周辺部材の影響を考慮したブレース，梁，柱および板材の座屈を伴う終局挙動について，新しい知見を紹介している。

ブレース材は，曲げ座屈によって耐力や剛性が大きく低下し，局部座屈による塑性ひずみの集中で破断する可能性がある。1章では，ブレースの塑性変形性能の評価手法を整理して示し，接合部形式がブレース材の耐力や変形性能に与える影響について示している。また，ブレースと周辺部材との接合部の初期偏心を調整することで最大耐力と弾性剛性を独立して設計できる偏心ブレースを紹介している。

梁材は，接続される柱，小梁や床の拘束，筋かいや制振構面による拘束を受ける。これらの周辺部材の影響を具体的に考慮し，より精緻で定量的な検討が必要である。2章では，周辺部材の拘束を考慮した梁に関する最新の知見を示し，周辺部材の拘束が梁の横座屈挙動に及ぼす影響について紹介し，連続補剛の効果と評価方法，材端拘束の効果，スラブの評価法について紹介している。

柱材は，軸力と水平外力に抵抗する部材であり，局部座屈により耐力や塑性変形性能が決定されることが多い。そこで，部材の保有性能を評価できる，柱材の局部座屈による耐力劣化特性をファイバー要素に適用したモデルについて紹介している。また，角形鋼管柱の実験的研究について紹介し，現行設計式と実験結果を比較し，最大耐力，塑性変形能力，崩壊形式について新しい知見を示している。

部材を構成する板要素の幅厚比は，鋼構造部材の耐力，塑性変形能力を決定づける。4章では，構成板要素の相互効果を考慮した座屈耐力および座屈後耐力の知見を示すとともにに，部材の局部座屈が周辺要素に与える影響に関する知見も紹介している。また，局部座屈は部材の耐力低下を招くものの，比較的安定した耐力低下であることから，安定的な塑性ヒンジの形成は，梁端の応力上昇を抑え，梁端破断の防止に寄与するという考えに基づく手法についても紹介している。

座屈を考慮した骨組の終局挙動

骨組内の部材は，周囲の部材の影響によって座屈耐力や変形性能が部材単体とは異なることが考えられ，骨組内の部材に座屈や破断が生じた場合，骨組全体の不安定を引き起こす。5章では，骨組としての特徴的な挙動や評価方法について紹介している。骨組内の柱の座屈長さの評価，骨組内の梁の横座屈後の骨組挙動，骨組内のブレース破断による骨組の終局挙動を紹介し，その知見を示している。また，単層ラチスドームを対象として，固定荷重時・地震荷重時の線形座屈荷重，弾性座屈荷重，弾塑性座屈荷重の近似的算定法と動的靱性指標による耐震性能評価法を示している。

鋼管杭の終局挙動

地震時に地盤が液状化した場合，地盤の水平変形拘束が低減し，上部構造物の損傷メカニズムに影響を与える可能性がある。6 章では，液状化地盤において地盤の水平抵抗を考慮した鋼管杭の弾塑性曲げ座屈耐力評価法を紹介している。さらに，地震時の上部構造物の慣性力と転倒モーメントにより，杭に水平力と変動軸力が作用する場合を想定した，上部構造・鋼管杭－液状化地盤系の遠心載荷実験を行い，杭の崩壊メカニズムの解明について説明するとともに，上述の鋼管杭の曲げ座屈耐力を考慮した杭の終局耐力評価法を実験結果に適用し，その妥当性を示している。

目　　次

座屈を考慮した骨組の終局挙動

鋼管杭の終局挙動

執筆担当（協力）

1．ブレースの塑性変形性能評価手法と高性能な仕様の追求

松井良太・倉田真宏・田川浩・竹内徹・

（稲益博行・Konstantinos Skalomenos・陳星辰）

2．周辺部材の拘束を考慮した梁の横座屈

井戸田秀樹・木村祥裕・宇佐美徹・（吉野裕貴）

3．局部座屈を伴う柱材の耐力および変形性能

松井良太・佐藤篤司・竹内徹

4．周辺要素との相互効果および荷重条件を考慮した板要素の局部座屈

五十嵐規矩夫・小橋知季・木村祥裕・宇佐美徹・（鈴木敦詞・稲葉澄）

5．部材の不安定現象が骨組挙動に与える影響

金尾伊織・城戸將江・松井良太・中澤祥二・竹内徹

6．液状化地盤における鋼管杭の曲げ座屈

木村祥裕・（的場萌子）

1. ブレースの塑性変形性能評価手法と高性能な仕様の追求

1.1 はじめに

ブレースは，主として外力に対して軸力で抵抗する形式の部材で，効率的かつ経済的に骨組の耐力と剛性を確保できるため，鋼構造において多用されている。材中心に荷重を受けるブレースが一旦座屈や引張塑性化すると耐力や剛性は劣化する。細長比が 50～100 程度のブレースは，劣化した後も一定の圧縮耐力を維持し，繰返し荷重を受けた場合における履歴は複雑になる。ブレースの座屈耐力や，塑性変形性能などの構造性能は，度々整理されている [1.1)-1.4)]。前報 [1.5)]や鋼構造座屈設計指針 [1.6)]でも述べられており，局部座屈が生じると局部に大きな塑性ひずみが集中し，早期に部材破断する可能性もある。ブレースの剛性や耐力が劣化すると，ブレースを用いない場合よりもラーメン骨組の変形が特定層に集中しやすくなるなど，ブレースは構造特性において不都合な側面を有する。一方で，ブレースの軸芯を偏心させると，無偏心の場合より圧縮耐力が低下するが，塑性化後における引張側の剛性劣化は軽減し，変形性能は向上するなど利点がある。本章では，前報 [1.5)]以降に，これらの課題について取り組まれた研究成果の中から，一次元部材モデルを用いた塑性変形性能の評価手法を整理して示す。なお，一次元部材モデルは，部材の履歴を一次元の変数で表現するモデルで，3 章の一次元ファイバーモデルも共通の考え方で構築した。次いで，ブレースと周辺部材との接合部に初期偏心を与え，偏心量を調整することで最大耐力と弾性剛性を独立して設計できる偏心ブレースについて紹介する。最後に，接合部形式がブレースの耐力や変形性能に与える影響について述べる。

1.2 一次元部材モデルを用いたブレースの座屈後履歴および塑性変形性能評価手法

繰返し軸力を受けるブレースの復元力特性および変形性能は，主に図 1.2.1 に示すような損傷により決する。全体曲げ座屈により耐力および剛性が劣化し，局部座屈が生じると塑性ひずみが集中する。接合部が健全であれば，この局部座屈が生じた箇所から亀裂が生じ，この亀裂が全断面に進展し，ブレースは耐力を失う。図 1.2.2 に細長比 70 のブレースの荷重変位関係を，等価軸応力（軸力／断面積）および等価軸ひずみ（変位／全長）で示している。全体曲げ座屈が生じた後，ブレースの圧縮側耐力は徐々に低下し，亀裂が生じた後は引張側の耐力も低下する。鋼材の機械的特性にもよるが，概ね細長比が 30～120 程度であれば，このような荷重変位関係が得られる。日本または米国では，実験結果から同定した，現象論的な数理モデルで，ブレースの荷重変位関係を再現した例

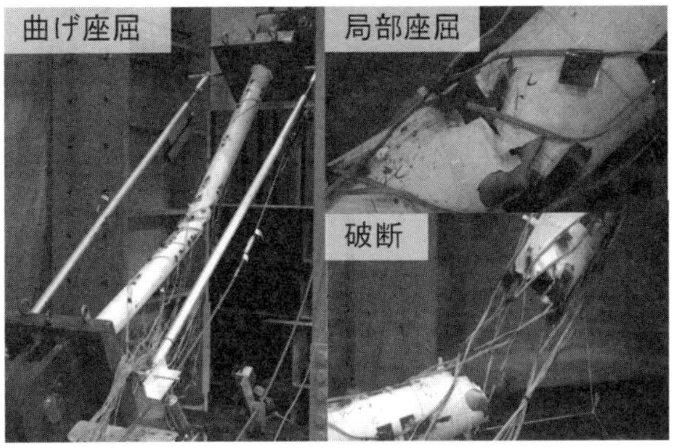

図 1.2.1 ブレース材の主たる損傷状況

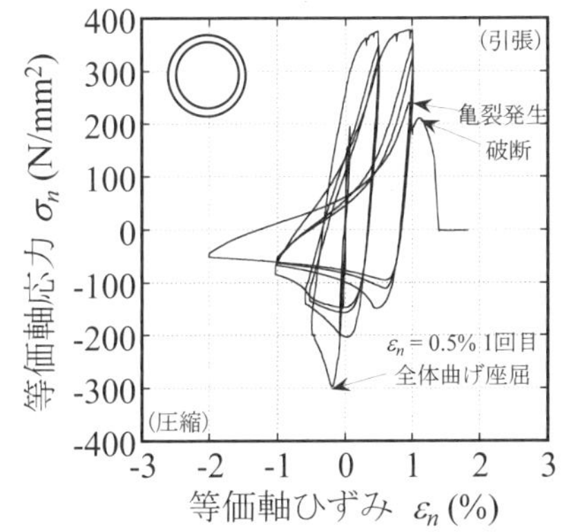

図 1.2.2 ブレース材の軸応力－軸ひずみ関係(細長比 70)

[1.7)-1.13)]が多数みられる。このブレースの荷重変位関係は，力学的な理論[1.14)-1.17)]や，有限要素[1.18), 1.19)]を用いても評価されるが，精確性や効率性で，現象論的なアプローチが優れていると考えられる。ブレースが破断するまでの変形性能についても，現象論的な手法[1.20)]，力学的理論による手法[1.21), 1.22)]，有限要素による手法[1.23)]の 3 種に分類される。

本節では，ブレースの荷重変形関係について，文献 1.7)の手法を体系的に整理した文献 1.3)の概要を示す。変形性能については，文献 1.21)，1.22)で提示されている力学理論による手法を，発展的に検討した文献 1.24)，1.25)の概要も併せて示す。図 1.2.3 に示すように，文献 1.21)，1.22)，1.24)，1.25)におけるブレースの耐力や変形性能を，一次元部材モデルの一種である一次元トラスモデルで評価した例を紹介する。

1.2.1 座屈後履歴の評価手法

文献 1.7)では，部材を 1 つの要素で構成した，一次元トラスモデルで，ブレースの荷重変位関係を 4 つのステージに分類し（図 1.2.4），評価する手法が提示されている。この手法は，柴田-若林モデル(SW モデル)と呼ばれ，現象論的アプローチであるがブレースの荷重変位関係の主たる特徴が精度良く捉えられており，極めて簡便である。SW モデルでは，荷重および変位を無次元化した n，δ により，ブレースの各ステージにおける荷重変位関係は，式(1.2.1)で計算される。

$$n = \begin{cases} 1 & (StageA) \\ f_t\left(\delta_A - \delta\right) & (StageB) \\ -f_c\left(\delta_B + \delta_c - \delta\right) & (StageC) \\ n_P + \dfrac{n_P - n_Q}{\delta_P - \delta_Q}\left(\delta - \delta_P\right) & (StageD) \end{cases} \tag{1.2.1}$$

ここに，n，δ の添字 A，B，P，Q は，図 1.2.4 に示した基準点における値であることを表す。点 B の無次元化変位 δ_c は無次元化荷重 n_c（後述の式(1.2.5)の解）と同じ値となる。Stage B および C の無次元化荷重を変位 X の式(1.2.2)で定義される。

$$\begin{cases} f_c\left(X\right) = \left(p_1 X + p_2\right)^{-0.5} \\ f_t\left(X\right) = \left(p_3 X + 1\right)^{-1.5} \end{cases} \tag{1.2.2}$$

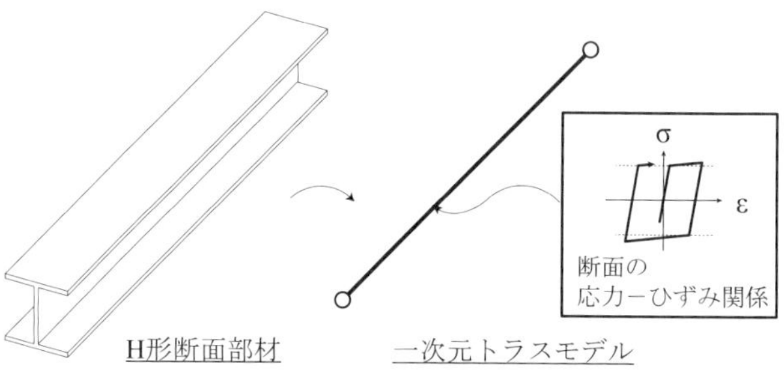

図 1.2.3 一次元トラスモデル

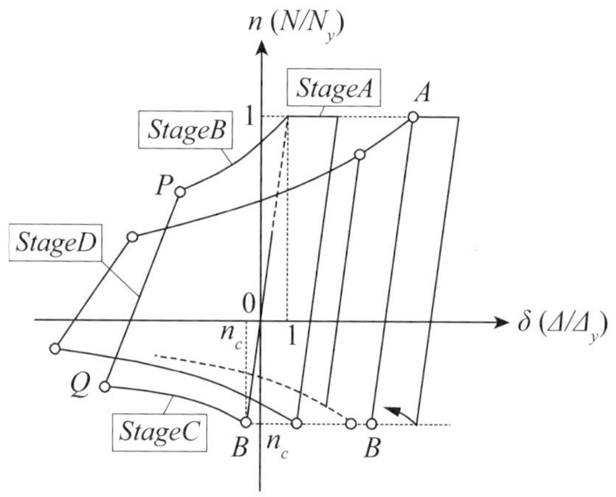

図 1.2.4 柴田-若林モデルの復元力特性

係数 p_1, p_2, p_3 は，無次元化オイラー座屈軸力 n_E より，式(1.2.3)および(1.2.4)で表される。

$$\begin{cases} p_1 = \dfrac{1}{3}\left(\dfrac{10}{n_E} - 1\right) \\ p_2 = \dfrac{4}{n_E} + 0.6 \\ p_3 = \dfrac{1}{3.1 n_E + 1.4} \end{cases} \tag{1.2.3}$$

$$n_E = \frac{\pi^2 E}{\lambda^2 \sigma_y} \tag{1.2.4}$$

ここに，E はヤング係数，λ は細長比，σ_y は降伏応力度である。n_c は $f_t(n_c) = n_c$ 満たす三次関数(1.2.5)の解である。

$$p_1 n_c^{\ 3} + p_2 n_c^{\ 2} - 1 = 0 \tag{1.2.5}$$

文献 1.7)で提案されている SW モデルは，圧縮側の最大耐力が一定値 n_c となるなど，繰返し軸力を受けるブレースの荷重変形と，異なる点がみられる。より精確なブレースの荷重変位関係を追跡するためには，SW モデルを修正する必要がある。修正したモデルとしては，表 1.2.1 に示すような SW-M1[1.27)], SW-M3[1.28)]，SW-M4[1.3)], SW-M5[1.25)]モデルが提案されている。修正項目は，初期座屈耐力，劣化後の座屈耐力，圧縮側の耐力劣化曲線，式(1.2.3)の係数p_3およびp_1である。図 1.2.5 に文献 1.27)の H 形断面ブレースと，SW_M1， SW_M3，SW_M4 モデルの評価値と比較した結果を示す。SW モデルは，ブレースの座屈耐力が変化せず，一定値である。SW_M1 モデルの評価値は，初期座屈耐力のみ鋼構造設計規準[1.30]に合わせ，実験値の圧縮側における座屈耐力と対応しているが，以降の耐力劣化以降は異なる値を示している。SW_M3 モデルは，圧縮側の累積塑性ひずみの値により，座屈後の圧縮側における座屈耐力の劣化を評価したモデルで，圧縮側の荷重変位関係は概ね捉えたものの，引張側の剛性の軟化をやや再現できていない。この点

表 1.2.1 柴田−若林(SW)モデルおよび修正モデル一覧

	SW model[1.7]	SW-M1 model[1.27]	SW-M3 model[1.28]	SW-M4 model[1.3]	SW-M5 model[1.25]
座屈履歴性状	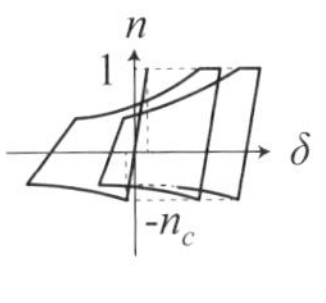	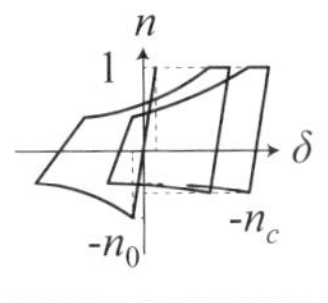	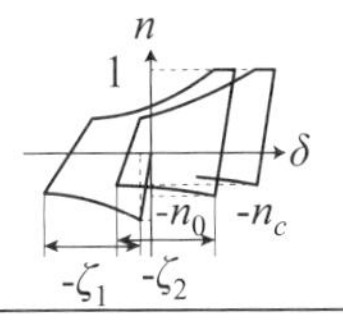		
座屈耐力	$p_1 n_c^{\,3} + p_1 n_c^{\,2} - 1 = 0$ の解	$n_e = \begin{cases} 1-0.4(\lambda/\Lambda)^2 & (\lambda \le \Lambda) \\ \dfrac{0.6}{(\lambda/\Lambda)^2} & (\lambda \ge \Lambda) \end{cases}$			
座屈後耐力 n_d	$n_d = n_0$	2回目以降 $p_1 n_c^{\,3} + p_1 n_c^{\,2} - 1 = 0$ の解	$n_d = \dfrac{n_0}{\sqrt[6]{\zeta - p_n}}$		
圧縮側耐力曲線	$n = \dfrac{1}{\sqrt{p_1\delta + p_2}}$	1回目以降 $n = \dfrac{1}{\sqrt{p_1\delta + p_2}}\dfrac{n_0}{n_c}$ 2回目以降 $n = \dfrac{1}{\sqrt{p_1\delta + p_2}}$	1回目以降 $n = \dfrac{1}{\sqrt{p_1\delta + p_2}}\dfrac{n_0}{n_c}$ 2回目以降 $n = \dfrac{1}{\sqrt{p_1\delta + p_2}}\dfrac{n_d}{n_c}$		
係数p_1	$p_1 = \dfrac{1}{3}\left(\dfrac{10}{n_E} - 1\right)$				$p_1 = \dfrac{2.153e^{(0.0415D/t)}}{n_e}$
係数p_2	$p_2 = \dfrac{4}{n_E} + 0.6$				
係数p_3	$p_3 = \dfrac{1}{3.1n_E + 1.4}$			$p_3 = \dfrac{1}{0.7n_e + 2.2}$	

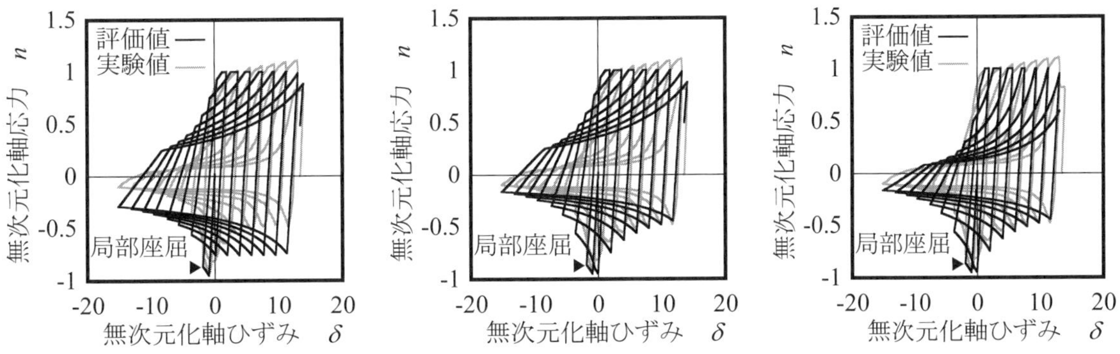

(a) SW_M1 モデル　(b) SW_M3 モデル　(c) SW_M4 モデル

図 1.2.5 各 SW モデルの評価値と実験値[1.26]の比較（H 形断面，細長比 40，幅厚比 13）

を修正するため SW_M3 をベースとした SW_M4 モデルが提案された。引張側の評価値を実験値と対応するよう，引張側の基準点 P から A における曲線の係数 p_3 を調整している。図 1.2.6 に，文献 1.3)で対象とした計 144 体の圧縮側座屈耐力の，SW，SW_M3 モデルによる評価値と実験値を比較して示す。評価値と実験値の誤差平均は，SW モデルで 35.5%，SW_M3 モデルで 23.1%となった。なお，SW_M4 モデルの圧縮側座屈耐力は，SW_M3 モデルと同値としたため，両モデルの誤差平均は同値である。図 1.2.7 に，式(1.2.6)で表されるブレースが単位ひずみあたりに吸収するエネルギー量の平均値 $\overline{\chi_w}$ の，評価値と実験値を比較して示す。

$$\overline{\chi_w} = \sum(\sigma_{ni} + \sigma_{ni-1})(\varepsilon_{ni} - \varepsilon_{ni-1}) / 2\sigma_y \qquad (1.2.6)$$

σ_n は応力，ε_n は等価軸ひずみ，σ_y は降伏応力度，添字の i は履歴における番号を表す。SW モデルに比べ, SW_M4 モデルは小さい誤差平均を示している。4 種のモデルのうち，SW_M4 モデルの評価値が，実験値と最も良く対応し，優位性がみられている。ブレースの圧縮側における耐力劣化を司る p_1，p_2，p_3 は，細長比の大小により影響を受ける係数である。上述しモデルの他に， SW_M4 モデルをベースとし，60 程度と大きい径厚比の円形鋼管ブレースの実験結果をもとに係数 p_1 を調整した SW_M5 モデルで, 径厚比の大きな円形鋼管ブレースの荷重変位関係を模擬することを試みた例もある [1.25]。

1.2.2 塑性変形性能の評価手法

文献 1.17)，1.18)を参照し，まず図 1.2.8 に示すような両端ピン支持のブレースを対象とした，破断に至るまでの変形性能を評価する手法について，円形鋼管と H 形鋼のみを例に紹介する。なお，詳細は前報 1.5)に記載されている。繰返し軸力を受け局部座屈を生じたブレースは，局部的に大きく

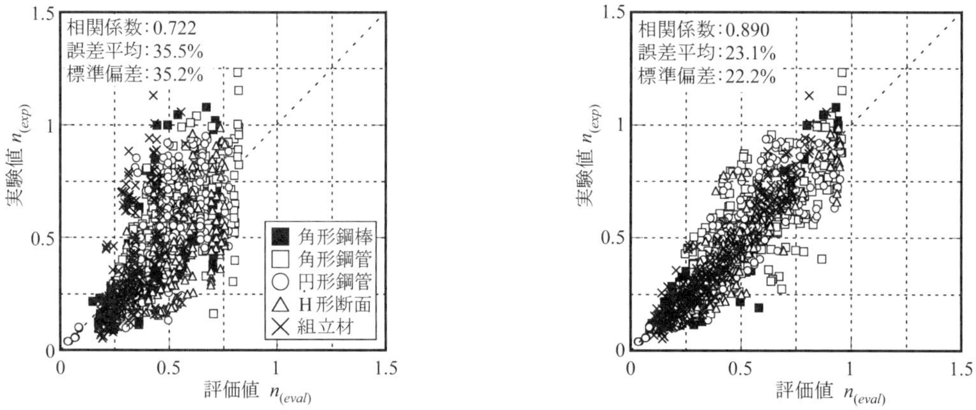

(a) SW モデル　　(b) SW_M3 モデル

図 1.2.6 座屈耐力の実験値と評価値の対応

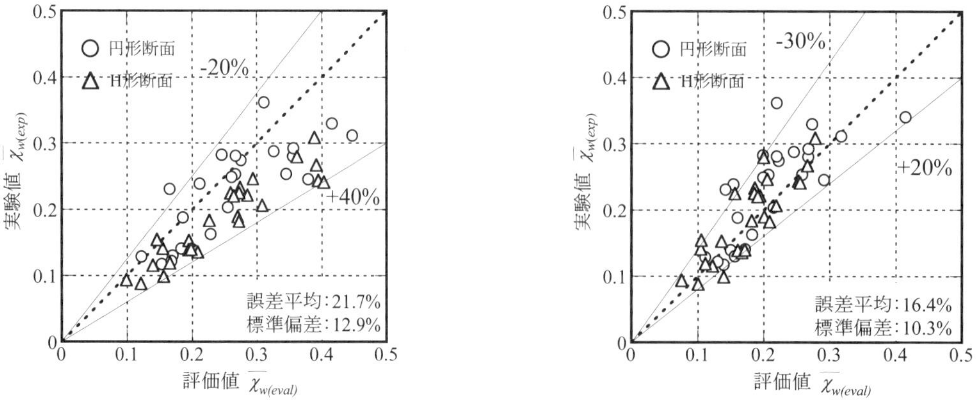

(a) SW モデル　　(b) SW_M4 モデル

図 1.2.7 吸収エネルギー量の実験値と評価値の対応

塑性変形する。円形鋼管の場合，図 1.2.8(a)に示すように，この状態を模擬したモデルを構築した。等価軸ひずみ振幅 $\Delta\varepsilon_n$ に対する局部に集中するひずみ振幅 $\Delta\varepsilon_h$ の比率である，ひずみ振幅拡大係数 α_c（$=\Delta\varepsilon_h/\Delta\varepsilon_n$）は以下のように計算される。

$$\alpha_c = \begin{cases} 1 & (\Delta\varepsilon_n \le \varepsilon_{cr}) \\ \dfrac{\theta_h D}{L\left(1-\dfrac{\pi}{4}\right)\Delta\varepsilon_n} & (\varepsilon_{cr} \le \Delta\varepsilon_n \le \varepsilon_{lb}) \\ \dfrac{3\sqrt{6}\varphi_h}{2\pi\sqrt{\dfrac{D}{t}}} + \dfrac{\theta_{lb} D}{L\left(1-\dfrac{\pi}{4}\right)\Delta\varepsilon_n} & (\varepsilon_{lb} \le \Delta\varepsilon_n) \end{cases} \quad (1.2.7)$$

同式では以下のような仮定を設けている。上段式は座屈前に対応し，部材全体の平均ひずみと局部ひずみは等しい値とされている。中段式は全体座屈時に対応し，材中央で全塑性曲げに達する曲げ分布で，塑性化した範囲における変形のみ考慮して局部ひずみが算定されている。下段式は局部座屈時に対応し，全体曲げに加え局部座屈による変形を累加して局部ひずみが算定されている。$\Delta\varepsilon_h = \varepsilon_{ntm} - \varepsilon_h$，$\Delta\varepsilon_n = \varepsilon_{ntm} - \varepsilon_n$ であり，ひずみ範囲を表す。ε_h は局部座屈部に集中する局部ひずみ，ε_n はブレースの変形を全長 L で除した等価軸ひずみ，ε_{ntm} は経験した最大引張ひずみである。$\varepsilon_{cr} = \sigma_{cr}/E$ で，σ_{cr} は全体座屈時の応力，E はヤング係数である。D はブレース断面の径，t は厚さである。θ_h，φ_h は，それぞれ全体座屈時，局部座屈時における局部座屈部の回転角で，式(1.2.8)で評価される。

$$\begin{cases} \theta_h = \cos(1-\Delta\varepsilon_n) \\ \varphi_h = \cos^{-1}\left(\cos\Delta\theta_h - \dfrac{D\sin\Delta\theta_h}{l_p}\right) \end{cases} \quad (1.2.8)$$

θ_h は，中央に塑性ヒンジを有する 2 本の剛体棒にブレースを置換した場合における剛体棒の回転角である。φ_h は，局部座屈位置の断面中心位置である。式(1.2.6)では，局部座屈時における局部座屈箇所の変形 $\Delta\theta_h$ は，式(1.2.9)で算出される。

$$\begin{cases} \Delta\theta_h = \theta_h - \theta_{lb} \\ \theta_{lb} = \cos(1-\varepsilon_{lb}) \\ \varepsilon_{lb} = 0.0683\varepsilon_y^{-0.39}\left(\dfrac{D}{t}\right)^{1.39} \end{cases} \quad (1.2.9)$$

$\varepsilon_y = \sigma_y/E$ である。同様に，図 1.2.8(b)の H 形断面の場合，ひずみ振幅拡大係数 α_c は式(1.2.10)で計算される。

$$\alpha_c = \begin{cases} 1 & (\Delta\varepsilon_n \le \varepsilon_{cr}) \\ \dfrac{\theta_h B}{L\left(1-\dfrac{Z}{Z_p}\right)\Delta\varepsilon_n} & (\varepsilon_{cr} \le \Delta\varepsilon_n \le \varepsilon_{lb}) \\ \dfrac{5\varphi_h}{1.635\left(\dfrac{B}{2t_f}\right)\Delta\varepsilon_n} + \dfrac{3}{2\Delta\varepsilon_n}\left(\dfrac{B}{2t_f}\right)^2 & (\varepsilon_{lb} \le \Delta\varepsilon_n) \end{cases} \quad (1.2.10)$$

B，t_f，Z，Z_p はそれぞれ H 形断面の幅，厚さ，弱軸まわりの断面係数，弱軸まわりの塑性断面係数を

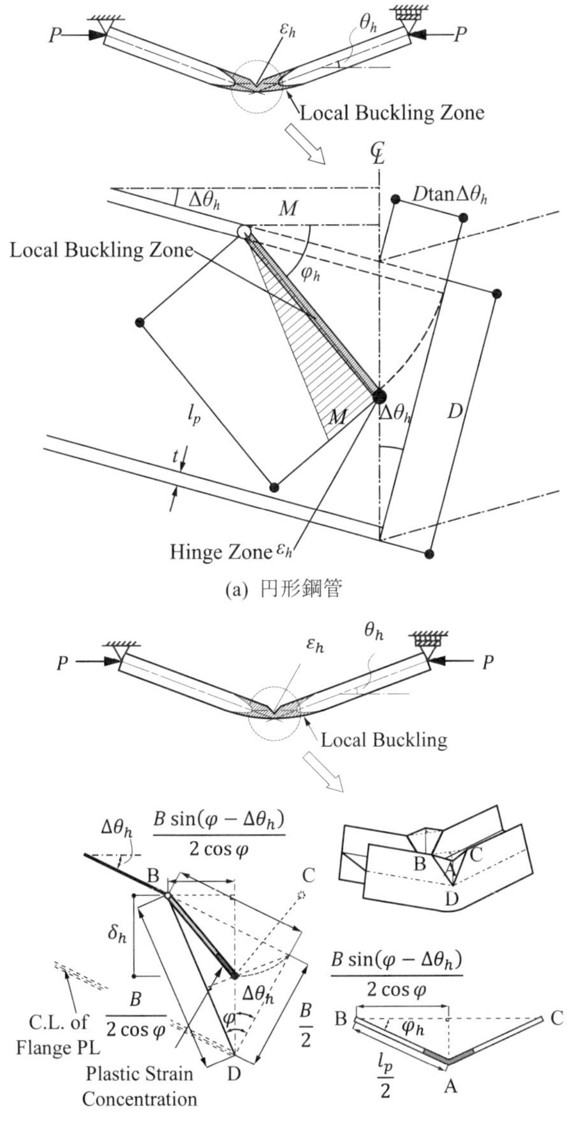

図 1.2.8 局部座屈部のひずみの評価方法

表す。全体座屈時の回転角 θ_h は円形鋼管と同様である。局部座屈時の回転角 φ_h は，図 1.2.8(b)の幾何学的な関係より，式(1.2.11)で計算される。

$$\varphi_h = \cos^{-1}\left(\frac{\sin\left(0.685 - \Delta\theta_h\right)}{0.6334}\right) \tag{1.2.11}$$

局部座屈部に集中する局部ひずみ ε_h は，式(1.2.12)より得られる。

$$\varepsilon_h = \varepsilon_{ntm} - \alpha_c \cdot \Delta\varepsilon_n \tag{1.2.12}$$

式(1.2.7)と(1.2.10)を見ると，全体の変形から算出する等価軸ひずみ ε_n と，履歴から得られる引張経験ひずみ ε_{ntm} で，局部ひずみ ε_h を決定できることが分かる。

次いで，図 1.2.9 に示すように，ブレース端部がガセットプレートで接合されている場合について示す。局部座屈を伴うブレースが破断に至るまでの塑性変形性能は，局部座屈時の ε_h で決定されることが多い。文献 1.22)では，ブレースが中央で局部座屈が生じた時点で，ガセットプレート端部は曲げにより塑性化した。図 1.2.9 はこの状態を表したものである。文献 1.22)では，反曲点間を有効座屈長 L_k と取り，式(1.2.7)と式(1.2.10)の全長 L を，有効座屈長 L_k と置き換えると，局部ひずみ ε_h を良く捉えられることが示されている。

式(1.2.7)は，円形鋼管の径厚比が 20〜30 程度であれば，局部ひずみ ε_h を良好に評価できることが，文献 1.21)で確認されている。一方，鉄塔構造などでは，文献 1.21)で採用した試験体より，相対的に大きな径厚比 60 程度の部材が多用されている。文献 1.24)では，このような径厚比の大きい円形鋼管ブレースの載荷実験が示されている。図 1.2.10 に示すように 1 つの正弦半波ではない局部座屈が生じ，図 1.2.8 で示した機構とは異なることが確認されている。図 1.2.11 に載荷実験を模擬した有限要素解析より得られた，軸方向ひずみ分布を示す。径厚比が大きい場合，塑性ひずみは中央部より縁部に集中することを確認している。縁部では，軸方向ひずみと周方向ひずみのうち，どちらの方向が支配的となるか，以下の通りに確認している。図 1.2.12 で，式(1.2.13)の三軸相当ひずみ e_{eq} と比較し，縁部における各方向のひずみの推移を示す。

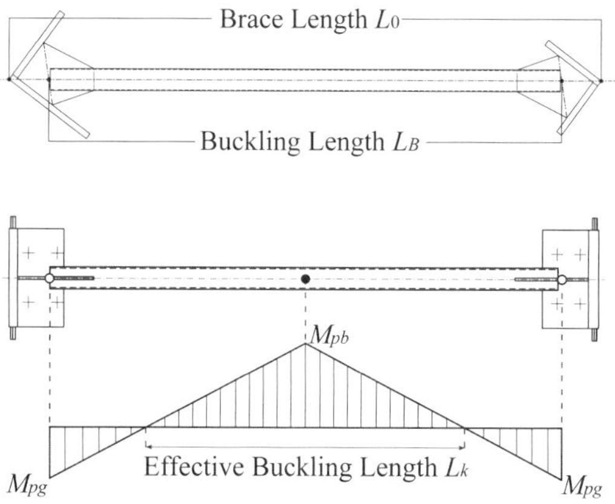

図 1.2.9 曲げモーメント分布一例

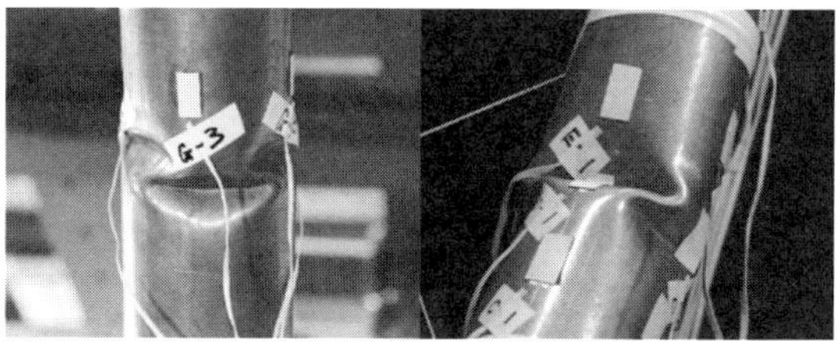

図 1.2.10 径厚比 60 程度の円形鋼管の変形

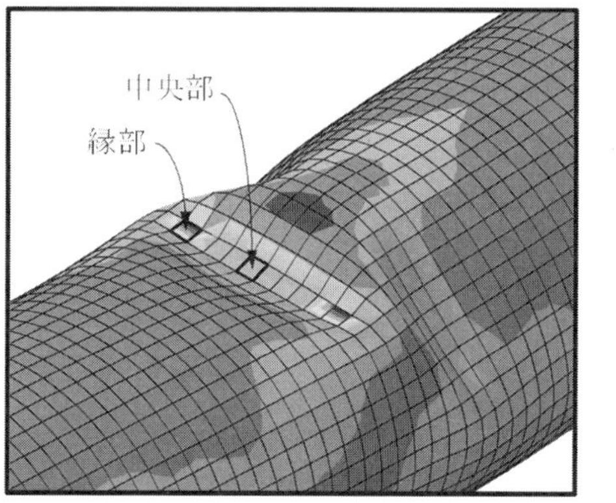

図 1.2.11 有限要素による解析例

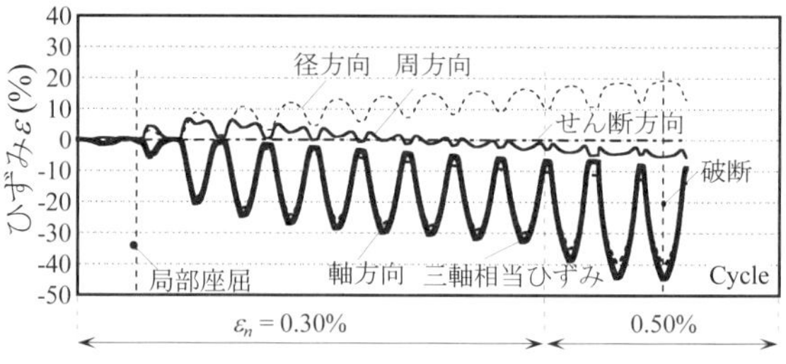

図 1.2.12 縁部における各方向ひずみおよび三軸相当ひずみ

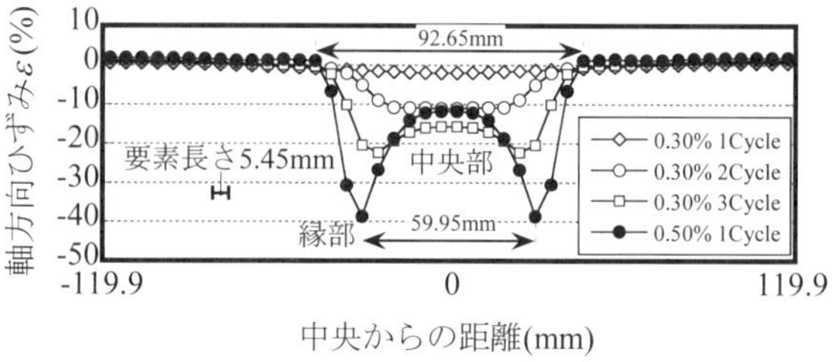

図 1.2.13 周方向にわたる軸方向ひずみの分布

$$e_{eq} = \sqrt{\frac{2}{3}\left(e_z^{\ 2} + e_r^{\ 2} + e_\theta^{\ 2} + 2e_{zr}^{\ 2}\right)} \tag{1.2.13}$$

ここに，e_z は軸方向ひずみ，e_r は周方向ひずみ，e_θ は径方向ひずみ，e_{zr} は軸径方向せん断ひずみである。なお，三軸方向ひずみの符号は，軸方向ひずみと揃えて示している。図中に示す通り，縁部において各方向のひずみは，局部座屈が発生した後，急増している。軸方向ひずみが支配的であり，三軸相当ひずみをほぼ包絡するように分布している。図 1.2.13 に，各載荷サイクルにおける，周方向にわたる軸方向ひずみの分布を示す。局部座屈が発生した 0.30% の 2 サイクル目では，中央部の軸方向ひずみが卓越している。載荷が進むにつれ，1 つの正弦半波ではない局部座屈が発生し，軸方向ひずみが最大となる個所は，縁部へと移行している。この軸方向ひずみと等価軸ひずみの比であるひずみ振幅拡大係数も，局部座屈が生じると中央部より縁部の方が増大している。文献 1.24)では，この縁部の中央部に対するひずみ振幅拡大係数のひずみの比率を分析し，式(1.2.7)のひずみ振幅拡大係数を拡張することで，径厚比の大きなブレースが破断に至るプロセスを検討している。細長比が 45 で，径厚比 20，30，40，50，60，70 と変化させた円形鋼管ブレースを対象に，6 種の載荷履歴を受けた場合の応答を，有限要素解析より分析している。図 1.2.14 の縦軸に示した，中央部に対する縁部のひずみ振幅拡大係数の比率は，載荷履歴の形式によらず 3 程度を示した。図 1.2.8 に示す局部座屈モデルの，中央部における座屈半波長 l_p および塑性ヒンジ回転角 φ_h は，図 1.2.15 の l_p^{ctr} および φ_h^{ctr} に対応する。これらと縁部における座屈半波長 l_p^{edg} と塑性ヒンジ回転角 φ_h^{edg} との推移を比較する。座屈半波長と塑性ヒンジ回転角について，それぞれ中央部と縁部の比である修正係数 $b_c(\Delta\varepsilon_n)$ を式(1.2.14)で算出し，細長比 λ = 45，径厚比 D/t = 60 の場合の推移を図 1.2.13 に示す。

$$b_c\left(\Delta\varepsilon_n\right) = \frac{l_p^{\ ctr}}{l_p^{\ edg}} \cdot \frac{\varphi_h^{\ edg}}{\varphi_h^{\ ctr}} \tag{1.2.14}$$

局部座屈発生前では，$b_c(\Delta\varepsilon_n)$ は 1.0 以下で，局部座

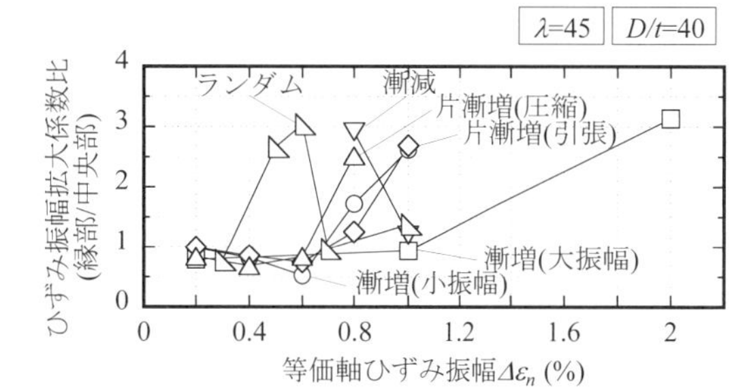

図 1.2.14 ひずみ振幅拡大係数比の履歴依存性

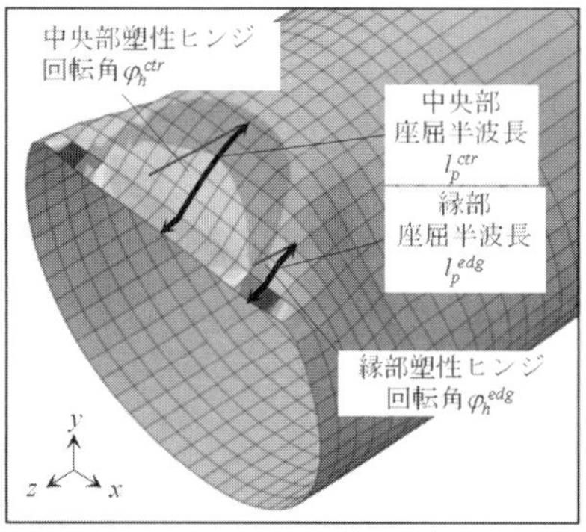

図 1.2.15 ひずみ振幅拡大係数比の履歴依存性

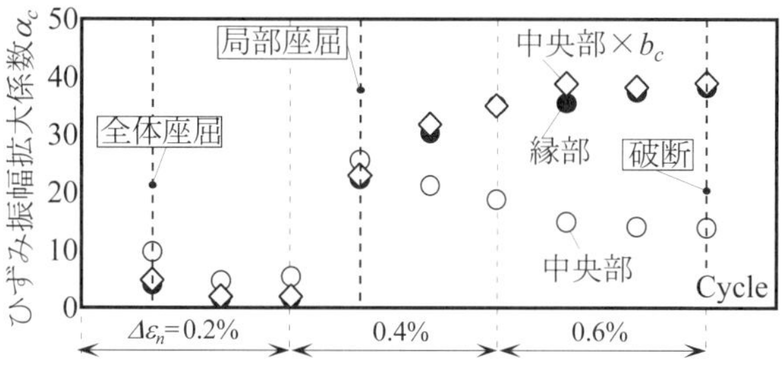

図 1.2.16 b_c を用いたひずみ振幅拡大係数の推移

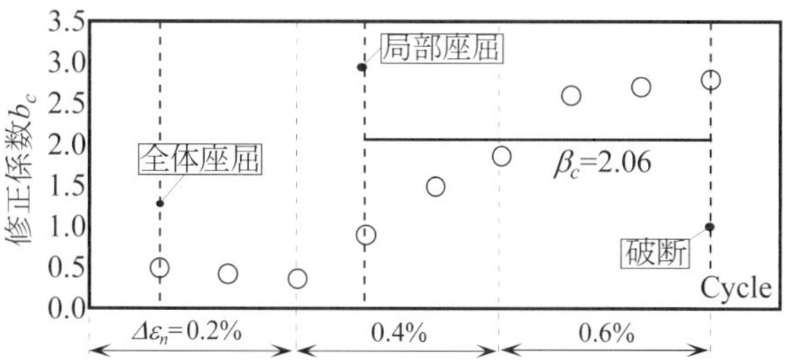

図 1.2.17 修正係数 b_c の推移

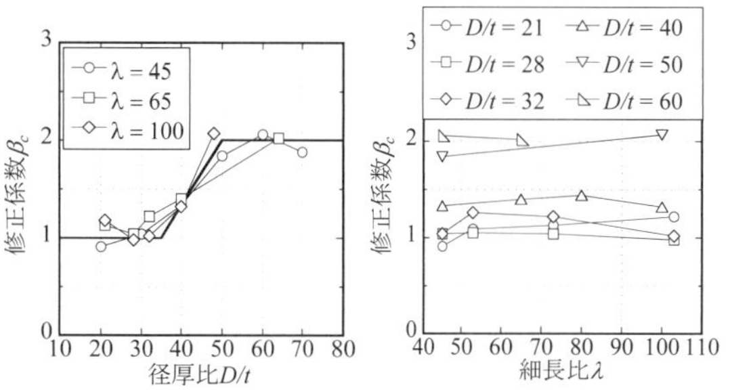

(a) 径厚比　(b) 細長比

図 1.2.18 各比と β_c の関係

屈が進展に伴い急増している。図 1.2.16 に，数値解析より得られた中央部，縁部から得られたひずみ振幅拡大係数を示す。図中には，中央部のひずみ振幅拡大係数に $b_c(\Delta\varepsilon_n)$を乗じた値を併せて示しており，縁部の値と良い対応を示した。そこで図 1.2.17 に示すように，実験にて局部座屈を生じてから破断に至るまでの修正係数 $b_c(\Delta\varepsilon_n)$の平均値をβ_cとし，式(1.2.15)より定義される。

$$\beta_c = \frac{1}{\Sigma\Delta\varepsilon_{nfr} - \Sigma\Delta\varepsilon_{nlb}} \sum_{i=i_{lb}}^{i_{fr}} b_c(\Delta\varepsilon_{ni}) \cdot \Delta\varepsilon_{ni} \qquad (1.2.15)$$

ここに，$\Sigma\Delta\varepsilon_{nlb}$は局部座屈時の累積等価軸ひずみ振幅，$\Sigma\Delta\varepsilon_{nfr}$は破断時の累積等価軸ひずみ振幅，$i_{lb}$は局部座屈時のサイクル数，$i_{fr}$は破断時のサイクル数である。図 1.2.18 に，文献 1.24)で検討した範囲の β_c と，径厚比および細長比との関係を示す。β_cは，径厚比が 35 程度から上昇し，50 以降頭打ちとなっている。一方，β_cは，細長比によらず一定値となる。これより，径厚比が 35 から 50 にかけてひずみ振幅拡大係数は増大するよう，β_c を式(1.2.16)の通りに定義し，式(1.2.7)を式(1.2.17)のように拡張している。

$$\beta_c = \begin{cases} 1 & (D/t < 35) \\ \dfrac{1}{15}\left(\dfrac{D}{t}\right) - \dfrac{4}{3} & (35 \le D/t < 50) \\ 2 & (50 \le D/t) \end{cases} \qquad (1.2.16)$$

$$\alpha_c = \begin{cases} 1 & (\Delta\varepsilon_n \le \varepsilon_{cr}) \\ \dfrac{\theta_h D}{L\left(1-\dfrac{\pi}{4}\right)\Delta\varepsilon_n} & (\varepsilon_{cr} \le \Delta\varepsilon_n \le \varepsilon_{lb}) \\ \dfrac{3\sqrt{6}\varphi_h\beta_c}{2\pi\sqrt{\dfrac{D}{t}\Delta\varepsilon_n}} + \dfrac{\theta_{lb} D}{L\left(1-\dfrac{\pi}{4}\right)\Delta\varepsilon_n} & (\varepsilon_{lb} \le \Delta\varepsilon_n) \end{cases} \qquad (1.2.17)$$

式(1.2.17)は，式(1.2.7)の第 3 式の第 1 項にβ_cを乗じたのみで，簡易な拡張に留まっている。図 1.2.19 に，式(1.2.7)および式(1.2.17)より得られた局部ひずみの累積塑性ひずみを，白丸および黒丸で示した解析値と比較して示す。局部座屈発生時では，式(1.2.17) による累積塑性ひずみの評価値は解析値より大きくなるが，破断時には概ね解析値と良い対応を示した。図 1.2.20 に，文献 1.17)および 1.24)の試験体を，式(1.2.7)と(1.2.17)で得られた，破断に至るまでの累積塑性ひずみと平均塑性ひずみ振幅の関係を示す。式(1.2.7)，式(1.2.17)で得られたプロットはそれぞれ灰色，白色で示した。文献 1.17)の試験体は，いずれも径厚比が 32 以下であったため，式(1.2.17)による評価結果は式(1.2.7)とは変わらない。文献 1.24)の径厚比 48 および 64 の試験体は，式(1.2.7)による累積塑性ひずみの評価値は，破断条件式と乖離している。一方，式 (1.2.17)によって評価すると，破断条件式と良好な対応を示した。ひずみ振幅拡大係数による破断評価手法では，局部ひずみの累積塑性ひずみと平均塑性ひずみが，破断条件式と一致した時点で，部材が破

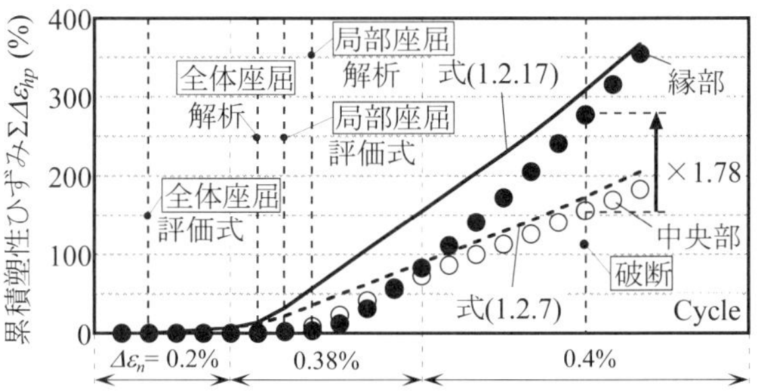

図 1.2.19 β_cによる局部ひずみの累積値

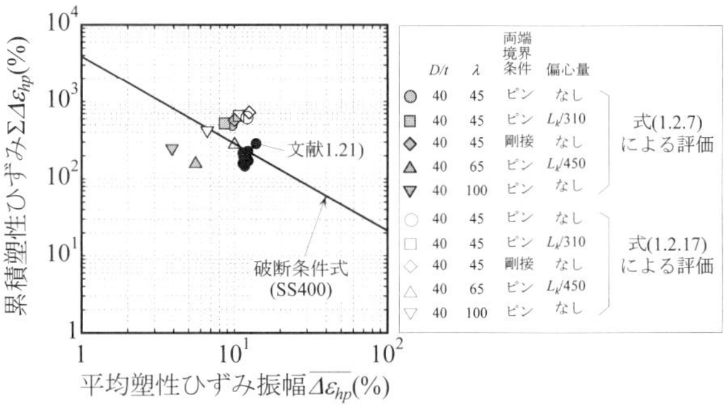

図 1.2.20 修正係数による破断評価の差異

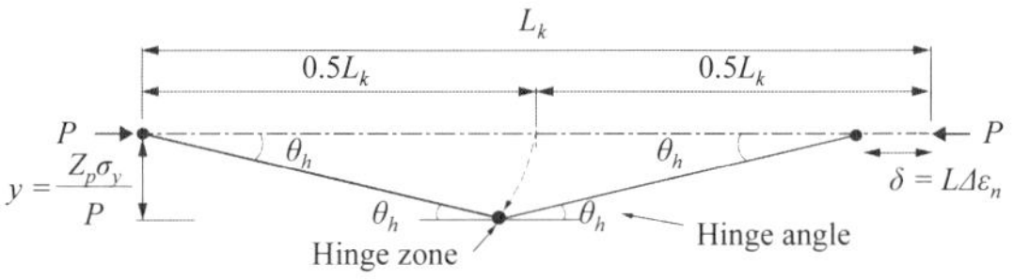

(a) 部材中央に局部座屈が発生

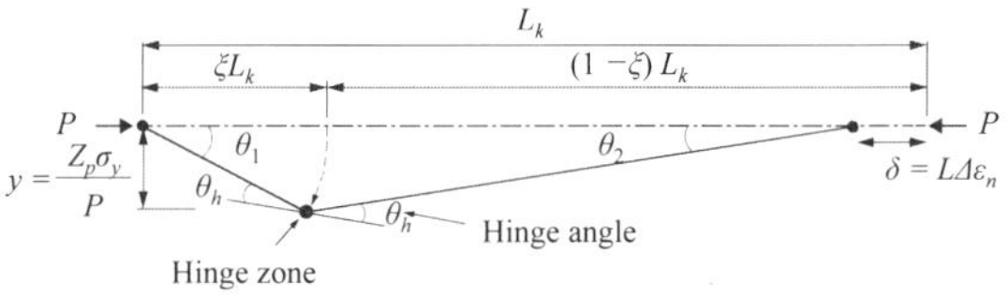

(b) 任意の位置に局部座屈が発生

図 1.2.21 評価式による累積塑性ひずみ

断するとみなす。以上より，径厚比が 35 以上の試験体の破断を予測するにあたり，式(1.2.17)の拡張は有用と考えられる。

図 1.2.21 (a)に示すように，局部座屈により塑性ヒンジ部が部材中央に生じるモデルで，全体座屈が局部座屈より先行すると仮定して，式(1.2.17)などのひずみ振幅拡大係数は構成されている。一方，文献 1.25)では，ブレースの細長比が 45 程度の場合，図 1.2.21(b)に示すように塑性ヒンジ部が端部に寄る挙動や，後述の図 1.2.23 に示すように局部座屈が全体座屈より先行する挙動が確認している。これらの場合における，ひずみ振幅拡大係数の評価方法について紹介する。図 1.2.21(b)に示した塑性ヒンジ部の回転角は，式(1.2.18)のように近似される。

$$\theta_h = \frac{\theta_1 + \theta_2}{2} = \frac{y}{2\xi(1-\xi)L_k} \qquad (1.2.18)$$

ここに，式中の変数は図 1.2.21(b)を参照している。ここで中央部での塑性ヒンジ部回転角 $\theta_{h(\xi=0.5)}$ と式(1.2.18)の比である塑性ヒンジ部回転角比 γ_c は，式(1.2.19)で定義される。

$$\gamma_c = \frac{\theta_h}{\theta_{h(\xi=0.5)}} = \frac{1}{4\xi(1-\xi)} \qquad (1.2.19)$$

塑性ヒンジ部回転角 θ_h は式(1.2.20)で算出される。

$$\theta_h = \gamma_c \theta_{h(\xi=0.5)} = \gamma_c \cos^{-1}(1-\Delta\varepsilon_n) \qquad (1.2.20)$$

任意の位置に局部座屈が発生した場合，局部座屈における変形は図 1.2.22 のように模擬できる。これより，式(1.2.20)を式(1.2.17)に代入すれば，任意の位置での局部ひずみを評価可能になる。

文献 1.25)では，局部座屈が全体座屈より先行する場合もみられた。この場合における局部座屈の変形を図 1.2.21 に示すように仮定すると，式(1.2.21)が成り立つ。

$$\frac{L_k \Delta\varepsilon_n}{2} = l_p - l_p \cos\varphi_h \qquad (1.2.21)$$

これより破断想定箇所の局部座屈部の塑性ヒンジ部回転角は式(1.2.22)のように表される。

$${}_a\varphi_h = \frac{1}{2}\varphi_h = \frac{1}{2}\cos^{-1}\left(1-\frac{L_k}{2l_p}\Delta\varepsilon_n\right) \qquad (1.2.22)$$

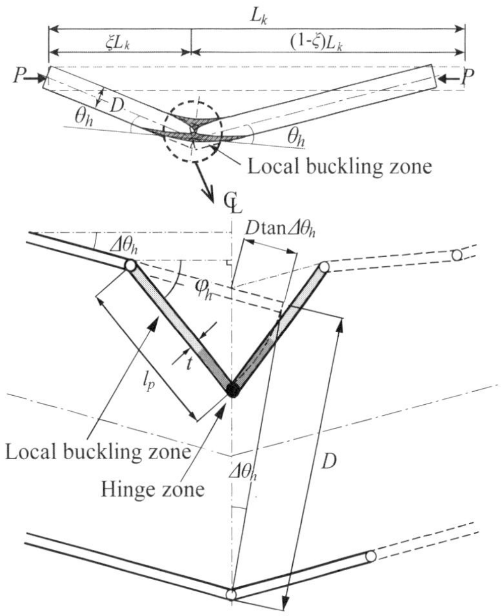

図 1. 2. 22 任意位置に発生した局部座屈変形

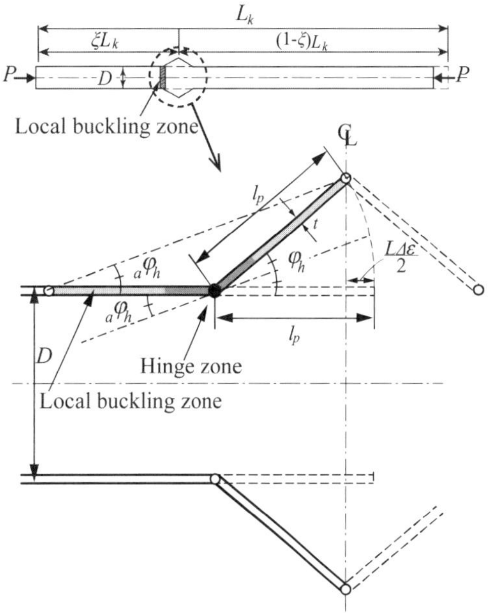

図 1. 2. 23 局部座屈が先行した場合の変形

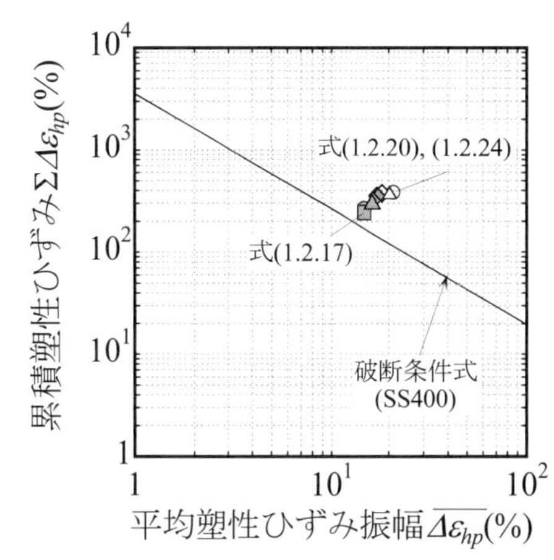

図 1. 2. 24 式(1.21)による破断評価

また，ヒンジ部の長さ l_h は，鋼管壁を長方形断面とみなし式(1.2.23)で表される。

$$l_h = 2l_p\left(1 - Z/Z_p\right) = 2l_p/3 \qquad (1.2.23)$$

このとき，局部座屈部の塑性ヒンジ部振幅は式(1.2.24)のように表される。

$$\Delta\varepsilon_h = \frac{{}_a\varphi_h t}{l_h} = \frac{3\sqrt{6}\,{}_a\varphi_h}{2\pi\sqrt{D/t}} \qquad (1.2.24)$$

局部座屈が全体座屈より先行した場合，式(1.2.17)の第3式を式(1.2.24)に換えて局部ひずみを評価している。図1.2.24に，文献1.25)の試験体状況に合わせて，式 (1.2.17)，(1.2.20)および(1.2.24)を用いて評価した，ブレースが破断に至るまでの累積塑性ひずみおよび平均塑性ひずみ振幅を示す。式(1.2.17)で得られたプロットは灰色で，式(1.2.20)，(1.2.24)で得られたプロットは白色で示している。図中に示すように，式(1.2.24)で評価した方が式(1.2.17)より，両者の値がやや大きい。これは，式(1.2.20)および式(1.2.24)を用いてひずみ振幅拡大係数を評価する方が，式(1.2.17)より若干であるが安全側であることを示唆している。しかし，実務上，局部座屈発生位置を正確に捉えて局部ひずみを評価することは困難である。限られた資料であるが，局部座屈の発生位置や発生過程などが，ブレースが破断に至るまでの塑性変形性能に及ぼす影響は限定的と考えられる。以上より，細長比40～85，径厚比が20～70程度であれば，式(1.2.17)のひずみ振幅拡大係数を，破断条件式に適合することで，ブレースの破断を予測できると考えられる。本項では，円形鋼管ブレースおよびH形断面ブレースを対象として，破断評価手法を紹介した。角形鋼管などの他の断面に対しても，同様に，ひずみ振幅拡大係数に対する幅厚比の寄与を定量化すれば，ブレースの破断を予測できるようになると予想される。

1.2.3 ま と め

本節では，座屈を伴うブレースの荷重変位関係を，柴田，若林らが提案した履歴則を拡張して評価する手法を示した。また，ブレースが破断に至るまでの塑性変形性能をひずみ振幅拡大係数で評価する上で，考慮すべきモデルや局部座屈挙動を紹介した。

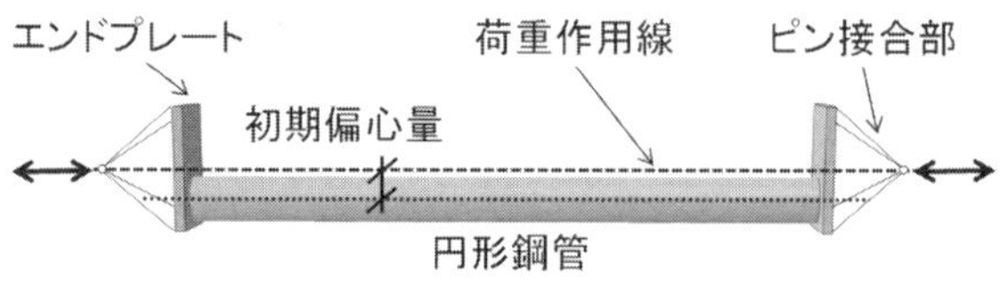

(a) 立面図

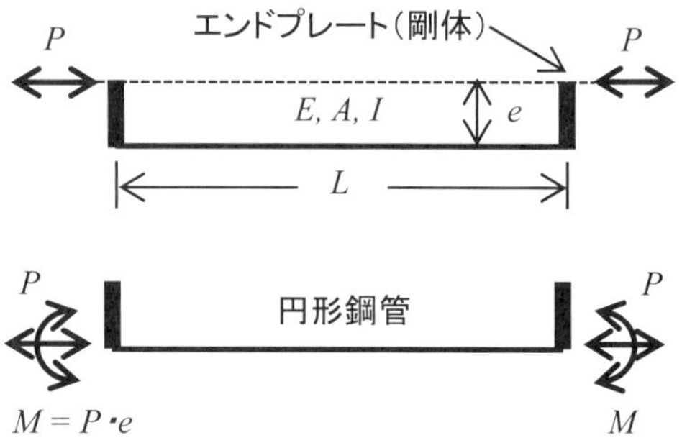

(b) 模式図

図 1.3.1 初期偏心を施した鋼管ブレースの概要 1.32)

挙動の特徴：（左側）偏心なし，（右側）偏心あり

図 1.3.2 実験挙動 1.31)

1.3 初期偏心を与えた鋼管ブレース

ブレースの引張耐力と弾性剛性はいずれも断面積に比例して定まるため，構造物にブレースによる高い耐力の付加を期待すると，剛性の大幅な上昇は避けられない。高い剛性をもつ構造物は地震による変形が小さく留まる一方，建物の固有周期が短くなり，応答加速度が増加する傾向がある。そのため，構造物の剛性を高めることが構造物の耐震性能を向上させるとは限らない。そこで，ブレースと周辺部材との接合部に初期偏心を与え，偏心量を調整することで引張耐力と弾性剛性を独立して設計できる偏心ブレースが提案されている[1.31),1.32)]。

図 1.3.1 に初期偏心を施した鋼管ブレースの概要を示す[1.32)]。図 1.3.1a に示すように，ブレース材軸が意図的に荷重作用線からずらして配置されており，ここではこの距離を初期偏心量と称する。ブレースは荷重作用線上に配置されたピン接合部に，十分に剛とみなせる部材を介して接続される。したがって，ブレース軸力作用時には，図 1.3.1b のように軸力と付加曲げモーメントが同時に作用する。この付加曲げモーメントの効果により，同じ断面を有する鋼管に対して，異なる剛性と耐力の組合せを有するブレースが実現でき，設計での柔軟性を担保する。

図 1.3.2 は，偏心がないブレースで局部座屈が確認された時点（左図）と同一の層間変形における初期偏心を与えたブレースの変形状態（右図）を示している[1.31)]。偏心がない通常のブレースでは，曲げ座屈発生後にブレース材中央に塑性変形が集中し，大変形領域では塑性ヒンジの形成部に局部座屈が発生する。局部座屈発生後はピンチング挙動が顕著になることに加え，引張時に同箇所が破断する。一方で，初期偏心を与えた右側のブレースでは，ブレース材中央での塑性変形が緩和され，材全体に塑性化部位が拡がるため，変形能力が向上する。また降伏後も高い剛性を呈するため，特定層への変形集中の緩和が期待される。なお，偏心ブレースの開発では，早期の局部座屈発生を設計時の検討から除くため，径厚比が 30～50 程度の部材の利用を視野に入れている。

1.3.1 軸力－軸方向変形関係

図 1.3.3 に提案ブレースの軸力－軸方向変形関係と主要特性値における状態を示す。軸力に加えて初期偏心量 e に比例した付加曲げモーメントが作用するため，偏心がない場合に対して，初期剛性 K_e は小さくなる。文献 1.31)，1.32)では，引張側の骨格曲線をトリリニアに近似し，主要耐力および剛性の算定式を提案している。引張時には，ブレースの上側断面が早期に曲げ降伏し，この時の耐力を降伏荷重 P_{y1} と呼ぶ。降伏後は剛性が低下するが，偏心がない場合と比べると，降伏後剛性 K_{sec}

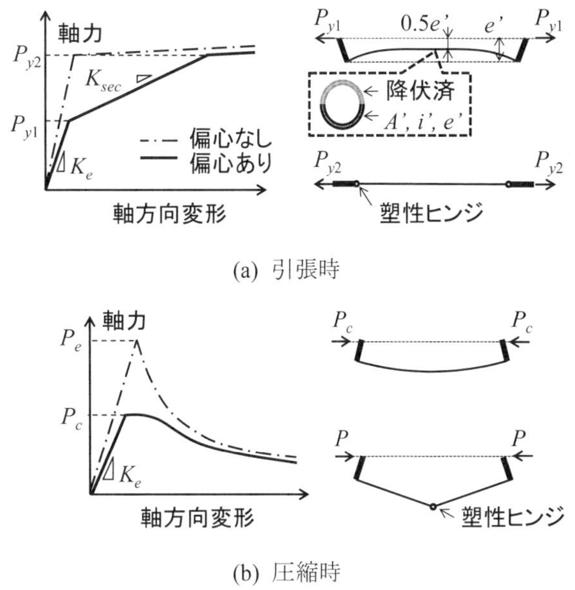

図 1.3.3 骨格曲線と変形状態[1.32)]

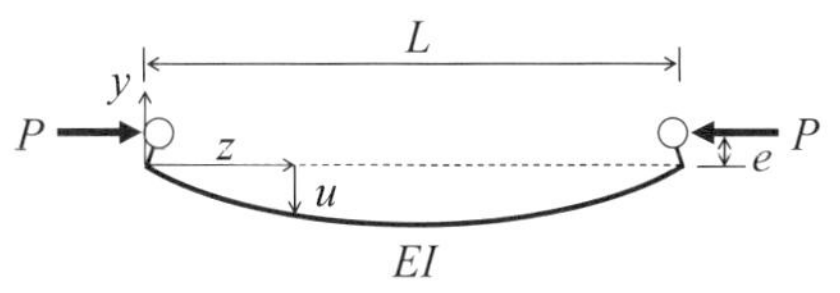

図 1.3.4 偏心圧縮材

は非常に大きい。圧縮時には，材の曲げ変形が進行すると，ブレース材中央における偏心量が初期状態よりも大きくなり，付加曲げモーメントも増加する。そのため，モーメントによる付加応力の影響で圧縮最大耐力 P_c は偏心のないブレースの座屈耐力より低い。

1.3.2 主要特性値の算定式

主要特性値の算定式について，文献 1.31)，1.32)に記載された内容を参照しながら，誘導方法を解説する。鋼管の断面応力は，軸力 P による応力 σ_N と部材端部に作用するモーメント M による応力 σ_M の足し合わせとなる。

$$\sigma = \sigma_N + \sigma_M = \frac{P}{A} + \frac{Pe}{I}y \qquad (1.3.1)$$

ここで正の値を引張とする。A は鋼管断面積，I は断面二次モーメント，y は曲げを受ける断面の図心からの距離（荷重作用線側を正とする）を示す。部材端に作用する曲げモーメントにより，材端が回転するため，弾性剛性は偏心がない場合に比べて低減する。弾性剛性 K_e は初期偏心量 e を断面二次

半径 i で無次元化した偏心率を用いて以下の式で表される。

$$K_e = \frac{EA/L}{1+(e/i)^2} \tag{1.3.2}$$

ここで，E はヤング係数，L は鋼管の有効長さである。

次に，引張側の主要特性値を求める。軸力作用線側の最外縁では，軸力による引張応力に加えて曲げによる引張応力が作用する，軸方向の降伏荷重は偏心のないブレースに対して減少する。式(1.3.1)において，最外縁が降伏する条件を与えると，降伏荷重P_{y1}は初期偏心量eを用いて以下の式で表される。

$$P_{y1} = \frac{\sigma_y A}{1+Ae/Z} \tag{1.3.3}$$

σ_yは鋼管の降伏応力度，Z は断面係数を示す。

鋼管降伏後は，図 1.3.3(a)の右上の図に示すように，剛性に寄与する弾性領域の断面積が次第に減少し，曲げ変形の増大により有効偏心量が減少する。有効偏心量の減少は剛性を上昇させるが，有効断面の減少は剛性を低下させる。有効偏心量と有効断面の減少が剛性に対して相反する作用をもたらし，結果的に，後述する実験結果で降伏後の剛性は最大荷重に至るまでほぼ一定となった。そこで実用性も考慮して，式(1.3.4)において二次剛性は変形によらず一定とした。その際，有効偏心量と有効断面は二次剛性域の平均的状態を仮定し，外側半断面（断面積A'，断面二次半径I'）を弾性領域の断面，この半円形断面の図心と軸力作用線との偏心量e'の半分 ($0.5e'$) を有効偏心量とした。なお，式(1.3.4)は二次剛性域での平均的な状態を考慮したものであり，降伏荷重と最大荷重の設計式で仮定する応力分布と一致しない。

$$K_{sec} = \frac{EA'/L}{1+\left(0.5e'/i'\right)^2} \tag{1.3.4}$$

終局耐力では，図 1.3.3(a)の右下の図に示すように，端部に塑性ヒンジが形成され，偏心量を完全に失う。よって，終局荷重P_{y2}は式(1.3.3)において軸力作用線との偏心量eを 0 として表すことができる。

$$P_{y2} = \sigma_y A \tag{1.3.5}$$

次に圧縮側の限界耐力を求める。図 1.3.4 に示す，偏心量が e の偏心荷重を受ける両端ピン圧縮材の曲げ座屈を考える。座屈後にたわみが生じた状態でのつり合い式は次式で表される [1.32)]。

$$EI\frac{d^2u}{dz^2}+P(u+e)=0 \tag{1.3.6}$$

ここで，u は材のたわみ，z は材端からの距離を示す。このつり合い式の一般解は次式で表される。

$$u=C_1 \sin\frac{\alpha z}{l}+C_2 \cos\frac{\alpha z}{l}-e \tag{1.3.7}$$

αは軸力に関する無次元パラメータであり，次式で定義される。

$$\alpha=L\sqrt{\frac{P}{EI}}=\pi\sqrt{\frac{P}{P_E}} \tag{1.3.8}$$

P_Eはオイラー座屈荷重である。境界条件は$z = 0$と$z=L$のとき$u=0$であり，式(1.3.7)を式(1.3.6)に代入して積分定数C_1，C_2を決めると解は次式となる。

$$u=e\left(\frac{1-\cos\alpha}{\sin\alpha}\sin\frac{\alpha z}{l}+\cos\frac{\alpha z}{l}-1\right) \tag{1.3.9}$$

したがって，ブレース材中央のたわみ u_c および曲げモーメント M_c は次式で表される。

$$u_c=e\left(\frac{1}{\cos\frac{\alpha}{2}}-1\right) \tag{1.3.10}$$

$$M_c=Pe\frac{1}{\cos\frac{\alpha}{2}} \tag{1.3.11}$$

軸力と曲げモーメントを考慮した部材中央の弾性限界曲線は次式で表される。

$$\frac{M_c}{M_y}+\frac{P}{P_y}=1 \tag{1.3.12}$$

式(1.3.8)を軸力 P について解くと，文献 1.31)で紹介されている偏心を有する圧縮材の圧縮限界荷重 P_cが求められる。

$$P_c=\frac{\sigma_y A}{1+\frac{Ae}{Z}\left(\frac{1}{\cos\frac{\pi}{2}\sqrt{\frac{P_c}{P_e}}}\right)} \tag{1.3.13}$$

上式の$\cos x$を$x = 0$まわりでテイラー展開すると，文献 1.32)で紹介されている圧縮限界荷重P_cとなる。なお，各種指針などで利用される偏心圧縮材の座

屈耐力式では $\pi^2/8$ を 1.0 と近似している。

$$P_c = \frac{\sigma_y A}{1+\dfrac{Ae}{Z}\left(\dfrac{1}{1-\dfrac{\pi^2 P_c}{8P_e}}\right)} \tag{1.3.14}$$

1.3.3 実験および有限要素法解析

偏心を与えた鋼管ブレースの実験結果および数値解析結果と，前節で誘導した算定式を比較し，算定式の適用範囲を議論した結果を紹介する。

文献 1.32)では，偏心率 e/i をパラメータとした偏心ブレース試験体の実験結果および解析結果を報告している。試験体の概要を図 1.3.5 に示す。載荷した試験体は 3 体で，鋼管の径 D は 114.3mm，厚さ t は 3.5mm である。初期偏心量と断面二次半径 i の比は0, 0.77, 1.53（鋼管径に対する偏心量は 0，0.26，0.52）で，試験体の縮尺は 1/2 である。ピン支点フレーム内に 45° で試験体を設置し，層間変形角を 0.1%から 4.0%まで漸増させて繰返し載荷した。図中に示すように，ブレース試験体端部のピンフレームとの接合部に偏心を与えた。各変形角で 2 サイクル繰り返し，同一変形角での履歴挙動の変化を評価した。使用鋼材の材料特性は表 1.3.1 の通りである。

図 1.3.6 は，汎用有限要素法解析コード ABAQUS6.14[1.34]を用いて構築した解析モデルである。解析モデルの諸寸法は試験体に準じ，解析に用いる材料構成則は移動硬化を考慮したバイリニアモデルとし，実験で得られた降伏応力度を用いている。ひずみ硬化率はヤング係数の 1%で，偏

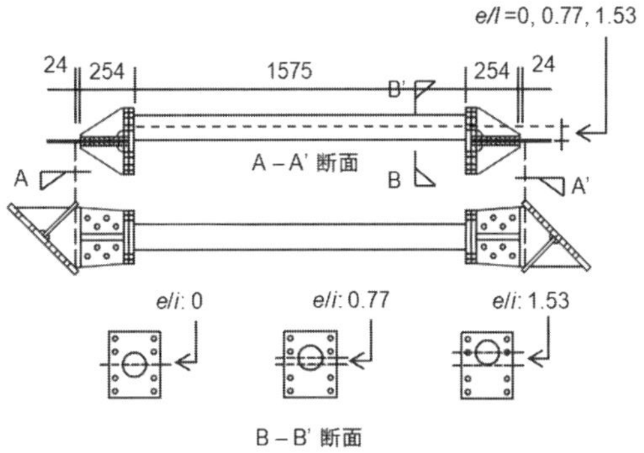

図 1.3.5 試験体の概要（単位：mm）[1.32)]

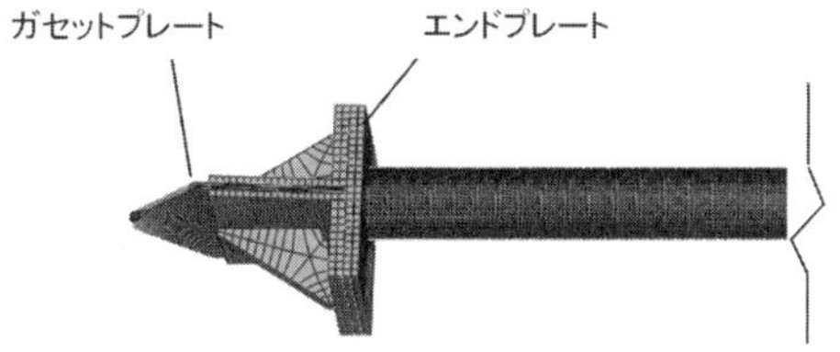

図 1.3.6 解析モデル（片端部を拡大）[1.31)]

表 1.3.1 鋼材引張試験結果 [1.31)]

	降伏応力	引張応力	破断ひずみ
鋼板(SS400)	306MPa	446MPa	42%
鋼管(STK400)	328MPa	—	—

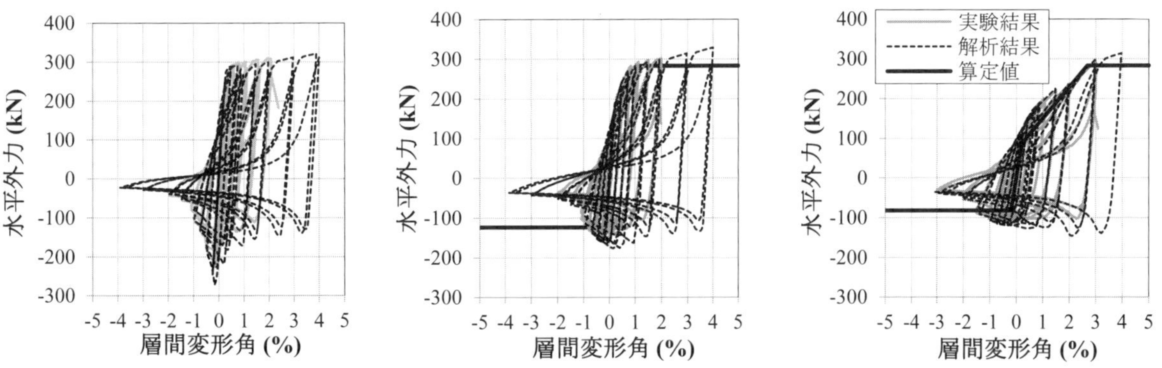

(a) $e/i = 0$　(b) $e/i = 0.77$　(c) $e/i = 1.53$

図 1.3.7 水平外力—層間変形角関係 [1.32)]

表 1.3.2 主要水平耐力，水平剛性一覧 [1.32)]

e/i	K_e (kN/mm)			P_{y1} (kN)			K_{sec} (kN/mm)			P_{y2} (kN)			P_c (kN)		
	Exp.	Eq.	FE	Exp.	Eq.	FE	Exp.	Eq.	FE	Exp.	Eq.	FE	Exp.	Eq.	FE
0	64.4	79.5	70.8	224.6	283.0	258.3	0.42	0.00	0.64	284.3	283.0	275.5	220.1	219.8	230.0
0.77	50.2	49.9	50.2	138.5	133.7	136.6	8.27	8.50	9.05	290.6	283.0	260.9	133.5	123.4	143.7
1.53	28.8	23.7	26.9	97.1	87.5	109.4	3.50	4.51	3.97	289.9	283.0	300.2	97.5	81.7	99.6

Exp.: 実験結果，Eq.: 算定値，FE: 有限要素法解析結果

心がない試験体では初期不整として初期偏心(e/i=0.02)を与えた。他の詳細は文献 1.32)を参照されたい。

図 1.3.7 に実験結果，解析結果および算定式による予測を示す。実験結果を参照すると，弾性剛性，降伏耐力，局部座屈などブレースの特性が偏心量に依存して変化するのに対して終局耐力は一定値を保っている。ブレースの破断時期は偏心量の増加とともに遅れ，偏心がない試験体が引張側層間変形角 2%の 1 回目のサイクル（層間変形角 2.0%）で破断したのに対し，e/iが 1.53 の試験体では引張側層間変形角 3%の 1 回目のサイクル（層間変形角 2.87%）で破断した。

構築した解析モデルによる実験結果の再現性を検証する。図 1.3.7 では，解析結果は全試験体で実験結果と概ね良好に対応している。表 1.3.2 に，各試験体の剛性と耐力の実験値（Exp.），算定値（Eq.）と解析値（FE）を比較した結果をまとめる。初期偏心量の異なるいずれの試験体においても，主要耐力と剛性の実験値と解析値の誤差は全て 15%以内に収まっている。なお，初期偏心がない試験体については，弾性剛性と降伏耐力に実験値との差が大きい。降伏は鋼管全周に貼り付けたひずみゲージのいずれかが最初に降伏ひずみに達したとき，と定義したが，ひずみが部材断面に均等に分布しなかったため，履歴曲線で降伏がみられた点よりも降伏の判定が早くなった。

さらに，文献 1.32)では数値解析モデルを利用して，1.3.3 節で紹介した算定式の適用範囲を検証している。主要な諸元（細長比，径厚比，偏心量）を実用範囲内で変化させた結果，降伏後剛性K_{sec}を除く各耐力，初期剛性については，解析結果と算定値の比較において誤差 10%以内と良い精度を示した。一方，降伏後剛性については，細長比が大きくなるにつれて算定値が解析値を下回り，算定値と解析値の誤差は最大で 50%程度に至った。細長比が大きい場合には，有効断面の減少に対して，有効偏心量の減少が先行する傾向があり，半円形断面を弾性として有効偏心量を算定した仮定による誤差が大きくなっている。

1.3.4 初期偏心による各諸量の調整範囲

図 1.3.8 に偏心率 e/i を 0 から 1.25 まで変化させ

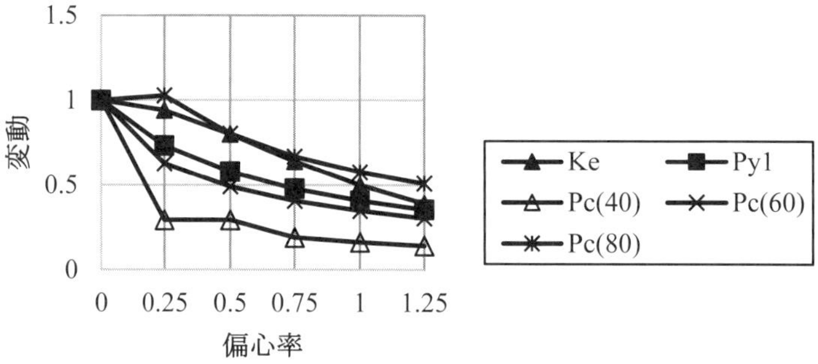

図 1.3.8 初期偏心による主要特性値の変動範囲

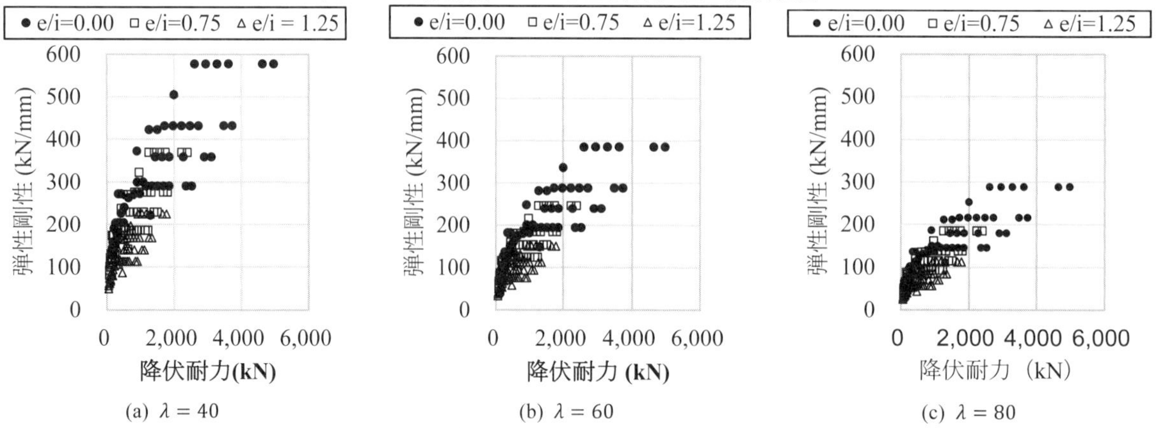

(a) $\lambda = 40$　(b) $\lambda = 60$　(c) $\lambda = 80$

図 1.3.9 初期偏心による剛性の調整範囲

た場合の，各主要特性値の変動量を示す。初期剛性 K_e は偏心率が大きくなると低下し，偏心率が 1.0 のときに約半分になる。降伏耐力 P_{y1} は初期偏心を少し加えるだけで大きく低下するが，その効果は初期偏心が大きくなるにつれ小さくなる。細長比が 80 の場合の座屈耐力 Pc(80)は初期偏心の影響は非常に小さい。対して，細長比が 40 の場合には，0.25 の偏心率で偏心なしの場合の約 30%まで座屈耐力が低下する。

実設計への利用を検討する場合の参考として，初期偏心量の調整により実現できる，ブレースの弾性剛性 K_e と降伏耐力 P_{y1} を計算してみる。外径 101.6mm から 762.0mm までの標準断面を有する円形鋼管を対象に，細長比が 40, 60, 80 の場合について，式（1.3.2）と式（1.3.3）を用いて弾性剛性と降伏耐力を計算した。

偏心率 e/i を 0 から 1.25 まで変化させた場合の計算結果を図 1.3.9 に示す。偏心がない場合には，ブレースの耐力を上げようとすると，弾性剛性は大きくなってしまう。降伏耐力が 2,000kN より小さい領域では，降伏耐力を一定値に設定した場合にも，設計者が選択できる弾性剛性の幅が非常に大きくなっている（細長比 40 で 50kN/mm～500kN/mm，細長比 80 で 28kN/mm～250kN/mm）。特に，スパンが小さく細長比が小さくなる場合には，初期偏心を導入することで，ブレースによる骨組固有周期の変化量なども考慮したバランスの良い設計が実現できる。

1.3.5 接合部を含めた設計例

最後に，接合部を含めた試験体の設計例[1.31]を図 1.3.10 に示す。偏心を与える方向はフレームの面内と面外のいずれかを選択できる。ブレースの曲げや座屈は偏心を与えた方向に生じるため，選択した方向に接合部の変形能力を確保する必要がある。偏心を構面外に設ける場合には，大変形時に外壁や間仕切り壁などに接触する可能性があるため，クリアランスが必要となる。適切なクリアランスを確保できない場合には，偏心を構面内に設ける必要がある。一方で，面外方向での変形は間仕切壁に変形や損傷を与えるため，それらの情報をもとに地震時のブレース最大変形を推定するような損傷把握の仕組みとしての機能を期待できる。図 1.3.10 の GP シリーズはフレームの面外への曲げを，IP と Pin は面内方向に偏心を与えている。さらに，提案ブレースはモーメントによる端部のひずみ集中が懸念されるため，GP シリーズについては，鋼管両端部をリブで補強した試験体（e60-Rib）を製作した。リブは想定する最大応力で降伏しないよう断面を決め，ひずみ集中を十分抑えられるよう長さを定める。なお，図 1.3.10 に示したいずれの接合部を用いても試験体の実験結果に大きな影響はなく，提案する骨格曲線と設計式が適用できる。

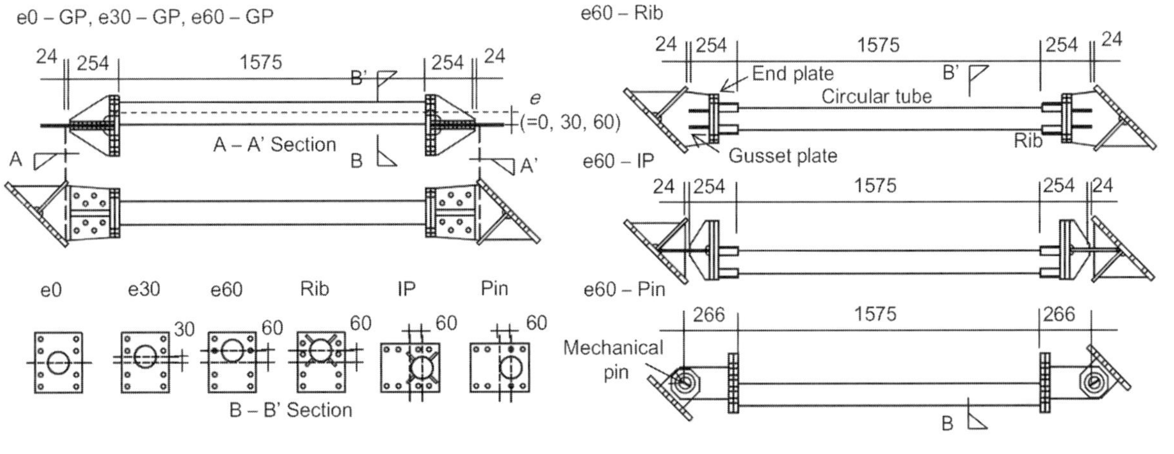

図 1.3.10 接合部を含めた設計例[1.32]

1.3.6 ま と め

本節では，初期偏心を与えた鋼管ブレースに関する研究事例を紹介した。ブレース端部には軸力と初期偏心量に比例する付加曲げモーメントが作用する。同じ断面を有する鋼管に対して，初期偏心量を調節することで，異なる剛性と耐力の組合せが実現できることを算定式により示した。また実挙動について，実験と有限要素法解析で検討した結果を紹介した。

実際の設計においては詳細な解析や実験を実施できない。本節で示した，初期偏心による耐力と剛性の調整範囲が設計の参考になると考えられる。接合部については，特に面内に偏心させる場合にボリュームが大きくなる傾向があり，実設計での接合部の納め方が課題となる。

1.4 割込み板偏心配置による一面せん断接合形式鋼管ブレースの座屈耐力低下抑止法

鋼管ブレースは鉄骨構造に幅広く利用されているが，鋼構造座屈設計指針[1.6]に示されている通りブレース部材は接合部が健全であることが重要である。鋼管ブレースの接合形式で多用されているものとして，鋼管に割り込ませて溶接した鋼板（以下，割込み板と呼ぶ）と柱梁架構に溶接したガセットプレート（以下，ガセットと呼ぶ）を現場で高力ボルト摩擦接合により取り付ける形式がある。

本節では，まず 1.4.1 項において，割込み板接合形式を用いた鋼管ブレースでは接合部で座屈が生じる可能性があること，施工が比較的容易な一面せん断接合とする場合には偏心により座屈耐力が低下することを述べる。最近の研究で一面せん断接合としたときに生じる耐力低下の抑止に割込み板を偏心配置させる手法が提案されている。その効果を検討した研究として，1.4.2 項では圧縮載荷実験，1.4.3 項では有限要素解析を紹介する。

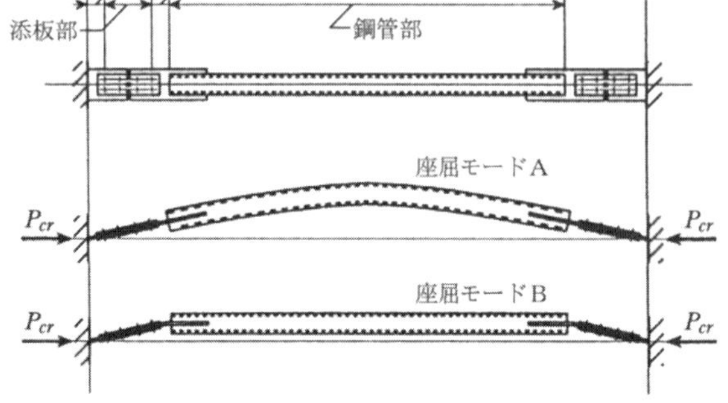

図 1.4.1 鋼管ブレースの座屈モード[1.35)]

1.4.1 一面せん断接合形式における首折れ座屈による圧縮耐力低下

添え板を用いて二面せん断接合とする形式では

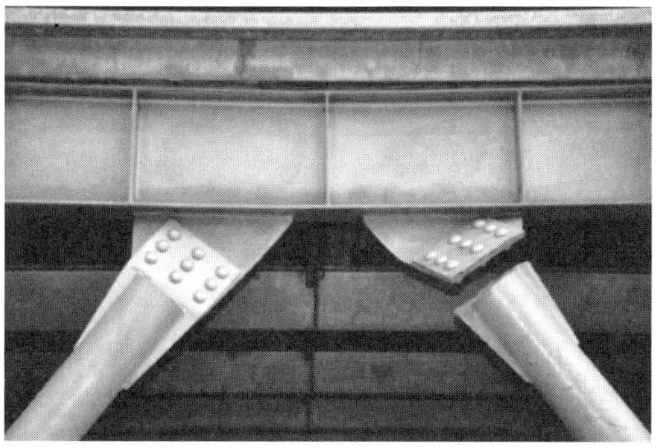

図 1.4.2 ガセットの座屈被害[1.40)]

表 1.4.1 実験で用いた接合部と鋼管の断面

		Gシリーズ	Tシリーズ	Cシリーズ
接合部		割込み板 ガセット	割込み板 ガセット	割込み板 切欠き ガセット
鋼管		STKR400	STK400	STK400
		幅 60	径 60	径101.6
		厚 3.2	厚 3.2	厚 3.2

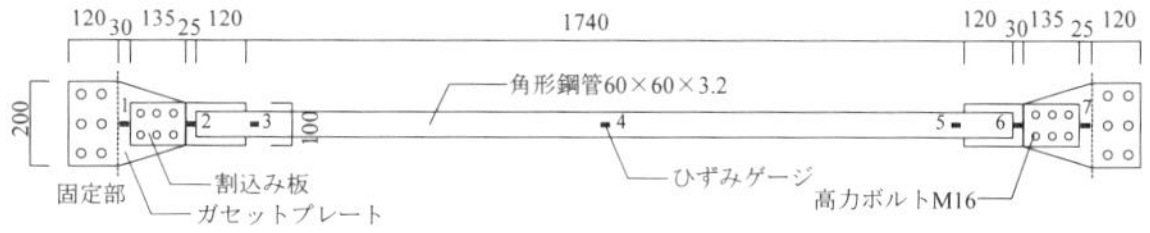

図 1.4.3 試験体形状（G シリーズ）

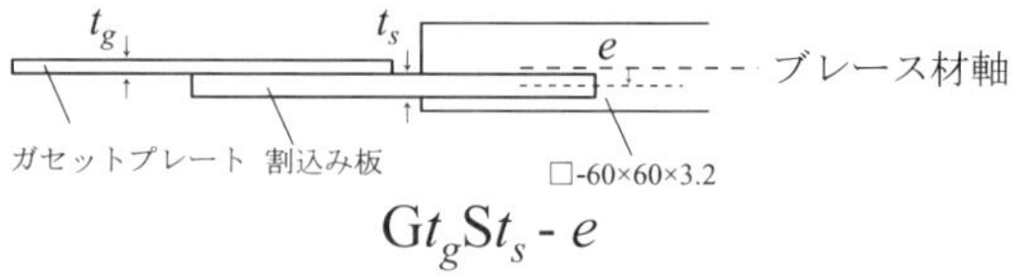

図 1.4.4 試験体名称の定義

表 1.4.2 G シリーズ試験体概要

試験体	t_g (mm)	t_s (mm)	e (mm)	全体座屈の方向	圧縮耐力 (kN)	備考
G9S16-0	9	16	0	B	108	−
G9S16-12.5			12.5	A	136	有効
G16S9-0	16	9	0	B	145	−
G16S9-12.5			12.5	A	107	−

割込み板とガセットの材軸に偏心がない。ただし，接合部が大きくなると，図 1.4.1 に示す座屈モード B のように接合部での座屈が生じることが指摘されている[1.35), 1.36)]。これを首折れ座屈と呼ぶ。十字継手形式とすることにより回避できるが多数の添え板を必要とする。なお，接合部を含むブレースの安定限界耐力に関して文献 1.37)に座屈拘束ブレースを対象として与えられているが，そのまま通常のブレースにも適用できる[1.6)]。

他方，割込み板とガセットを一面せん断接合とすれば添え板を省くことができるため接合部寸法を小さくできるが，割込み板とガセットの材軸に偏心が生じ座屈耐力が低下する[1.38)]。図 1.4.2 に示す首折れ座屈を伴う地震被害も報告されている[1.39), 1.40)]。一面せん断接合とする場合の首折れ座屈を抑止する方法として溝形割込み板を用いた接合形式の適用[1.41)]がある。また，文献 1.40)では座屈算定式の誘導と有限要素解析を通して面外剛性の高いガセットの有効性を報告している。

1.4.2 割込み板が偏心配置された一面せん断接合部を有する鋼管ブレースの圧縮実験

割込み板を偏心配置し鋼管とガセットプレートの材軸を一致させることで，一面せん断接合形式とした場合における圧縮耐力低下が抑止できることが実験により確認されている。

表 1.4.1 に既往の実験で用いられた接合部の断面形状とブレース鋼管の断面をまとめる。

G シリーズでは割込み板あるいはガセットのいずれかに厚い鋼板を使用して首折れ座屈を抑止している。ただし厚い鋼板の使用は首折れ座屈を抑止する方法としては効率が良くないため，T シリーズでは割込み板の片側にリブを設けた T 字形割込み板を，C シリーズでは両側にリブを設けた十字形割込み板を使用することにより首折れ座屈を抑止している。

（1）G シリーズの圧縮載荷実験[1.42), 1.43)]

G シリーズでは 4 体の試験体の載荷実験を通じて，座屈時に塑性ヒンジが割込み板側に生じるかガセット側に生じるかにより割込み板偏心配置の有効がどのように変化するかを検討している。

試験体

図 1.4.3 に試験体形状を示す。ブレース部材には角形鋼管□-60×60×3.2 を用い，ガセットプレートと割込み板には厚さ 9 mm の鋼板または 16mm の鋼板を用いる。図 1.4.4 に t_g, t_s, e および試験体名称の定義を示す。ここで，t_g: ガセットプレート厚さ，t_s：割込み板厚さ，e：割込み板材軸のブレース材軸からの偏心量を表す。載荷実験に用いた 4 体の試験体概要を表 1.4.2 に示す。

載荷・計測方法

図 1.4.5 に載荷方法および変位測定位置を示す。十分剛な山形鋼接合部との間に，試験体を設置する。ガセット固定部間の距離は 2360 mm とする。試験体は左端部を固定し，右端部はローラー支承を用いて鉛直移動と回転を拘束し，油圧ジャッキにより荷重 P（左方向正）をブレースが圧縮となる方向に載荷する。

変位計 d1，d2 は軸方向変形を計測し，これらの

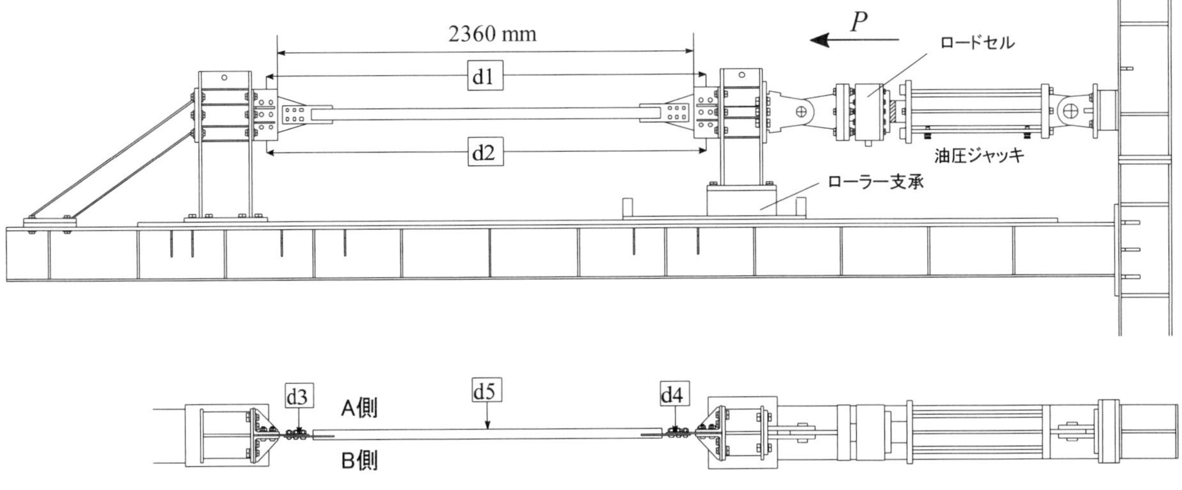

図 1.4.5 載荷および計測方法

平均値を軸方向変形量 u（圧縮を正）とする。ここで，図 1.4.5 下図に示す A 側と B 側は表 1.4.2 に示す全体座屈の発生方向を表す。変位計 d3 は固定側のガセットの面外変形，d4 はローラー側のガセットの面外変形を計測する。d5 はブレース中央のたわみを計測する。d3～d5 はいずれも B 側に増大する方向を正とする。図 1.4.3 に示す位置の両側に合計 14 枚のひずみゲージを貼付する。

実験結果

全ての試験体において全体座屈が生じた。座屈モードが増大した方向を表 1.4.2 に示す。図 1.4.6 に各試験体の圧縮軸力 P－軸方向変形 u の関係を示す。最大荷重を圧縮耐力と考え表 1.4.2 に示す。割込み板を偏心させガセット材軸とブレース材軸を一致させた G9S16-12.5 の耐力は G9S16-0 より上昇しているが，G16S9-12.5 では割込み板を偏心させると耐力が低下している。

図 1.4.7 に各試験体の圧縮軸力 P－中央面外変形 d_5 の関係を示す。G9S16-12.5 では P=100kN 付近まで面外変形が小さく偏心配置の効果がみられる。それに対して，G16S9-12.5 では G16S9-0 よりも変形増大の割合が大きい。図 1.4.8 に G9S16 シリーズの圧縮軸力 P－ガセット面外変形の関係を示す。ガセットを厚くした G16S9 シリーズは変形が小さく省略する。G9S16-0 では単調に変形が増大するのに対して，G9S16-12.5 では最大荷重付近までは正方向にわずかに増大するが，最大耐力を超えると負方向に増大している。

割込み板偏心配置が有効となる条件

G9S16-12.5 と G16S9-12.5 はガセット材軸とブレース材軸を一致させているが，G9S16-12.5 では耐力が上昇する反面，G16S9-12.5 では耐力が低下した。この原因について，図 1.4.9 に示すように塑性ヒンジ位置にピンを配置した仮想モデルの全体座屈モードとブレース材軸との偏心の有無から考察している。すなわち，ガセットにヒンジが生じる G9S16-12.5 では座屈に関係する偏心はなくなり耐力が上昇するが，割込み板にヒンジが生じる G16S9-12.5 ではかえって偏心が生じるため，耐力が低下すると考えられる。以上より，表 1.4.2 右に「有効」と記載したガセット降伏型モデルにおいてのみ割込み板偏心配置が圧縮耐力上昇に有効であったと推察している。

（2）T シリーズの圧縮載荷実験 [1.44)]

T シリーズでは，割込み板とガセットの厚さが等しい試験体を使用し，首折れ座屈を抑止するために割込み板をリブで補強している。リブも鋼管に割込むため T 字形割込み板と呼ぶ。この場合，

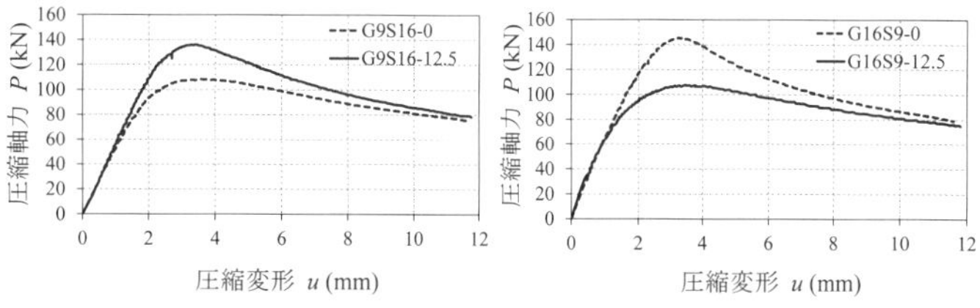

図1.4.6 圧縮軸力－圧縮変形関係

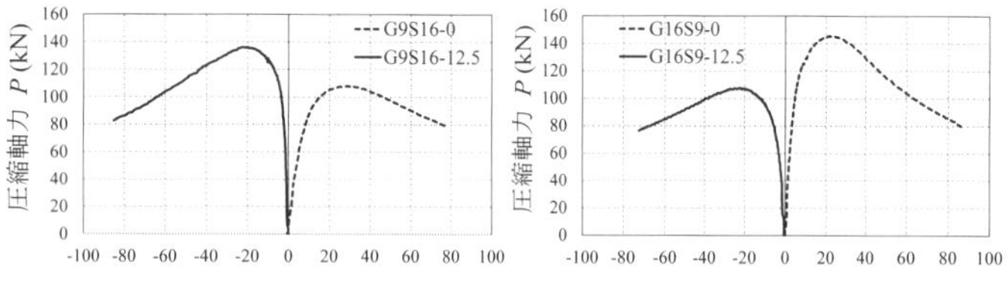

図1.4.7 圧縮軸力－中央面外変形関係

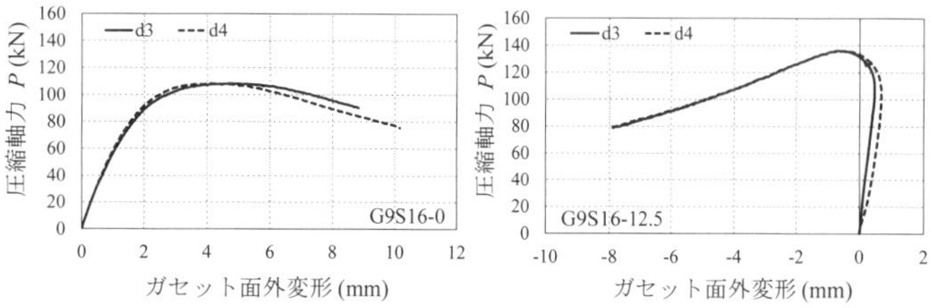

図1.4.8 圧縮軸力－ガセット面外変形関係(G9S16)

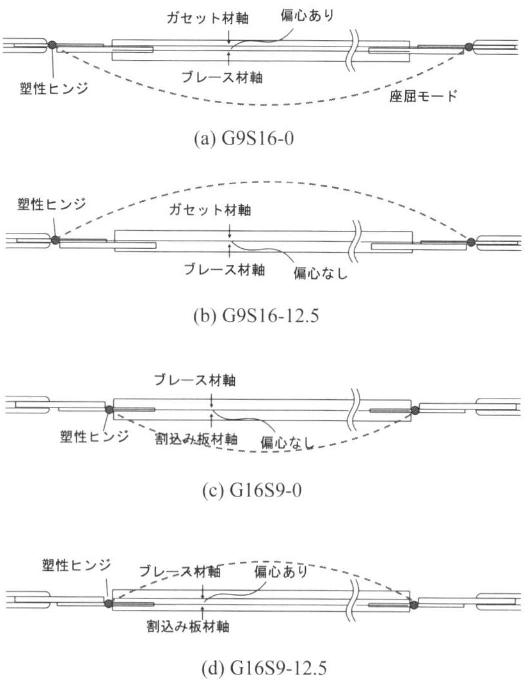

図1.4.9 塑性ヒンジ位置と偏心の関係

座屈時にはガセットに塑性ヒンジが形成されることとなり，G シリーズで明らかにした割込み板偏心配置が圧縮耐力低下抑止に有効となるケースである。

試験体

図 1.4.10 に T1〜T3 の試験体形状を示し，図 1.4.11 に T4 の試験体形状を示す。ブレースには径 60.5，厚さ 3.2 の円形鋼管 (STK400) を用い，ガセットと割込み板には厚さ 9 の鋼板 (SN400B)を用いる。図 1.4.12 に接合部詳細と断面例を示す。表 1.4.3 に試験体の概要を示す。

試験体 T1 は割込み板が偏心していない一般タイプであり，ブレースとガセットプレートの図心

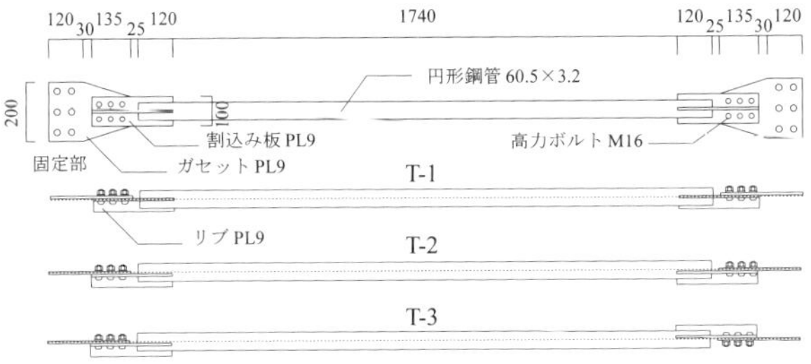

図 1.4.10 試験体 T1~T3 の形状

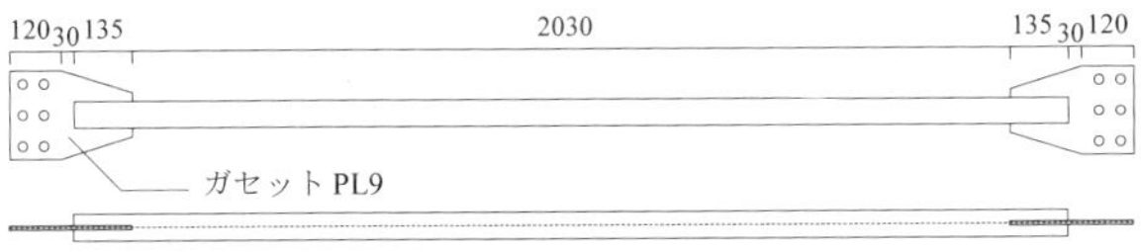

図 1.4.11 試験体 T4 の形状

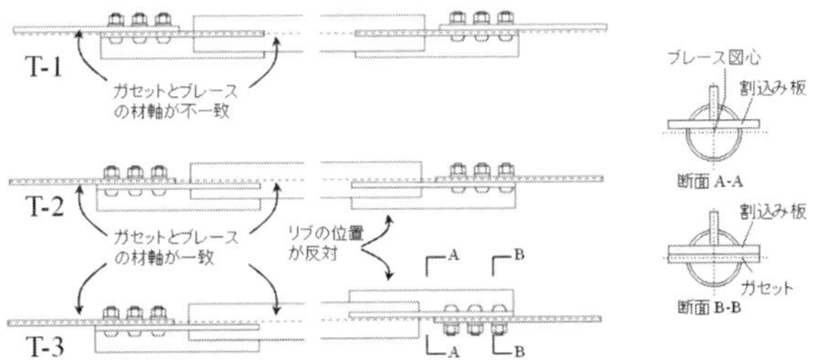

図 1.4.12 試験体 T1~T3 の接合部詳細と断面例

表 1.4.3 T シリーズ試験体概要

試験体	割込み板配置方法	割込み板とガセットの接合方法	圧縮耐力 (kN)
T1	無偏心	一面せん断	92
T2	対称偏心	一面せん断	102
T3	逆対称偏心	一面せん断	132
T4	—	ガセットの直接割込み	131

が一致していない。試験体 T2 および T3 は，割込み板をそれぞれ 9mm ずつ偏心させており，ブレースとガセットプレートの図心が一致するようになっている。なお，T2 では割込み板を対称配置，T3 では割込み板を逆対称配置にしている。T1，T2，T3 の割込み板の補強に用いたリブは厚さ 9mm，高さ 36mm であり，溶接により取り付けている。試験体 T4 は直接ガセットプレートを割り込んでおり耐力最大となることを想定している。

載荷・計測方法

図 1.4.5 に示したものと同一の載荷・計測方法を T シリーズにおいても用いる。

実験結果

全ての試験体で全体座屈が生じた。図 1.4.13，図 1.4.14，図 1.4.15 に圧縮荷重と軸方向変形，ガセット面外変形，中央たわみの関係をそれぞれ示す。圧縮耐力を表 1.4.3 に示す。割込み板偏心タイプの一般タイプからの耐力上昇が確認でき，T2 については T1 より約 10%，T3 については T1 より約 40% の耐力上昇がみられる。T3 は T4 とほぼ同等の値となったが，これは割込み板の逆対称偏心配置により生じる付加曲げモーメントが中央部で十分小さくなるためであり，図 1.4.14 において試験体 T3 では左右のガセットが反対方向に増大する一方で，図 1.4.15 において試験体 T3 では中央たわみが十分小さいことと対応する。

以上より T 字形割込み板の場合，割込み板を逆対称偏心配置する場合には有効であるが，対称偏心配置では効果が小さいことが確認された。

（3） C シリーズの圧縮載荷実験 [1.45)]

C シリーズにおいても，T シリーズと同様に割込み板とガセットの厚さが等しい試験体を用いる。ガセットに塑性ヒンジが形成されることを想定し割込み板の両側をリブで補強する。リブも鋼管に割込むため十字形割込み板と呼ぶ。

試験体

図 1.4.16 に C1〜C3，図 1.4.17 に C4 の試験体形状を示す。ブレース部材には径 101.6，厚さ 3.2 の円形鋼管 (STK400) を用い，ガセットと割込み板には厚さ 9 mm の鋼板 (SN400B)を用いる。図 1.4.18 に接合部詳細と断面例を示す。表 1.4.4 に試験体概要を示す。

試験体 C1 は割込み板がブレースに対し偏心しておらず，ブレースとガセットの図心が一致しない。試験体 C2 および C3 は割込み板偏心タイプであり，割込み板をそれぞれ 9mm ずつ偏心させておりブレースとガセットの図心が一致する。C2 では割込み板を対称配置，C3 では割込み板を逆対称配置としている。なお，試験体 C1～C3 ではガセットに設けた切欠きに割込み板のリブを挿入する。従来の十字形継手を想定した試験体 C4 はガセットもリブにより補強し，16 枚の添え板を用いた二面摩擦形式の無偏心タイプである。割込み板の補強に用いたリブは厚さ 9mm の鋼板 (SN400B)であり，高さは C1 と C4 は両側 76mm，C2 と C3 は片側 67mm，片側 85mm である。

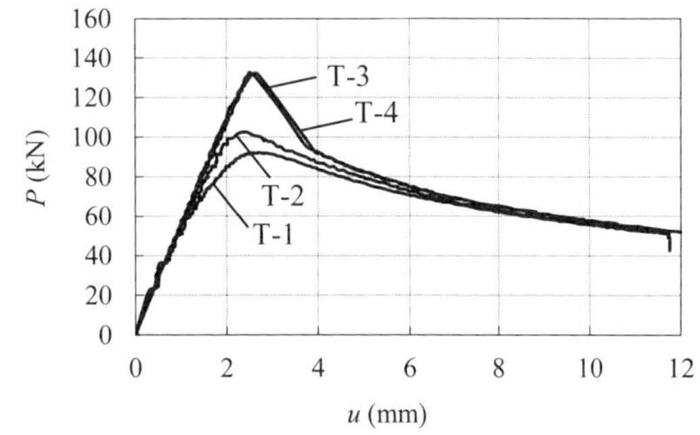

図 1.4.13 荷重－軸方向変形関係

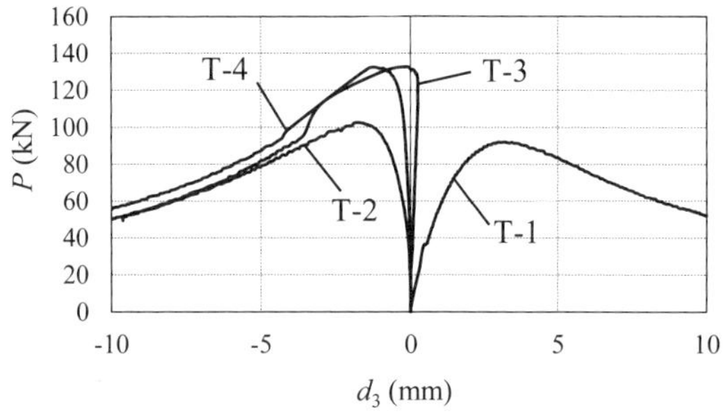

(a) 左側ガセット

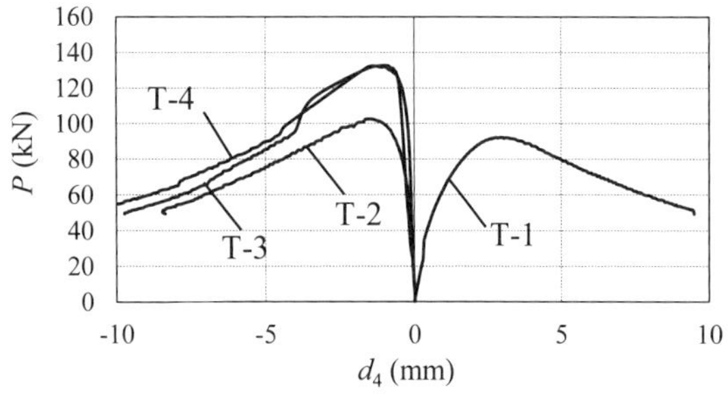

(b) 右側ガセット

図 1.4.14 荷重－ガセット面外変形関係

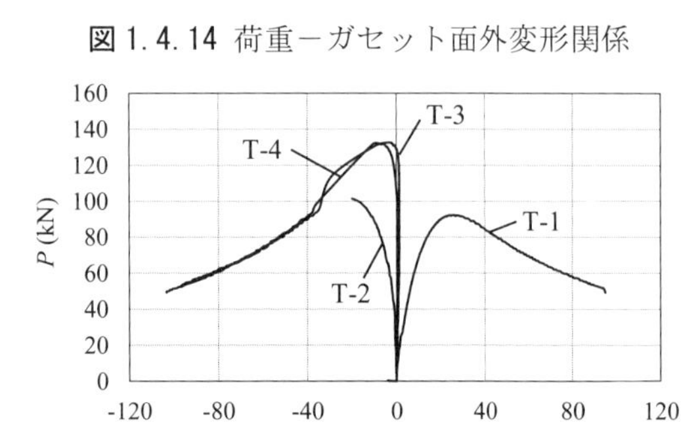

図 1.4.15 荷重－中央たわみ関係

載荷・計測方法

図 1.4.5 に示したものと同一の載荷・計測方法を C シリーズにおいても用いる。

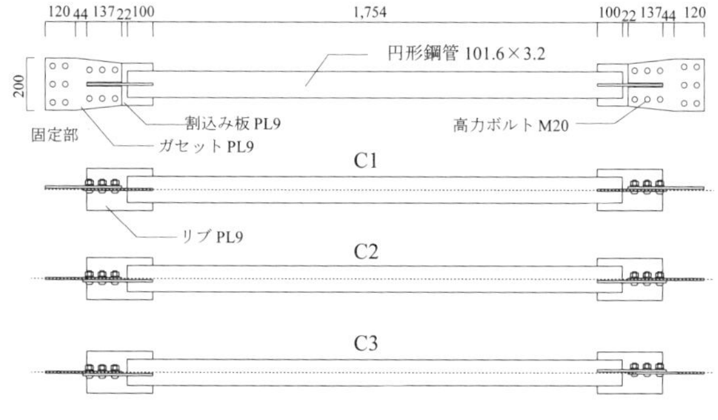

図 1.4.16 試験体 C1～C3 の形状

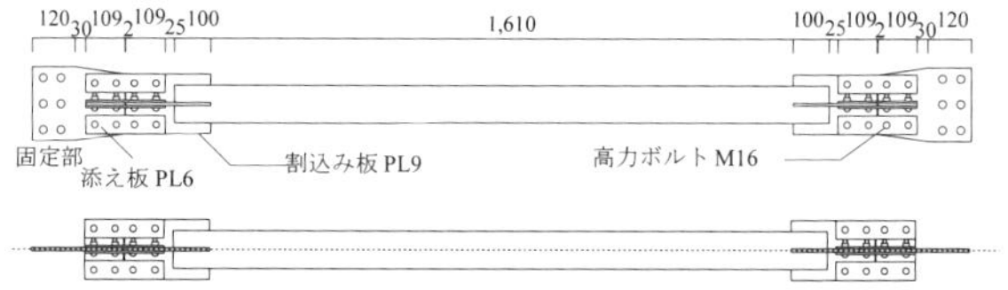

図 1.4.17 試験体 C4 の形状

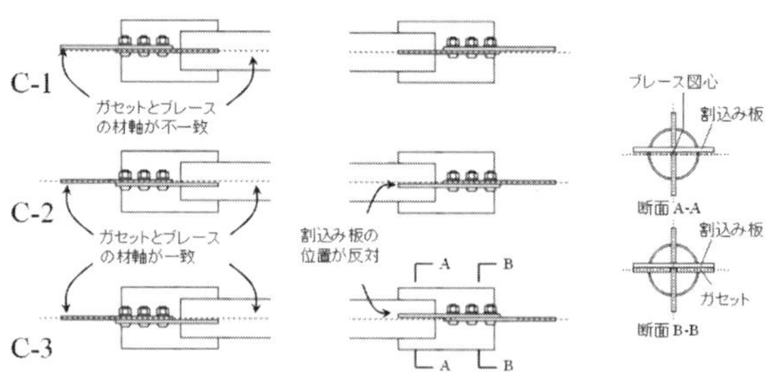

図 1.4.18 試験体 C1～C3 の接合部詳細と断面例

表 1.4.4 C シリーズ試験体概要

試験体	割込み板配置方法	割込み板とガセットの接合方法	圧縮耐力 (kN)
C1	無偏心	一面せん断	166
C2	対称偏心	一面せん断	227
C3	逆対称偏心	一面せん断	223
C4	無偏心	二面せん断	227

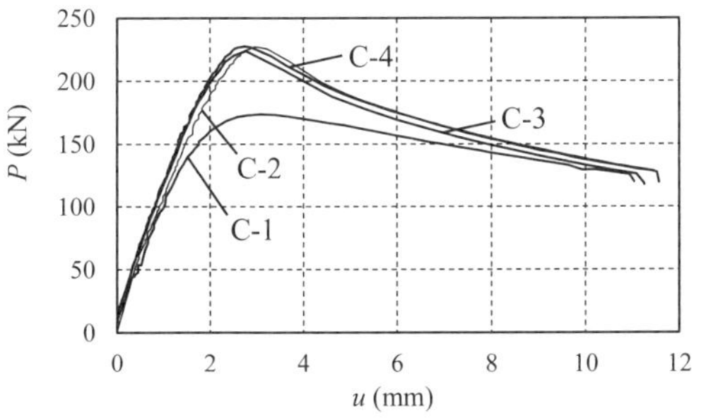

図 1. 4. 19 荷重－軸方向変形関係

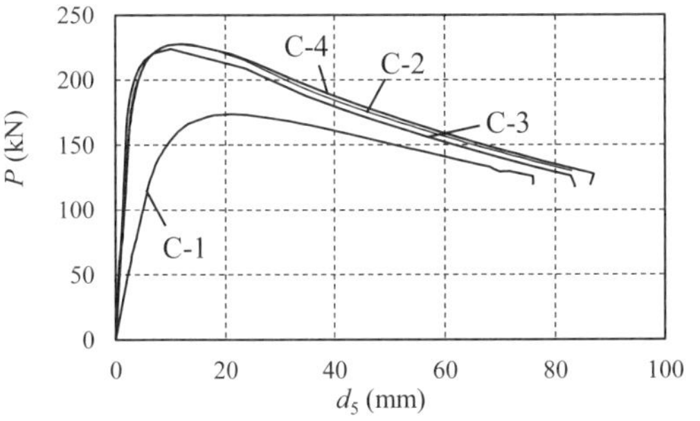

図 1. 4. 20 荷重－中央たわみ関係

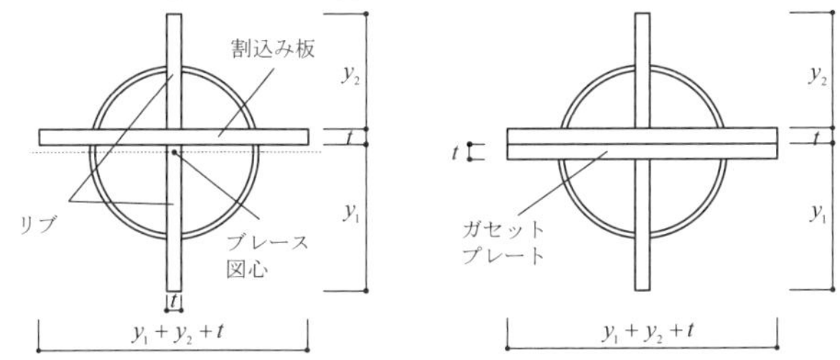

図 1. 4. 21 偏心割込み板とガセットの位置関係

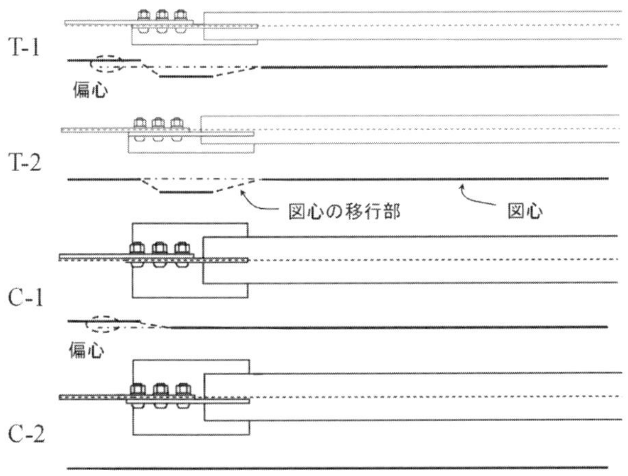

図 1. 4. 22 図心位置の模式図

実験結果

全ての試験体で全体座屈が生じた。図 1.4.19 に各試験体の圧縮荷重 P－軸方向変形量 u の関係を示す。圧縮耐力を表 1.4.4 に示す。C2 と C3 で C1 より約 35%の耐力が上昇しており C4 とほぼ同等

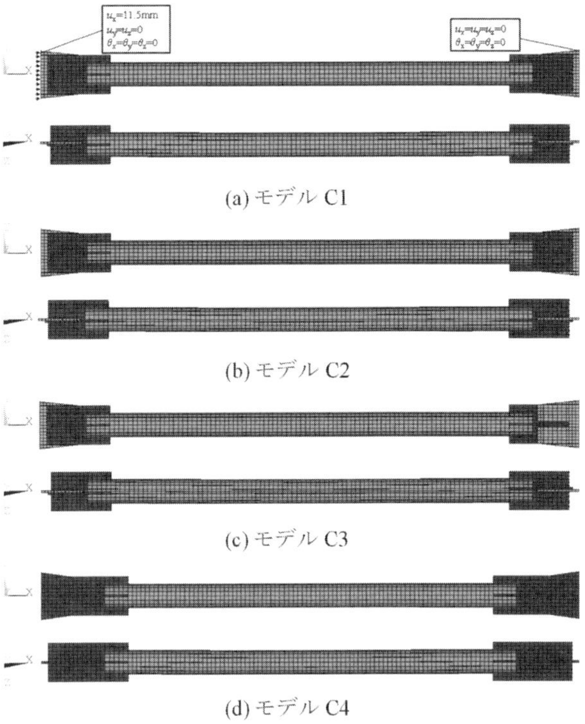

図 1. 4. 23 有限要素解析モデルの形状

の圧縮耐力である。T 字形割込み板の場合には逆対称偏心配置の方が対称偏心配置よりも耐力が大きかったが，十字形割込み板の場合には差がほとんどないことが確認できる。C3 の耐力が少し小さくなった原因は測定時間間隔を長くしたことが一因であり，有意な差ではないと考えている。

図 1.4.20 に圧縮荷重 P－中央たわみ d_5 の関係を示す。試験体 C1 では載荷初期から中央たわみの増大がみられるのに対して，試験体 C2～C4 では座屈するまで中央たわみの増大が小さく 3 試験体で同様の挙動を呈していることが分かる。ただし，載荷初期から中央たわみが少しずつ増大すること，図示しないが左右のガセットの面外変形量に差がみられたことから，偏心載荷の影響があったと考えられる。

割込み板の図心に関する考察

十字形割込み板の図心位置を検討する。ここで鋼管からの十字の突出長が等しく，割込み板とガセットの厚さが等しい図 1.4.21 に示す場合を考えると，十字形割込み板の図心の最下点からの距離は次式の中式となる。

$$\frac{y_1}{2}-t \le \frac{3y_1^2+4y_1y_2+y_2^2+3ty_1+3ty_2+t^2}{4y_1+4y_2+2t} \le y_1 \qquad (1.4.1)$$

式(1.4.1)が成立すれば，十字形割込み板の図心がガ

セット内に位置することになる。ブレースとガセットの図心が一致する $y_1 - y_2 = 2t$ を考慮して数式展開すると，式(1.4.1)が恒等的に成立することが確認できる。図 1.4.22 に代表的な試験体の図心位置の模式図を示す。図心の移行部はリブの隅肉溶接やボルトを介して軸力が部材間を伝達する箇所を示したものである。まず，試験体 T-1 と T-2 を比較すると，T-1 に偏心と記したガセットとブレースの図心間の偏心が T-2 ではみられない。ただし，割込み板部では偏心していることが分かる。他方，試験体 C-1 と C-2 を比較すると，C-1 にみられるガセットとブレースの図心間の偏心が C-2 ではみられず，かつ上述の考察より割込み板部の偏心もみられない。これが，C シリーズにおいて逆対称偏心に加えて対称偏心配置の場合にも十分な圧縮耐力低下抑止効果があった理由である。

1.4.3 偏心配置された十字形割込み板を有する鋼管ブレースの有限要素解析 [1.45]

本項では，前項で示した C シリーズの圧縮載荷実験を有限要素解析で再現した結果と，接合部形状は変更せず鋼管を長くすることで解析モデルの細長比を変化させ，十字形割込み板の偏心配置の効果を幅広い範囲で検討した結果を紹介する。

（1）解析モデルおよび解析条件

解析モデル C1～C 4 を図 1.4.23 に示す。C シリーズの試験体に対応し，円形鋼管には○-101.6×3.2，十字割込み板およびガセットには厚さ 9mm の鋼板を想定している。モデル C1～C3 では割込み板～ガセット間のボルトは滑らないと仮定し，モデル化しない。従来の十字形継手を想定したモデル C4 では，添え板を考慮せず割込み板とガセットを一体化する。図 1.4.23 は実験と同じ固定部間が 2.36m のモデルであるが，鋼管部が長く細長比が異なるモデルも対象とする。

汎用有限要素解析プログラム ANSYS15.0 を用いる。有限要素にはシェル要素 shell181 を用いる。ヤング係数は 205000 N/mm^2，ポアソン比は 0.3 とする。鋼材の応力－ひずみ関係は，バイリニアで二次剛性を 2050 N/mm^2 で与える。

降伏条件はミーゼスの降伏条件に従うとし，降伏点は材料試験で得られた値とする。基本的に 20 mm 幅でメッシュ分割する。境界条件として，右端部の変位と回転を拘束する（$u_X = u_Y = u_Z = 0$, $\theta_X = \theta_Y = \theta_Z = 0$）。左端部は X 軸方向（材軸方向）変位以外を拘束し（$u_Y = u_Z = 0$, $\theta_X = \theta_Y = \theta_Z = 0$），X 軸圧縮方向に強制漸増変位 u_X を与える。強制変位を与える節点に生じる反力 P を圧縮荷重とする。

（2）解析結果

実験との比較

実験と全長が同じ 2.36m のモデルを対象とする。

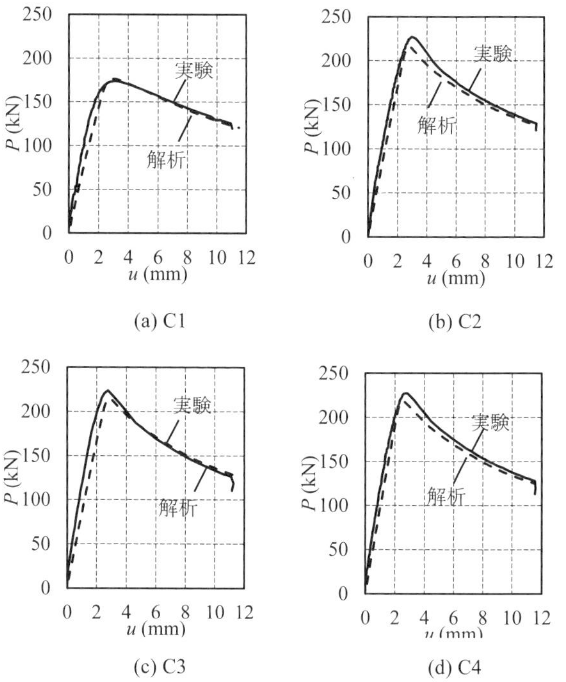

図 1.4.24 荷重－軸方向変形関係

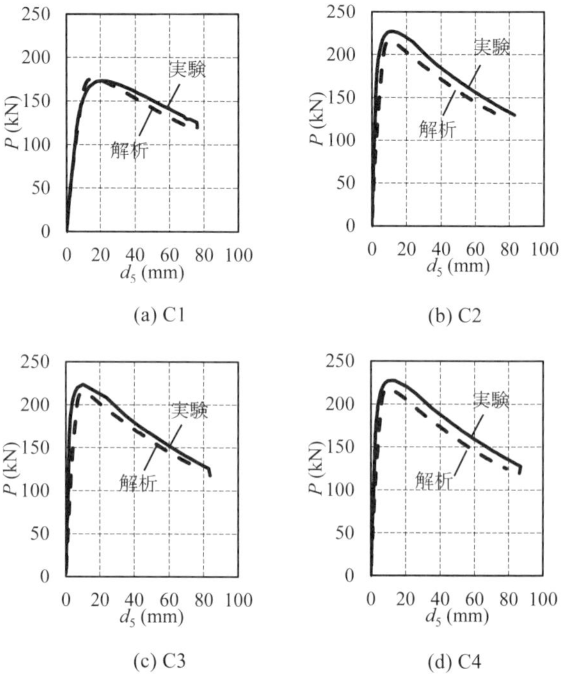

図 1.4.25 荷重－中央たわみ関係

初期たわみとして中央部が全長の 1/200 となる sine 半波形状を実験で座屈が生じた方向に与えた。ここで比較的大きな初期たわみを与えたのは，C シリーズの実験結果から偏心載荷の影響があったと推察されたことに対応する。偏心圧縮を初期たわみで考慮する理論的背景については，文献 1.33) を参照されたい。

圧縮方向に強制漸増変位 u_X=11.5 mm を与える。図 1.4.24 に荷重軸方向変形関係，図 1.4.25 に荷重－中央たわみ関係をそれぞれ示す。実験結果と解析結果が概ね一致しており，実験結果を良くシミュレートできている。

細長比と圧縮耐力の関係

固定部間が 2.36m (λ=68) のモデルに加えて，3m (λ=86)，4m (λ=115)，5m (λ=144)，6m (λ=172)のモデルを対象として圧縮載荷解析を実施した。ここで，λ は両端ピンを想定した細長比を表す。

図 1.4.26 に初期たわみ 1/1000 を与えたモデルの解析で得られた圧縮耐力と細長比の関係を示す。縦軸は圧縮耐力 P_u を降伏軸力 P_y=336kN で無次元化している。図中には比較のため次の圧縮耐力評価式[1.30]を描いている。

$$\frac{P_u}{P_y}=\begin{cases} 1-0.4\left(\dfrac{\lambda}{\Lambda}\right)^2 & for\ \lambda<\Lambda \\ \dfrac{0.6}{\left(\dfrac{\lambda}{\Lambda}\right)^2} & for\ \lambda\geq\Lambda \end{cases} \tag{1.4.2}$$

ここで，Λ は限界細長比を表す。図より細長比の広い範囲においても, C2～C4 の圧縮耐力が概ね一致することが確認できる。すなわち，割込み板の対称偏心配置と逆対称偏心配置のいずれについても，十分な圧縮耐力低下抑止効果があることが明らかとなった。C1 の耐力低下は，図 1.4.22 から分かる通りブレースとガセットの図心が偏心しているためである。この場合の耐力評価は文献 1.40) を参照されたい。

1.4.4 ま と め

鋼管ブレースの接合部に多く用いられる割込み板とガセットとを一面せん断接合形式を適用するとき，割込み板とガセットの図心が偏心するため圧縮耐力が低下する。本節では，割込み板の偏心配置によりブレースとガセットの図心を一致させることで圧縮耐力低下を抑止する手法を紹介した。

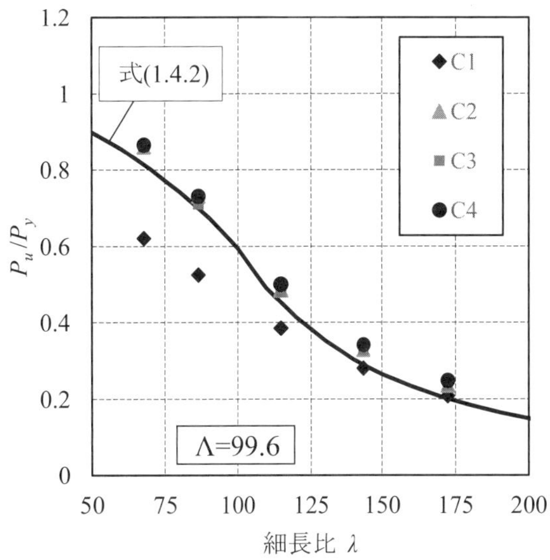

図 1.4.26 圧縮耐力－細長比関係

特に十字割込み形式ではブレースとガセットの図心だけでなく割込み板の図心もほぼ一致させることが可能であり，対称偏心配置と逆対称偏心配置の両方に対応できる。

1.5 お わ り に

ブレースの復元力特性，および破断に至るまでの累積変形性能の評価手法について提示した。最大耐力と弾性剛性を独立して設計できる偏心ブレースを紹介した。割込み板を偏心配置させる接合形式がブレース圧縮耐力に与える影響について概説した。

参 考 文 献

1.1) Tremblay, R: Inelastic seismic response of steel bracing members, J. of Constructional Steel Res., Vol. 58, 665-701, 2002

1.2) Fell, BV, Kanvinde, AM, Deierlein GG: Large-scale testing and simulation of earthquake induced ultra low cycle fatigue in bracing members subjected to cyclic inelastic buckling, Rep. No. TB 172, John A. Blume Earthquake Engineering Center, Stanford Univ., Stanford, CA., 2010

1.3) 橋本舟海，松井良太，竹内徹：鋼材ブレースの座屈後履歴挙動および累積変形性能の検証，鋼構造年次論文報告集，第 25 巻，pp.825-832，2017

1.4)　Ziemian, R. D.: Guide to stability design criteria for metal structures, Sixth edition, 2010
1.5)　日本建築学会：鋼構造物の座屈に関する諸問題, 2013.6
1.6)　日本建築学会：鋼構造座屈設計指針，2018.2
1.7)　柴田道生，若林實：鉄骨筋違の履歴特性の定式化 -その 2 応答解析への適用-，日本建築学会論文報告集，第 320 号，pp.29-34，1982.10
1.8)　Higginbotham, A. B.：The inelastic cyclic behavior of axially-loaded steel members, Ph. D. dissertation, Dept. of Civil Engineering, Univ. of Michigan, Ann Arbor, MI, 1973
1.9)　Singh, P : Seismic behavior of braces and braced steel frames, Ph. D. dissertation, Dept. of Civil Engineering, Univ. of Michigan, Ann Arbor, MI, 1977
1.10)　加藤勉，秋山宏：鋼構造筋違骨組の復元力特性，日本建築学会論文報告集，第 260 号，pp.99-108, 1977.10
1.11)　Gurgerli, H., Goel, S. C.：Inelastic cyclic behavior of steel bracing members, Rep. No. UMEE 82R1, Dept. of Civil Engineering, Univ. of Michigan, Ann Arbor, MI, 1982
1.12)　Ikeda, K., Mahin, S. A., Dermitzakis, S.：Phenomenological modeling of steel braces under cyclic loading, Rep. No. UCB/EERC-84/09, Earthquake Engineering Research Center (EERC), Univ. of California, Berkeley, CA, 1984
1.13)　伊藤拓海，杉山昇馬，井上祥一：繰返し載荷を受ける鋼圧縮材の劣化挙動を考慮した復元力特性モデル，日本建築学会構造系論文集，第 80 巻，第 710 号，pp.715-725，2015.4
1.14)　五十嵐定義，井上一朗，木林長仁，浅野美次：筋違付骨組の復元力特性（その 1，交番繰返し軸力を受ける筋違材の挙動），日本建築学会論文報告集，第 196 号，pp.47-54, 1972.6
1.15)　Nonaka, T : An elastic-plastic analysis of a bar under repeated axial loading, International Journal of Solids and Structures, Vol. 9, 217-228, 1973.5
1.16)　Shibata, M：Analysis of elastic-plastic behavior of a steel brace subjected to repeated axial force, International Journal of Solids and Structures, Vol. 18, 217-228, 1982.3
1.17)　Ikeda, K., Mahin, S. A.：Cyclic response of steel braces, J. Struct. Eng., Vol. 112, 342–361, 1986.2
1.18)　Uriz, P, Filippou, F. C., Mahin, S. A.：Model for cyclic inelastic buckling of steel braces, J. Struct. Eng., Vol. 134, 619-628, 2008.5
1.19)　Fell, B., Kanvinde, A. M., Deierlein, G. G., Myers, A. T.：Experimental investigation of inelastic cyclic buckling and fracture of steel braces, J. Struct. Eng., Vol. 135, 19-32, 2009.1
1.20)　Tang, X., Goel, S. C.：Brace fractures and analysis of phase I structure, J. Struct. Eng., Vol. 115, 1960-1976, 1989.8
1.21)　Takeuchi, T., Matsui, R.：Cumulative cyclic deformation capacity of circular tubular braces under local buckling, J. Struct. Eng., Vol. 137, 1311-1318, 2011.11
1.22)　Takeuchi, T., Matsui, R.：Cumulative deformation capacity of steel braces under various cyclic loading histories, J. Struct. Eng., 2015.7
1.23)　Karamanci, E., Lignos, D. G.：Computational approach for collapse assessment of concentrically braced frames in seismic regions, J. Struct. Eng., 140(8), A4014019, 2013
1.24)　竹内徹，堀内健太郎，松井良太，小河利行，今村晃：鋼管部材の座屈および破断を考慮したトラス鉄塔の崩壊機構，日本建築学会構造系論文集，第 79 巻，第 703 号，pp.1309-1319，2014.9
1.25)　松井良太，中村毅，今村晃，竹内徹：径厚比の大きな円形鋼管部材で構成された鉄塔支持型煙突の崩壊機構，日本建築学会構造系論文集，第 83 巻，第 750 号，pp.1171-1181，2018.8
1.26)　松本芳紀，滝口克己，和田章，岩田衛：構造物の理論『一次元部材論』，実教出版，1981.10
1.27)　竹内徹，近藤佑樹，松井良太，今村晃：局部座屈を伴う組立材ブレースの座屈後履歴性状および

累積変形性能，日本建築学会構造系論文集，第77巻，第681号，pp.1781-1790，2012.11

1.28) 竹内徹，中村悠，松井良太，小河利行，今村晃：部材破断を考慮した鋼管トラス鉄塔の耐震性能，日本建築学会構造系論文集，第76巻，第669号，pp.1971-1980，2011.11

1.29) 穂積秀雄，牧野行伸，坂井誠，平野道勝：繰返し軸力を受ける鋼部材の弾塑性挙動と軸部破断に関する研究，日本建築学会構造系論文集，第491号，pp.111-119，1997.1

1.30) 日本建築学会：鋼構造許容応力度設計規準，2019.10

1.31) Skalomenos, A.K., Inamasu, H., Shimada, H., Nakashima, M.: Development of a steel brace with intentional eccentricity and experimental validation, Journal of Structural Engineering, 143(8), 04017072, 2017

1.32) 嶋田洋成，稲益博行，コンスタンティノス・スカロメノス，倉田真宏：初期偏心を施した初期偏心を施した鋼管ブレースの骨格曲線設計式の評価，鋼構造年次論文報告集，第26巻，pp.188-195，2018.11

1.33) 井上一朗，吹田啓一郎：建築鋼構造—その理論と設計，鹿島出版会，2007.12

1.34) Dassault Systemes The 3D Experience Company: Abaqus/CAE, ver. 6.14-2, 2014.

1.35) 多田元英，西豊，井上一郎：管通し平板ガセット形式接合部を有する軸力材の弾性座屈挙動，日本建築学会構造系論文集，第503号，pp.131-137，1998.1

1.36) 多田元英，山田能功：管通し平板ガセット形式接合部を有する軸力材の非弾性座屈荷重の算定，日本建築学会構造系論文集，第530号，pp.163-170，2000.4

1.37) 竹内徹，小崎均，松井良太：拘束材端部の曲げモーメント伝達能力を考慮した座屈拘束ブレースの構面外機構安定性評価，日本建築学会構造系論文集，第78巻，第691号，pp.1621-1630，2013.9

1.38) 多田元英，笠原健志：管通し平板ガセット形式で一面摩擦接合された軸力材の座屈荷重，日本建築学会構造系論文集，第556号，pp.181-188，2002.6

1.39) 浅田勇人，岡崎太一郎，田中剛，橋岡昇吾：接合部性能に着目したブレース付ラーメンの耐震性能評価，日本建築学会大会学術講演梗概集，構造Ⅲ，pp.1123-1126，2015.9

1.40) 浅田勇人，岡崎太一郎，田中剛，中井沙耶，橋岡昇吾：一面せん断接合部を有する鋼管ブレースの座屈耐力に与えるガセットプレートの面外曲げ剛性および耐力の影響，日本建築学会構造系論文集，第83巻，第744号，pp.309-319，2018.2

1.41) 鈴木敏郎，小河利行，佐藤亘宏，深沢隆：塔状鋼管トラス骨組の座屈耐力に関する研究（その２）—端部が せん断ボルト接合される斜材で座屈する場合—，日本建築学会構造系論文報告集，第434号 pp.125-135，1992.4

1.42) 田川浩，田中雄己，森分正平：割込み板が偏心配置された角形鋼管ブレースの圧縮耐力に及ぼす塑性ヒンジ形成位置の影響，日本建築学会大会学術講演梗概集，構造Ⅲ，pp.1161-1162，2017.8

1.43) Tagawa, H., Tanaka, Y., Moriwake, S. Eccentric installation of splice plates for compressive strength improvement of rectangular hollow section braces, Bulletin of Earthquake Engineering, Vol.16, pp 5489–5502, 2018.11

1.44) 秋山誠，田川浩，陳星辰：円形鋼管ブレースの割込み板の逆対称偏心配置が圧縮耐力に及ぼす影響，日本建築学会大会学術講演梗概集，構造Ⅲ，pp.701-702，2018.9

1.45) 田川浩，秋山誠，陳星辰：偏心配置された十字形割込み板を有する円形鋼管ブレースの圧縮耐力に関する研究，日本建築学会大会学術講演梗概集，構造Ⅲ，pp.919-922，2019.9

2. 周辺部材の拘束を考慮した梁の横座屈

2.1 はじめに

座屈現象は，対象部材の境界条件に大きく影響を受ける。梁材を対象とした場合，梁に接続される柱の拘束，梁が支える小梁や床の拘束，筋かいや制振構面による拘束などがある。従来の設計では，これらの周辺部材の拘束は定量化せず，比較的余裕を持たせる考え方が主流であった。しかし，建築物の構造性能の明示が求められるようになった今日，こうした周辺部材の拘束を具体的に考慮し，より精緻で定量的な検討が必要である。本章では，周辺部材の拘束を考慮した梁に関する最新の知見に基づいて，周辺部材の拘束が梁の横座屈挙動に及ぼす影響について紹介する。

2.2 周辺部材による梁の拘束

鋼構造物の梁に接続される部材には，小梁，柱，スラブ，筋かい端部のガセットプレート，制振部材などがある。これらの部材は梁の座屈現象に対して拘束の効果をもたらす。ここでは，梁に及ぼす拘束の効果について要素ごとに整理しておく。

2.2.1 小梁による拘束

小梁は床スラブを支持するために梁間に架けられることから，梁の面外方向への移動を拘束する。また小梁端部の鉛直面内での回転剛性を確保すれば，梁のねじれ変形を拘束する効果も持つ。小梁は一般的な梁の横補剛材として位置づけられてきた。

2.2.2 柱による拘束

梁の端部に接続される柱は，材端において梁の横曲げ（面外曲げ）と梁端での断面のそりを拘束する効果を持つ。横曲げに対する拘束は柱のねじり剛性による拘束であり，そり拘束はパネルゾーンのねじり剛性によるものである。図 2.2.1 は横曲げ拘束とそり拘束の組合せに応じて梁の上下フランジの変形を模式的に示したものである。

「単純支持」条件では，材端における柱のねじりに伴う横曲げもパネルゾーンのねじり剛性によるそりも拘束されず，水平面内の回転移動も上下フランジ間の相対変位も生じる。「そり拘束」条件では，材端における横曲げ変形は生じるが，上下フランジの相対変形は拘束される。「完全固定」条件では，梁端部の横曲げも断面のそりも生じない状態となる。横座屈は圧縮側フランジが断面のねじれ変形を伴って梁の面外方向にたわむ現象である。したがって，上記のいずれの拘束条件も横座屈挙動に影響を与える要因となる。

日本建築学会「鋼構造限界状態設計指針・同解説」[2.1]では，柱のこのような拘束効果を考慮し，柱の拘束効果が期待できる場合には横座屈長さを低減できると規定されている。

2.2.3 床スラブによる拘束

RC スラブや合成デッキスラブ（以後スラブと呼ぶ）などは梁の上フランジの横変形，ねじれ変形を拘束するため，梁の横座屈挙動にも影響を与える。また，コンクリート製のスラブの場合には，上フランジとスラブの一体化の度合いやスタッドの抜け出しに対する強度なども拘束効果を変動させる要因となる。

2.2.4 筋かい端部のガセットプレートによる拘束

筋かい構面では筋かい端部に設けられたガセットプレートの一部が梁に連続する場合が多い。また制振デバイスの接続部分が局所的に梁を拘束することも考えられる。このような場合，ガセットプレートの剛性が梁端部での座屈補剛効果につながる。

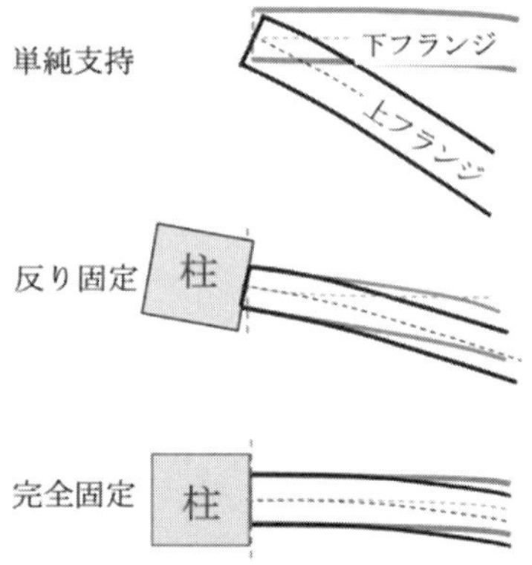

図 2.2.1 横座屈に対する材端の拘束条件

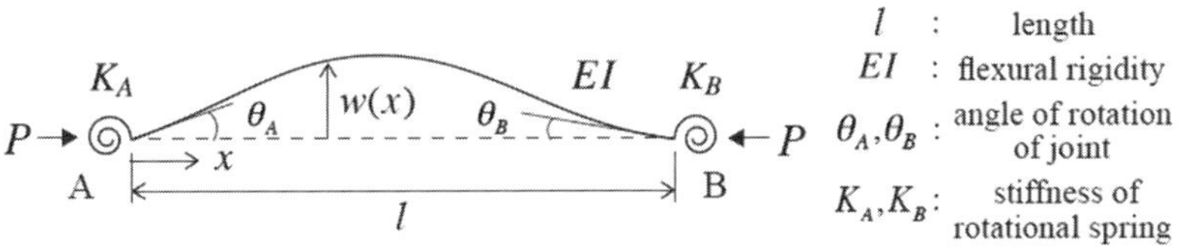

図 2. 3. 1 任意境界条件の圧縮材の座屈モード

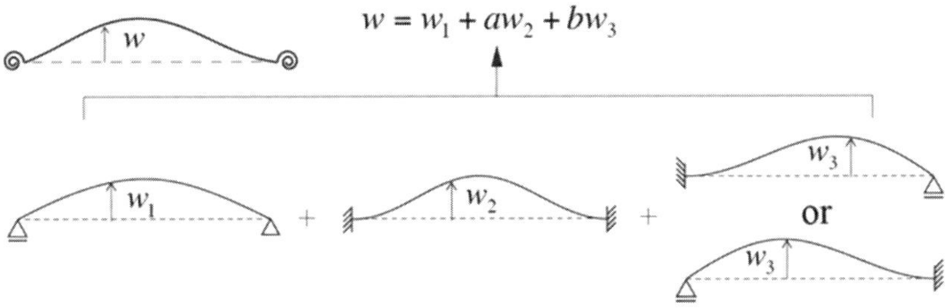

図 2. 3. 2 基本座屈モードの組合せによるモデル化

2. 3 柱による材端の拘束効果を考慮した弾性横座屈荷重

前節で述べた通り，柱による拘束効果は梁端部における横曲げと断面のそりに対する効果である。本節では，材端が任意の境界条件を持つ場合の弾性横座屈荷重について述べる [2.2)]。

2. 3. 1 柱による材端の拘束効果を考慮した弾性横座屈荷重

文献 2.3)では二軸対称断面梁の弾性横座屈耐力 M_{cr} として次式が示されている。

$$M_{cr} = C_1 \frac{\pi^2 EI_y}{(k_u l)^2} \sqrt{\frac{I_w}{I_y}\left\{\left(\frac{k_u}{k_\beta}\right)^2 + \frac{GJ(k_u l)^2}{\pi^2 EI_w}\right\}} \qquad (2.3.1)$$

ここに，E :ヤング係数，l :梁長さ，I_y :弱軸まわりの断面二次モーメント，　I_w :曲げねじり定数，G :せん断弾性係数，J: サンブナンのねじり定数，k_u :横たわみの境界条件に関わる座屈長さ係数，k_β :ねじれの境界条件に関わる座屈長さ係数，C_1 :モーメント修正係数である。式(2.3.1)は等曲げを受ける両端単純支持の座屈耐力式に境界条件とモーメント勾配の影響を反映する係数を盛り込むことで様々な条件に対応した評価が可能である。

境界条件やモーメント修正係数についてはこれまでに多くの研究が行われてきた [2.4)–2.9)]。しかし，これらの検討の中では，横たわみとねじれの境界条件を完全に分離した上で評価しており，両境界条件を同時に考慮した評価はいまだに行われていないのが現状である。ここでは，材端における横曲げとそりに対する回転拘束が任意なH形鋼梁についての弾性横座屈耐力評価について紹介する [2.2)]。

2. 3. 2 変位関数の提案

ガラーキン法を用いて任意の境界条件における座屈問題を解くためには，図 2.3.1 に示すような節点移動がなく材端で回転拘束を受ける圧縮部材の座屈波形が必要となる。一次モードの座屈波形については既往の研究で提案されているが [2.10)]，座屈波形式が複雑で扱いやすい座屈耐力式が得られないことや境界条件によって精度が低くなる問題が挙げられる。そこで，図 2.3.2 に示すように座屈波形は両端ピン支持，両端固定支持，一端ピン支持で他端固定支持の座屈波形を足し合わせることで表現できると仮定する。

このとき，w_3 の座屈波形は，次式の変位関数で表すことができるものとする。

$$w_3 = \cos\frac{(2n-1)\pi x}{2l} - \cos\frac{(2n+1)\pi x}{2l} \quad \text{(左端固定支持–右端ピン支持)}$$

$$w_3 = \sin\frac{(2n-1)\pi x}{2l} + \sin\frac{(2n+1)\pi x}{2l} \quad \text{(左端ピン支持–右端固定支持)}$$

(2.3.2)

このとき，図 2.3.1 に示す境界条件下で図 2.3.2 の足し合わせた座屈波形 w を導くと，次式のようになる。

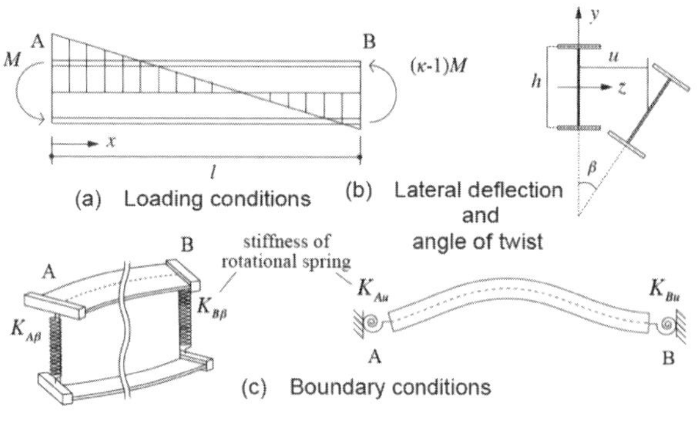

図 2.3.3 H形断面梁の理論解析モデル

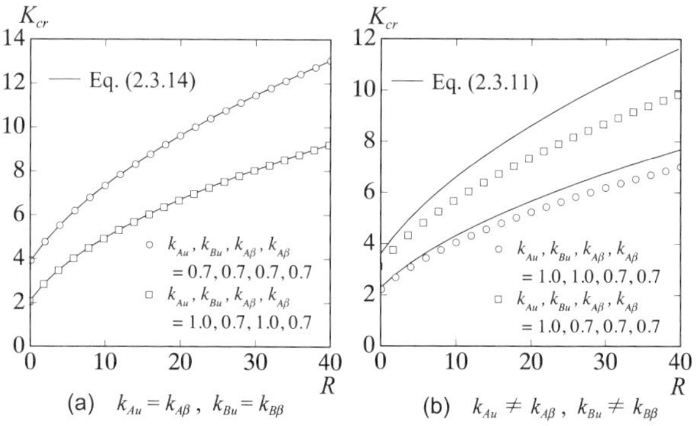

図 2.3.4 両端の境界条件の差と式(2.3.11)の精度

$$w = \frac{\theta_A l}{n\pi}\left[\sin\frac{n\pi}{l}x + a\left\{\cos\frac{(n-1)\pi}{l}x - \cos\frac{(n+1)\pi}{l}x\right\} + b\left\{\cos\frac{(2n-1)\pi x}{2l} - \cos\frac{(2n+1)\pi x}{2l}\right\}\right] \tag{2.3.3}$$

ここに，

$$a = \frac{s_B\eta}{4\pi}, \quad b = \frac{\eta-1}{2}, \quad \eta = \frac{\theta_B}{\theta_A} = \frac{s_A+\pi}{s_B+\pi}, \quad s_A = \frac{K_A l}{EI}, \quad s_B = \frac{K_B l}{EI}$$

である。

2.3.3 H形鋼梁の横座屈問題の設定

ここで対象とする問題は，図 2.3.3 に示すような，梁端でそり変形に対する拘束（そり拘束）と横曲げに対する拘束（横曲げ拘束）を受ける二軸対称H形鋼梁である。

隣接する部材から受けるそり拘束と横曲げ拘束を回転ばねに置換すると，図 2.3.3 に示す梁の構面外への曲げおよびねじれに関わる支配微分方程式は次式で示される[2.11]。

$$EI_y u^{(4)} + M\left(1-\frac{\kappa}{l}\right)\beta'' - \frac{2M\kappa}{l}\beta' = 0 \tag{2.3.4}$$

$$EI_w \beta^{(4)} - GJ\beta'' + M\left(1-\frac{\kappa}{l}\right)u'' = 0 \tag{2.3.5}$$

ここに，u：横たわみ，β：ねじれ角，κ：材端モーメント比であり，κ=0 のときに等曲げ，κ=2 のときに逆対称曲げを表す。ここでは，A支点に作用するモーメント M がB支点に作用するモーメントより大きい範囲（0 ≦κ≦ 2）を検討対象とする。

2.3.4 横たわみとねじれの変位関数の提案

図 2.3.3(c)のように，横曲げ拘束をH形鋼梁の弱軸まわりの回転拘束と捉えると，横たわみの境界条件は以下のように表される。

$$u(0) = 0, \quad u'(0) = \theta_{Au}, \quad EI_y u''(0) = K_{Au}\theta_{Au}$$
$$u(l) = 0, \quad u'(l) = (-1)^n\theta_{Bu}, \quad EI_y u''(l) = (-1)^{n+1}K_{Bu}\theta_{Bu} \tag{2.3.6}$$

ここに，n は座屈モードの次数である。式(5)を用いて求めた横たわみの変位関数は，次式となる。

$$u = \sum_{i=1}^{p} a_i\left[\sin\frac{i\pi}{l}x + a\left\{\cos\frac{(i-1)\pi}{l}x - \cos\frac{(i+1)\pi}{l}x\right\} + b\left\{\cos\frac{(2i-1)\pi}{2l}x - \cos\frac{(2i+1)\pi}{2l}x\right\}\right] \tag{2.3.7}$$

ここに，

$$a = \frac{s_{Bu}\eta_u}{4\pi}, \quad b = \frac{\eta_u-1}{2}, \quad s_{Au} = \frac{K_{Au}l}{EI_y}, \quad s_{Bu} = \frac{K_{Bu}l}{EI_y}, \quad \eta_u = \frac{s_{Au}+\pi}{s_{Bu}+\pi}$$

である。

一方，ねじれについては，ねじれ変形のみによる上下フランジの水平方向変位が等しいこと，および梁端部のそり変形は上下フランジの材端の相対回転変形によるものであることを考慮すると，材端におけるねじれの境界条件は次式となる。

$$v(0) = 0, \quad v'(0) = \theta_{A\beta}, \quad EI_f v''(0) = 2K_{A\beta}\theta_{A\beta}$$
$$v(l) = 0, \quad v'(l) = (-1)^n\theta_{B\beta}, \quad EI_f v''(l) = (-1)^{n-1}2K_{B\beta}\theta_{B\beta} \tag{2.3.8}$$

ここに，v は図 2.3.3（b）に示すように断面の回転によってフランジが横方向に移動した距離である。上式を用いて求めたねじれの変位関数は，次式となる。

$$\beta = \sum_{j=1}^{q} b_j\left[\sin\frac{j\pi}{l}x + c\left\{\cos\frac{(j-1)\pi}{l}x - \cos\frac{(j+1)\pi}{l}x\right\} + d\left\{\cos\frac{(2j-1)\pi}{2l}x - \cos\frac{(2j+1)\pi}{2l}x\right\}\right] \tag{2.3.9}$$

また，

$$c = \frac{s_{B\beta}\eta_\beta}{4\pi},\quad d = \frac{\eta_\beta - 1}{2},\quad s_{A\beta} = \frac{K_{A\beta}h^2 l}{EI_w},\quad s_{B\beta} = \frac{K_{B\beta}h^2 l}{EI_w},\quad \eta_\beta = \frac{s_{A\beta}+\pi}{s_{B\beta}+\pi}$$

である。

2.3.5 弾性横座屈耐力の誘導

式(2.3.7)と式(2.3.9)を対象に，ガラーキン法で求めた係数 a_i, b_i の行列式が 0 となる条件より，弾性横座屈耐力は次式のように求められる。

$$M_{cr} = \frac{\pi^2 E\sqrt{I_y I_w}}{l^2}K_{cr} \tag{2.3.10}$$

ここに，

$$K_{cr} = \sqrt{A_1\left(A_2 + R\right)} \tag{2.3.11}$$

$$R = \frac{GJl^2}{\pi^2 EI_w} \tag{2.3.12}$$

$$A_1 = \frac{B_2 B_4}{4B_1^2},\quad A_2 = \frac{B_3}{4B_4}$$

$$B_1 = 105\pi\left(8ac + 5bd + 2\right) + 1664\left(ad + bc\right) + 1120\left(a + c\right) + 896\left(b + d\right)$$

$$B_2 = 105\pi\left(128a^2 + 41b^2 + 8\right) + 32\left(700a + 1244ab + 329b\right)$$

$$B_3 = 105\pi\left(128c^2 + 41d^2 + 8\right) + 32\left(700c + 1244cd + 329d\right)$$

$$B_4 = 105\pi\left(8c^2 + 5d^2 + 2\right) + 64\left(35c + 52cd + 28d\right)$$

(2.3.13a～2.3.13f)

である。式(2.3.12)の R は，曲げねじり剛性とサンブナンねじり剛性の比に l_2/π_2 を乗じた値である。

なお，式(2.3.11)の K_{cr} は文献 2.12)では，

$$K_{cr} = \frac{1}{k_u^2}\sqrt{\left(\frac{k_u}{k_\beta}\right)^2 + k_u^2 R} \tag{2.3.14}$$

という形で与えられる。梁両端の境界条件を等しいと仮定すると，式(2.3.13)の係数 a～d は a=c，b=d となり，式(2.3.11)は式(2.3.14)と一致する。

図 2.3.4 は梁両端の境界条件が等しいときの式(2.3.14)の値（図 2.3.4(a)）と両端で境界条件が異なるときの式(2.3.11)の値（図 2.3.4(b)）を差分法により求めた解析解との対応で示したものである。両端の境界条件が異なる場合，R が大きいほど誤差が大きくなっていることが分かる。

そこで，R が大きい場合には横座屈波形において横たわみが支配的になることを考慮し，横たわみの成分の差分法との誤差を補正する係数を導入することで次式のような弾性横座屈耐力式を導いている。

$$M_{cr} = \frac{\pi^2 E\sqrt{I_y I_w}}{l^2}K'_{cr} \tag{2.3.15}$$

ここに，

$$K'_{cr} = \left\{\alpha_1\left(\alpha_2 + R\right)\right\}^r \tag{2.3.16}$$

$$\alpha_1 = \frac{{}_{1000}K_{cr}^{1/r} - {}_0K_{cr}^{1/r}}{1000},\quad \alpha_2 = \frac{{}_0K_{cr}^{1/r}}{\alpha_1},\quad r: \text{形状パラメータ} \tag{2.3.17}$$

$${}_0K_{cr} = A_3 A_4\sqrt{A_1 A_2} \tag{2.3.18}$$

$$A_3 = \frac{1}{1 + 0.04d_{u\beta}^2} \tag{2.3.19}$$

$$A_4 = \frac{1}{1 + 0.45d_{AB}^2 + 0.08d_{AB}^4} \tag{2.3.20}$$

$$d_{u\beta} = k_u^{-1} - k_\beta^{-1}$$

$$d_{AB} = d_A - d_B \tag{2.3.21}$$

$$d_A = k_{Au}^{-1} - k_{A\beta}^{-1},\quad d_B = k_{Bu}^{-1} - k_{B\beta}^{-1}$$

$${}_{1000}K_{cr} = \frac{31.6}{k_u} \tag{2.3.22}$$

$$d_r = {}_0K_{cr} - \frac{1}{k_u k_\beta} \tag{2.3.23}$$

$$r = -0.046d_r + 0.5 \tag{2.3.24}$$

である。図 2.3.5 は，式(2.3.16)で求めた K'_{cr} の値と差分法で求めた値との相関を示したものである。十分な精度で評価できていることが分かる。

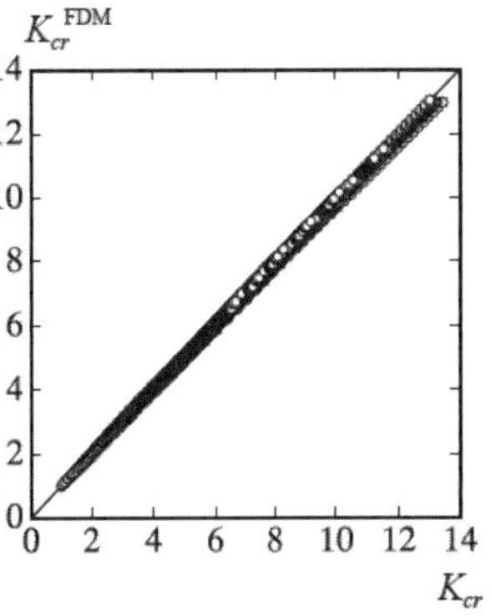

図 2.3.5 提案する式(2.3.16)の精度

2.3.6 ま と め

以上，梁の両端が柱による任意の拘束を受けたときの弾性横座屈荷重に関する理論的な検討を紹介した。実構造物の梁の耐力が弾性横座屈荷重で決定されることはないが，弾性横座屈荷重は梁の横座屈細長比を定義する基本となる耐力である。梁端拘束条件をより合理的に設計耐力へ反映させていくために，こうした精緻な検討が，今後重要になるといえる。

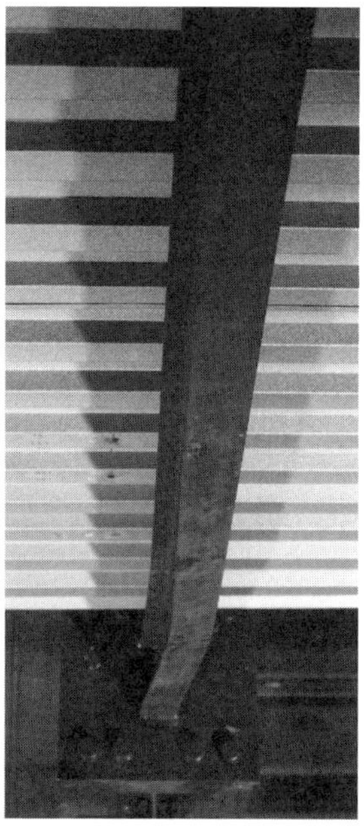

写真 2.4.1 屋根部材が取り付くＨ形鋼梁の横座屈

2.4 材端拘束を受ける連続補剛Ｈ形鋼梁の横座屈挙動

近年，様々な形状の空間構造物に大スパンＨ形鋼梁が用いられている。このような梁の設計では，横座屈に対して耐力を確保するために，材長方向に複数の横補剛材を設置する場合がある。このとき，鋼構造限界状態設計指針・同解説 [2.1]では多点補剛という考え方を用いており，全ての補剛点で横座屈変形が固定される座屈モードを想定しているため，補剛材には高い性能が求められる。実際の構造物では，写真 2.4.1 のように屋根折板のような非構造部材が梁の材長方向に連続して取り付くことから，このような非構造部材を連続補剛材とみなすことができれば，梁の横座屈変形に対して拘束効果が発揮される [2.13)-2.17)]。

一方で，ラーメン架構における梁は，材端で柱などの周辺部材により面外への回転変形の拘束を受ける。柱と梁の断面形状の組合せにより梁端の支持条件は 2.2 節の図 2.2.1 に示すように単純支持からそり変形および横曲げ変形が固定された完全固定となりうる。

本節では，梁の横座屈に対する連続補剛材の補剛効果と梁材端でそり拘束および横曲げ拘束効果を受ける梁の横座屈挙動に関する研究を紹介する。

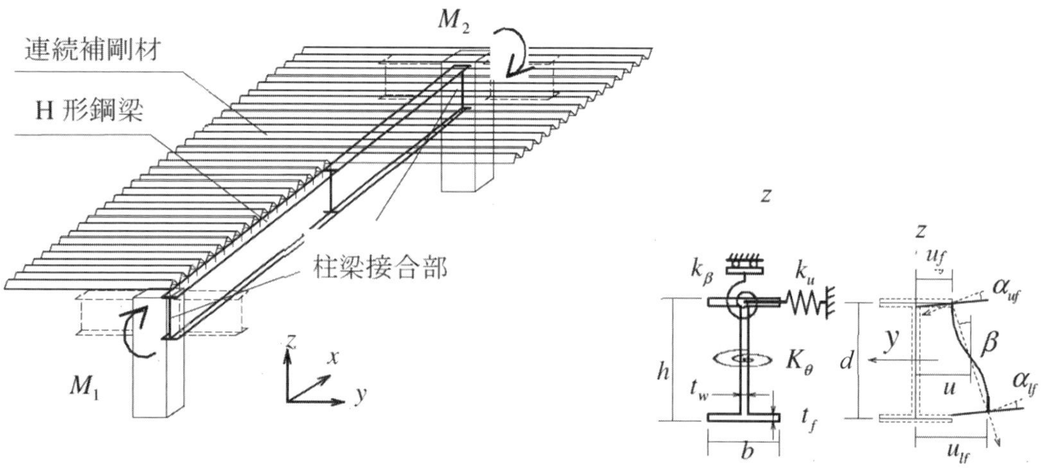

(a) 曲げモーメントを受ける折板付Ｈ形鋼梁　　(b) 断面内の横座屈変形

図 2.4.1 梁柱接合部を考慮した連続補剛Ｈ形鋼梁の横座屈

2.4.1 そり拘束を受ける連続補剛されたH形鋼梁の横座屈挙動

そり拘束を受けるH形鋼梁の弾性横座屈荷重式の誘導

文献 2.13)では等曲げモーメント作用時の連続補剛 H 形鋼梁の弾性横座屈荷重式を算出するためにポテンシャルエネルギーUを次式としている。

$$U=\frac{1}{2}\int_0^l\left\{EI_y u''^2+E\Gamma\beta''^2+GK\beta'^2+M_i u'^2+k_\beta\beta^2+k_u u_f{}^2\right\}dx \tag{2.4.1}$$

ここで，EI_y：梁の曲げ剛性，$E\Gamma$：梁の曲げねじり剛性，GK：断面内のねじり剛性，M_i：梁端に作用する曲げモーメント（ただし，iは 1，2 としここでは $M_1 \geqq M_2$），k_u：補剛材による単位長さあたりの水平補剛剛性(kN/mm^2)，k_β：補剛材による単位長さあたりの回転補剛剛性(kN/rad)，u：ウェブ中心の水平変形（図 2.4.1(b)：$u= u_{uf} + u_{lf}$），β：梁の回転変形（$\beta=(u_{uf}-u_{lf})/d$）とする。u_{uf}，u_{lf}は上下フランジの水平変形，d はフランジ中心間距離（$d=h-t_f$）であり，図 2.4.2 に示す通りである。材端支持条件は強軸まわりおよび弱軸まわりに対して単純支持，または完全固定とし式(2.4.1)に，図 2.4.2 で仮定したウェブ中心の水平変位を代入，偏微分し，ウェブの板曲げ変形に伴うフランジのねじり剛性および補剛材の回転補剛剛性の見かけ上の低下率τ_1，τ_2[2.16)]を適用した弾性横座屈荷重式が明らかにされている[2.13), 2.16)]。

実際の柱梁接合部によりそり拘束を受ける場合の横座屈荷重は，そり拘束度によって単純支持とそり固定の間となる。そこで，単純支持およびそり固定の場合の横座屈荷重式を上限，下限としてその間をそり拘束度$\bar{\tau}$で補間する。そのとき，そり拘束下での等曲げモーメントを受けるH形鋼梁の弾性横座屈式は式(2.4.2a)として示されている[2.13)]。なお，横座屈モーメント M_{cr}は式(2.4.2a)の ${}_wP_{cr}$に dを乗じた値である。

$${}_wP_{cr}=({}_kP_{cr2}-{}_kP_{cr1})\bar{\tau}+{}_kP_{cr1} \tag{2.4.2a}$$

$$\bar{\tau}=\frac{\tau-1}{3} \quad (2.4.2b) \qquad \tau=4-\frac{3}{1+2s} \quad (2.4.2c)$$

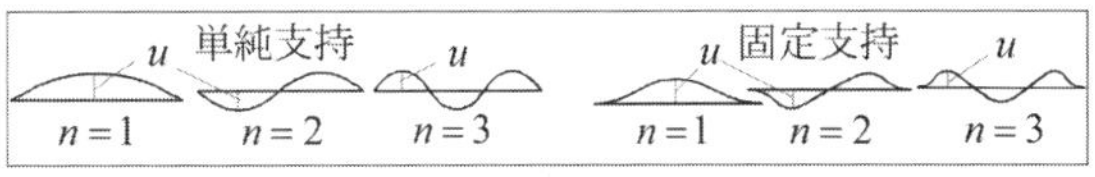

図 2.4.2 ウェブ中心の水平変位の仮定

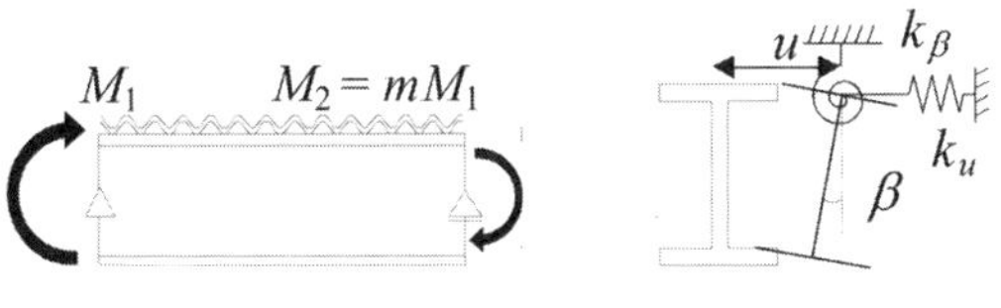

(a) Type A

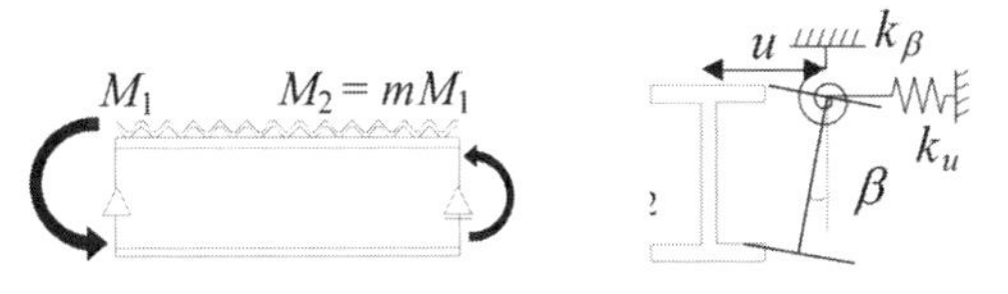

(b) Type B

図 2.4.3 荷重条件

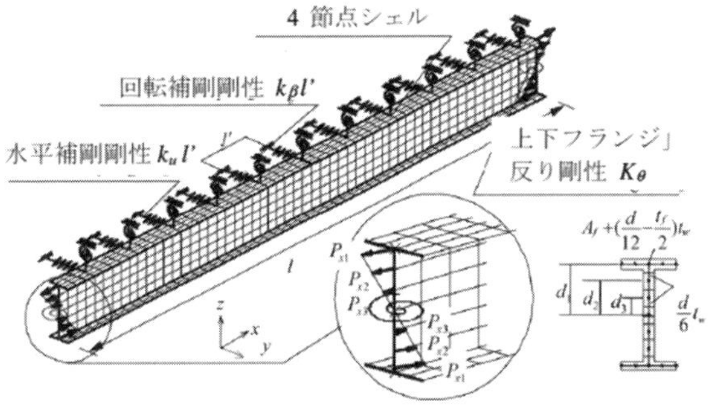

図 2.4.4 数値解析モデル

$$s=\frac{{}_wK_\theta}{l}\Bigg/\left(\frac{\pi}{l}\right)^2 EI_f \tag{2.4.2d}$$

ここで，${}_kP_{cr1}$ は単純支持の場合で文献 2.16)の式(14)，${}_kP_{cr2}$ はそり固定の場合で文献 2.13)の式(19)，$\bar{\tau}$ はそり拘束度と定義され，そり自由（単純支持）0，そり固定 1 となるように，式(2.4.2b)のように表される。式中右辺のτは，柱梁接合部による梁端のそり拘束の割合である。これは，式(2.4.2c)に示す端部回転剛性比 s で表したものであり，1～4 の間となる。sは圧縮側フランジの曲げ剛性に対するそり剛性の比であり，式(2.4.2d)に示す通りである。また，${}_wK_\theta$はそり剛性（kN･mm/rad）である。

次に，設計指針[2.1)]では，勾配曲げモーメントを受ける場合の横座屈荷重は，等曲げモーメントを受ける場合の横座屈荷重式にモーメント修正係数 C_b を乗じることで求められる。しかし，式(2.4.2a)

左辺の ${}_wP_{cr}$ に C_b を乗じると連続補剛による荷重上昇率を過大に評価することになる。

さらに，実構造物における梁は，柱梁接合部によるそり拘束と連続補剛材による横座屈変形拘束を受けることから，両者の相互効果を考慮した横座屈荷重式の構築が求められる。そこで，文献 2.13) では式(2.4.2a)中の等曲げモーメントを受ける H 形鋼梁の ${}_kP_{cr1}$，${}_kP_{cr2}$ に，材端支持の違いによる拘束効果と連続補剛による補剛効果を考慮したモーメント修正係数を乗じることで勾配曲げモーメントを受ける連続補剛 H 形鋼梁の弾性横座屈荷重を導出している。

弾性固有値解析概要

図 2.4.3 にモーメント勾配の定義を示す。左端のモーメント M_1 は基本的に右端のモーメント M_2 以上とし，補剛側が圧縮となる場合（M_1 により上フランジに圧縮が作用する場合）を Type A，補剛側が引張となる場合（M_1 により上フランジに引張が作用する場合）を Type B とする。M_1 に対する M_2 の割合をモーメント勾配 m と定義し，無補剛のときを m，Type A の荷重条件のときを m_A，Type B の荷重条件のときを m_B とする。

数値解析は汎用有限要素解析プログラム ABAQUS6.14 による弾性固有値解析である。解析モデルは，図 2.4.4 に示すように H 形鋼梁を 4 節点シェル要素，回転補剛材を回転ばね要素，水平補剛材を水平ばね要素，柱梁接合部による端部のそり拘束を上下フランジ間に取り付く回転ばね要素に置換している。ばね要素を H 形鋼梁の材長方向に一定間隔 l' で設け，ばね要素 1 つあたりの補剛剛性を $k_u l'$(kN/mm)，$k_\beta l'$ (kN・mm/rad)とする。以降，l' を補剛間隔と呼ぶ。H 形鋼梁の材端支持条件は，図 2.4.1 において断面中心(y 軸まわり)でピンおよびピンローラ支持として梁の材軸まわり(x 軸まわり)の回転を拘束している。作用荷重は梁両端で等モーメント荷重（図 2.4.3 : $|M_2|=|M_1|$ で $M_2=-M_1$）の場合とし，三角形分布の軸応力となる荷重を各節点に与えている。なお，各荷重節点の位置は図 2.4.4 右下に示す通りであり，各節点の中立軸からの距離である d_1~d_3 の位置に偶力を与え，曲げモーメントを作用させる。

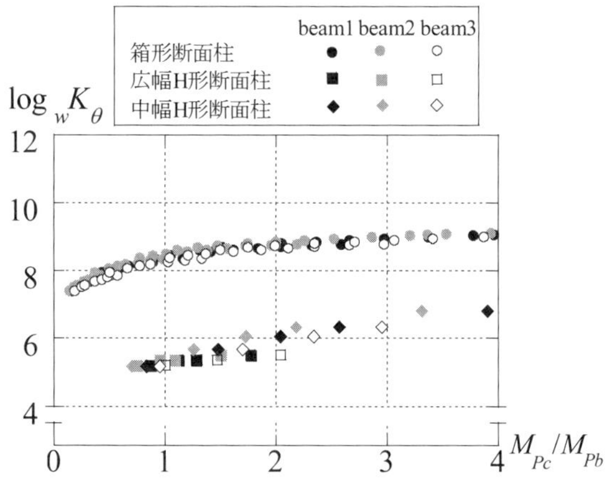

図 2. 4. 5 実構造物の梁端部のそり剛性−柱梁耐力比

断面の違いが梁の横座屈挙動に及ぼす影響を検討するために，梁の横座屈細長比を λ_1=160, 200, 240, 280 とし梁のねじり抵抗 GK/d^2 と曲げ抵抗 $EI_y(\pi/l)^2$ の割合 $\chi^2(=GK/d^2/EI_y(\pi/l)^2)$=0.5~1.4 の範囲となる断面として細幅 H 形断面である H-600×200×11×17（梁断面 1）および H-500×250×9×16（梁断面 2），中幅 H 形断面である H-390×300×10×16（梁断面 3）を選定した。なお，断面形状比 b/h は 0.33，0.5，0.77 となり，梁の横座屈細長比 λ_1 は，次式で定義するものとする。

$$\lambda_1 = \frac{l}{i_1} \qquad (2.4.3a) \qquad \because i_1 = \sqrt{\frac{I_f}{A_1}} \qquad (2.4.3b)$$

$$A_1 = A_f + \frac{A_w}{6} \qquad (2.4.3c)$$

弾性横座屈応力度とそり剛性の関係

実鉄骨ラーメン骨組における梁と柱の関係から，対象とする梁端部のそり剛性 ${}_wK_\theta$ の範囲を示す。架構における梁材端のそり拘束は柱梁接合部のねじり抵抗であり，次式のように表される。

$${}_wK_\theta = \overline{M}/\phi = G\overline{K}/d \qquad (2.4.4)$$

ここで，$\overline{M}$ は梁のそり変形によるねじりモーメント，$G\overline{K}$ は柱梁接合部のサンブナンねじり剛性，ϕ はそり変形によって生じる上下フランジ間の回転角であり，以降，そり変形角と呼ぶ。文献 2.6) では，柱梁接合部は柱と同断面とし，そのねじり定数は概略的に H 形断面柱の場合，柱断面のねじり定数に梁の上下フランジのねじり定数を加えたものとし，箱形断面柱の場合，柱断面のねじり定数としている。このようなねじり定数の仮定に対して，柱梁接合部のみを取り出したモデルの数値解析を行い，その妥当性を確認している。

図 2.4.5 に柱梁耐力比 M_{pc}/M_{pb} の関係を示す。ここで，M_{pc}，M_{pb} はそれぞれ柱，梁の全塑性耐力である。柱の断面寸法は梁断面 1~3 について，H 形鋼梁が柱よりも先に全塑性耐力に達するものとすると，骨組の柱梁耐力比 M_{pc}/M_{pb}=1.3~2.0 では，${}_wK_\theta=10^5$~10^9 kN･mm/rad となる。

図 2.4.6 にそり拘束度 $\bar{\tau}$ と端部回転剛性比 s の関係を示す。縦軸は式(2.4.2b)のそり拘束度，横軸は式(2.4.5)の端部回転剛性比である。白抜きプロットは，梁材端支持条件，補剛形式，補剛剛性，モーメント勾配の異なる数値解析結果 2.13)を式(2.4.2a)の ${}_kP_{cr1}$，${}_kP_{cr2}$，${}_wP_{cr}$ に代入し，$\bar{\tau}$ を逆算して求めている。塗りつぶしプロットは文献 2.6)の無補剛の場合の梁断面を用いて式(2.4.2d)の s を求め，式(2.4.2b)に代入したそり拘束度である。既往の文献における検討断面による諸係数を表 2.4.1 に示す。式(2.4.2b)の黒実線は，s が大きくなると，そり固定である 1 に収束していく。また，モーメント勾配が異なる場合でも，プロットのばらつきは小さく，黒実線は傾向を捉えられていることから，式(2.4.2b)によってそり拘束度を評価できる。

図 2.4.7 にそり拘束された場合の横座屈応力度 ${}_w\sigma_{cr}$ とそり剛性 ${}_wK_\theta$ の関係を示す。縦軸は，式(2.4.2a)より求められる弾性横座屈荷重を式(2.4.3c)に示す有効断面積 A_1 で除した弾性横座屈応力度 ${}_w\sigma_{cr}$，横軸はそり剛性 ${}_wK_\theta$ を log 関数で示したものである。(a)では，回転補剛剛性比を固定し，水平補剛剛性比を変化させている。このとき，Type A で回転補剛剛性比 $k_\beta/(GK_f/d)=0$，Type B で回転補剛剛性比を $k_\beta/(GK_f/d)=0.01$ とする。一方，(b)では引張側フランジ補剛を対象に水平補剛剛性比を $k_u/(EI_f/l^3)=0.1$ に固定し，回転補剛剛性比を変化させている。図右縦軸の◁はそれぞれのそり固定（${}_wK_\theta=\infty$）の値である。プロットは弾性固有値解析結果であり，

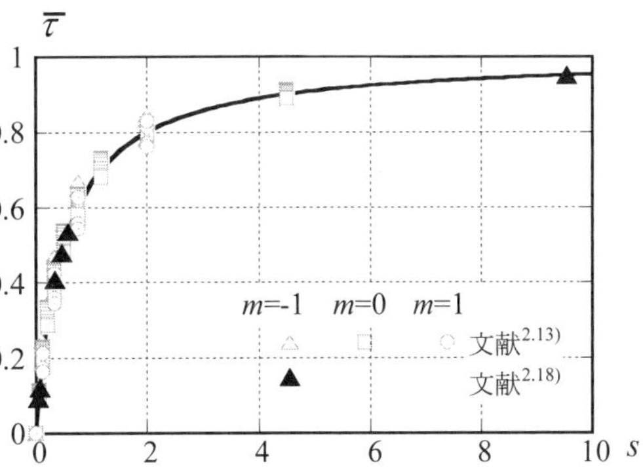

図 2.4.6 そり拘束度 $\bar{\tau}$ と端部回転剛性比 s

表 2.4.1 文献 2.6)の検討断面による諸係数

梁断面	柱断面	s	$\bar{\tau}$	$\log\bar{K}$
H-250×125×6×9	H-250×125×6×9	0.05	0.09	2.72
	H-250×250×9×14	0.35	0.41	3.54
	H-250×125×6×9	0.07	0.12	2.72
	H-250×250×9×14	0.46	0.48	3.54
	□-250×16	9.54	0.95	4.98
	H-250×250×9×14	0.58	0.54	3.54
	□-250×16	15.91	0.97	4.98

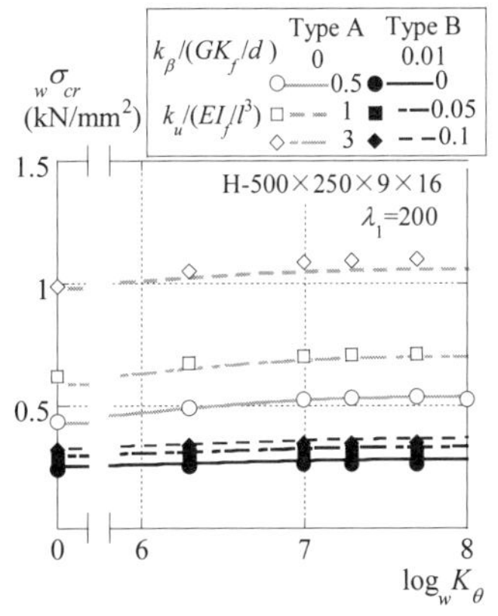

(a) 圧縮側フランジ補剛

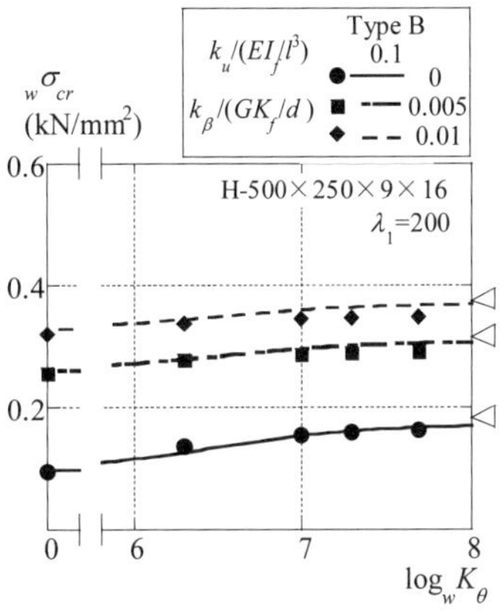

(b) 引張側フランジ補剛

図 2.4.7 そり拘束された梁の横座屈応力度－そり剛性

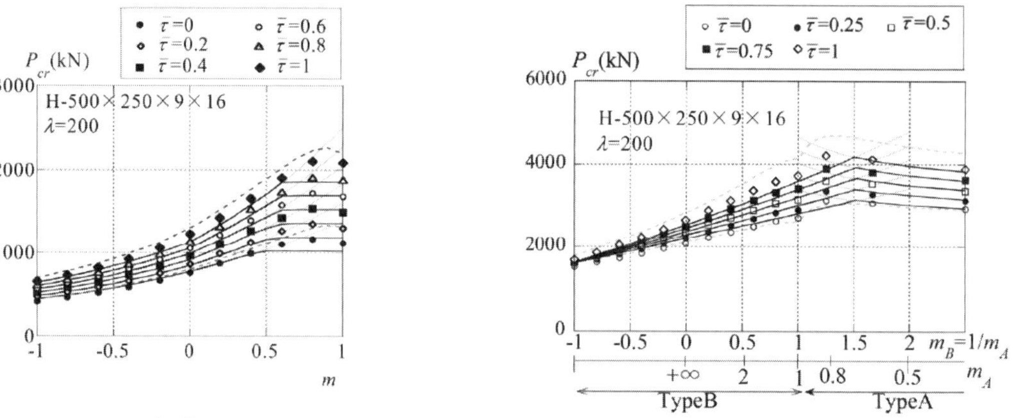

(a) 無補剛　　　(b) 連続補剛

図 2.4.8 そり拘束された場合の弾性横座屈荷重とモーメント勾配

各線と概ね対応していることから，式(2.4.2a)の弾性横座屈荷重式の有効性が示された。圧縮側フランジ補剛，引張側フランジ補剛ともに，横座屈応力度はそり剛性 ${}_wK_\theta$が大きくなるほど緩やかに上昇し，そり固定に近づくにつれて一定となる。また，回転補剛剛性比または水平補剛剛性比が大きくなるにつれて横座屈応力度は上昇する。

図 2.4.8 にそり拘束された場合の弾性横座屈荷重とモーメント勾配の関係を示す。(a)は無補剛の場合，(b)は連続補剛の場合である。連続補剛の場合，補剛剛性は単純支持，等曲げモーメント作用時の座屈モードが sine 半波（n=1）から sine 一波（n=2）へ移行するときの値を用いる。ここで，n は座屈モード次数である。補剛剛性は，文献 2.16)の式(14)の弾性横座屈荷重を用いて，式(14)に n=1 と n=2 を代入した場合の弾性横座屈荷重が等しくなる補剛剛性の値とする。

パラメータは，そり拘束度$\bar{\tau}$ である。縦軸は横座屈荷重 ${}_wP_{cr}$，横軸は材端に作用する曲げモーメントである。黒実線は式(2.4.2)，灰色破線はエネルギー式より算出した行列式（文献 2.14)の式(11), 式(12)）である。横軸は(b)の上段を図 2.4.3 の Type B のモーメント勾配 m_{B}，下段を m_{A} としている。下フランジ座屈型となる Type B の弾性横座屈荷重を左側から，上フランジ座屈型となる Type A の弾性横座屈荷重を右側から黒線で示し，両者の小さい方を弾性横座屈荷重とする。これらの交点は Type B からみて横軸が逆対称曲げモーメントとなる m_B＝1.0 以上に位置している。つまり，補剛された上フランジの圧縮応力領域が材長の半分以上となる Type A の条件下においても，横座屈モードは下フランジ座屈型となる。また，各プロットは弾性固有値解析結果であり，黒実線と概ね対応している。そのため，Type B の横座屈荷重を延長した黒線で Type A の条件下だが下フランジ座屈型となる場合の荷重を評価できることが示された。

表 2.4.2 材料特性

E(N/mm^2)	2.06×10^5
σ_y(N/mm^2)	294
σ_u(N/mm^2)	436
E_{st}(N/mm^2)	2.74×10^3

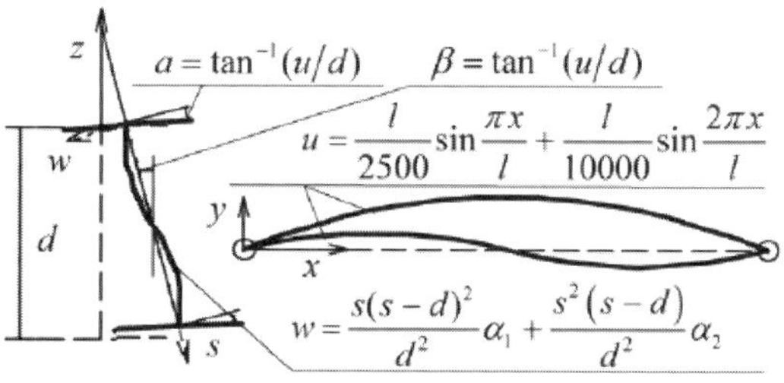

図 2.4.9 初期不整

弾塑性横座屈耐力評価

数値解析モデル，対象部材は図 2.4.4 と同様である。弾塑性大変形解析を行うため，表 2.4.2 に示すように鋼種は 400N/mm^2 級鋼を想定し，H 形鋼梁の材料特性にはバイリニア型を適用している。補剛材であるばね要素は弾性とし，数値解析における補剛間隔 l'は，250mm としている。梁の初期不整は図 2.4.9 に示す面外方向に最大値が材長の l/2500

となる sine 半波，最大値が $l/10000$ となる sine 一波を足し合わせた水平変形と，x 軸まわりで材長の $l/2500/(d/2)$となる sine 半波のねじれ変形としている。この初期不整は，弾性固有値解析による一次モードと二次モードに相当し，簡便な初期不整形状としている[2.14]。弾塑性大変形解析における制御方法は，弧長増分法の 1 つである Ricks 法を採用している。

図 2.4.10 にそり拘束された連続補剛 H 形鋼梁の弾塑性横座屈耐力と修正一般化細長比の関係を示す。縦軸は弾塑性大変形解析により求めた梁端の最大曲げモーメント M_{cr} を，全塑性曲げモーメント M_p の比，横軸は次式で示す修正一般化細長比[2.14]である。式(2.4.2)の弾性横座屈荷重式 ${}_wP_{cr}$ に d を乗じた ${}_wM_{cr}$ を用いた，次式を修正一般化細長比 $\overline{\lambda_b}$ として提案している。

$$\overline{\lambda_b} = \sqrt{\frac{M_p}{{}_wM_{cr}}} \tag{2.4.5}$$

横軸は式(2.4.5)の修正一般化細長比，図中のプロットは弾塑性大変形解析結果および文献 2.17)の実験結果を示している。また，各線は，それぞれ式(2.4.5)の修正一般化細長比を適用した座屈設計式[2.1]を示している。破線は $m = -1.0$（等曲げ），点線は $m = 0$，実線は $m = 1.0$（逆対称曲げ）である。

$\lambda_b \le {}_p\lambda_b (\because {}_p\lambda_b = 0.6 + 0.3\dfrac{M_2}{M_1})$ のとき

$$M_c / M_p = 1.0 \tag{2.4.6a}$$

${}_p\lambda_b < \lambda_b \le {}_e\lambda_b (=1/\sqrt{0.6})$ のとき

$$M_c / M_p = 1.0 - 0.45\frac{\lambda_b - {}_p\lambda_b}{{}_e\lambda_b - {}_p\lambda_b} \tag{2.4.6b}$$

${}_e\lambda_b < \lambda_b$ のとき

$$M_c / M_p = \frac{1}{\lambda_b^{\,2}} \tag{2.4.6c}$$

$$\lambda_b = \sqrt{M_p / M_e} \tag{2.4.6d}$$

$${}_p\lambda_b = 0.6 + 0.3\left(M_2 / M_1\right) \tag{2.4.6e}$$

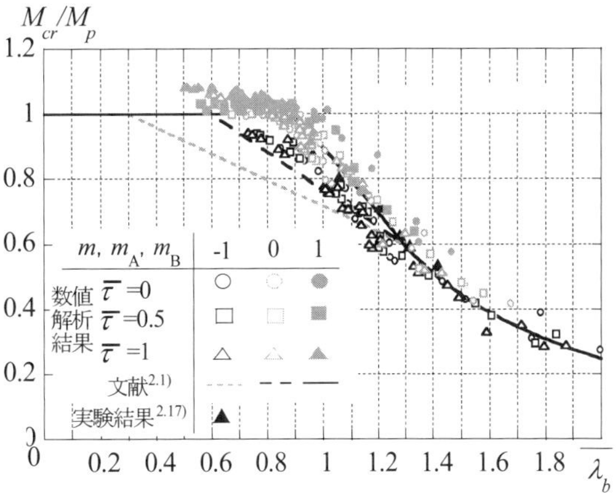

図 2.4.10 そり拘束された連続補剛 H 形鋼梁の弾塑性横座屈耐力と修正一般化細長比

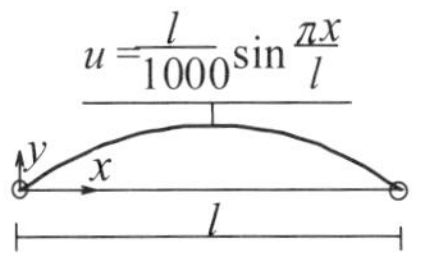

図 2.4.11 初期不整

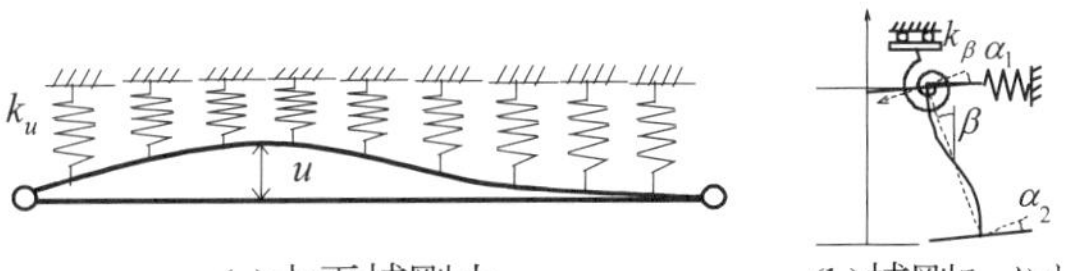

(a)水平補剛力　(b)補剛モーメント

図 2.4.12 補剛力の定義

$$C = 1.75 + 1.05\left(M_2 / M_1\right) + 0.3\left(M_2 / M_1\right)^2 \tag{2.4.6f}$$

補剛形式とそり剛性をパラメータとした。各数値解析結果は設計指針[2.2]の座屈曲線を上回り，m=1.0（逆対称曲げ）の実線を上限として分布している。圧縮側フランジが非弾性座屈する範囲でも補剛材は常に弾性を保持すると仮定している。そのため，プロットは弾性範囲では座屈曲線[2.1]に概ね等しくなる。一方，非弾性範囲では梁の塑性化に伴い補剛材の剛性が相対的に増大し，弾性域よりも補剛効果が高くなることから座屈応力度が上昇し，プロットは非弾性範囲では，m=1.0（逆対称曲げ）の実線付近に分布している。そり拘束された連続補剛 H 形鋼梁の弾塑性横座屈耐力は，座屈設計式[2.1]の細長比の代わりに式(2.4.5)の修正一般化細長比を適用することで，M_{cr}/M_p <0.6 の弾性域では概ね捉えられ，M_{cr}/M_p ≧ 0.6 の非弾性域では安全側の評価となる。

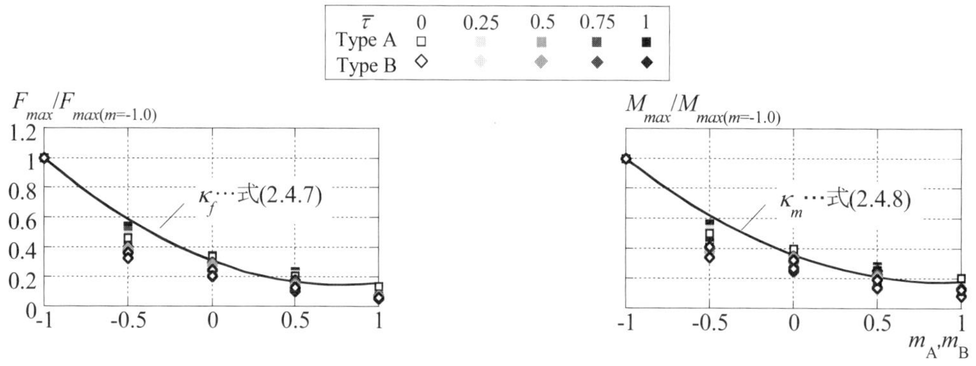

(a) 水平補剛力　　　　(b) 補剛モーメント

図 2.4.13 モーメント勾配による補剛力変化率

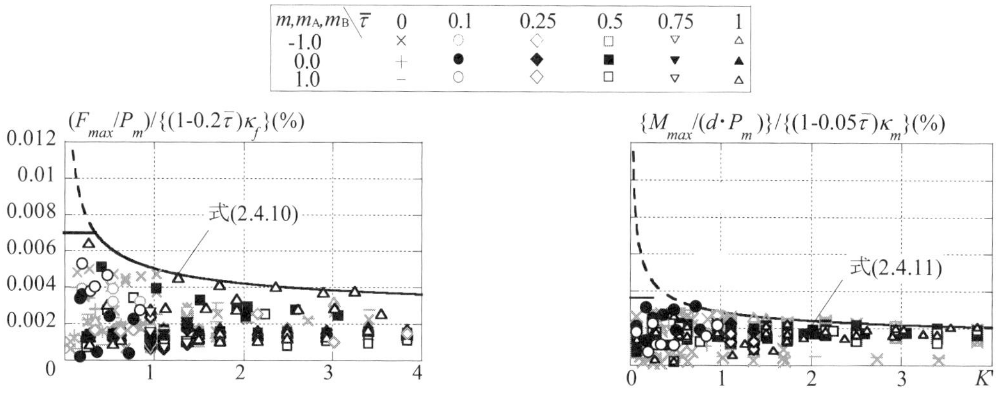

(a) 水平補剛力　　　　(b) 補剛モーメント

図 2.4.14 モーメント勾配による補剛力変化率

連続補剛材の補剛力・補剛モーメント評価

文献 2.14)では, 図 2.4.4 と同様な解析モデルを用いた弾塑性大変形解析により材端拘束された連続補剛 H 形鋼梁の補剛力および補剛モーメントを明らかにしている。その際, 初期不整は補剛材にとって厳しい条件となるように, 最大値が JASS6[2.18)]で規定されている最大許容誤差 $l/1000$ となる sine 半波を与える(図 2.4.11)。水平補剛力と補剛モーメントは, 最大軸荷重時に補剛材に働く力またはモーメントであり, 水平補剛力 F_{max} は, 図 2.4.12(a)に示す水平補剛剛性 k_u と上フランジの水平変形 u_1 の積, 補剛モーメント M_{max} は, 図 2.4.12 (b)に示す回転補剛剛性 k_β と補剛点の回転変形角($\beta-\alpha_1$)の積としている。

図 2.4.13 にモーメント勾配 m による補剛力変化率を示す。縦軸は各そり拘束度および補剛剛性における等曲げモーメント(m=-1.0)を受ける梁の補剛力に対する, 最大補剛力の変化率, 横軸はモーメント勾配 m である。m が大きくなると上下フランジの水平変形が sine 一波形に近づき, 水平およびねじれ変形の最大値が小さくなるため補剛力が低下することから, 変化率の上限値より近似した次式を図中の黒線で示している。

$$\kappa_f = 0.27m^2 - 0.42m + 0.31 \tag{2.4.7}$$

$$\kappa_m = 0.23m^2 - 0.41m + 0.36 \tag{2.4.8}$$

図 2.4.14 に補剛力比の数値解析結果と評価式の関係を示す。縦軸は最大補剛力比, 横軸は既往の文献 2.16)で採用されている次式の等価補剛剛性 K である。

$$K' = \left(k_u / {}_k k_{u0}\right)\cdot\left(k_\beta / {}_k k_{\beta 0}\right)\chi^{-1} \quad \because \chi^2 = \left(GK/d^2\right)/EI_y\left(\pi/l\right)^2 \tag{2.4.9}$$

等曲げモーメントが作用した場合の評価式[2.16)]の右辺にそり拘束度による補剛力変化率 $\bar{\tau}$[2.13)]とモーメント勾配による補剛力変化率 κ_f, κ_m を乗じたものを次式として提案している。

$$F_{max}/P_m = 0.0028\left(0.8+1/\sqrt{K'}\right)\left\{(1-0.2\overline{\tau})\kappa_f\right\} \quad (2.4.10)$$

$$M_{max}/d\cdot P_m = 0.004\left(0.8+1/\sqrt{K'}\right)\left\{(1-0.05\overline{\tau})\kappa_m\right\} \quad (2.4.11)$$

図 2.4.14 では，$\overline{\tau}$ と m の違いによらず統一的に評価するために縦軸 F_{max}/P_m，M_{max}/M_m を式(2.4.10)，式(2.4.11)右辺の第 3 項で除している。ここでは，$\overline{\tau}$ と m をパラメータとする。数値解析結果は，(a),(b)中の実線で示した式(2.4.10)，式(2.4.11)を下回るものが多く，これらの式を上限として分布している。単純支持の場合と同様，そり拘束された H 形鋼梁が勾配曲げモーメントを受ける場合の連続補剛材の補剛力比の上限値を評価できる。

2.4.2 横曲げ拘束を受ける連続補剛されたＨ形鋼梁の横座屈挙動

弾性横座屈荷重式の誘導

梁端のそり変形は，梁端部にねじり剛性の高い箱形断面柱と接合することで梁の横座屈に対する柱梁接合部のねじり抵抗により概ね固定され，柱のねじり抵抗により横曲げ拘束される[2.6)]。2.4.2 項では連続補剛された H 形鋼梁の横座屈荷重に対する横曲げ拘束の影響を明らかにする。そり固定と完全固定における連続補剛された H 形鋼梁の弾性横座屈荷重式はエネルギー法による変分原理を基に文献 2.15)の式(11)および式(12)，(13)より求められている。2.4.1 項と同様，連続補剛材は上フランジに取り付く場合を想定し，上フランジに圧縮応力が生じる場合を Type A，引張応力が生じる場合を Type B とする。また，本節の最初で述べたように横曲げ拘束は「柱のねじり抵抗」によるものであり，柱断面に箱形断面が多く，ねじり剛性が非常に大きいことから，梁材端のそり変形は十分拘束されることが考えらえる。そこで，柱梁接合部によるそり固定を前提とすれば，横曲げ拘束下の H 形鋼梁の横座屈荷重 ${}_fP_{cr}$ は，柱のねじり剛性による横曲げ拘束度によってそり固定と完全固定の間となると考え，式(2.4.2)と同様に，次式のように表せる。

$$_fP_{cr} = ({}_kP_3 - {}_kP_2)\overline{\varphi} + {}_kP_2 \quad (2.4.12)$$

ここで，$\overline{\varphi}$ を横曲げ拘束度と定義し，式(2.4.13a)のように表せる。式中の τ は，端部ばねによる横曲げ拘束度を示しており，式(2.4.13b)に示すように，端部回転剛性比 η の大きさによって回転自由から回転固定の場合で 1~4 の間となる。ここで，η は圧縮側フランジの曲げ剛性に対する横曲げ剛性の比であり，式(2.4.13c)に示す通りである。

$$\overline{\varphi} = \frac{\varphi - 1}{3} \quad (2.4.13a) \qquad \varphi = 4 - \frac{3}{1+2\eta} \quad (2.4.13b)$$

$$\eta = \frac{{}_fK_\theta}{2h} \bigg/ \left(\frac{\pi}{l}\right)^2 EI_y \quad (2.4.13c)$$

なお，架構における梁材端の横曲げ拘束は柱のねじり抵抗であり，次式のように表される。

$$_fK_\theta = M_T/\phi = GK_c/2h \quad (2.4.14)$$

ここで，M_T：梁の横曲げ変形による曲げねじりモーメント，GK_c：柱のねじり抵抗によるサンブナンねじり剛性，ϕ：横曲げ変形によって生じる梁端部のウェブ中心における回転角（図 2.4.1 参照），h：階高である。その際，文献 2.7)では，曲げねじり定

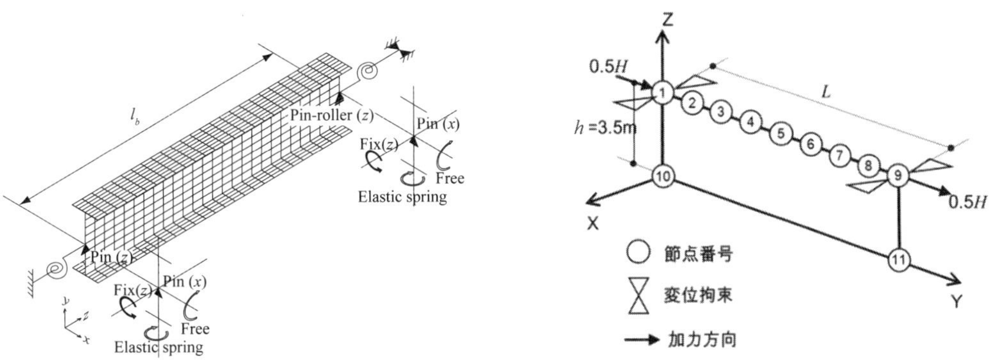

(a) 文献 2.19)　　(b) 文献 2.20)

図 2.4.15 有限要素法解析モデル

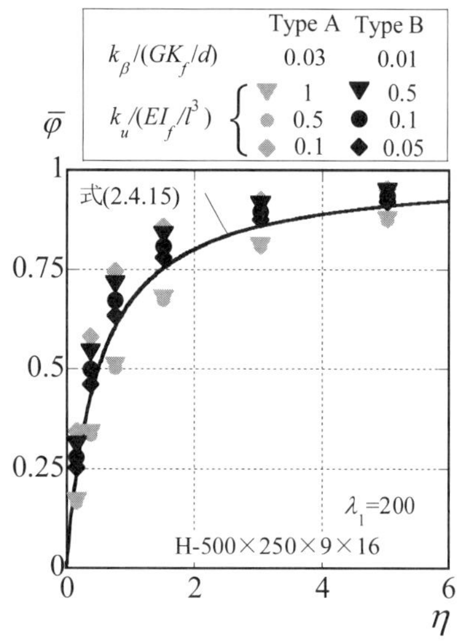

図 2.4.16 柱梁耐力比－横曲げ剛性

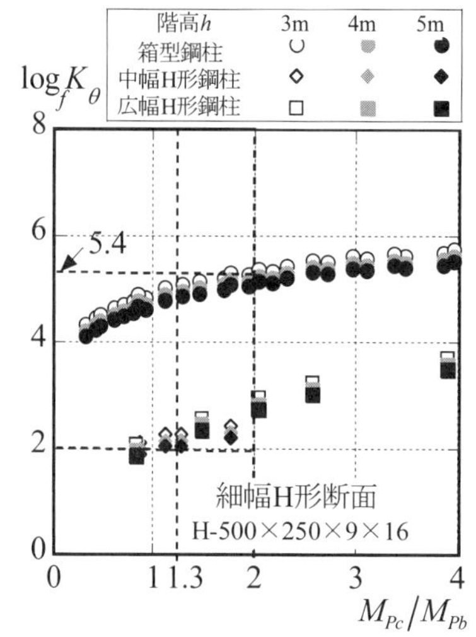

図 2.4.17 横曲げ剛性－柱梁耐力比

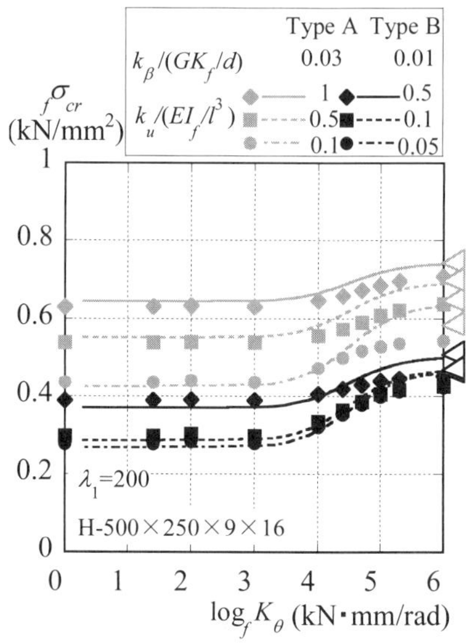

図 2.4.18 横座屈応力度－材端回転剛性

数は H 形断面柱の場合，概略的に柱断面のねじり定数に梁の上下フランジのねじり定数を加えたものとし，箱形断面柱の場合，柱断面のねじり定数としている。

固有値解析概要

文献 2.13)-2.16)における数値解析モデルは図 2.4.1 と同様のモデルであり，梁を 4 節点シェル要素，連続補剛材を回転ばね要素，水平ばね要素とし，柱のねじり抵抗による横曲げ拘束度を梁端部の回転ばね要素に置換している。なお，梁端上下フランジ間のそり変形を固定している。梁の初期不整は，前節と同様，図 2.4.9 に示す通りである。

一方で，文献 2.19)では，図 2.4.15(a)のような数値解析モデルにより材端で面外回転拘束を受ける H 形鋼梁の耐力と変形性能の明らかにするために，有限要素法解析を行っている。梁長 l_b の H 形鋼梁の一端をピン支持，他端をピンローラ支持とし，梁端支持位置に剛体要素を接合することで上下フランジのそりを固定としている。文献 2.20)では，図 2.4.15(b)のような数値解析モデルにより座屈後の大変形領域まで考慮した骨組内の梁の耐力を検討するために柱断面と柱脚部の拘束条件をパラメータとした門型骨組の数値解析を行い，骨組内の梁の横座屈長さを検討している。

図 2.4.16 に，横曲げ拘束度 $\bar{\varphi}$ と横曲げ剛性比 η の関係を示す。凡例は，図 2.4.1(b)に示す単位幅あたりの水平および回転補剛剛性比である。黒実線は次式，プロットは数値解析結果である。$\bar{\varphi}=0$ はそり固定，$\bar{\varphi}=1$ は完全固定であり，η が大きくなるにつれて 1 に収束する。プロットは黒実線に対して誤差 10%以内であり，Type A で水平補剛剛性比が大きくなると（●，▼），プロットは黒実線を下回る。これは，補剛剛性が大きくなると横曲げ拘束度による影響が低下するためであり， 横曲げ拘束度は概ね次式で評価できる。

$$\varphi' = 4 - \frac{3}{1+\eta} \tag{2.4.15}$$

図 2.4.17 に，柱梁耐力比 M_{pc}/M_{pb} と実際の柱材による横曲げ剛性 $\bar{\kappa}$ の関係を示す。このとき，柱一本に梁が取り付く場合を想定している。実際の断面形状 2.21)をもとに，柱断面は箱形断面柱（柱せい 300~600mm），中幅 H 形断面柱（柱せい 400~600mm），広幅 H 形断面柱（柱せい 350~500mm），階高は 3~5m を検討対象とした。柱梁耐力比を M_{pc}/M_{pb}=1.3~2.0 とすると，図の破線で囲まれている ${}_fK_\theta=10^2$~$10^{5.4}$(kN・mm/rad) が横曲げ剛性の範囲となる。また，一般的には柱仕口部分には4方向に梁が取り付くため，横曲げ剛性の下限値を ${}_fK_\theta=10^2$の 1/4 である 25≒$10^{1.4}$ とすると，${}_fK_\theta=10^{1.4}$~$10^{5.4}$(kN・mm/rad) が一般的な検討対象となる。このとき，断面の違いが梁の横座屈挙動に及ぼす影響を検討するために，梁のねじり抵抗 GK/d^2 と曲げ抵抗 $EI_y(\pi/l)^2$ の割合 χ^2

$(=GK/d^2/EI_y(\pi/l)^2)$ を指標として 3 種類の断面を選定した。細長比についても 1.4.1 項と同様λ_1=160, 200, 240, 280 を数値解析対象とする。

図 2.4.18 に，横曲げ拘束された場合の横座屈応力度 ${}_f\sigma_{cr}$ と横曲げ剛性 ${}_fK_\theta$の関係を示す。ここでは，回転補剛剛性比を固定し，水平補剛剛性を変化させている。黒実線は Type A，灰色実線は Type B における式(2.4.12)を表している。プロットは数値解析結果であり，凡例に示す通りである。図右縦軸の◁は完全固定の場合である。対象とした梁断面は細幅 H 形断面である H-500×250×9×16 であり，細長比はλ_1=200 を対象としている。縦軸は弾性横座屈応力度 ${}_f\sigma_{cr}$，横軸は横曲げ剛性を log 関数で表したものであり，${}_fK_\theta=0$ でそり固定，${}_fK_\theta$ が大きくなるにつれて完全固定に近づいていく。横曲げ剛性 ${}_fK_\theta$，水平補剛剛性比 $k_u/(EI_f/l^3)$, 回転補剛剛性比 $k_\beta/(GK_f/d)$ が大きくなると，横座屈応力度 ${}_f\sigma_{cr}$ が上昇する。また，数値解析結果である各プロットと式(2.4.12)による各線は概ね対応しており，式(2.4.12)の妥当性が示された。なお，表 2.4.3 に既往の文献 2.17), 2.19), 2.20)の検討断面における係数を示している。

<u>弾塑性横座屈応力度評価</u>

図 2.4.19 に弾塑性横座屈応力度評価を示す。縦軸は 2.4.1 項と同様な弾塑性大変形解析結果より得られた最大曲げモーメント M_{cr} と梁の全塑性曲げモーメント M_p との比である。横軸は式(2.4.5)の修正一般化細長比であり，式中の M_{cr} には式(2.4.2)の ${}_wP_{cr}$ に代えて式(2.4.12)の ${}_fP_{cr}$ を代入する。2.4.1 項と同様に設計指針 2.1)における曲げ材の一般化細長比λ_b には，連続補剛効果や柱梁接合部の横曲げ拘束効果が考慮されていない。図中の実線，破線は設計指針 2.1)の座屈設計式であり，破線は $m=-1.0$（等曲げ）の場合，実線は $m=1.0$（逆対称曲げ）場合である。数値解析結果である各プロットは設計指針 2.1)の設計式を上回り，分布している。横曲げ拘束された連続補剛 H 形鋼梁の弾塑性横座屈応力度は，設計指針 2.1)の設計式の細長比の代わりに式(2.4.5)の修正一般化細長比を適用することで，縦軸 $M_{cr}/M_p<0.6$ の弾性域では概ね捉えられ，縦軸 $M_{cr}/M_p\geq0.6$ の非弾性域では安全側の評価となることが示された。

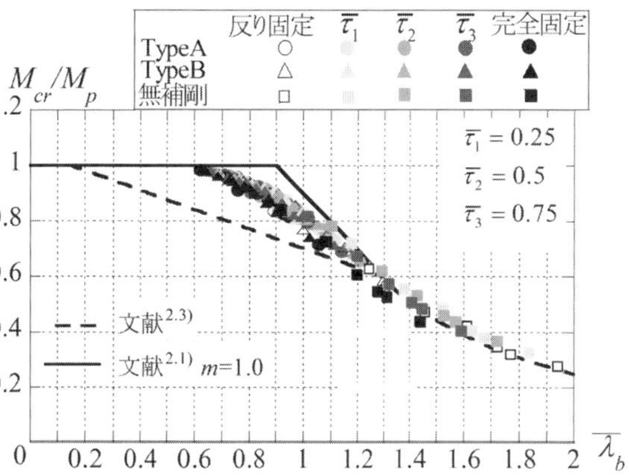

図 2.4.19 横曲げ拘束された連続補剛 H 形鋼梁の弾塑性横座屈耐力と修正一般化細長比

表 2.4.3 文献 2.17),2.19),2.20)の検討断面による諸係数

梁断面	柱断面	s	$\bar{\tau}$	$\log_f K_\theta$
H-340×250×9×14	□-250×16	0.79	0.61	4.46
H-400×200×8×13		1.2	0.71	4.46
H-400×200×8×13		3.3	0.89	4.9
H-340×250×9×14		2.16	0.81	4.9
H-400×200×8×13	H-340×250×9×14	0.002	0	1.79
H-340×250×9×14	H-458×417×30×50	0.183	0.18	3.64
H-200×100×4×6	H-458×417×30×50	0.119	0.12	3.64
H-200×100×4×6	${}_wK_\theta=0$	0.04	0.08	0
H-200×100×4×6	${}_wK_\theta=50$	0.15	0.23	1.7
H-200×100×4×8	${}_wK_\theta=500$	0.03	0.06	2.7
H-200×100×4×8	無限大	0.12	0.19	無限大
H-200×100×5.5×8	${}_wK_\theta=0$	0.03	0.06	0
H-200×100×5.5×8	${}_wK_\theta=50$	0.12	0.19	1.7
H-200×100×6×9	${}_wK_\theta=500$	0.03	0.06	2.7
H-200×100×6×9	無限大	0.11	0.18	無限大
H-175×90×5×8	H-125×125×9×9	0.00	0.00	2.01
H-175×90×5×8	□-125×9	0.39	0.44	4.32

2.4.3 連続補剛材として屋根折板の活用の検討

<u>**逆対称曲げモーメントを受ける連続補剛 H 形鋼梁の横座屈載荷実験**</u>

文献 2.17)では図 2.4.20 に示す実験装置を用いて逆対称曲げモーメントを受ける H 形鋼梁の横座屈載荷実験が行われている。実験装置に取り付けた載荷梁の水平方向に強制変位を与えている。柱梁接合部における梁端拘束度の違いを把握するために，図 2.4.21 のように箱形断面柱の場合，柱梁接合部を板厚 9mm の通し外ダイアフラム形式とし，H 形断面柱の場合，梁の上下フランジの位置に板厚 9mm のスティフナが設けられている。図 2.4.20(a)のように，柱の曲げモーメント反曲点間をモデル化し，試験体フレームの柱頭および柱脚をピン接

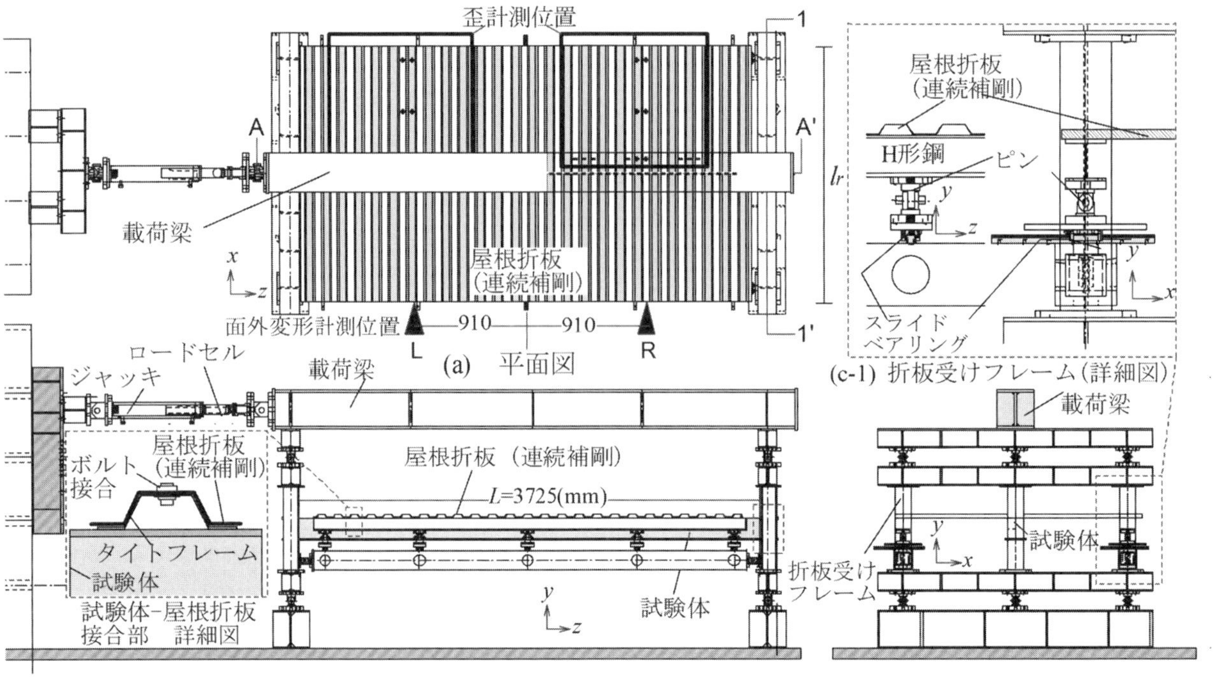

(b) 立面図 (A-A')　　(c) 立面図 (1-1')

図 2.4.20 実験装置概要

表 2.4.4 試験体一覧

試験体名	梁断面	梁長	横座屈細長比	一般化細長比	柱断面	補剛形式
	mm	L (mm)	λ_1	λ_b		
H-NS	H-175×90×5×8	3725	185	0.99	H形断面 H-125×125×9×9	無補剛
H-CS				0.69		連続補剛
B-NS				0.85	箱型断面 □-125×125×9	無補剛
B-CS				0.51		連続補剛

H-CS ①:柱断面 {H : H形断面柱, B : 箱形断面柱} ②:補剛形式 {NS : No Brace (無補剛), CS : Continous Brace (連続補剛)}
① ②

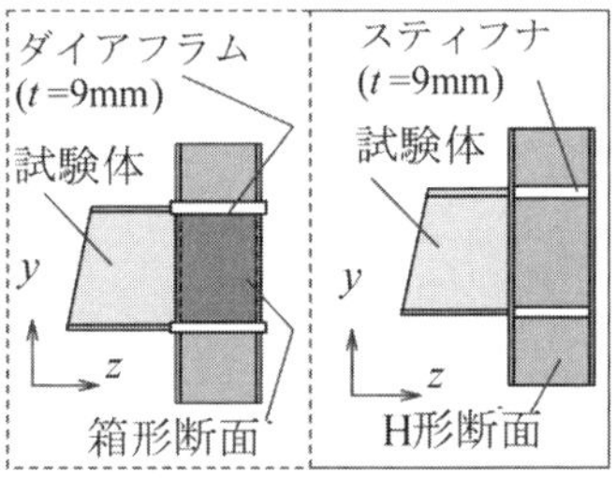

図2.4.21 柱梁接合部(詳細図)

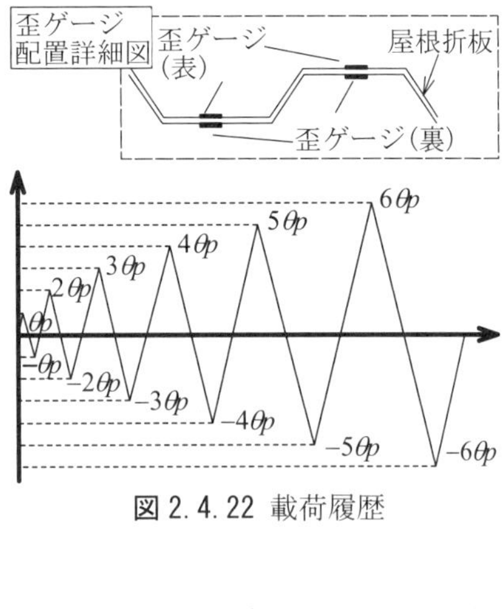

図 2.4.22 載荷履歴

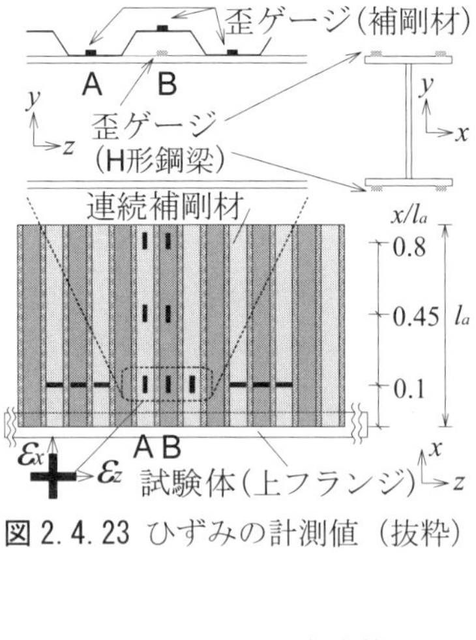

図 2.4.23 ひずみの計測値 (抜粋)

表 2.4.5 素材特性

ε_y	σ_y	σ_u
$\times 10^{-6}$	kN/mm²	kN/mm²
2132	347	393

鋼種：SS400

合としている。補剛方法はＨ形鋼梁の上フランジに屋根折板を設置している。試験体と折板の接合方法は, 図 2.4.20(b)中の接合部の詳細図のように, 実際の屋根折板の接合方法に準じて, 梁に溶接接合したタイトフレームと折板を山部分でボルト接合としている。屋根折板の材端部は図 2.4.20(c)のように, 試験体の両端に折板受けフレームを設置している。タイトフレームを溶接したＨ形鋼をピンに接合することで, z 軸まわりの回転を自由とする。また, ピン下に設置したスライドベアリングによって水平移動 (x 方向) を自由とし, ピンローラ支持としている。試験体は表 2.4.4 に示す 4 体とし,梁断面はH-175×90×5×8で，パラメータは横座屈細長比および補剛形式である。

表 2.4.5 に材料特性を示している。載荷は，載荷フレームに作用する水平力より求められる梁端の曲げモーメントが全塑性モーメント M_p に達するときの柱の回転角 θ_p で制御している。載荷プログラムは図 2.4.22 のように正負交番漸増繰返し載荷とし，無補剛梁の θ_p の倍数として $\pm 0.5\theta_p$，$\pm\theta_p$，$\pm 2\theta_p$，$\pm 3\theta_p$，$\pm 4\theta_p$ の各振幅で 1 回ずつ行っている。荷重は図2.4.20の載荷装置に接続したオイルジャッキによって水平力を作用させ，梁の面内方向に逆対称曲げモーメントを作用させている。荷重は，ジャッキに取り付けたロードセルにより計測している。横座屈による水平変形量は図2.4.20(a)L，Rの位置でワイヤー変位計により計測している。また，屋根折板の応力分布は，図2.4.23に示す屋根折板の山および谷部に貼付したひずみゲージにより計測している。屋根折板のモーメント分布を梁の面外方向（x/l_a=0.1,0.45,0.8）の軸ひずみより計測している。また，梁の面内曲げに対する屋根折板の影響を明らかにするために梁材長方向（z 軸方向）の軸ひずみを計測している。

図 2.4.24 に梁の面内材端回転角と材端曲げモーメントの関係を示している。縦軸は，柱に生じる曲げモーメントより換算した梁端の曲げモーメントを全塑性曲げモーメント M_p で除した値である。横軸は，梁の面内方向の材端回転角 θ であり，変位計より求めた柱の回転角を M_p 時の回転角 θ_p で除した値である。

$$\theta_p = \frac{M_p L}{6EI} \qquad (2.4.16)$$

なお，EI：試験体梁の強軸(x 軸)まわりの曲げ剛性，L(=3725mm)：試験体梁の材長である。θ_p=0.014rad である。(a)は H 形断面柱，(b)は箱形断面柱の場合である。図中の▽▼▽▼は正負の最大荷重の位置を示している。

無補剛の梁の場合（H-NS，B-NS），正載荷時に耐力低下がみられ，柱断面によらず 4 サイクル目の正載荷時（$+3\theta_p$ 時）に最大荷重を迎えている。連続補剛された梁の場合（H-CS，B-CS），柱断面によらず 6 サイクル目の正載荷時（$+5\theta_p$ 時）に最大荷重を迎え

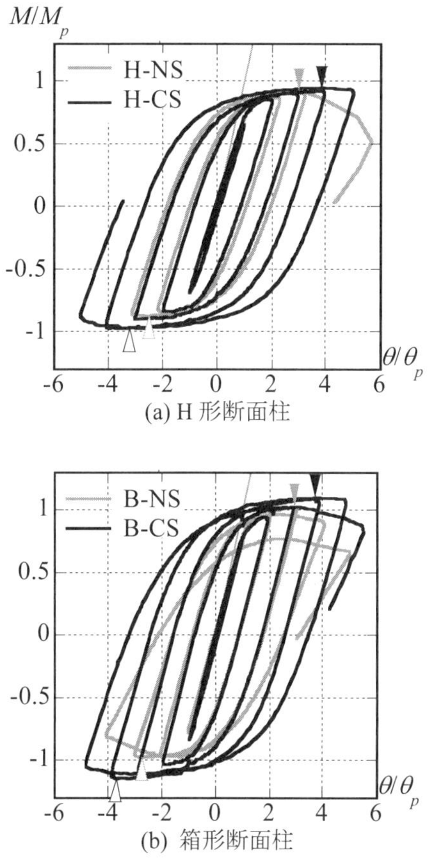

図 2.4.24 材端曲げモーメント回転角関係

ている。最大荷重以降の耐力低下は，無補剛の場合，H 形断面柱 H-NS が $+4\theta_p$ 時で 30%，箱形断面柱 B-NS は $+4\theta_p$ 時には 15%程度となっているが，連続補剛の場合，柱断面によらず，$+5\theta_p$ 時で 3%程度と最大荷重後に耐力が緩やかに低下している。

図 2.4.25 に梁の横座屈性状を示す。縦軸は(a)が梁上下フランジの水平変形であり，図 2.4.20(a)L，R の位置でワイヤー変位計により計測した上下フランジの水平変形の値である。(b)はねじれ変形であり，(a)の上下フランジの水平変形の差をフランジ間距離で除した値である。いずれの図も，梁が初めて経験する曲げモーメント時の上下フランジの水平変形，ねじれ変形をつなぎ合わせて作成した。

横軸は梁の面内方向（図 2.4.20 中の x 軸まわり）の材端回転角 θ であり，変位計により求めた柱の回転角を M_p 時の回転角 θ_p で除した値である。図中▽▼▽▼は正載荷時の最大荷重の位置を示している。

(a)において，水平変形は無補剛の場合，最大荷重手前から発生はしているものの，最大荷重付近から

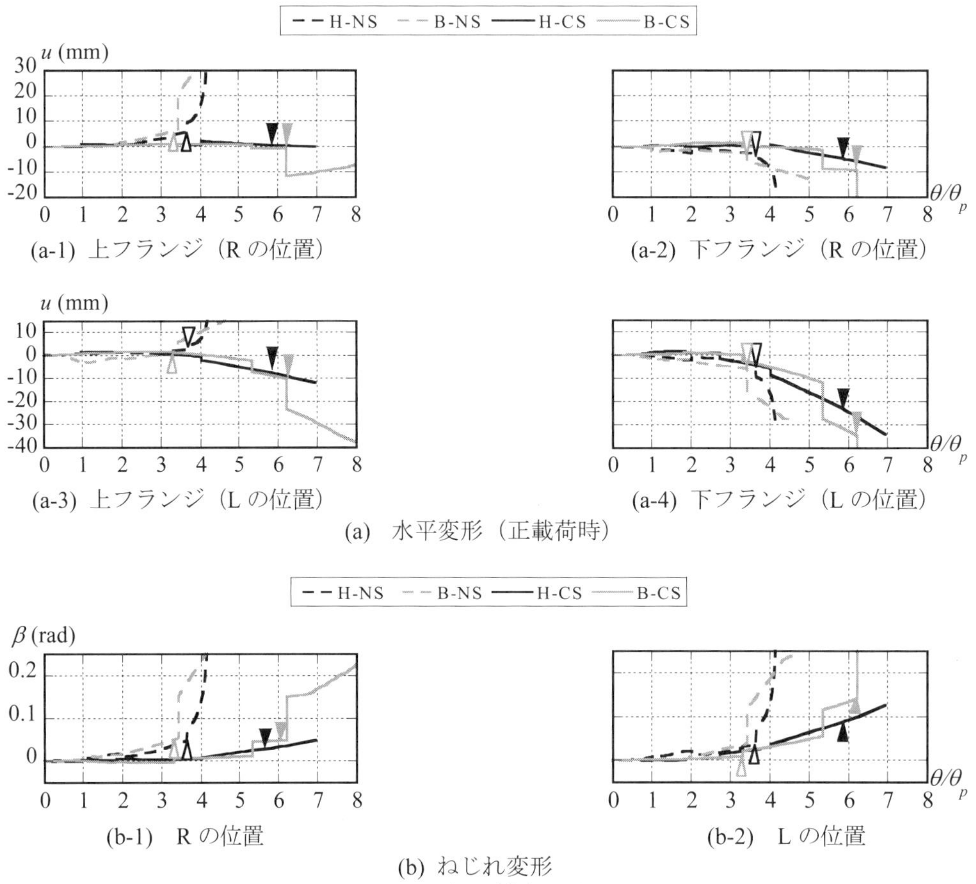

図 2.4.25 梁の横座屈性状

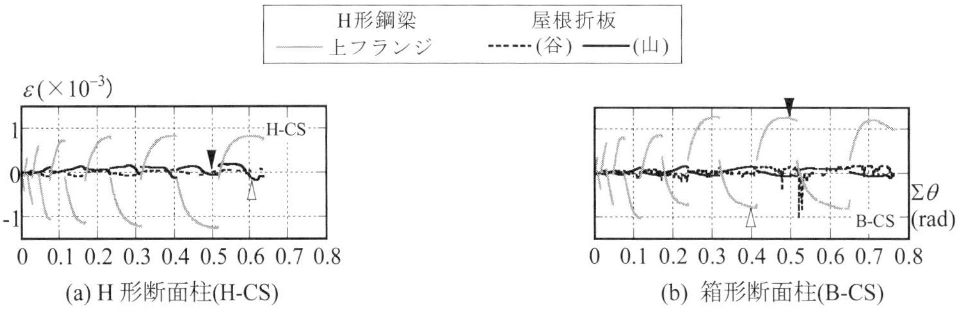

図 2.4.26 軸ひずみ累積回転角

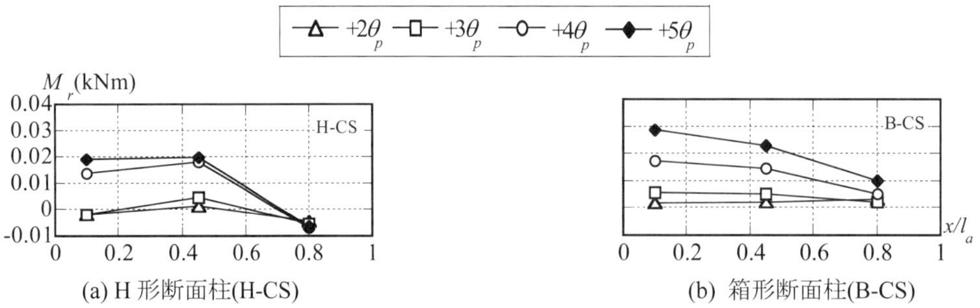

図 2.4.27 屋根折板の材軸まわりのねじりモーメント分布

急激に大きくなっている。L, R の位置ともに(a-1)(a-4)の圧縮応力が生じるフランジの水平変形が(a-2)(a-3)の引張応力が生じるフランジより大きくなっている。水平変形の大きい(a-1)(a-4)のフランジは互いに逆方向に変形が生じた座屈モードとなっている。一方で，連続補剛の場合，水平変形は最大荷重

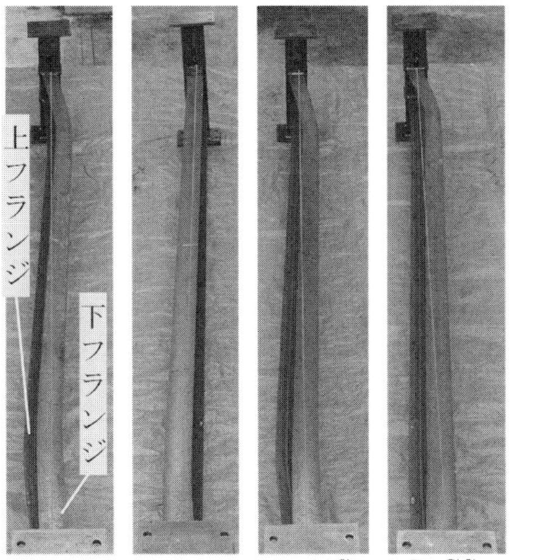

写真 2.4.2 試験体の最終変形図

手前から発生し，最大荷重後も緩やかに大きくなっている。上フランジの変形が抑えられ，(a-4)の下フランジに圧縮応力が生じる R の位置のみ変形が大きくなっている。

(b)において，無補剛の場合，L，R の位置での最大荷重時までのねじれ変形の差は小さい。連続補剛の場合は，L より R の位置の方がねじれ変形が大きくなっている。これは，R の位置は正載荷時に補剛されていない下フランジに圧縮応力が生じたためである。梁の面内方向の材端回転角が等しいとき，無補剛の場合より，連続補剛の場合の方がねじれ変形が抑えられている。

次に，屋根折板に生じる応力分布を明らかにし，梁の横座屈変形に対する屋根折板の回転補剛剛性を算出する。図 2.4.26 に梁上フランジと梁近傍の屋根折板の面内軸ひずみと累積回転角の関係を示す。縦軸は図 2.4.23 に示す試験体の上フランジの軸ひずみおよび屋根折板の計測位置で x/l_a=0.1 の位置における梁長方向（z 方向）の軸ひずみ，横軸は図 2.4.25 と同様な累積回転角である。梁上フランジの軸ひずみに対して屋根折板のひずみは 1/100 程度と極めて小さく，折板には H 形鋼梁の面内曲げによる軸方向の偶力はほぼ生じていないことが分かる。

図2.4.27 に補剛材に生じる梁面外方向のねじりモーメント分布を示す。縦軸は正載荷時における各サイクルの一山あたりの屋根折板の曲げモーメント M_r 分布で，梁のサイクルごとの最大荷重時の値である。M_r は図 2.4.23 に示す屋根折板の山および谷部の面外方向（x 方向）の軸ひずみを用いて次式より求めた。横軸は計測位置 x/l_a である。

$$M_r = \sigma_y I \frac{\varepsilon_U - \varepsilon_L}{d_r} \quad (2.4.17) \qquad K_\beta = \frac{M_r}{\beta} \quad (2.4.18)$$

なお，σ_y : 屋根折板の降伏応力度，I : 屋根折板の断面二次モーメント，d_r : 屋根折板のせい，ε_U，ε_L : 山および谷部の軸ひずみである。

梁屋根折板接合部付近（z/l=0.1）から折板端部（z/l=0.8）に近づくほどねじりモーメントが小さくなっており，これは弾性理論上と同様なモーメント分布である。ねじりモーメントの最大値は，H 形断面柱 H-CS がより箱形断面柱 B-CS の方が大きくなっている。これは，図 2.4.25(a)より梁の最大荷重は H-CS より B-CS の方が大きくなっており，最大荷重が大きくなるほど梁のねじれ変形を拘束するためのねじりモーメントも大きくなるためである。x/l_a=0.1 の最大ねじりモーメントは 0.02~0.03kNm となっており，梁の降伏曲げ耐力 M_y の 0.02%程度である。

次に，連続補剛材（屋根折板）の回転補剛剛性を算出する。図 2.4.27 の補剛材の最大ねじりモーメントを補剛モーメントと定義し，補剛モーメントを同時点の図 2.4.25(c)のねじれ変形で除した値を回転補剛剛性 K_βとする。一方で，H 形鋼梁と連続補剛材の接合を剛接合と仮定すると，連続補剛材の理論回転補剛剛性は，屋根折板の一山分の回転剛性として次式で求められる。

$$K'_\beta = \frac{12 E_r I_r}{l_r} \quad (2.4.19)$$

このとき，E_r : 連続補剛材のヤング係数，I_r : 連続補剛材の断面二次モーメント，l_r : 等間隔に設置された並列する梁のうち中央の梁から両梁間の中心までの長さとする（図 2.4.20 (a)）。K_βは式(2.4.18)の理論回転補剛剛性 K'_βに対して 2~3%程度となる。また，次項で後述する文献 2.22)の検討で，ねじりモーメントを受けるルーフデッキの回転補剛剛性も理論回転補剛剛性 K'_βに対して 2%程度となっており，概ね対応することを確認している。そこで，実際の回転補剛効果を適切に評価するために次項の耐力評価に用いる回転補剛剛性はK'_{β}の 2%とする。

写真 2.4.2 に載荷後の梁の最終変形図を示す。連続補剛の場合，下フランジ側で横座屈変形が生じたため，下フランジを上面としている。無補剛の場合，手前の上フランジと奥の下フランジが逆方向に面外変形する座屈モードとなっており，連続補剛の場合，無補剛に比べて変形が小さく，補剛されていない下フランジに圧縮応力が作用した奥の下フランジが面外変形している。

図 2.4.28 に材端拘束された連続補剛 H 形鋼梁の弾塑性横座屈モーメントと修正一般化細長比の関係を示す。縦軸は図 2.4.19 と同様な最大曲げモーメント M_{max} を全塑性曲げモーメント M_p で除した値である。横軸は式(2.4.5)の修正一般化細長比である。

実験結果の修正一般化細長比は，H形断面柱の場合，梁材端でそり拘束されているとし，式(2.4.2)の${}_wP_{cr}$にdを乗じた${}_wM_{cr}$を用いる。一方で，箱形断面柱の場合，ねじり剛性が非常に大きく，梁材端のそり変形は十分拘束され，柱のねじり抵抗により横曲げ拘束を受ける。そのため，式(2.4.12)のそり固定され横曲げ拘束を受ける連続補剛H形鋼梁の弾性横座屈荷重${}_fP_{cr}$にdを乗じた${}_fM_{cr}$を用いる。このとき，式(2.4.2)，式(2.4.12)に材端支持の違いによる拘束効果と連続補剛による補剛効果を考慮した修正モーメント勾配係数mを乗じることで逆対称曲げモーメントを受けるH形鋼梁の弾性横座屈モーメントとなる。また，式中の連続補剛材の補剛剛性は回転補剛剛性K'_{β}の2%を用いる。

図中のプロットは白抜きプロットが実験結果，灰色プロットは図2.4.19の弾塑性大変形解析結果を示している。参考までに各線はそれぞれ式(2.4.5)の修正一般化細長比を適用した座屈設計式[2.1]を示している。破線はm=−1.0（等曲げ），点線はm=0，実線はm=1.0（逆対称曲げ）である。実験結果は実線であるm=1.0の設計式を上まわり分布している。

ねじりモーメントを受けるルーフデッキの回転補剛剛性の実験的検証

屋根折板を梁の横座屈に対する連続補剛材として活用するためには，屋根折板の保有性能（耐力，変形性能）が梁の横座屈時に補剛材に作用する必要補剛力としての要求性能を満たす必要がある。

文献 2.22)では，図 2.4.29 のような実験装置を用いて屋根折板の保有回転剛性とねじりモーメントを明らかにしている。図 2.4.29 にルーフデッキのねじり実験装置を示す。試験体の材軸方向（z 方向）の端部は両端ピンとする。載荷方法はジャッキより H 形鋼梁の下フランジを z 方向に強制変形させ，試験体にねじりモーメントを作用させる。試験体は，ルーフデッキ SS600 である。梁－ルーフデッキ接合部は，タイトフレームおよび治具接合の 2 種類とする。タイトフレーム接合は，写真 2.4.3(a)に示すようにタイトフレームの谷フランジ部分を H

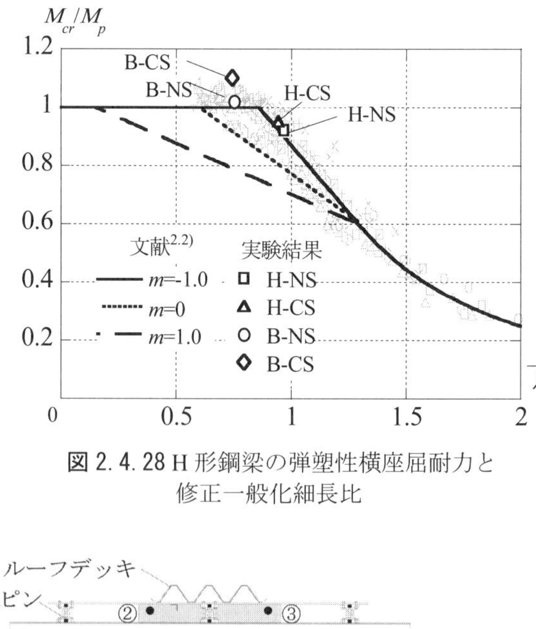

図 2.4.28 H 形鋼梁の弾塑性横座屈耐力と修正一般化細長比

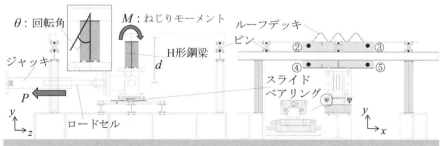

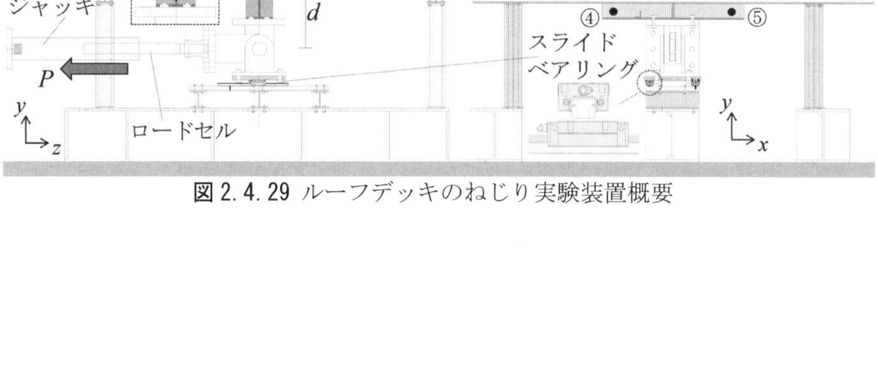

図 2.4.29 ルーフデッキのねじり実験装置概要

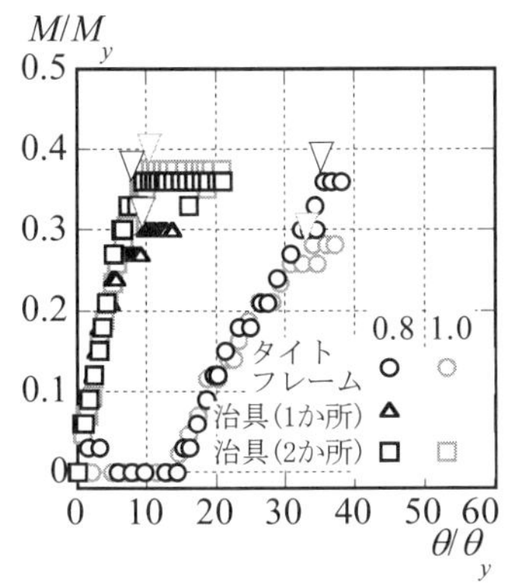

図 2.4.30 ねじりモーメントねじれ角

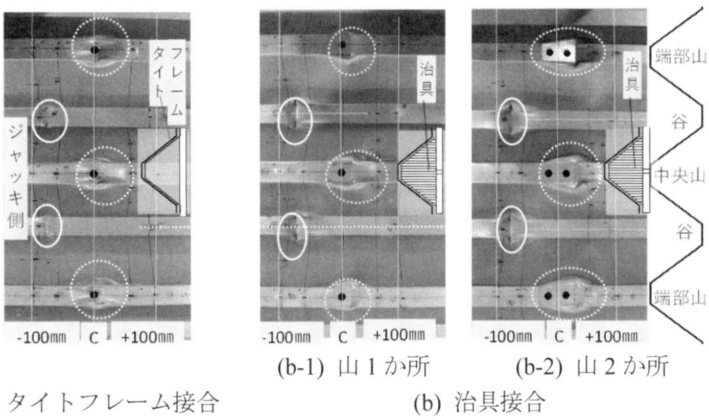

写真 2.4.3 最終変形状態

形鋼（中央部）に溶接し，山フランジ部分でボルト接合とする。治具接合は，写真 2.4.3(b)に示すように治具の山フランジ部分でボルト接合とし，ボルト接合は 1 か所，もしくは 2 か所とする。その際，ルーフデッキとボルト間の座金の代替として厚さ 5mm の平板を用いる。

図 2.4.30 に屋根折板の作用するねじりモーメントとねじれ角の関係を示す。縦軸はルーフデッキに生じるねじりモーメント M を屋根折板の降伏モーメント M_y で除した値である。M はロードセルに生じる荷重 P とピン－ルーフデッキ中央間距離 d の積より求めた。横軸は H 形鋼梁の回転角 θ を M_y 時の回転角 θ_y で除した値である。θ は図 2.4.29 の梁上下フランジの水平変位の差を上下フランジ間距離で除した値，θ_y は次式の M に M_y を代入した場合の値である。

$$\theta = \frac{ML}{48EI} \qquad (2.4.20)$$

梁と屋根折板の一般的な接合方法は梁に溶接されたタイトフレームを介して屋根折板の山フランジ部分でボルト接合されており，H 形鋼梁に谷フランジが接触する $\theta/\theta_y = 15$ 付近より，ねじりモーメントが発生する。一方で，ルーフデッキの形状と同様な治具を用いて山部分でボルト接合した場合，ボルト本数によらず載荷と同時にねじりモーメントが生じている。ただし，どの試験体でもプロット▽で示す最大モーメント時には梁のねじれ変形時に屋根折板の圧縮フランジの接合部近傍における局部変形と梁フランジと接触する谷フランジ部分で局部的なせん断変形が生じていた。ねじりモーメント M をねじれ角 θ で除した回転補剛剛性はタイトフレームおよび治具の接合方法によらず，M/M_y=0.2 時点で理論値の 2%程度となっている。

2.4.4 ま と め

本節では，梁の横座屈に対する連続補剛材の補剛効果と梁材端でそり拘束および横曲げ拘束効果を受ける梁の横座屈挙動に関する知見を紹介した。

1) 梁に取り付く柱断面によって梁端の境界条件は異なる。柱梁接合部によりそり拘束された梁の場合は式(2.4.2a)，柱により横曲げ拘束された梁の場合は式(2.4.12)より弾性横座屈荷重が求められる。両式を設計指針 [2.1]の一般化細長比に適用することで，梁材端でそり拘束および横曲げ拘束効果を受ける梁の非弾性域での弾塑性横座屈耐力を概ね評価できることが示された。
2) 連続補剛材により梁の横座屈モードが高次に移行するための必要補剛剛性・最大補剛力は，材端支持条件やモーメント勾配などによって異なる。そのため，モーメント勾配と材端拘束度の関係を考慮した補剛剛性・補剛力の上限値が式(2.4.10)，式(2.4.11)として提案され，その妥当性が示された。
3) 繰返し載荷を受ける材端拘束された連続補剛 H 形鋼梁の横座屈実験より，梁が連続補剛されることで塑性変形性能が大きくなり，材端拘束度が大きくなると最大耐力は上昇することを確認した。

4) 梁の横座屈時における屋根部材（ルーフデッキ）の一山あたりの補剛力は，実構造物と同様な接合条件下で梁の降伏耐力の 0.02%程度，ねじり剛性は理論剛性の 2%程度となる。

2.5 横座屈を伴う合成梁の塑性変形能力

鉄骨梁の横座屈現象に対して，RC スラブや合成デッキスラブ（以後，スラブと呼ぶ）などに拘束効果があることは，広く知られている周知の事実である。以前は弾性横座屈耐力にその効果を見込むことで，横座屈耐力が上昇することを示す解析的な研究が主であり[例えば2.23)-2.24)]，実験的な研究[2.25)-2.28)]は少なかった。近年は実験的な研究が進み，多くの研究成果が報告されている[2.29)-2.33)]。これらの研究は，両端または一端に柱が存在する合成梁が地震荷重を受ける場合について，スラブの座屈拘束効果を把握したもので，いずれもその効果が高いことが実験で示されている。

一方で，一般的な設計において，鉄骨梁の横補剛材の要否は，基規準[例えば 2.34)]に則りスラブの拘束効果を見込むことなくなされているのが現状であり，スラブの拘束効果を考慮した合理的な設計手法の確立が望まれている。

旧来より，鉄骨梁の塑性変形性能指標の一つである塑性率の評価式に次式があり，実験結果との適合性が高いことが示されている[2.3)]。

$$\mu = \frac{1}{\lambda_b^{\ 2}} \tag{2.5.1}$$

ここに μ :梁の保有塑性率

λ_b :一般化横座屈細長比 $\left(=\sqrt{M_p / M_{cre}}\right)$ (2.5.2)

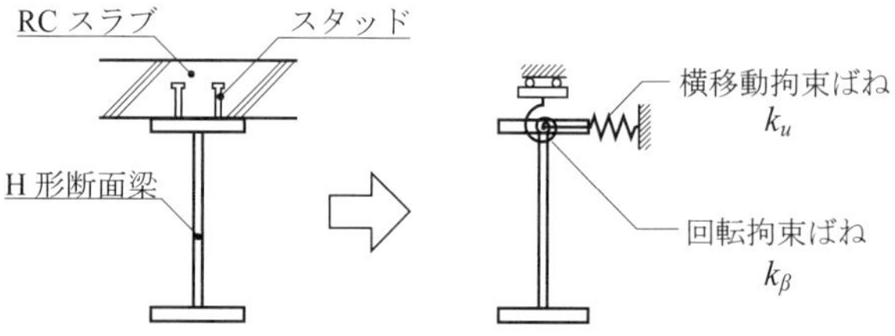

図 2.5.1 スラブの拘束効果のモデル例

M_{cre} :梁の弾性横座屈耐力

M_p :梁の全塑性耐力

この式は，合成梁についても適合性が高いことが報告[2.35)]されており，前著の鋼構造の座屈に関する諸問題 2013[2.36)]にもまとめられている。式(2.5.1)は変形能力を評価できるため，横補剛の検討への利用に期待ができるが，梁のスラブの拘束効果を考慮した弾性横座屈耐力 M_{cre} を，精度良く求める必要があることが課題であった。

スラブの座屈拘束効果は，図 2.5.1 に示す上フランジの横移動拘束ばね k_u と回転拘束ばね k_β としてモデル化されることが多い。前著の鋼構造の座屈に関する諸問題 2013[2.36)]では，横移動拘束ばねに頭付スタッドのせん断剛性，スラブの面内曲げ剛性を考慮し，回転拘束ばねにはスタッドの抜け出し，フランジの面外変形，スラブの面外剛性を考慮して求める方法が提案されている。また，求めたばねを用いて弾性横座屈耐力を算定する方法や FEM による固有値解析による算定方法が併せて提案されているが，いずれも一般的な設計に用いるには煩雑である。

さらに前述のばね評価は弾性論に基づいており，大変形時においてスラブに生ずる可能性のあるひび割れの影響や，評価そのもの妥当性を示す実験的な検証がほとんどないことも課題である。

ここでは，複雑な数値解析や評価モデルを用いることなく，簡便にスラブの座屈拘束効果を考慮した合成梁の塑性変形能力を評価する方法を紹介する。具体的にはスラブの座屈拘束効果を考慮した弾性横座屈耐力を，ばねではなく鉄骨梁と柱幅程度のコンクリートスラブのねじり剛性比で評価するとともに，横補剛材の要否を検討する設計手法を紹介する。

2.5.1 スラブの拘束効果を考慮した弾性横座屈耐力

横座屈耐力を評価する手法は，スラブの拘束として横移動は拘束されているものと考え，回転拘束として柱幅分のスラブのねじり剛性を利用する。これは，文献 2.37)による解析的な検討で，横座屈拘束に必要なスタッド耐力は，完全合成梁として必要なスタッド本数の耐力の数パーセント程度であり，完全合成梁として必要なスタッドが打設されていれば，十分に横座屈拘束効果が得られ，同様な結論が文献 2.31)でも報告されていることに基づく。また，文献 2.35)においてスラブのねじり剛性が梁のねじり剛性の 10 倍前後，スラブの有効幅として柱幅程度のねじり剛性があれば，上フランジの回転変位が完全に拘束された場合に近い横座屈耐力が得られることによる。

ここでは，初めに固有値解析によるスラブの横座屈拘束効果の傾向を示し，その後，横座屈耐力の導引方法を示す。また，実用性の観点から，両端に柱が存在して強軸まわりに固定支持された梁に，逆対称曲げモーメントが作用する場合を対象とする。

図 2.5.2 のモデルを用いて，上フランジの横移動を固定とし，スラブのねじり剛性をねじり剛性のみを有する梁要素によりモデル化し，汎用プログラムで固有値解析を実施した。梁に逆対称曲げモーメントを与え，スラブのねじり剛性 ${}_cG\cdot{}_cJ$ を変化させた。梁の両端の境界条件は固定支持，つまり弱軸まわりの回転およびそりを拘束とした。

図 2.5.3 に上フランジのスラブのねじり剛性と弾性横座屈耐力の関係の一例を示す。縦軸は解析による弾性横座屈耐力 M_{cre} をスラブの拘束がない逆対称曲げモーメントを受ける両端固定支持(弱軸まわりの回転とそりを拘束)の弾性横座屈耐力 $M_{cr0}{}'$ で除した値，横軸はスラブのねじり剛性 ${}_cG\cdot{}_cJ$ を梁のねじり剛性 ${}_sG\cdot{}_sJ$ で除した値である。曲線は，長さの異なる 3 種類の梁についてスラブのねじり剛性を変化させて求めた解析結果の弾性横座屈耐力 M_{cre} をつなげた結果である。下限は横移動のみが拘束された弾性横座屈耐力，上限は横移動と回転が拘束された(以後，上フランジ完全拘束と呼ぶ)弾性横座屈耐力となり，スラブのねじり剛性 ${}_cG\cdot{}_cJ$ と梁のねじり剛性 ${}_sG\cdot{}_sJ$ の比が 0.01 で下限に，100 で上限に漸近する。

この傾向を利用し，評価式を構築した。横軸の両極値に対して，それぞれがある値に収束する場合の関数は，ロジスティック関数と呼ばれ，横軸を x，縦軸を y とすると，次式で表される。

$$y=\frac{a}{1+\dfrac{b}{e^{c\cdot x}}}+f \qquad (2.5.3)$$

ここに a, b, c, f　:未知数

f は下限値，a+f は上限値となるため，ここでは下限値が横移動のみを拘束する場合の弾性横座屈耐力 M_{cr1} に，上限値が上フランジ完全拘束の弾性横座屈耐力 M_{cr2} になる。

式(2.5.3)の y をスラブの拘束効果を考慮した弾性横座屈耐力 M_{cre} とし，x をスラブと梁のねじり剛性比とする。

$$x=\frac{{}_cG\cdot{}_cJ}{{}_sG\cdot{}_sJ} \qquad (2.5.4)$$

式を簡略化するために x を自然対数で表すと，式(2.5.3)は次式で表される。

$$M_{cre}=\frac{b\cdot M_{cr1}+x^c\cdot M_{cr2}}{b+x^c} \qquad (2.5.5)$$

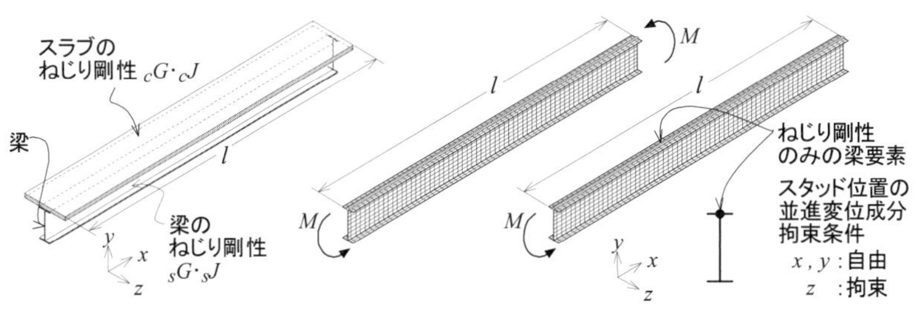

(a) 合成梁　　(b) 解析モデル(左:逆対称曲げ，右:一端曲げ)

図 2.5.2 スラブをモデル化した弾性横座屈解析

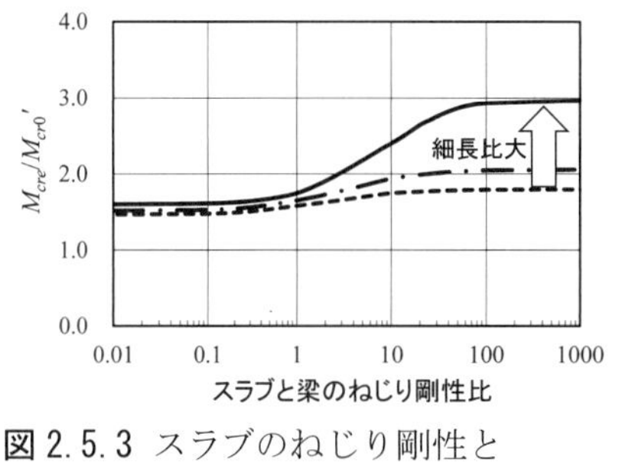

図 2.5.3 スラブのねじり剛性と弾性横座屈耐力の関係の一例

表 2.5.1 式(2.5.6)による計算結果一覧
逆対称曲げモーメントを受ける両端固定支持の梁

試験体	断面形状･寸法				式(2.5.5)の係数		弾性横座屈耐力(kN･m)									
							境界条件	解析値		計算値	解析値/計算値		式(2.5.6)による計算値		解析値/計算値	
								逆対称曲げ		等曲げ						
	断面	梁内法スパン (mm)	ウェブ幅厚比 d/t_w	ウェブ辺長比 λ_w	b	c		${}_aM_{cr1}$	${}_aM_{cr2}$	M_{cr0}	α_1	α_2				
							上F横移動	固定	固定	自由	$\frac{{}_aM_{cr1}}{M_{cr0}}$	$\frac{{}_aM_{cr2}}{M_{cr0}}$	M_{cr1}	M_{cr2}	$\frac{{}_aM_{cr1}}{M_{cr1}}$	$\frac{{}_aM_{cr2}}{M_{cr2}}$
							上F回転	自由	固定	自由						
L-F-W	H-210×73×3.2×9	4350	60.0	21.6	4.37	1.08	-	146	278	37.2	3.91	7.47	143	267	1.02	1.04
S-F-H	H-270×85×4.5×9	2800	56.0	10.7	1.82	0.964	-	381	472	139	2.74	3.40	397	474	0.96	0.99
M-F-H	H-270×85×4.5×9	3550	56.0	13.6	2.89	0.977	-	301	412	91.3	3.29	4.51	288	416	1.04	0.99
L-F-H	H-235×85×4.5×6	4350	49.6	19.0	8.15	1.00	-	140	268	36.3	3.87	7.39	144	278	0.97	0.96

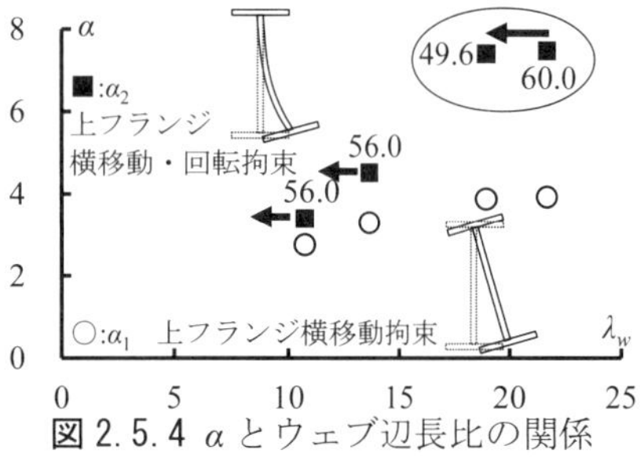

図 2.5.4 α とウェブ辺長比の関係

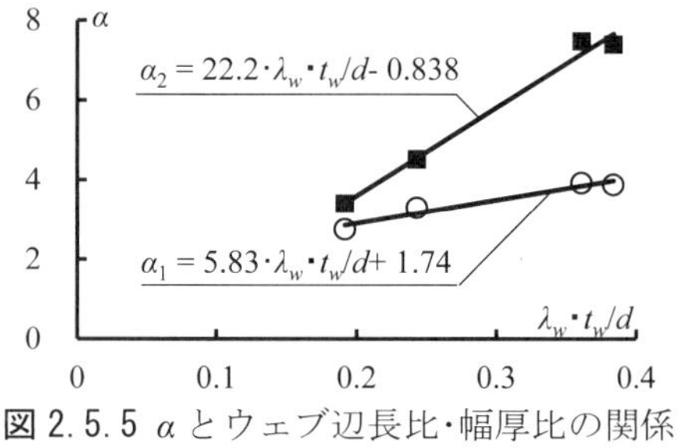

図 2.5.5 α とウェブ辺長比･幅厚比の関係

式(2.5.5)の b, c は解析結果を基に最小二乗法により求める。文献 2.35)にある実験結果のある 4 ケースについて求めた結果を表 2.5.1 に示す。試験体名称文頭の S, M, L は材長に対する弱軸まわりの細長比 150, 190, 250 に相当する。また，横座屈が先行するようフランジ幅厚比の小さな断面が対象となっており，局部座屈との連成の影響が少ない。連成の影響に関しては今後の課題とする。係数 c は梁の形状寸法に関わらず 1.0 前後の値となっているため，ここでは c=1.0 を採用する。一方，係数 b は 1.82~8.15 の値となっているが，ここでは平均値の 4.31 を採用した。

次に上下限の座屈耐力を次式で定義する。

$$M_{cr1}=\alpha_1\cdot M_{cr0} \tag{2.5.6a}$$

$$M_{cr2}=\alpha_2\cdot M_{cr0} \tag{2.5.6b}$$

ここに α_1, α_2:スラブ拘束効果による耐力上昇係数
M_{cr0}:等曲げモーメントを受ける弾性横座屈耐力

M_{cr0} は次式で表される。

$$M_{cr0}=\sqrt{\frac{\pi^4\cdot E\cdot I_y\cdot E\cdot I_w}{l_b^{\,4}}+\frac{\pi^2\cdot E\cdot I_y\cdot {}_sG\cdot {}_sJ}{l_b^{\,2}}} \tag{2.5.7}$$

ここに，E:梁のヤング係数
I_y:梁の弱軸まわりの断面二次モーメント
I_w:梁の曲げねじり定数
l_b:梁の有効座屈長さ
(両端固定支持で $l_b=0.5\cdot l$)

α_1, α_2は，モーメント修正係数に類似した数値である。文献 2.38)によれば，モーメント修正係数は次式のウェブ辺長比 λ_w と相関があることが示されている。

$$\lambda_w=\frac{l}{H-t_f} \tag{2.5.8}$$

ここに，l :梁スパン
H :梁せい
t_f :フランジ板厚

図 2.5.4 に α_1, α_2 と λ_w の関係を示す。α_1, α_2 は固有値解析による ${}_aM_{cr1}$, ${}_aM_{cr2}$ を式(2.5.7)の M_{cr0} で除して求めた。α_1 と λ_w は線形関係にあるが，α_2 にはばらつきがみられる。本解析ではウェブの面外変形が考慮されている。α_1 は上フランジの横移動のみを拘束した横座屈耐力に対する係数であり，ウェブの面外変形の影響が小さい。一方，α_2 は上フランジの横移動に加え回転も拘束した横座屈耐力に対する係数であるため，面外変形の影響が大きくなる。図中の数値はウェブ幅厚比 d/t_w (d:ウェ

表 2.5.2 スラブの拘束効果を考慮した解析値と計算値の比較

試験体	断面	梁内法スパン (mm)	梁 $_sG$ (N/mm²)	梁 $_sJ$ (mm⁴)	スラブ $_cG$ (N/mm²)	スラブ $_cJ$ (mm⁴)	梁とスラブのねじり剛性比	解析値* $_aM_{cre}$ (kN·m)	式(2.5.10)計算値 M_{cre} (kN·m)	解析値/計算値 $_aM_{cre}/M_{cre}$
L-F-W	H-210×73×3.2×9	4350	79000	37600	11600	2500000 幅 175mm 厚さ 35mm	9.76	241	229	1.05
S-F-H	H-270×85×4.5×9	2800		49000	11400		7.36	456	446	1.02
M-F-H	H-270×85×4.5×9	3550			12800		8.27	382	372	1.03
L-F-H	H-235×85×4.5×6	4350		19000	11600		19.3	238	254	0.94

*解析値の境界条件(梁端部:固定，上フランジ横移動:拘束，上フランジ回転:スラブねじり剛性評価)

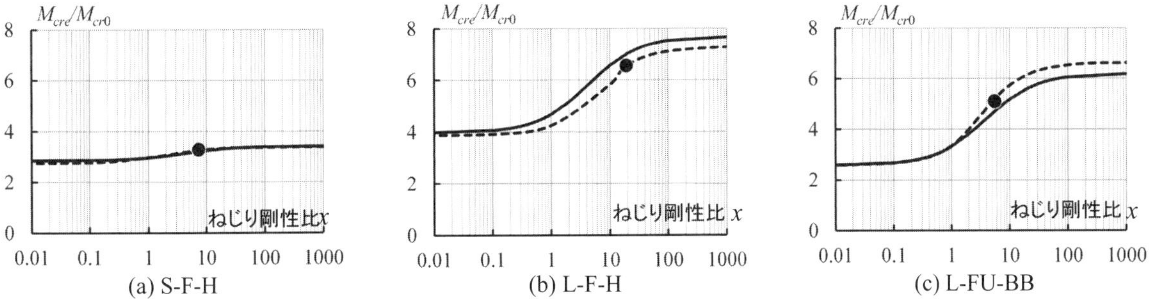

図 2.5.6 解析値と計算値の比較

ブ成，t_w:ウェブ板厚)を示すが，ウェブ幅厚比の違いがばらつきの原因であり，同一程度のα_2の場合でも，ウェブ幅厚比が大きいほど横軸正方向に広がる (図 2.5.4 囲み内参照)。仮に同一ウェブ幅厚比ではα_2とλ_wが線形関係にあるとすると，ウェブ幅厚比が大きいほどλ_wが相対的に小さくなる変数があれば，図 2.5.4 のプロットが矢印方向に移動し，ばらつきは小さくできると考えた。ここでは，λ_wをd/t_wで除した値で整理を試みた。

図 2.5.5 にα_1，α_2と$\lambda_w \cdot t_w/d$ の関係を示す。α_1，α_2ともに概ね線形的に増加する傾向にある。そこでα_1，α_2を次式で表すこととする。

$$\alpha_1 = 5.83 \cdot \lambda_w \cdot t_w/d + 1.74 \quad (2.5.9a)$$

$$\alpha_2 = 22.2 \cdot \lambda_w \cdot t_w/d - 0.838 \quad (2.5.9b)$$

式(2.5.6)より，式(2.5.5)は次式で表される。

$$M_{cre} = \frac{b \cdot \alpha_1 + x \cdot \alpha_2}{b + x} \cdot M_{cr0} \quad (2.5.10)$$

式(2.5.10)より，スラブの拘束効果は$\dfrac{b \cdot \alpha_1 + x \cdot \alpha_2}{b + x}$で表されることになる。

表 2.5.2 に式(2.5.10)による計算値と解析値の比較を示す。フランジ幅の 2 倍程度に相当する柱幅分のねじり剛性を付加した計算値と解析値の差は最大 6%程度で，十分な精度を有している。

図 2.5.6(a)-(b)に図 2.5.2 のモデルに対して連続的にねじり剛性比を変化させた場合の弾性横座屈耐力の解析値と式(2.5.10)による計算値の比較を示す。図中のプロットは，フランジ幅の 2 倍程度に相当する柱幅をスラブの有効幅とした場合のねじり剛性比を示す。柱幅程度の有効幅であれば，ねじり剛性比は 5.0~25.0 の範囲になると考えられるが，概ねどの剛性比でも良い対応を示している。

同様な方法で一端曲げモーメントが作用する一端固定支持 (最大モーメント側)，他端単純支持 (モーメント 0 側) の梁の場合についても，定式化を試みた。式(2.5.7)で$l_b = 0.7 \cdot l$とし，α_1，α_2は次式で表される。

$$\alpha_1 = 1.01 \cdot \lambda_w \cdot t_w/d + 2.23 \quad (2.5.9a')$$

$$\alpha_2 = 14.3 \cdot \lambda_w \cdot t_w/d + 1.11 \quad (2.5.9b')$$

係数bは 2.67～4.69 で，平均値の 3.92 を，c=1.0 を採用した。フランジ幅の 2 倍程度に相当する柱幅分のねじり剛性を付加した計算値と解析値の差は最大 9%程度であった。また，図 2.5.6(c)に図 2.5.2

のモデルに対して連続的にねじり剛性比を変化させた場合の弾性横座屈耐力の解析値と，式(2.5.10)による計算値の比較を示す。

2.5.2 塑性変形性能評価

式(2.5.10)によるスラブの拘束効果を考慮した弾性横座屈耐力を用いて梁の塑性率を評価し，既往の実験結果と比較することで妥当性を検証する。式(2.5.2)に式(2.5.10)を代入すると，一般化横座屈細長比は次式で表される。

$$\lambda_b = \sqrt{\frac{b+x}{b\cdot\alpha_1 + x\cdot\alpha_2}\cdot\frac{M_p}{M_{cr0}}} \tag{2.5.11}$$

また，式(2.5.1)の梁の有する塑性率 μ は次式で表される。

$$\mu = \frac{b\cdot\alpha_1 + x\cdot\alpha_2}{b+x}\cdot\frac{M_{cr0}}{M_p} \tag{2.5.12}$$

表 2.5.3 と図 2.5.7 に式(2.5.12)による計算値と既往の実験値 [2.39)-2.42)] との比較を示す。図 2.5.7 の●は

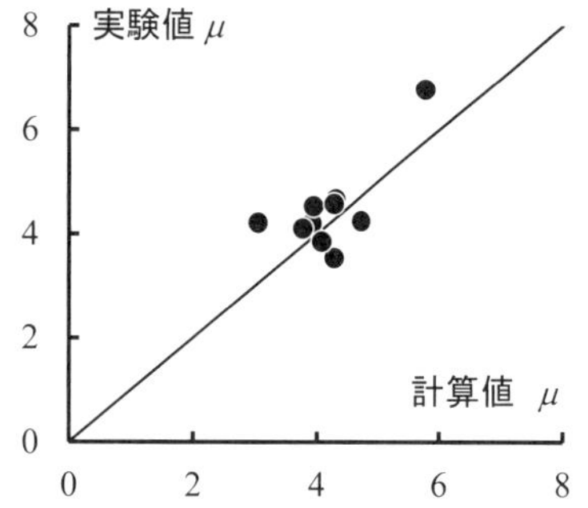

(a) 塑性率:正負平均

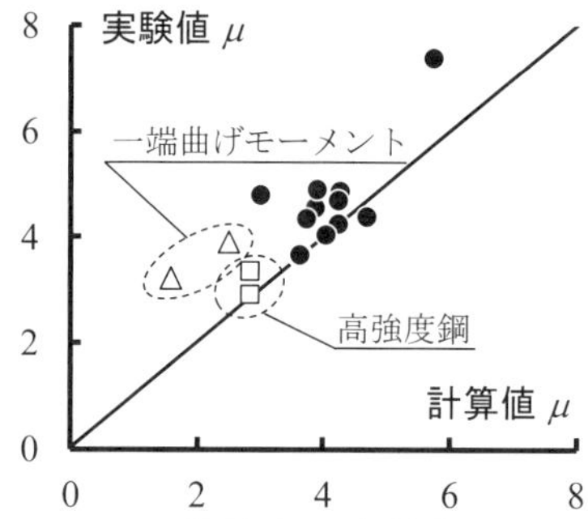

(b) 塑性率:正負最大

図 2.5.7 計算による塑性率と実験値の比較

表 2.5.3 実験値と計算値の比較

試験体名	鉄骨梁断面	梁内法スパン (mm)	ウェブ辺長比 λ_w	ウェブ幅厚比 d/t_w	図2.5.5横軸 $\lambda_w\cdot t_w/d$	細長比 λ_y	一般化細長比 λ_b	スラブ*1 $_cG$ (N/mm^2)	鉄骨梁*2 $_sJ$ (mm^4)	全塑性耐力 M_p (kN·m)	式(2.5.10)座屈耐力 M_{cre} (kN·m)	塑性率 式(2.5.12)計算値	塑性率 実験値 正負平均	塑性率 実験値 正負最大	文献
L-H	H-235×85×4.5×6	4350	19.0	49.6	0.38	249	0.48	10800	19000	58.9	252	4.28	3.54	4.23	2.39)
L-F-H	H-235×85×4.5×6	4350	19.0	49.6	0.38	249	0.48	11600	19000	58.9	254	4.30	4.66	4.84	
L-F-W	H-210×73×3.2×9	4350	21.6	60.0	0.36	250	0.50	11600	37600	58.3	229	3.92	4.20	4.52	
S-F-H	H-270×85×4.5×9	2800	10.7	56.0	0.19	150	0.46	11400	49000	94.3	446	4.73	4.24	4.34	2.40)
M-F-H	H-270×85×4.5×9	3550	13.6	56.0	0.24	191	0.50	12800	49000	94.3	372	3.95	4.53	4.86	
M-FS-H	H-270×85×4.5×9	3550	13.6	56.0	0.24	191	0.57	-	-	94.3	288	3.06	4.21	4.75	
S-S-H	H-270×85×4.5×9	2800	10.7	56.0	0.19	150	0.50	-	-	97.3	397	4.08	3.85	4.03	2.41)
S-FU-B	H-210×81×3.2×9	2950	14.7	60.0	0.24	150	0.42	11700	41500	64.1	371	5.78	6.77	7.37	
L-FU-B	H-210×81×3.2×9	4950	24.6	60.0	0.41	252	0.48	11400	41500	64.1	274	4.28	4.57	4.65	
L-FU-AC	H-235×83×3.8×9	4950	21.9	57.1	0.38	257	0.51	12800	44300	77.6	293	3.78	4.10	4.31	
L-FU-BB	H-250×80×4.5×9	4400	18.3	51.6	0.35	250	0.79	10300	45900	96.9	155	1.60	3.24	3.24	2.42)
S-FU-BB	H-250×80×4.5×9	2650	11.0	51.6	0.21	151	0.63	10500	45900	96.9	243	2.51	3.91	3.91	
H5_1	H-210×73×3.2×9	4350	21.6	60.0	0.36	250	0.52	10100	37600	61.8	225	3.65	-	3.65	2.44)
N6_1	H-210×73×3.2×9	4350	21.6	60.0	0.36	250	0.59	10100	37600	79.4	225	2.84	-	3.38	
H6_1	H-210×73×3.2×9	4350	21.6	60.0	0.36	250	0.59	10100	37600	79.4	225	2.84	-	2.91	

*1 コンクリートスラブのねじり定数 $_cJ$=2500000mm^4　　*2 鉄骨梁のせん断弾性係数 $_sG$=79000N/mm^2

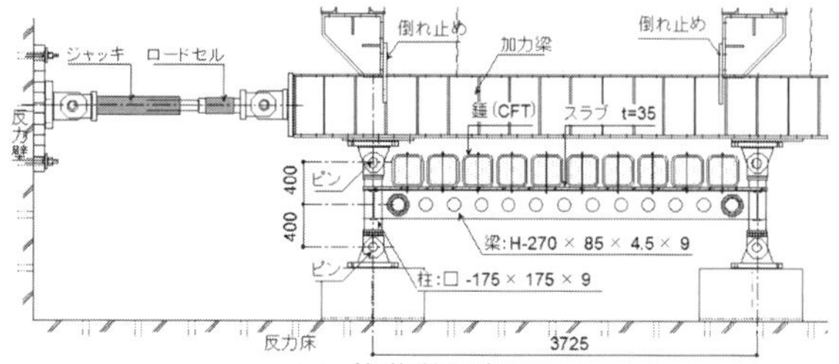

(a) 載荷装置概要

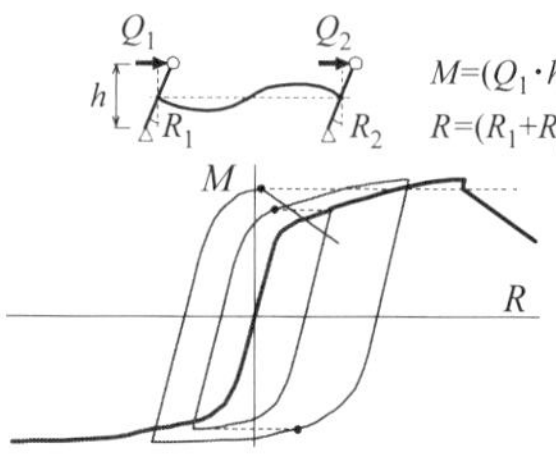

(b) スケルトンカーブ

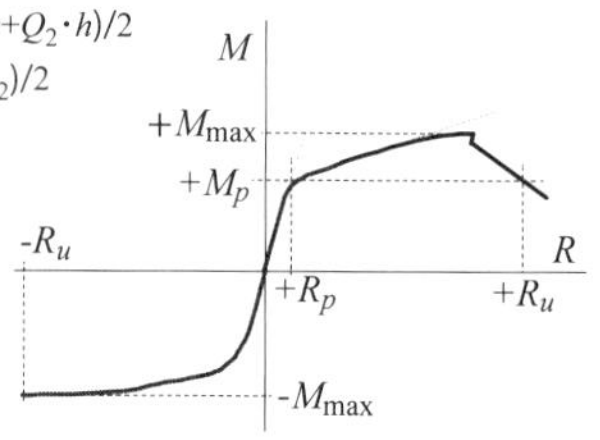

(c) 塑性率の定義

図 2.5.8 実験値の塑性率算定方法

表 2.5.4 計算例一覧

モーメント分布	断面形状･寸法		式(2.5.10)	式(2.5.6a)	式(2.5.16)	式(2.5.12)		式(2.5.13)
	断面	梁内法スパン (m)	M_{cre} (kN･m)	M_{cr1} (kN･m)	θ=1/50 $_{\theta}M$ (kN･m)	μ M_{cre}で算定	μ M_{cr1}で算定	μ_{rq}
逆対称曲げ	H-1000×350×19×40 鋼種490N/mm²級 σ_y=325N/mm² 全塑性耐力 M_p=5650kN･m	12	37400	29400	15800	6.62	5.20	2.80
逆対称曲げ		20	26300	16800	9500	4.65	2.97	1.68
一端曲げ		12	19600	12900	7920	3.47	2.28	1.40
一端曲げ		20	12900	6550	4750	2.28	1.16	0.84

*梁とスラブのねじり剛性比:5.0

両端固定支持の逆対称曲げモーメントを受ける梁の結果である。計算値に用いたスラブの有効幅は柱幅とした。実験は図 2.5.8(a)に示す載荷装置で行い，繰返し載荷により得られたモーメント M－部材角 R 関係を基に塑性率を求めた。図 2.5.8(b)に従いスケルトンカーブを作成し[2.43)]，繰返し載荷により耐力が計算による合成梁の全塑性耐力まで低下した時点の変形，または全塑性耐力まで低下しなかった場合は最大変形を，実験値の弾性剛性と general yield 法による全塑性耐力から求めた全塑性耐力時の弾性変形 R_p で除して算定した（図 2.5.8(c)参照）。

図 2.5.7(a)は塑性率に正負の平均値を，(b)は正負の最大値を採用した場合の結果である。(a)では，実験値の中央値的な評価になるが，(b)では計算値が実験値を過小評価する。図 2.5.7(b)の△は一端曲げモーメントが作用する一端固定他端単純支持の梁についての結果であり，下フランジが圧縮となる載荷履歴で全塑性耐力まで低下した時点の変形について塑性率を求めた。逆対称曲げモーメントの場合に比べ，実験値を過小評価する傾向が強い。また，図中□は文献 2.44)の梁が 600N/mm² 級鋼の実験結果（表 2.5.3 中ハッチ部分）を示す。実験値の塑性率は鉄骨のみの全塑性耐力が概ね確保される履歴振幅とした。高強度鋼の場合でも本式が適用できることが分かる。

2.5.3 横補剛の検討

地震時に逆対称曲げモーメントを受ける梁に要求される部材角を θ とすると，そのときの塑性率 μ_{rq} は次式で与えられる。

$$\mu_{rq} = \frac{\theta}{\theta_p} = \theta \cdot \frac{6 \cdot E \cdot I_x}{M_p \cdot l} \qquad (2.5.13)$$

θ_p は鉄骨梁の全塑性耐力到達時の弾性部材角であり，次式で表される。

$$\theta_p = \frac{M_p \cdot l}{6 \cdot E \cdot I_x} \qquad (2.5.14)$$

ここに I_x:梁の強軸まわりの断面二次モーメント

横座屈の検討が必要な梁は総じて細長比が大きく，曲げ変形が卓越していることから，式(2.5.13)はせん断変形を無視し，曲げ変形のみを考慮した。

横補剛材の要否の検討において不要となる条件は，式(2.5.12)の塑性率が式(2.5.13)を上回ればよいので，

$$\frac{b \cdot \alpha_1 + x \cdot \alpha_2}{b + x} \cdot M_{cr0} \geq \theta \cdot \frac{6 \cdot E \cdot I_x}{l} \qquad (2.5.15)$$

となる。式(2.5.15)によると，横補剛材の要否が梁の鋼種に依存しないことが分かる。弾性部材で逆対称曲げモーメントを受ける梁がある部材角 θ のときの端部曲げモーメントを $_{\theta}M$ とすると，

$$_{\theta}M = \frac{6 \cdot E \cdot I_x \cdot \theta}{l} \qquad (2.5.16)$$

となり，式(2.5.15)は次式で表せる。

$$M_{cre} \geq {_{\theta}M} \qquad (2.5.17)$$

これは，M_{cre} がある部材角 θ のときの端部曲げモーメント $_{\theta}M$ を上回れば良いと捉えることもできる。建物の層間変形角に対する梁の変形量は 4~6

割程度[2.45)]であるが，柱を剛体と考えると層間変形角と梁の部材角は一致する。したがって，部材角θには，建物の終局時の層間変形角を採用すれば安全側の評価ができる。なお，一端固定他端ピンの一端曲げモーメント作用下の場合は，式(2.5.16)に次式を用いる。

$$ {}_{\theta}M = \frac{3 \cdot E \cdot I_x \cdot \theta}{l} \qquad (2.5.16') $$

式(2.5.17)は，両辺を梁の全塑性耐力M_pで除し，式(2.5.13)の梁に要求される塑性率μ_{rq}と式(2.5.1)の梁の有する塑性率μにより次式で表される。

$$ \mu \geq \mu_{rq} \qquad (2.5.18) $$

表 2.5.4 に計算の一例を示す。H-1000×350×19×40（鋼種 490N/mm^2 クラス）の梁について，2 種類の梁スパン(弱軸まわりの細長比 150，250 相当)とモーメント分布(逆対称曲げ，一端曲げ)について検討した。梁とスラブのねじり剛性比は 5.0 とした。梁に要求する部材角を 1/50rad として，式(2.5.16)による${}_{\theta}M$を求めた。式(2.5.10)によるM_{cre}は${}_{\theta}M$を上回り，式(2.5.17)を満足する。梁の要求部材角 1/50rad は実機において大きな変形といえるが，${}_{\theta}M$に対して保有するM_{cre}は余裕度が高い。スラブのねじり剛性を考慮せず，横移動拘束のみを考えた場合は，弾性横座屈耐力M_{cre}は式(2.5.6a)のM_{cr1}になるが，保有性能をM_{cr1}としても余裕度を有する。式(2.5.18)は，式(2.5.17)の両辺を梁の全塑性耐力M_pで除し，塑性率で表現しているもので，両式は同様の傾向となる。塑性率の計算結果も表 2.5.4 に併せて示す。

2.5.4 ま と め

スラブの座屈拘束効果が考慮された合成梁の塑性変形能力を，複雑な数値解析や評価モデルを用いることなく，簡便な式で評価するとともに，横補剛材の要否を検討する設計手法を提案した。対象とする梁の端部境界条件と作用モーメントの組合せは，両端固定支持の逆対称曲げモーメントを受ける場合と一端固定他端単純支持の一端曲げモーメントを受ける場合とした。また，スラブの横座屈拘束効果は，既研究に基づき上フランジの横移動は完全に拘束されているものとし，回転拘束として柱幅のねじり剛性を用いた。

今回は，横座屈現象がフランジやウェブの局部座屈の影響を受けにくい断面を対象に検討をしており，局部座屈との連成の影響についての検討は今後の課題である。

2.6 逆対称曲げを受けるH形鋼梁の終局挙動に及ぼす材端境界条件

耐震設計では塑性化後の梁の繰返し挙動に対する性能評価が必要となる。ここでは，実験的な手法によって，梁端の境界条件がH形鋼梁の繰返し終局挙動に与える影響を検討した研究成果を紹介する[2.46)]。

2.6.1 実 験 概 要

試験体を図 2.6.1 に，試験体一覧を表 2.6.1 に示す。試験体は逆対称曲げを受ける門型フレームの柱の反曲点から上部を想定し，反曲点を試験体柱脚のピン支点によって再現している。柱梁接合部は，全て通しダイアフラムである。梁断面は H-200×100×5.5×8 の圧延 SS400 材で，横座屈細長比と柱・仕口部の断面形状をパラメータとして計 9 体が対象となっている。表 2.6.1 中の全塑性モーメントM_pは素材試験より求めた降伏応力度の平均値に公称断面寸法から計算した塑性断面係数Z_pを乗じた値である。また，横座屈細長比λ_bはM_pを用いて算出している。なお，梁の横座屈細長比λ_bは柱の内法長さから算定している。

図 2.6.2 に実験装置の全体図を示す。柱脚部のピン支点はクレビスピンを使用し，梁の面内回転方向への自由度を持たせている。また，柱のねじれ変形に対する柱脚の固定度を確保するため，柱脚を固定したプレートを柱両側に延長し，延長した先にも柱脚と同様のピン支点を設けている。

柱頭加力点の詳細を図 2.6.3 に示す。加力位置は，試験体柱頭部分に取り付けた円筒型の治具部分とし，ジャッキの先端には，柱の面外回転を拘束せず，試験体の変形が進行しても常に水平方向に加力できるように，ユニバーサルジョイントを装着している。また，試験体全体の面外移動を拘束するために，柱頭部分に水平面内で回転できる剛体棒を装着し，その先端にユニバーサルジョイントで接続した鋼管と両側の横倒れ止め受け梁とを連結している。したがって，柱頭部分では，梁の面外移動のみを拘束し，面内回転，面外回転および軸方向変位は自由な境界条件である。

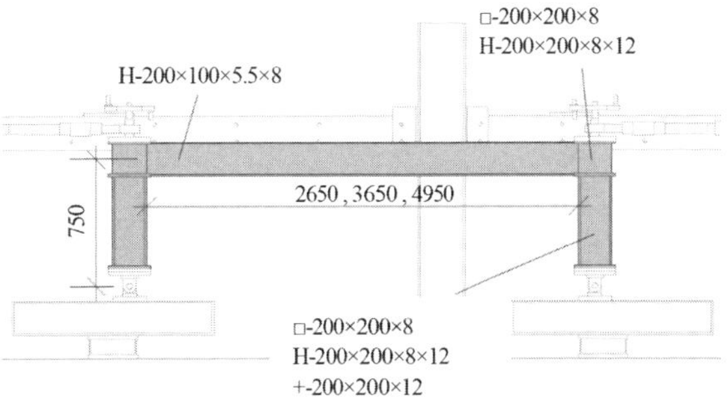

図 2.6.1 試験体概要

表 2.6.1 試験体一覧

試験体名	梁						柱			
	断面形状	l [mm]	M_p [kN・m]	M_e [kN・m]	λ_b	K_w [kN・m/rad]	断面形状※		l [mm]	K_w [kN・m/rad]
							仕口部 l=176mm	柱部 l=527mm		
H-06-W		2650		189.75	0.57	4.26		H		246.84
+-06-W						4.14		+		78.20
□-08-W		3650		108.53	0.75	1.96	□	□		427.16
H-08-W						2.03		H		232.06
+-08-W	H-200×100×5.5×8		60.09			1.96		+	750	74.69
H-08						1.75	H	H		130.83
+-08						1.86		+		69.63
H-10-W		4950		66.43	0.96	1.38	□	H		202.25
+-10-W						1.45		+		81.86

試験体名説明

H- 06- W
→ 仕口部の反り拘束(W：鋼管　無し:H 鋼)
→ 横座屈細長比(0.6、0.8、1.0)
→ 柱の断面形状(□：鋼管 H：H 鋼 +：十字)

l：長さ、M_p：全塑性モーメント、M_e：横座屈モーメント
λ_b：横座屈細長比、K_w：ねじり剛性

※断面形状
□：□-200×200×8
H：H-200×200×8×12
+：200×200×12

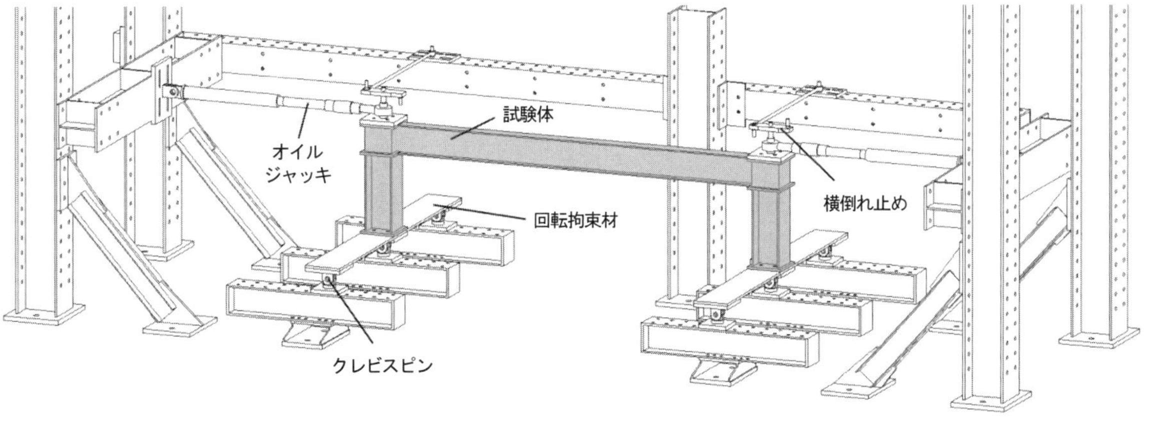

図 2.6.2 載荷装置図

2.6.2 繰返し履歴特性

荷重変形関係を図 2.6.4 に示す。横軸は梁端の面内回転変形角をθ_pで無次元化した値，縦軸は端部の載荷モーメントを梁の全塑性モーメントM_pで無次元化した値である。θ_pは試験体柱頭と柱脚の水平方向相対変位を測定位置間距離で除して求め，両端の柱の回転角を平均して用いている。

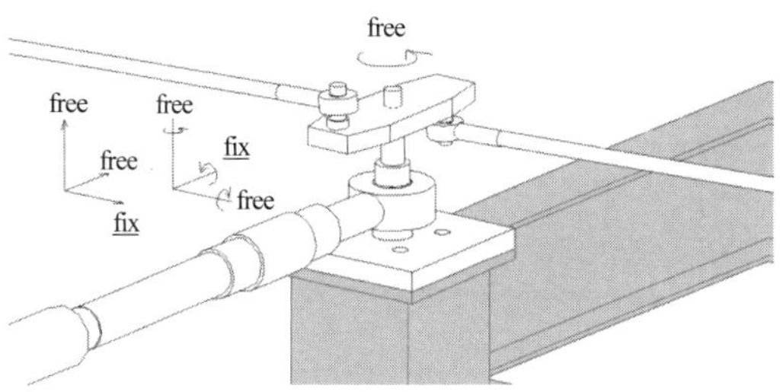

図 2.6.3 試験体柱頭の境界条件

また，２本の油圧ジャッキの荷重は載荷中常に等しくなるように制御しているが，わずかな誤差が発生するため，縦軸の荷重は梁両端の載荷モーメントの平均値で表している。

最大耐力に関しては梁の横座屈細長比による影響以外には，柱のねじり剛性や仕口のねじり剛性による顕著な差はみられなかった。一方，最大耐力後の挙動については，柱断面の違いによる影響が観察された。まず，図 2.6.4 の(a) (b)から柱断面の違いを考察すると，(a)の柱が H 断面の場合振幅 $6\theta_p$ のループでもまだ耐力低下がみられないのに対し，柱のねじり剛性が低い(b)十字断面の場合，振幅 $6\theta_p$

写真 2.6.1 載荷後試験体の様子

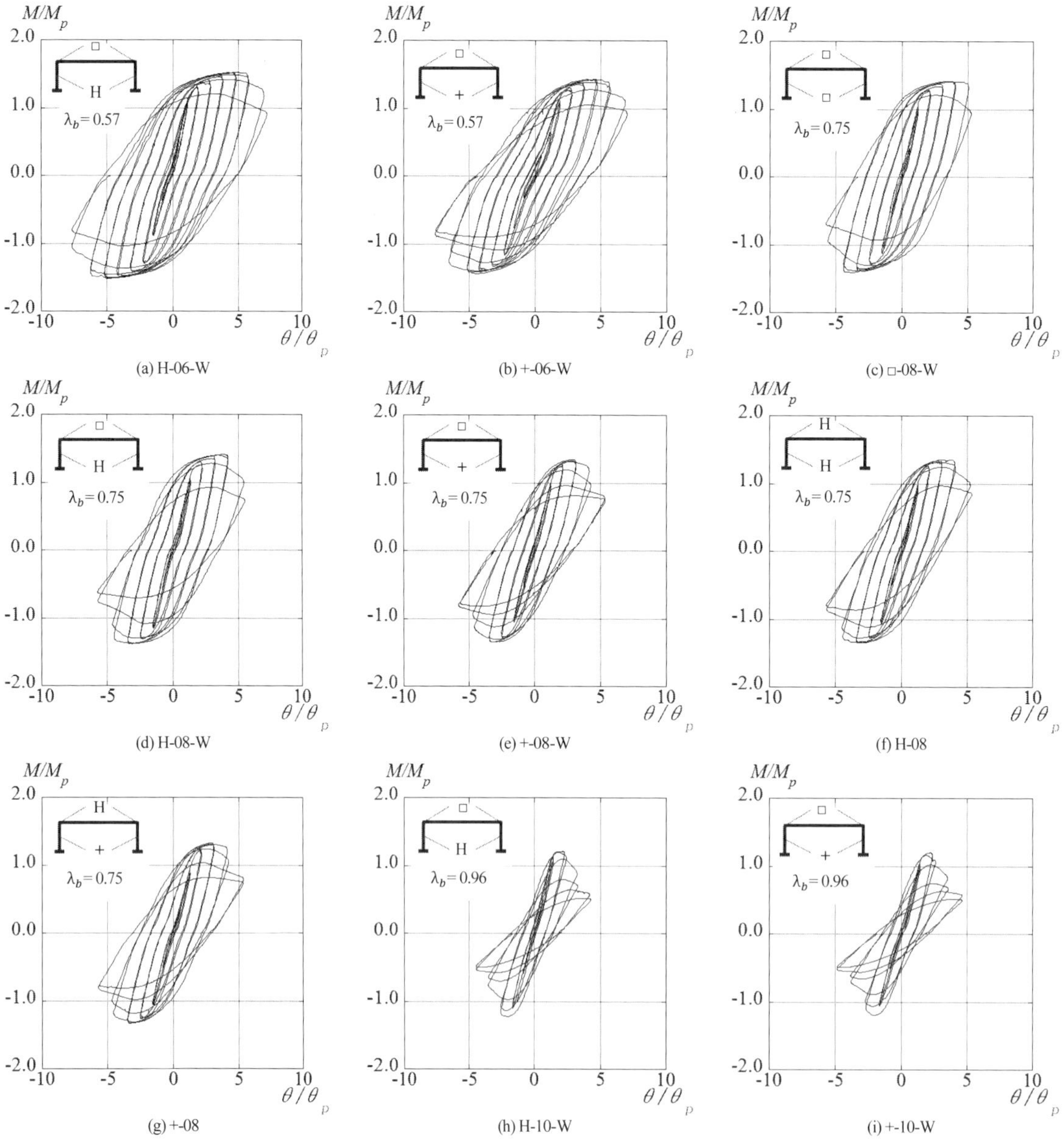

図 2.6.4 各試験体の荷重変形関係

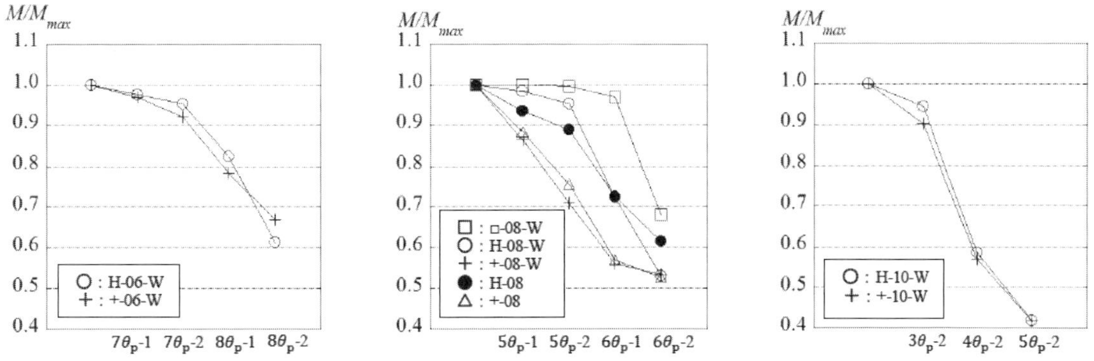

(a) λ_b=0.57　(b) λ_b=0.75　(c) λ_b=0.96

図 2.6.5 最大耐力後の耐力劣化

のループですでに耐力低下が観察されている。また, その後の履歴を見ると, (a)の方が各ループ内での最大耐力の低下は緩やかであるが, ループ内での最大耐力以降の耐力低下も急であり, ループ最大振幅時には(a)と(b)の差はほとんどみられない。この傾向は, 横座屈細長比が 0.75 の 08 シリーズ試験体(c)(d)(e)でも同様に観察され, ねじり剛性が最も高い角形鋼管柱も含めてその影響は顕著であった。一方, 塑性限界細長比を超える 10 シリーズの梁(h)(i)では, 柱断面の違いによる繰返し挙動の顕著な差はみられなかった。

次に仕口の断面形状の違いを(d)角形鋼管仕口, (f)H 形断面仕口で比較すると, 柱のねじり剛性で観察されたような最大耐力以降の差はほとんどみられなかった。このことは, 柱が十形断面の試験体(e)(g)の比較においても同様である。

図 2.6.5 は最大耐力が観察されたループ以降の各ループにおける最大変位振幅時の耐力を最大耐力との比で示したものである。図 2.6.4 で考察した通り, 最も短い(a)06 シリーズではループ内最大振幅時の耐力は柱のねじり剛性の影響をほとんど受けていないのに対し, (b)の 08 シリーズでは柱のねじり剛性が小さいほど最大耐力からの耐力低下率が大きいことが分かる。08 シリーズでは, 柱のねじり剛性が高い試験体ほど梁端部でのフランジの局部座屈変形が大きく, その結果横屈変形が小さく押さえられているため, ループ内最大振幅時の耐力にも差が出たものと考えられる。

一方, 最も長い(c)10 シリーズでは 06 シリーズと同様に柱断面形状による影響はほとんどみられなかった。

2.6.3 ま　と　め

1) 今回対象とした試験体の範囲では, 柱のねじり剛性による影響は最大耐力よりも最大耐力後の繰返し挙動で顕著であった。
2) 柱のねじり剛性が高いほど, 各ループ内での最大耐力の低下は緩やかである。
3) 各ループ内最大変位振幅時の耐力は梁の横座屈細長比が 0.8 程度の梁で柱のねじり剛性の影響を大きく受けた。これは, 梁の横座屈変形と梁端フランジの局部座屈変形の兼ね合いで生じると考えられる。

参 考 文 献

2.1) 日本建築学会：鋼構造限界状態設計指針・同解説, 2010.2
2.2) 竹屋壮修, 井戸田秀樹：任意の境界条件における H 形鋼梁の弾性横座屈耐力, 日本建築学会構造系論文集, 第 84 巻, 第 755 号, pp.73-83, 2019.1
2.3) 日本建築学会：鋼構造座屈設計指針, 2009.11
2.4) 五十嵐規矩夫, 鞆伸之, 王韜：H 形断面梁の横座屈耐力に与える端部境界及びモーメント勾配の影響係数, 日本建築学会構造系論文集, 第 76 巻, 第 670 号, pp.2173-2181, 2011.12
2.5) 中村武, 若林實：H 形断面はりの弾性横座屈モーメントの修正係数 C に対する近似解 －設計式－, 日本建築学会大会学術講演梗概集, 構造 II, pp.1319-1320, 1978.9
2.6) 鈴木敏郎, 木村祥裕：ラーメン架構における H 形鋼梁の横座屈長さ, 日本建築学会構造系論文集,

第 64 巻，第 521 号，pp.127-132，1999.7
2.7) 鈴木敏郎，木村祥裕：H 形断面の横座屈に対する柱梁接合部によるそり拘束の影響，日本建築学会構造系論文集，第 65 巻，第 537 号，pp.115-120, 2000.11
2.8) 森紘人，伊山潤：有限要素法解析を用いた横座屈細長比と最大曲げ耐力の関係に関する検証（その 1 解析概要），日本建築学会関東支部研究報告集，第 86 号，pp.285-288，2016.3
2.9) 森紘人，伊山潤：有限要素法解析を用いた横座屈細長比と最大曲げ耐力の関係に関する検証（その 2 解析結果），日本建築学会関東支部研究報告集，第 86 号，pp.289-292，2016.3
2.10) 津田惠吾：節点移動のない均等な骨組の柱材の実用座屈長さ評価式，日本建築学会構造系論文集，第 67 巻，第 553 号，pp.129-134，2002.3
2.11) Theodore V. Galambos (joint translators Hukumoto, Nishino) : Structural Members and Frames, Maruzen, 1970.10 (in Japanese)
2.12) 日本建築学会：鋼構造塑性設計指針，2017.2
2.13) 木村祥裕，宮夢積，廖望：柱梁接合部により反り拘束される H 形鋼梁の横座屈荷重に及ぼす連続補剛材による座屈変形拘束効果の解明，日本建築学会構造系論文集，第 751 号，pp.1353-1363, 2018.9
2.14) 木村祥裕，宮夢積：勾配曲げモーメントを受ける連続補剛 H 形鋼梁の弾塑性横座屈挙動に及ぼす柱梁接合部の拘束効果，日本建築学会構造系論文集，第 751 号，pp.1601-1611, 2019.12
2.15) 木村祥裕，佐藤唯：等曲げモーメントを受ける連続補剛 H 形鋼梁の弾塑性横座屈に及ぼす横曲げ拘束効果，日本建築学会構造系論文集，第 86 巻，第 779 号，pp.145-155，2021.1
2.16) 木村祥裕，吉野裕貴，小川淳子：引張側フランジ補剛された H 形鋼梁の横座屈荷重に及ぼす連続補剛材の水平・回転拘束効果と補剛耐力，日本建築学会構造系論文集，第 670 号，pp.2143-2152，2011.12
2.17) 吉野裕貴，中村祥子，廖望，木村祥裕：連続補剛された H 形鋼梁の部分架構載荷実験，鋼構造年次論文報告集，第 28 巻，pp.856-861，2020.11
2.18) 日本建築学会：建築工事標準仕様書 JASS 6 鉄骨工事，2007.2
2.19) 中田寛二，井戸田秀樹，佐古誠：材端で面外回転拘束を受ける H 形鋼梁の耐力と変形性能，鋼構造論文集，第 23 巻，2015.11
2.20) 中尾浩之，金尾伊織：鋼構造ラーメンと骨組内の梁耐力と変形性能に関する基礎的考察，構造工学論文集，第 60 号 B，pp. 257-264, 2014.3
2.21) 新日本製鉄株式会社：建築用資材ハンドブック，2007
2.22) 廖望，吉野裕貴，木村祥裕：H 形鋼梁－屋根折板接合部が連続補剛材の回転補剛剛性に及ぼす影響の実験的検証，鋼構造論文集，第 28 巻 112 号，pp.101-110，2021.12
2.23) 若林実，中村武：端モーメントと等分布荷重を受ける鉄骨 H 形はりの弾性横座屈に対する数値解析，日本建築学会論文報告集，No.208，pp.7-13，1973.6
2.24) 加藤勉，秋山宏：上フランジを連続拘束された H 形断面鋼梁の弾性横座屈，日本建築学会論文報告集，No.232，pp.41-49，1975.6
2.25) 若林実，中村武，中井政義：鉄骨 H 形断面はりの横座屈耐力に関する実験的研究(その 4)，日本建築学会大会学術講演梗概集，構造系，pp.1289-1290, 1984.9
2.26) 加藤勉，田川泰久，李明宰，野田秀幸：合成梁部材実験(コンクリートスラブの横座屈拘束)，日本建築学会大会学術講演梗概集，構造系，pp.1359-1360，1984.9
2.27) 加藤勉，田川泰久，李明宰:合成ばりの研究（一様曲げモーメント下での横座屈実験及び数値解析），日本建築学会大会学術講演梗概集，構造Ⅱ，pp.711-712，1985.9
2.28) 若林実，中村武：鉄骨充腹梁の横座屈に関する研究(その 5)，京大防災研年報，Vol.24B-1，pp.185-199, 1981.4
2.29) 伊賀はるな，聲高裕治，伊山潤，長谷川隆：コンクリート床スラブによる H 形断面梁の横座屈補剛効果に関する検討　その 1~3，日本建築学会大会学術講演梗概集，構造 III，pp.1119-1124，2013.8
2.30) 伊賀はるな，聲高裕治，伊山潤，長谷川隆：コンクリート床スラブによる H 形断面梁の横座屈補

剛効果に関する検討 その 4~7，日本建築学会大会学術講演梗概集，構造 III，pp.871-878，2014.9

2.31) 伊賀はるな，聲高裕治，伊山潤，長谷川隆：コンクリート床スラブによる H 形断面梁の横座屈補剛効果に関する検討 その 8~12，日本建築学会大会学術講演梗概集，構造 III，pp.897-902，2015.9

2.32) 安田聡，成原弘之，有山伸之，澤本佳和，岡安隆史，佐野公俊：合成梁の横座屈性状に関する研究 その 1~2，日本建築学会大会学術講演梗概集，構造 III，pp.847-850，2012.9

2.33) 成原弘之，安田聡，氏家大介，松本修一：小梁付き合成梁の横座屈性状に関する研究 その 1~3，日本建築学会大会学術講演梗概集，構造 III，pp.917-922，2015.9

2.34) 2015 年版建築物の構造関係技術基準解説書，2015.6

2.35) 宇佐美徹，金子洋文，山﨑賢二，中山信雄，片山丈士：スラブ付鉄骨梁の塑性変形性能 上フランジ回転拘束の影響，日本建築学会構造系論文集，第 668 号，pp.1847-1854，2011.10

2.36) 日本建築学会：鋼構造の座屈に関する諸問題 2013，2013.6

2.37) 宇佐美徹，金子洋文，山﨑賢二：スタッドがスラブ付鉄骨梁の横座屈挙動に及ぼす影響，日本建築学会構造系論文集，第 77 巻，第 681 号，pp.1773-1779，2012.11

2.38) 五十嵐規矩夫，大西佑樹：上フランジを連続完全拘束された H 形断面梁の弾性座屈耐力，日本建築学会構造系論文集，第 706 号，pp.1899-1908，2014.12

2.39) 宇佐美徹，金子洋文，中山信雄，石川智章：スラブ付き鉄骨梁の横座屈挙動 その 1-その 3，日本建築学会大会学術講演梗概集，C-1 分冊，pp.635-640，2007.7

2.40) 宇佐美徹，金子洋文，中山信雄，片山丈士，加藤勉：スラブ付き鉄骨梁の横座屈挙動 その 4～6，日本建築学会大会学術講演梗概集，C 分冊，pp.589-594，2008.7

2.41) 宇佐美徹，金子洋文，中山信雄，片山丈士，加藤勉：スラブ付き鉄骨梁の横座屈挙動 その 7～9，日本建築学会大会学術講演梗概集，C 分冊，pp.631-636，2009.7

2.42) 片山丈士，金子洋文，宇佐美徹，山﨑賢二，中山信雄，鈴木直幹:スラブ付き鉄骨梁の横座屈挙動 その 10～その 12，日本建築学会大会学術講演梗概集，C 分冊，pp.879-884，2010.7

2.43) 建築研究所，日本鉄鋼連盟：鋼構造建築物の構造性能評価試験法に関する研究 委員会報告書，2002.4

2.44) 宇佐美徹，山﨑賢二，稲葉澄，小田島暢之，石川智章：高強度鋼材を用いたスラブ付 H 形断面合成梁の静載荷試験，日本建築学会大会学術講演梗概集，C 分冊，pp.1121-1122，2018.7

2.45) 和田章ほか：建築物の損傷制御設計，丸善，1998.9

2.46) 中村光，井戸田秀樹：水平力を受ける鋼構造ラーメン骨組の繰返し載荷実験，日本建築学会東海支部研究報告集，pp.157-160，2017.2

3. 局部座屈を伴う柱材の耐力および変形性能

3.1 はじめに

柱材は，主として軸力を受けつつ水平外力に抵抗する部材で，模型載荷実験による検証より，耐力や塑性変形性能は局部座屈により決することが多い[3.1)-3.9)]。この柱材の耐力や塑性変形性能を評価する数理モデルは多数提案されている[3.10)-3.19)]。これらの数理モデル化手法は，現象論的手法[3.10)-3.12)]，力学理論による手法[3.13)-3.16)]，有限要素による手法[3.17)-3.19)]に大別される。現象論的手法の例として，三谷ら[3.10)]，山田ら[3.11)]，Ibarra ら[3.12)]により提案されたモデルがある。いずれも，柱材の載荷実験結果をもとに，局部座屈による耐力の劣化特性を見極め，部材の断面力と変形の関係を統計的に決定する数理モデルである。力学理論による手法としては，加藤ら[3.13)]により提案された降伏線による崩壊機構によるモデルや，孟ら[3.14)]，石田ら[3.15), 3.16)]により提案されたマルチスプリングモデルが挙げられる。いずれも，力学理論を仮定し，部材の断面寸法や材料特性を定義することで，部材の断面力と変形の関係を導き出す数理モデルである。現象論的手法，力学理論的手法では，原則として材軸方向の曲率分布は考慮されずにモデル化される。一方，有限要素による手法では，部材は一般に複数の要素で分割し，材軸方向の曲率分布を考慮してモデル化される。Elkady ら[3.18)]の検討にみられるように，シェル要素を用い，柱材の局部座屈挙動を精緻に再現した例がある。Kolwankar ら[3.18), 3.19)]によるファイバーモデルでは，実験から同定された劣化特性を有する軸要素で断面を分割され，部材の断面力を計算した。シェル要素を用いた手法よりも，計算量が少なくかつ同程度の精度で，柱材の局部座屈による耐力劣化を追跡できることが確認されている。

3.2 節では，文献 3.20), 3.21)で紹介されている，力学理論による手法で構成された，柱材の局部座屈による耐力劣化特性を，ファイバー要素に適用した一次元ファイバーモデルについて紹介する。極めて稀な地震動を受けた火力発電所などのブレース付骨組では，柱材は降伏軸力の 0.6 から 0.8 倍程度の高軸力を受け，塑性化領域が材端から材軸方向に拡がる可能性がある。一次元ファイバーモデルは，1 章で紹介した一次元部材モデルの一種で，材軸方向の曲率分布を考慮してモデル化されており，現象論的手法や力学理論による手法と異なり，高軸力下の塑性化領域の進展をおおよそ捉えられる特徴がある。

3.3 節では，軸方向圧縮力と単調曲げモーメントを受ける角形鋼管柱の実験的研究について紹介する。鋼構造建物の終局時の設計において鋼柱が満たすべき制限は，本会刊行の鋼構造塑性設計指針[3.22)]（以後，塑性指針と称す）あるいは鋼構造限界状態設計指針・同解説[3.23)]（以後，LSD 指針と称す）が設計規範として参照される。しかしながら，上記指針が規定する制限式は 1980 年代まで実施された H 形断面柱の実験結果を統計的に分析した半実験式であり，閉断面である角形鋼管柱に対しても適用できるかは明確に検証されていない。H 形断面柱とは異なり曲げねじれ挙動が現れない角形鋼管柱においては安全率を大きめにとった制限式になっている可能性もある。現行設計式と実験結果の対応について確認し，最大耐力，塑性変形能力，崩壊形式について紹介する。

3.2 一次元ファイバーモデルによる柱材の耐力劣化挙動の再現

本節では，図 3.2.1 に示すような，数値解析モデルの一次元ファイバーモデルにより局部座屈を伴う柱の耐力を評価する手法[3.20), 3.21)]を示す。マルチスプリングモデルなどと比較して，一次元ファイバーモデルは，柱材の塑性化領域が材端方向へ進展する挙動を再現し，高軸力下における柱材の挙動を追跡できると想定されたモデルである。一次元ファイバーモデルでは，数個の一次元ファイバー要素を直列に接続させることで，部材としての断面力が模擬される。局部座屈すると平面保持の仮定は成立しないが，便宜上成立するものとし，各ファイバーの応力状態を基として部材の内力を算出している。要素の長さは，局部座屈半波長に近い値で設定し，H 形鋼の場合ではフランジ幅，角形鋼管の場合では鋼管幅としている。局部座屈半波長は幅厚比や軸力比により異なるが，一定値を採用している。次項以降，一次元ファイバーモデルにより H 形鋼柱 [3.20]および角形鋼管柱 [3.21]の局部座屈挙動や断面力を追跡した例を示す。

3.2.1 ファイバーの復元力特性

図 3.2.1 に示すように，H 形断面を 16 本，箱形断面を 20 本のファイバーで分割し，部材の剛性を計算するために設けた 3 つの積分点における変位を基とした復元力特性により各ファイバーの局部座屈による耐力劣化が表現される。ファイバーの復元力特性は，柴田・若林らのモデル [3.24]，大井・高梨らのモデル [3.3]を参考に，無次元化応力 n－無次元化変位 δ 関係（$n = \sigma / \sigma_y$, $\delta = \varepsilon / \varepsilon_y$, σ_y：降伏応力，ε_y：降伏ひずみ $=\sigma_y / E$，$E = 2.05\times10^5$ N/mm^2）における，6 つの Stage に分けて設定される。引張側では，δ が基準点 r を超えると接線勾配を弾性勾配の 1/50 倍とした引張側ひずみ硬化領域 Stage A' に至る。δ が基準点 a を超えると最大応力領域 Stage A に至り，無次元化応力 n は α（降伏比の逆数に相当，$\alpha = \sigma_u / \sigma_y$，$\sigma_u$：引張強さ）で一定となる。実験結果 [3.4]との整合より，α = 1.5 を採用している。圧縮側では，δ が基準点 q を下回ると接線勾配を弾性勾配の 1/50 倍とした圧縮側ひずみ硬化領域 Stage C' に至る。無次元化座屈後最大強度 n_c に達し，δ が基準点 b を下回ると，局部座屈劣化領域 Stage C で耐力が劣化していく。変位の向きが反転すると，除荷領域 Stage D となり，Stage C を経験した後に変位の向きが反転し Stage D から基準点 p を超えると，一次元ファイバー要素の曲げ戻しを表現する Stage B に至り，基準点 r を超えると

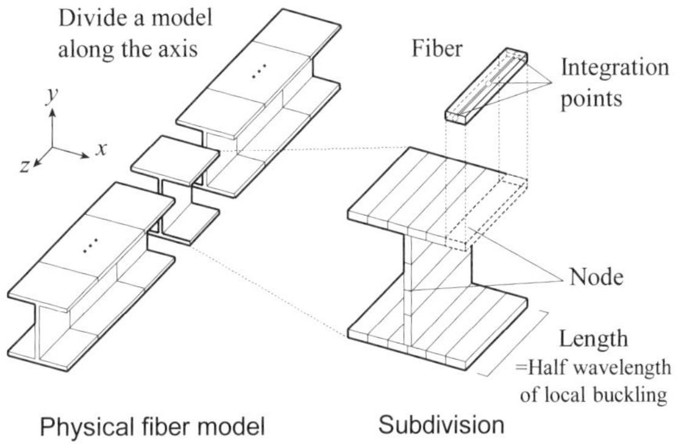

(a) H形断面

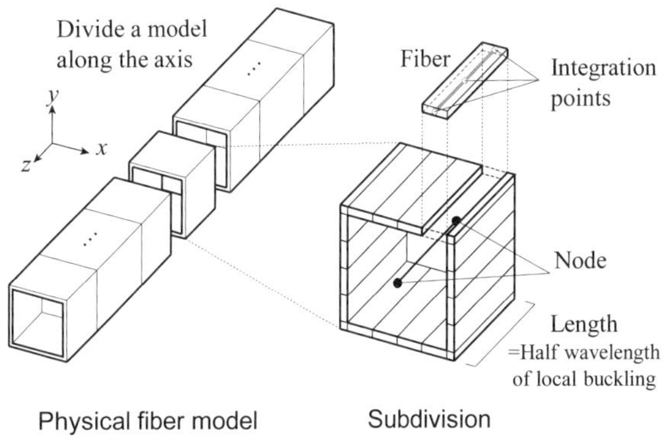

(b) 箱形断面

図 3.2.1 一次元ファイバーモデルの構成

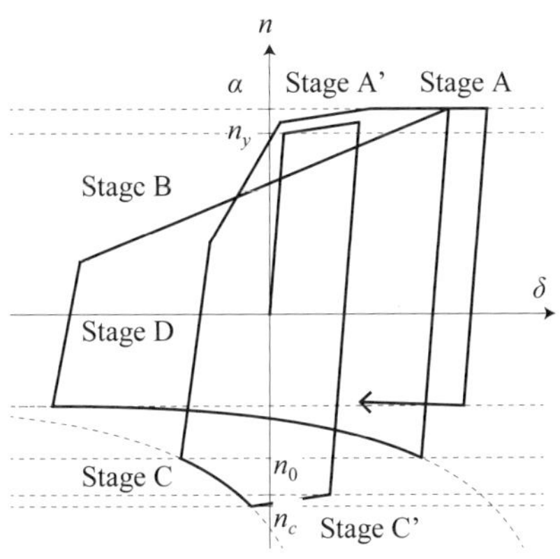

(a) 履歴特性

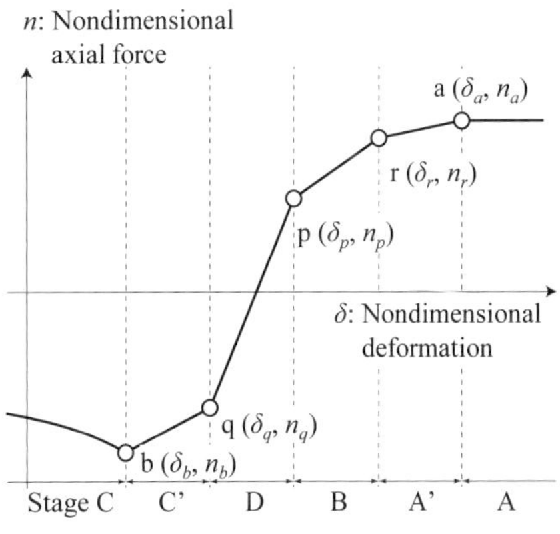

(b) Backbone曲線

図 3.2.2 ファイバーの復元力特性

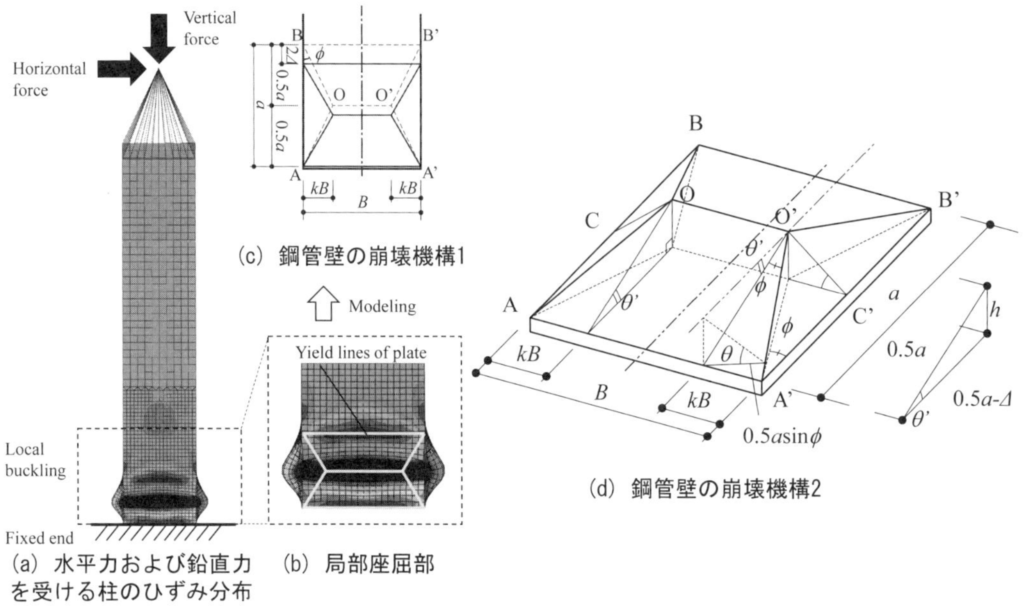

図 3.2.3 角形鋼管柱断面の鋼管壁の崩壊機構

Stage A'に達する。なお，Stage C における圧縮側耐力劣化は基準点 b を通る曲線として表現し，繰返し塑性変形に伴い劣化しないように設定される。無次元化座屈後最大強度 n_c は，基準点 b である Stage C と Stage C'の交点，または弾性領域 Stage D と Stage C の交点より求められ，無次元化降伏強度 n_0 は，式(3.2.1)，式(3.2.2)より得られた基準化細長比 λ_c を式(3.2.3)に示す column curve に適用し決定される。なお，フランジとウェブは隣接するが，相互拘束は考慮されていない。

$$\sigma_{cr} = k\frac{\pi^2 E}{12(1-\nu^2)}\left(\frac{t}{B}\right)^2 \tag{3.2.1}$$

$$\lambda_c = \sqrt{\frac{\sigma_y}{\sigma_{cr}}} \tag{3.2.2}$$

$$n_0 = \frac{\sigma_0}{\sigma_y} = \begin{cases} 1 & \lambda_c \le 1 \\ \dfrac{1}{\lambda_c^2} & 1 < \lambda_c \end{cases} \tag{3.2.3}$$

ここに，t，B はそれぞれ相当する板要素の厚さと幅を示す。k は座屈係数で，H 形断面のフランジで 1, H 形断面のウェブまたは角形断面で 4 と定義している。E はヤング係数，ν はポアソン比を示す。

3. 2. 2 降伏線を用いた局部座屈による耐力劣化

柱材の板要素の無次元化初期座屈応力は式(3.2.3)で求まるが，局部座屈による耐力劣化を表現できない。本項では，加藤ら[3.13]のモデルを参照し，まず図 3.2.3 に示す角形鋼管柱の場合における，局部座屈による耐力劣化を評価した手法を示す。

板の座屈において，荷重方向と ϕ の角度をなす軸まわりにおける，単位長さあたりの最大曲げモーメント M は式(3.2.4)，(3.2.5)で算出される。

$$M = \frac{\sigma_y}{4} t^2 \mu \tag{3.2.4}$$

$$\begin{cases} \mu = \dfrac{\beta^2 - \left(2\sin^2\phi - \cos^2\phi\right)^2}{2\beta} \\ \beta = \sqrt{\cos^4\phi + 4\left(\alpha^2 - \cos^2\phi\left(1 + 2\sin^2\phi\right)\right)} \end{cases} \tag{3.2.5}$$

ここに，σ_y は鋼材の降伏強度，t は板厚である。図 3.2.3(d)に示すように A-O，A'-O'，A-A'，B-O，B'-O'，B-B'，O-O'，を塑性関節とし，三角形 AOB および A'O'B'が材軸方向に変形しつつ，端部の A-B および A'-B' まわりに回転するものとし，$a = B$ としている。鋼管壁の応力 σ より外力仕事 T は式(3.2.6)で表される。

$$T = 2Bt\Delta\sigma \tag{3.2.6}$$

ここに，B は鋼管幅，Δ は鋼管壁の軸変形である。内部仕事は，せん断と曲げを考える。局部座屈機構の幾何学的関係から諸値を式(3.2.7)より得る。

$$\begin{cases} h^2=\left(\dfrac{a}{2}\right)^2-\left(\dfrac{a}{2}-\varDelta\right)^2=a\varDelta-\varDelta^2\approx a\varDelta \\ \theta=\dfrac{h}{\dfrac{a}{2}\sin\phi}=\dfrac{2\sqrt{a\varDelta}}{a\sin\phi} \qquad \theta'=\dfrac{h}{a/2}=\theta\sin\phi \\ \varDelta=\dfrac{1}{4}a\theta^2\sin^2\phi \end{cases} \tag{3.2.7}$$

せん断による内部仕事 U_s は，三角形 AOA および A'O'A' のせん断変形が $2\varDelta/\cos\phi$，関節長さ $B/4\sin\phi$ より式(3.2.8)を得る。

$$\begin{aligned} U_s&=\tau\frac{2\varDelta}{\cos\phi}\frac{B}{4\sin\phi}t \\ &=\sigma_y\sin\phi\cos\phi\frac{2\varDelta}{\cos\phi}\frac{B}{4\sin\phi}t=\frac{1}{2}Bt\varDelta\sigma_y \end{aligned} \tag{3.2.8}$$

ここに τ はせん断応力である。A-O および A'-O'による曲げ変形の内部仕事 U_{b1} は，式(3.2.9)より得る。

$$U_{b1}=M\theta\frac{B}{\sin\phi}=\frac{B}{4\sin\phi}\theta\mu t^2\sigma_y \tag{3.2.9}$$

A-A'および O-O'による曲げ変形の内部仕事 U_{b2} は，式(3.2.10)より得る。

$$U_{b2}=2M\theta' B+2M\theta'\frac{B}{2}=\frac{3}{4}B\sigma_y t^2\mu'\theta\sin\phi \tag{3.2.10}$$

ここに μ' は式(3.2.5)で $\phi=\pi$ を代入した値である。外部仕事と内部仕事とのつり合いより，式(3.2.11)が得られる。

$$\begin{cases} T=U_s+U_{b1}+U_{b2} \\ 2Bt\varDelta\sigma=\dfrac{1}{2}Bt\varDelta\sigma_r+\dfrac{B}{4\sin\phi}\theta\mu t^2\sigma_y \\ \qquad +\dfrac{3}{4}B\theta\mu' t^2\sigma_y\sin\phi \end{cases} \tag{3.2.11}$$

式(3.2.11)を，鋼管壁の応力 σ と σ_y の比で整理すると式(3.2.12)となる。

$$\begin{aligned} \frac{\sigma}{\sigma_y}&=\frac{1}{4}+\frac{1}{8\sin\phi}\frac{4}{B\cos\phi}\sqrt{\frac{a}{\varDelta}}\mu t \\ &\quad+\frac{3}{8}\frac{4}{B\cos\phi}\sqrt{\frac{a}{\varDelta}}\mu' t\sin\phi \\ &=\frac{1}{4}+\frac{\left(\mu+3\mu'\sin^2\phi\right)}{\sqrt{2}\sin\phi\cos\phi}\sqrt{\frac{1}{\varepsilon}}\frac{t}{B} \end{aligned} \tag{3.2.12}$$

式(3.2.12)から，劣化域の無次元化耐力 f_c は式(3.2.13)，(3.2.14)で表される。

$$f_c=-\frac{1}{4}-\kappa\sqrt{\frac{1}{\left(\delta_b+\delta_c-\delta\right)\varepsilon_y}}\frac{t}{B} \tag{3.2.13}$$

$$\kappa=\frac{\left(\mu+3\mu'\sin^2\phi\right)}{\sqrt{2}\sin\phi\cos\phi} \tag{3.2.14}$$

ここに，δ_c は n_c と等しく初期の無次元化ひずみである。以上より，ファイバーに組み込む復元力特性は式(3.2.15)のように決定され，圧縮後最大耐力 n_c は式(3.2.16)に示す 3 次方程式の解として求められる。

$$n=\begin{cases} \alpha & \left(Stage\,A:\delta_a\le\delta\right) \\ n_r+\dfrac{\delta-\delta_r}{E_p} & \left(Stage\,A':\delta_r\le\delta\le\delta_a\right) \\ n_p+\dfrac{n_r-n_p}{\delta_r-\delta_p}\left(\delta-\delta_p\right) & \left(Stage\,B:\delta_p\le\delta\le\delta_r\right) \\ f_c & \left(Stage\,C:\delta\le\delta_b\right) \\ n_q+\dfrac{\delta-\delta_b}{E_p} & \left(Stage\,C':\delta_b\le\delta\le\delta_q\right) \\ n_q+\dfrac{n_p-n_q}{\delta_p-\delta_q}\left(\delta-\delta_q\right) & \left(Stage\,D:\delta_q\le\delta\le\delta_p\right) \end{cases} \tag{3.2.15}$$

$$\begin{cases} n_c\left(n_c-0.25\right)^2=\left(\kappa\dfrac{t}{B}\right)^2\dfrac{1}{\varepsilon_y} & \lambda_c\le 1 \\ \left(\left(n_c-n_0\right)\dfrac{E}{E_t}+n_0\right)\left(n_c-0.25\right)^2=\left(\kappa\dfrac{t}{B}\right)^2\dfrac{1}{\varepsilon_y} & 1<\lambda_c \end{cases} \tag{3.2.16}$$

ここに，E_p は Stage A'の勾配であり，角形鋼管柱の場合 50，H 形鋼柱の場合 100 としている。なお，式(3.2.4)から(3.2.16)で示した σ は応力の絶対値と定義している。

一方，図 3.2.4 に示す H 形断面柱の場合は式(3.2.13)を式(3.2.17)に，式(3.2.14)を式(3.2.18)に，式(3.2.15)中の 50 を 100 に，式(3.2.16)中の 0.25 を 0.5 に代えて，復元力特性を構成する。

$$f_c=\begin{cases} -\dfrac{1}{2}-\kappa\sqrt{\dfrac{1}{\left(\delta_b+\delta_c-\delta\right)\varepsilon_y}}\dfrac{t_f}{B_f} & (\text{フランジ}) \\ -\dfrac{1}{2}-\kappa\sqrt{\dfrac{1}{\left(\delta_b+\delta_c-\delta\right)\varepsilon_y}}\dfrac{t_w}{B_w} & (\text{ウェブ}) \end{cases} \tag{3.2.17}$$

$$\kappa=\frac{1}{\sqrt{2}\sin\phi\sin\phi}\mu \tag{3.2.18}$$

3. 2. 3　ファイバーの履歴則

図 3.2.5(a)に示すファイバーの復元力の各基準点は，Stage D 以外の状態で変位の向きが反転する場合（除荷時），再設定している。図 3.2.5(b)に示すように初期の基準点は，式 (3.2.19) より設定している。

$$\begin{cases} n_a = \alpha & \delta_a = 1.0 + \dfrac{\alpha - 1.0}{1/E_p} \\ n_p = n_r = 1.0 & \delta_p = \delta_r = 1.0 \\ n_q = -n_0 & \delta_q = -n_0 \\ n_b = -n_c & \delta_b = \delta_q - \dfrac{n_c - n_0}{1/E_p} \end{cases} \tag{3.2.19}$$

Stage A, A', C' からの除荷時，初期剛性に等しい勾配を持つ Stage D に移行し，基準点を再設定している。Stage C からの除荷時，図 3.2.5(c)に示すように基準点 r は引張側最大経験降伏ひずみとしている。ただし Stage C'を経験した場合は，圧縮側ひずみ硬化時の降伏変形量 δ_c 分だけ基準点 r および基準点 a を圧縮ひずみ側へ移動させる。また，文献 3.21)におけるシェル要素モデルによる解析結果より，圧縮側塑性変形量 δ'_c と引張側塑性変形量 δ'_t, および圧縮側耐力劣化量 n'_c と引張側耐力上昇量 n'_t との間には式(3.2.20)に示すような関係があると仮定し，基準点 p は再設定される。

$$\begin{cases} \delta'_t = \delta'_c \\ n'_t = n'_c \end{cases} \tag{3.2.20}$$

図 3.2.5(d)に示すように，Stage B における p $_{新}$からの除荷時，その勾配は p $_{旧}$からの除荷時と r $_{旧}$からの除荷時（初期剛性と等しい勾配）の中間にならなければならず，これらの間を線形補間するように除荷勾配は決定される。また q $_{新}$の無次元化応力は q $_{旧}$の無次元化応力と等しいと仮定し基準点 q は再設定される。耐力劣化則の曲線は平行移動するのみで，その曲線は変わらないと仮定すると，基準点 q と基準点 b の関係は変わらず，これより基準点 b は再設定される。

以上をまとめると，基準点は式 (3.2.21)～(3.2.25) により再設定される。

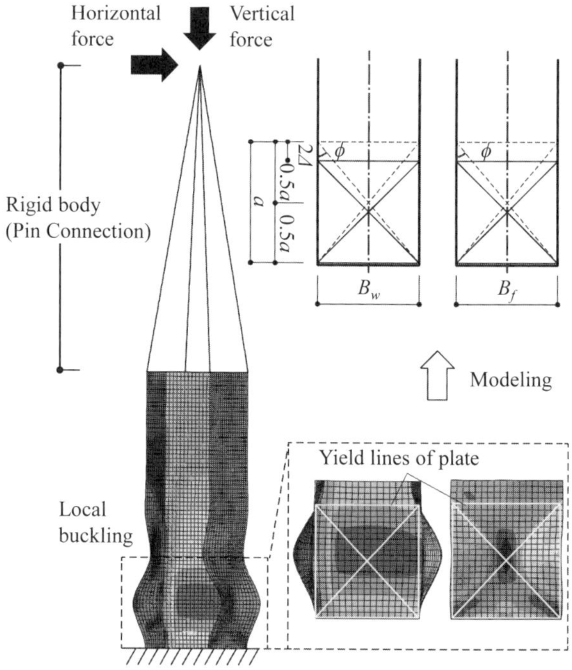

図 3. 2. 4　H 形鋼柱の崩壊機構

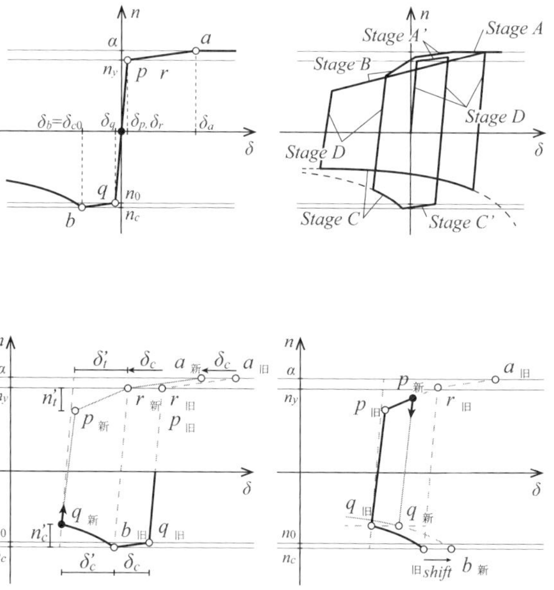

図 3. 2. 5　復元力特性における基準点の設定

Stage A からの除荷時

$$\begin{cases} n_{新a} = n_{新p} = n_{新r} = n\delta_{新a} = \delta_{新p} = \delta_{新r} = \delta \\ \delta_{新q} = \delta - \left(n + n_{旧q}\right)\delta_{新b} = \delta_{新q} - \left(\delta_{旧q} - \delta_{旧b}\right) \end{cases} \tag{3.2.21}$$

Stage A' からの除荷時

$$\begin{cases} n_{\text{新}p} = n_{\text{新}r} = n \qquad \delta_{\text{新}p} = \delta_{\text{新}r} = \delta \\ \delta_{\text{新}q} = \delta - \left(n + n_{\text{旧}q}\right) \quad \delta_{\text{新}b} = \delta_{\text{新}q} - \left(\delta_{\text{旧}q} - \delta_{\text{旧}b}\right) \end{cases} \tag{3.2.22}$$

Stage C' からの除荷時

$$\begin{cases} n_{\text{新}q} = n \quad \delta_{\text{新}q} = \delta \quad \delta_{\text{新}a} = \delta_{\text{旧}a} - \left(\delta_{\text{旧}q} - \delta\right) \\ \delta_{\text{新}p} = \delta_{\text{旧}p} - \left(\delta_{\text{旧}q} - \delta\right) \quad \delta_{\text{新}r} = \delta_{\text{旧}r} - \left(\delta_{\text{旧}q} - \delta\right) \end{cases} \tag{3.2.23}$$

Stage C からの除荷時

$$\begin{cases} n_{\text{新}q} = n \qquad \delta_{\text{新}q} = \delta \\ \delta_{\text{新}a} = \delta_{\text{旧}a} - \left(\delta_{\text{旧}q} - \delta_{\text{旧}b}\right) \le \delta_{\text{旧}a} \\ \delta_{\text{新}r} = \delta_{\text{旧}r} - \left(\delta_{\text{旧}q} - \delta_{\text{旧}b}\right) \le \delta_{\text{旧}r} \\ n_{\text{新}p} = n_{\text{新}r} - \left(n - n_c\right) \quad \delta_{\text{新}p} = \delta_{\text{新}r} - \left(\delta_{\text{旧}b} - \delta\right) \end{cases} \tag{3.2.24}$$

Stage B からの除荷時

$$\begin{cases} n_{\text{新}p} = n \qquad \delta_{\text{新}p} = \delta \\ \delta_{\text{新}q} = \delta_{\text{旧}q} + \left(\delta - \delta_{\text{旧}p}\right) \quad \delta_{\text{新}b} = \delta_{\text{新}q} - \left(\delta_{\text{旧}q} - \delta_{\text{旧}b}\right) \end{cases} \tag{3.2.25}$$

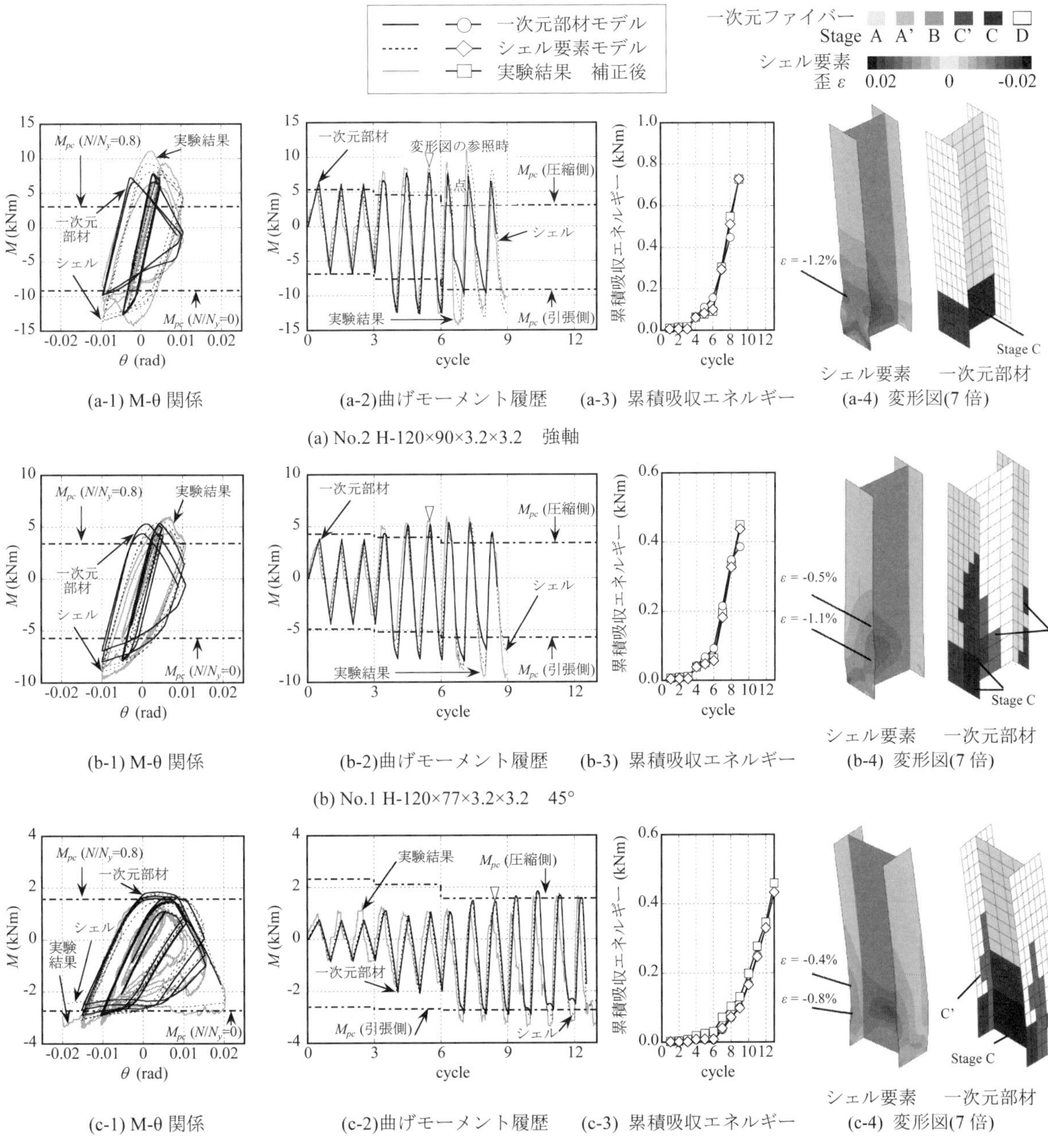

図 3.2.6 繰返し載荷における一次元ファイバーモデルと実験結果およびシェル要素モデルの結果比較

(H 形断面柱)

3.2.4 載荷実験結果および FEM 解析との比較

文献 3.20)に示されている H 形断面柱の載荷実験を対象とし，提案した一次元ファイバーモデルの妥当性を確認する。なお，$\alpha = 1.5$ とする。図 3.2.6 にリニアスライダやピンジョイントの抵抗を補正した実験結果およびシェル要素モデル 3.25)による解析結果を一次元ファイバーモデルによる解析結果と比較して示す。なお，シェル要素の材料特性はマルチリニア型の移動硬化則で規定された。図 3.2.6 (a-3)，(b-3)，(c-3)に示す累積吸収エネルギー χ_m は式 (3.2.26) を用いて算出される。

$$\chi_m = \Sigma(M_{i+1} + M_i)(\theta_{i+1} - \theta_i)/2 \qquad (3.2.26)$$

また，図 3.2.6 (a-4), (b-4), (c-4)に示す変形図は，図 3.2.6 (a-2)，(b-2)，(c-2)に示す▽印位置での変形であり，左側はシェル要素モデルによる結果で色の濃さは軸ひずみ分布を示し，右側は一次元ファイバーモデルによる結果で，色の濃さは復元力特性の各 Stage を示す。なお，一次元ファイバーモデルでは部材軸方向を 5 分割し，各ファイバー要素に 3 つの積分点を設け，Gauss-Legendre quadrature の数値積分法に Gauss-Lobatto rule を用いたため，変形図において部材軸方向に 15 の要素を示している。

図 3.2.6 (a)に強軸まわりに曲げが生じるよう載荷した結果を示す。シェル要素モデルは，実験結果に対し最大耐力以後の劣化が遅い。また一次元ファイバーモデルはシェル要素モデルに対し最大耐力は約 1kNm 程度低い値を示し，最大耐力以後の劣化が早い。累積吸収エネルギーは実験結果に対し概ね±20%以内の精度で捉えられている。図 3.2.6 (b) に 45°方向載荷の結果を示す。一次元ファ

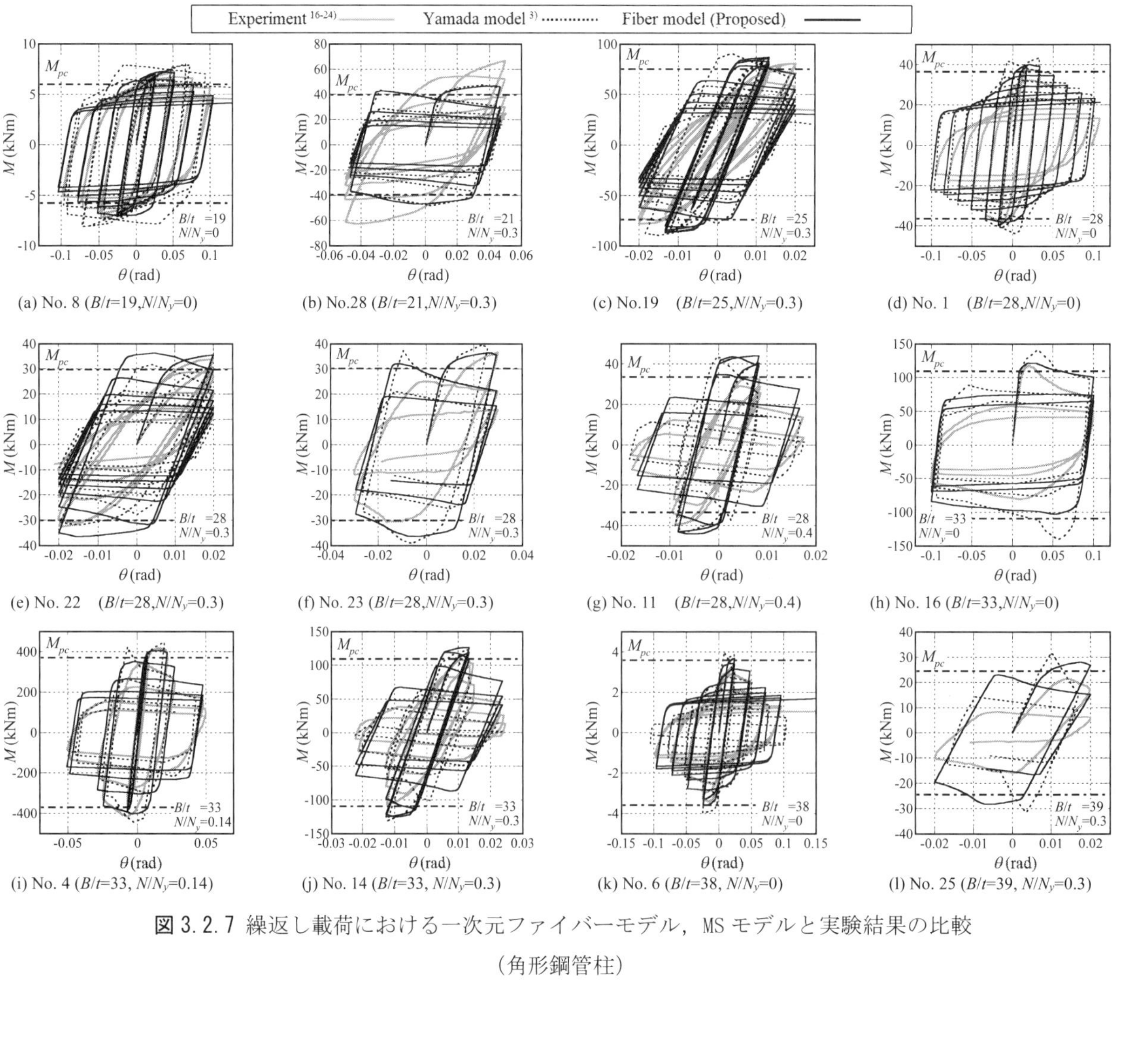

図 3.2.7 繰返し載荷における一次元ファイバーモデル，MS モデルと実験結果の比較

（角形鋼管柱）

イバーモデルは実験結果やシェル要素モデルに対し変動軸力圧縮側では劣化の程度は概ね良い対応がみられ，累積吸収エネルギーは概ね±15%以内の精度で捉えられている。図 3.2.6 (c) に弱軸載荷の結果を示す。一次元ファイバーモデルは補正された実験結果やシェル要素モデルに対し最大耐力は±10%以内の精度で捉えられ，劣化勾配は概ね良い対応を示している。累積吸収エネルギーは±10%以内の精度で捉えられている。変形図を見ると載荷方向によらず，シェル要素モデルにおいて局部座屈形状がみられる領域では，一次元ファイバーモデルにおいて概ね座屈領域である Stage C に達しており，良好な対応関係がみられる。45°方向載荷や弱軸載荷では，材軸方向に塑性化領域が進展する様子が捉えられ，高軸力下における H 形断面柱の性状が表現できていると考えられる。

次いで，一次元ファイバーモデルの妥当性検証として，文献 3.11)の山田らにより構成された履歴モデル（以下，Yamada モデル）を一例として参照した結果を示す。Yamada モデルは，約 30 体の角形鋼管柱の載荷実験に関するデータベースをもとに得られた拡張骨格曲線を用いて構成され，柱両端部に発生する局部座屈を模擬することができる。これらの実験データおよび Yamada モデルによる解析値を文献からスキャナーで読み取り，構築した一次元ファイバーモデルと比較検証する。対象となる試験体は，文献 3.21)に示されている。

要素の長さは鋼管幅になるよう等分している。図 3.2.7 に，実験値および両モデルで解析した結果を比較して，幅厚比が小さいものから順に示す。一次元ファイバーモデルと実験値との対応は，Yamada モデルとほぼ同等であるが，試験体(j) No.14, (l) No.25 などに見るように，幅厚比が 33 よりも大きい試験体において Yamada モデルは劣化挙動をよく捉える一方で，一次元ファイバーモデルはやや大きな耐力を示す傾向にある。

3.2.5 ま　と　め

一次元ファイバーモデルは，シェル要素モデルより要素数が少なく計算量が抑えられる。一次元ファイバーモデルにより得られた高軸力比を受ける柱の耐力や劣化挙動と，実験結果との対応は，シェル要素モデルより劣るが，MS モデルの一種である Yamada モデルとはほぼ同等と確認された。

3.3 角形鋼管柱の終局状態と設計式の対応

鋼構造建物の終局時の設計において，日本建築学会が刊行する塑性指針，あるいは LSD 指針は構造設計者の設計規範として参照される。上記指針では，鋼柱に対して，幅厚比制限，骨組全体の安定性確保のための制限，塑性ヒンジを形成するための制限をそれぞれ設けることで，鋼柱が確保できる塑性変形能力を明示している。設計においては，全塑性モーメントに達した柱材端部で塑性ヒンジが形成される場合には，塑性ヒンジでの塑性変形が進行することで終局状態に至ることを想定している。一方で，各指針では鋼柱の終局状態に及ぼす作用軸方向圧縮力（以後，軸力と称す）がもたらす $P\delta$ 効果の影響について深く言及してお

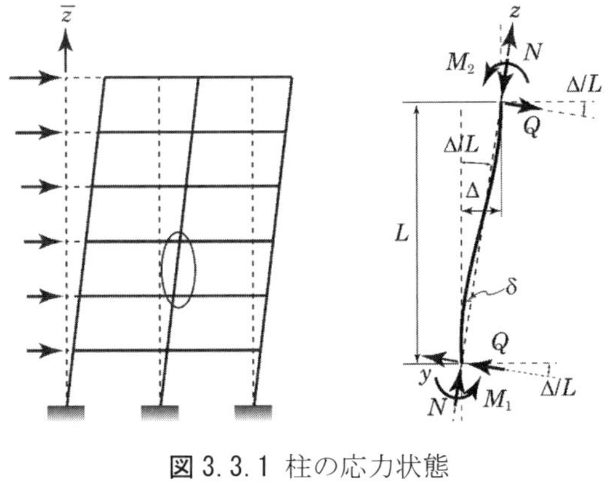

図 3.3.1 柱の応力状態

表 3.3.1 鋼材の機械的性質

Ref.	t_b	E	σ_y	σ_u	E_{long}	$Y.R.$
6)	6.0	201800	405.2	454.0	28.8	89.3
	9.0	211200	386.7	459.1	35.2	84.2
7)	6.0	213900	367.2	438.7	36.7	83.7
8)		211700	411.6	443.1	34.5	92.9
Add		211200	394.9	448.3	31.0	88.1

t_b: Nominal thickness [mm], E: Young's modulus [N/mm^2], σ_y: Yield stress [N/mm^2], σ_u: Ultimate stress [N/mm^2], E_{long}: Elongation [%], $Y.R.$: Yield ratio[%]

表 3.3.2 実測寸法・断面性能

Ref.	Cross section	B	t	B/t	R_{out}/t	A	I	Z_p	M_p
6)	□ -125×125×6	125.0	5.83	21.5	1.72	2707	632.4	119.9	48.58
	□ -150×150×9	150.2	8.67	17.3	1.81	4713	1540	246.5	95.32
7)	□ -125×125×6	125.1	5.58	22.4	2.50	2561	595.3	113.0	41.49
8)		125.0	5.76	21.7	1.79	2674	624.8	118.4	48.75
Add		125.1	5.63	22.2	2.14	2602	607.9	115.2	45.47

B: Width [mm], t:Thickness [mm], R_{out}: Outer radius [mm], A: Area [mm^2], I: Moment of inertia [×10^4 mm^4], Z_p: Plastic section modulus [×10^3 mm^3], M_p: Full plastic bending moment [kN·m]

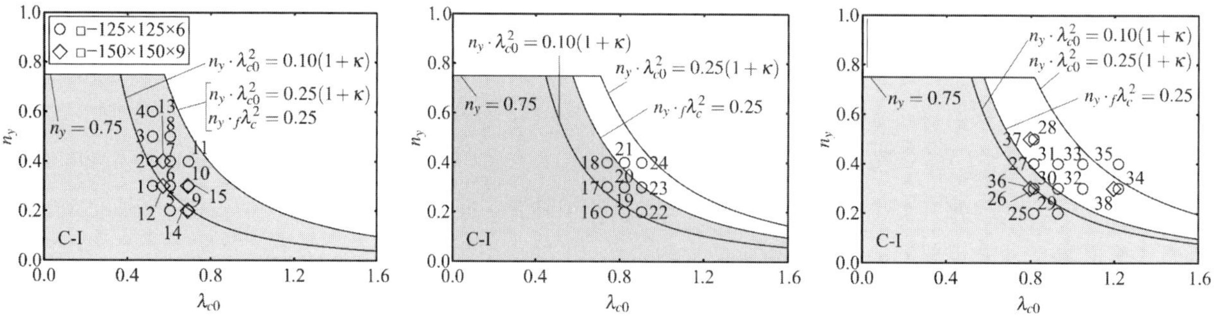

(a) κ=0.0　(b) κ=0.5　(c) κ=1.0

図 3.3.2 試験体と塑性指針の制限との対応関係

らず，弾性理論解から導出される材端部に初期降伏が生じる条件式を満たせば，$P\delta$ 効果の影響はないとしている。鋼柱に中間荷重が作用しない場合の応力状態は図 3.3.1 に示す通りであり，軸力と同時に両材端には曲げモーメント（M_1, M_2）が作用する。本節では，図 3.3.1 に示す柱の応力状態を再現した一連の実部材実験から観察された鋼柱の力学的挙動を示し，柱の崩壊形式，および $P\delta$ 効果が鋼柱の終局状態に及ぼす影響を紹介する。塑性指針が規定する角形鋼管柱の制限式は，以下の通りである。

＜骨組全体の安定性確保のための制限＞

$$n_y \cdot {}_f\lambda_c^{\ 2} \le 0.25 \tag{3.3.1}$$

$$n_y \le 0.75 \tag{3.3.2}$$

＜塑性ヒンジを形成する柱の制限＞

$$n_y \cdot \lambda_{c0}^{\ 2} \le 0.1(1+\kappa) \quad (-0.5 < \kappa \le 1.0) \tag{3.3.3}$$

＜$P\delta$ 効果を考慮する必要がない柱の条件式＞

$$n_y \cdot \lambda_{c0}^{\ 2} \le 0.25(1+\kappa) \tag{3.3.4}$$

ここで，n_y ($=N/N_y$)は軸力比，N は圧縮軸力，N_y は降伏耐力，${}_f\lambda_c$ は構面内の柱の曲げ座屈細長比，λ_{c0} は曲げ面内細長比，κは材端曲げモーメント比($=M_2/M_1$)であり，$|M_1| \geqq |M_2|$かつ複曲率曲げのときを正とする。また，塑性指針では，式(3.3.1)～式(3.3.3)を満たすことで角形鋼管柱が確保できる塑性変形能力を 3.0 以上とし

表 3.3.3 試験体一覧

Name	No.	κ	L	n_y	λ_{c0}	N_t	M_{pc}	θ_{pc}
B125bt21k00ny030L1800	1	0.0	1800	0.30	0.520	329.0	42.54	0.0203
B125bt21k00ny040L1800	2			0.40		438.7	37.86	0.0184
B125bt21k00ny050L1800	3			0.50		548.4	31.87	0.0158
B125bt21k00ny060L1800	4			0.60		658.1	25.49	0.0129
B125bt21k00ny020L2100	5		2100	0.20	0.606	219.4	45.90	0.0254
B125bt21k00ny030L2100	6			0.30		329.0	42.54	0.0242
B125bt21k00ny040L2100	7			0.40		438.7	37.86	0.0221
B125bt21k00ny050L2100	8			0.50		548.4	31.87	0.0192
B125bt21k00ny020L2400	9		2400	0.20	0.693	219.4	45.90	0.0295
B125bt21k00ny030L2400	10			0.30		329.0	52.54	0.0283
B125bt21k00ny040L2400	11			0.40		438.7	37.86	0.0262
B150bt17k00ny030L2400	12			0.30	0.571	549.6	83.39	0.0219
B150bt17k00ny040L2400	13			0.40		732.8	74.65	0.0200
B150bt17k00ny020L2900	14		2900	0.20	0.690	366.4	90.02	0.0286
B150bt17k00ny030L2900	15			0.30		549.6	83.39	0.0274
B125bt21k05ny020L2700	16	0.5	2700	0.20	0.739	188.1	39.21	0.0220
B125bt21k05ny030L2700	17			0.30		282.1	36.35	0.0211
B125bt21k05ny040L2700	18			0.40		376.1	32.35	0.0194
B125bt21k05ny020L3000	19		3000	0.20	0.821	188.1	39.21	0.0248
B125bt21k05ny030L3000	20			0.30		282.1	36.35	0.0240
B125bt21k05ny040L3000	21			0.40		376.1	32.35	0.0224
B125bt21k05ny020L3300	22		3300	0.20	0.903	188.1	39.21	0.0278
B125bt21k05ny030L3300	23			0.30		282.1	36.35	0.0272
B125bt21k05ny040L3300	24			0.40		376.1	32.35	0.0257
B125bt21k10ny020L2800	25	1.0	2800	0.20	0.813	220.2	46.06	0.0166
B125bt21k10ny030L2800	26			0.30		330.2	42.70	0.0156
B125bt21k10ny040L2800	27			0.40		440.3	37.99	0.0140
B125bt21k10ny050L2800	28			0.50		550.4	31.98	0.0120
B125bt21k10ny020L3200	29		3200	0.20	0.929	220.2	46.06	0.0191
B125bt21k10ny030L3200	30			0.30		330.2	42.70	0.0180
B125bt21k10ny040L3200	31			0.40		440.3	37.99	0.0163
B125bt21k10ny030L3600	32		3600	0.30	1.045	330.2	42.70	0.0205
B125bt21k10ny040L3600	33			0.40		440.3	37.99	0.0186
B125bt21k10ny030L4200	34		4200	0.30	1.219	330.2	42.70	0.0245
B125bt21k10ny040L4200	35			0.40		440.3	37.99	0.0224
B125bt21k10ny030L2800	36		2800	0.30	0.797	308.2	39.84	0.0150
B125bt21k10ny050L2800	37			0.50		513.7	29.85	0.0115
B125bt21k10ny030L4200	38		4200	0.30	1.196	308.2	39.84	0.0234

κ: End bending moment ratio, L: Length[mm], n_y: Compressive axial force ratio, λ_{c0}: Flexural slenderness ratio, N_t: Target compressive axial force [kN], M_{pc}: Full plastic bending moment considering the effect of compresive axial force [kN·m], θ_{pc}: Elastic rotation corresponding to M_{pc} [rad]

ている。

塑性指針の規定する柱の制限式は，軸力比と曲げ面内細長比の 2 乗の積に基づく指標 $n_y \cdot \lambda_{c0}^2$ を用いている。この指標は，材端部が初期降伏する条件式(3.3.4)を弾性理論解から導出する際に現れる物理量である。角形鋼管柱では，曲げ面外への変形がほとんど起きないことから，本節では軸力比と曲げ面内細長比に基づくこの指標を用いて実験結果の考察を試みる。

3.3.1 軸力と単調一軸曲げモーメントを受ける角形鋼管柱の実験 3.26)-3.29)

本節で使用した柱は冷間成形角形鋼管の STKR400 であり，断面形状は□-125×125×6 を基本としている。材端曲げモーメント比 κ=0.0 の実験シリーズでは□-150×150×9 も数体対象とした 3.26)-3.29)。公称幅厚比はそれぞれ 20.8 と 16.7 であり，塑性指針の幅厚比制限を満たす。表 3.3.1 と表 3.3.2 に対象断面の機械的性質と実測寸法・断面性能を示す。試験体一覧を表 3.3.3 に示す。試験体パラメータには軸力比 n_y と曲げ面内細長比 λ_{c0} を設定した。表中の M_{pc} は軸力を考慮した全塑性モーメント 3.24)，θ_{pc} は M_{pc} に対応する弾性材端回転角であり，座屈たわみ角法 3.30)に基づいて算定している。図 3.3.2 に試験体と設計式の対応関係を示す。試験体数は全シリーズで 38 体である。なお，図中灰色に塗られた

表 3.3.4 実験結果（単調載荷）

Name	No.	M_{max}	M_i/M_{max}	θ_{max}	θ_u	R	C.M.
B125bt21k00ny030L1800	1	52.73	0.937	0.0891	0.107	4.26	L
B125bt21k00ny040L1800	2	45.41	0.997	0.0750	0.132	6.17	$P\delta$+L
B125bt21k00ny050L1800	3	36.88	1.007	0.0522	0.092	4.82	$P\delta$
B125bt21k00ny060L1800	4	28.29	1.025	0.0402	0.063	3.86	$P\delta$
B125bt21k00ny020L2100	5	56.58	0.940	0.1133	0.136	4.35	L
B125bt21k00ny030L2100	6	50.87	0.991	0.0935	0.151	5.27	$P\delta$+L
B125bt21k00ny040L2100	7	42.92	1.016	0.0724	0.119	4.37	$P\delta$
B125bt21k00ny050L2100	8	33.73	1.047	0.0511	0.068	2.57	$P\delta$
B125bt21k00ny020L2400	9	54.20	0.977	0.1198	0.169	4.73	L
B125bt21k00ny030L2400	10	46.96	0.991	0.0867	0.149	4.25	$P\delta$
B125bt21k00ny040L2400	11	39.87	1.016	0.0651	0.087	2.31	$P\delta$
B150bt17k00ny030L2400	12	100.3	0.997	0.1032	0.174	6.95	$P\delta$
B150bt17k00ny040L2400	13	80.88	1.027	0.0701	0.108	4.42	$P\delta$
B150bt17k00ny020L2900	14	102.3	1.043	0.1210	0.225	6.87	$P\delta$+L
B150bt17k00ny030L2900	15	87.42	1.127	0.0906	0.122	3.45	$P\delta$
B125bt21k05ny020L2700	16	47.41	0.900	0.0843	0.1079	3.90	L
B125bt21k05ny030L2700	17	42.73	0.967	0.0901	0.1155	4.48	L
B125bt21k05ny040L2700	18	35.10	0.980	0.0626	0.1033	4.32	$P\delta$
B125bt21k05ny020L3000	19	47.22	0.932	0.1018	0.1206	3.86	L
B125bt21k05ny030L3000	20	41.29	0.992	0.0872	0.1497	5.23	$P\delta$
B125bt21k05ny040L3000	21	34.80	1.017	0.0609	0.0873	2.90	$P\delta$
B125bt21k05ny020L3300	22	46.69	0.968	0.1160	0.1381	3.97	L
B125bt21k05ny030L3300	23	38.51	1.003	0.0785	0.1188	3.37	$P\delta$
B125bt21k05ny040L3300	24	30.81	1.067	0.0626	-	-	$P\delta$
B125bt21k10ny020L2800	25	54.15	0.831	0.0583	0.0769	3.63	L
B125bt21k10ny030L2800	26	49.59	0.860	0.0652	0.0813	4.22	L
B125bt21k10ny040L2800	27	42.50	0.931	0.0738	0.0965	5.88	$P\delta$+L
B125bt21k10ny050L2800	28	34.65	0.958	0.0536	0.0830	5.95	$P\delta$
B125bt21k10ny020L3200	29	53.54	0.872	0.0669	0.0865	3.52	L
B125bt21k10ny030L3200	30	47.71	0.904	0.0707	0.0847	3.71	L
B125bt21k10ny040L3200	31	41.08	0.948	0.0651	0.1126	5.93	$P\delta$
B125bt21k10ny030L3600	32	52.60	0.946	0.1013	0.1234	5.02	$P\delta$+L
B125bt21k10ny040L3600	33	42.58	0.975	0.0683	0.1155	5.21	$P\delta$
B125bt21k10ny030L4200	34	45.17	0.988	0.0750	0.1204	3.92	$P\delta$
B125bt21k10ny040L4200	35	34.92	1.034	0.0586	-	-	$P\delta$
B125bt21k10ny030L2800	36	51.22	0.845※	0.0622	0.0790	4.28	L
B125bt21k10ny050L2800	37	43.37	0.883※	0.0703	0.1177	9.27	$P\delta$
B125bt21k10ny030L4200	38	49.61	0.965※	0.0877	0.1634	5.98	$P\delta$

M_{max}: Maximum bending moment[kN·m], M_i: Maximum conbined bending moment at measurement point[kN·m], θ_{max}: Rotation at the maximum bending moment [rad], θ_u: Ultimate rotation [rad], R: Plastic deformation capacity, C.M.: Collapse mode, ※: Reference value

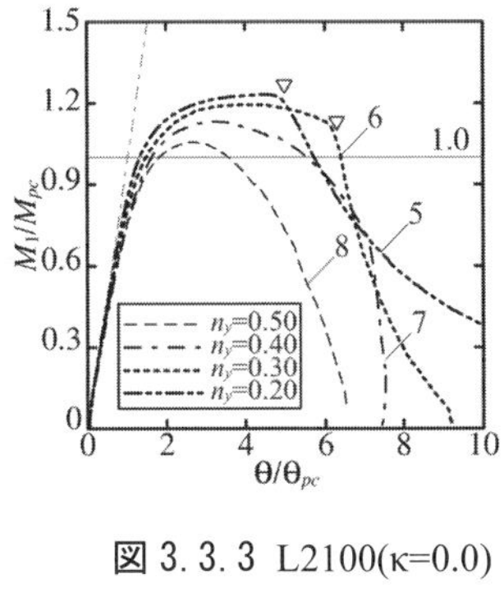

図 3.3.3 L2100(κ=0.0)

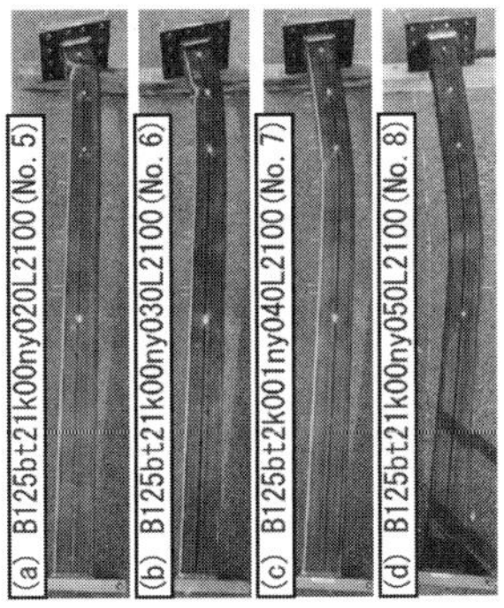

図 3.3.4 終局状態

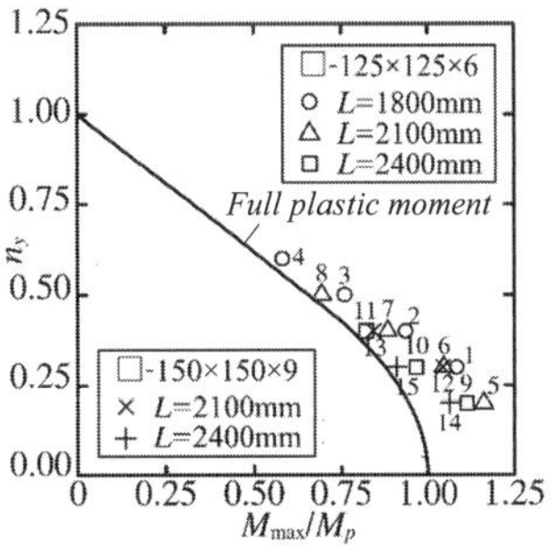

図 3.3.5 耐力

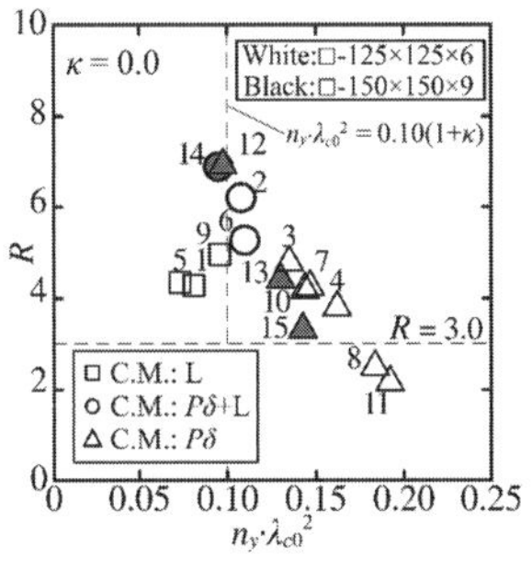

図 3.3.6 塑性変形能力

領域はLSD指針がC-I区分とする領域であり，部材耐力として全塑性耐力が確保できる軸力比と細長比の組合せを示している。ただし，塑性指針同様，材端に塑性ヒンジを形成し塑性変形を期待する柱の場合は，条件式(3.3.3)を満たす必要がある。図に示すように，対象とする試験体は，1体の試験体(No.35)を除き，材端初期降伏の条件式（3.3.4）を満たす。つまり，塑性指針によれば，No.35を除く全ての試験体は $P\delta$ 効果が柱の終局状態に影響しないことを意味している。表3.3.4に実験結果の一覧を示す。表中に示す $\theta_{\max}$, θ_u は材端曲げモーメント M_1 が $M_{\max}$, M_u に達したときの材端回転角にそれぞれ対応しており，R は θ_u を塑性変形倍率で表現した値であり，次式で定義される。塑性指針では式(3.3.5)に基づく値を塑性変形能力と定義している。

$$R = \theta_u / \theta_{pc} - 1 \qquad (3.3.5)$$

ここで，限界変形時曲げモーメント M_u は材端曲げモーメント M_1 が M_{pc} を超え，最大曲げモーメント $M_{\max}$ 以降に次式で定義される値である。

$$M_u = \max\left(0.9M_{\max}, M_{pc}\right) \qquad (3.3.6)$$

式(3.3.6)については，鈴木・小野の研究[3.31]で用いられた定義に一部ならったものであり，塑性指針でも同様に定義されているため，本項ではその定義にならった。ただし，この定義は柱の終局状態（崩壊形式）と対応させたものではなく，一義的に定義された値であるため，今後は柱の崩壊形式を考慮して検討することが望まれる。

3.3.2 軸力と単調一端一軸曲げモーメントを受ける場合[3.26]

本項では図 3.3.2(a)に示す材端曲げモーメント比 κ=0.0 の結果を記す。材長 L=2100mm の無次元化材端曲げモーメント M_1/M_{pc} と無次元化材端回転角 θ/θ_{pc} の関係を一例として図3.3.3に示す（No. 5-8）。図中の▽は局部座屈が発生した時点を示す。図3.3.4に載荷終了後の試験体の変形性状を示す。図 3.3.3 が示すように，材端最大曲げモーメント $M_{\max}$ は M_{pc} を確保した。一方で，図3.3.4に示すように，局部座屈で終局限界「L」が決定した試験体(No. 5, 6)と部材中間部のたわみが増大し，$P\delta$ 効果によって終局限界「$P\delta$」が決まった試験体(No. 7, 8)が存在した。終局時の崩壊形式が局部座屈で決まる「L」から曲げ面内変位の $P\delta$ 効果で決まる「$P\delta$」へと変化する傾向は，軸力が大きくなるほど，また材長が長くなるほど発生しやすい。

図3.3.5に全塑性相関式[3.24]と実験で得られた最大曲げモーメント $M_{\max}$ の対応を示す。実験結果は全塑性相関式を上回っており，安全側に終局耐力を評価している。つまり，幅厚比制限を満たし，LSD指針が規定するC-I区分の鋼柱であれば，軸力を考慮した全塑性モーメント M_{pc} を確保することができる。図 3.3.6 に塑性変形能力 R と制限式に用いられる指標 $n_y \cdot \lambda_{c0}{}^2$ の関係を示す。図中の鉛直破線は制限式の境界，水平破線は塑性指針が確保できるとする塑性変形能力（$R \geq 3.0$）である。図に示すように，制限式を超える鋼柱であっても塑性変形能力は3.0以上となった。ただし，制限を満たさない鋼柱の崩壊形式は「$P\delta$」であり，設計で想定する材端での塑性ヒンジの変形による崩壊形式が形成されない結果となった。幅厚比が大きい部材（□-125）においては，制限式を満たすことで崩壊形式が「L」で決定したが，幅厚比が小さい部材（□-150）においては，明瞭な局部座屈崩壊が確認できておらず，崩壊形式が局部座屈となる場

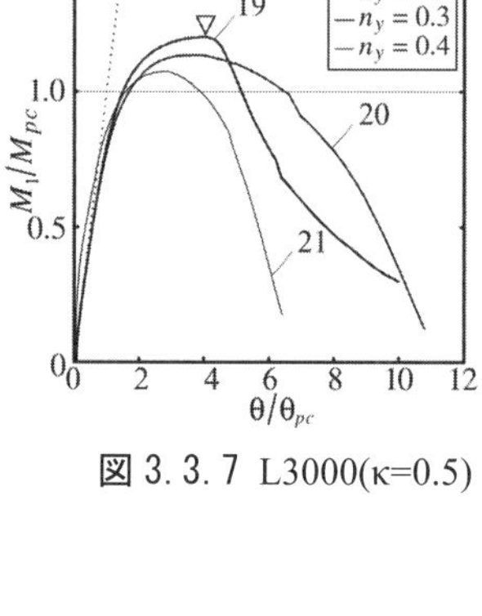

図 3.3.7 L3000(κ=0.5)

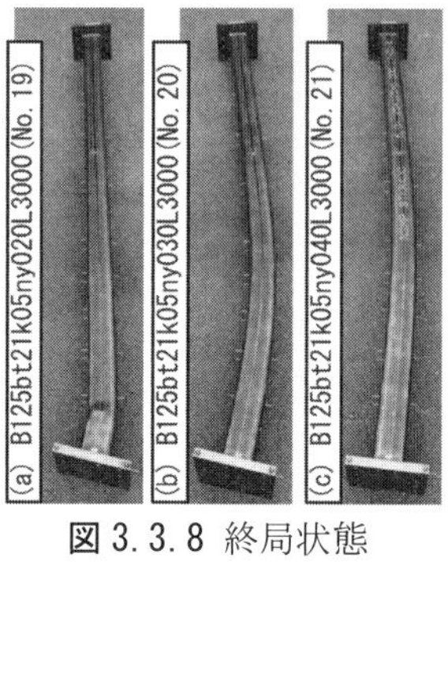

図 3.3.8 終局状態

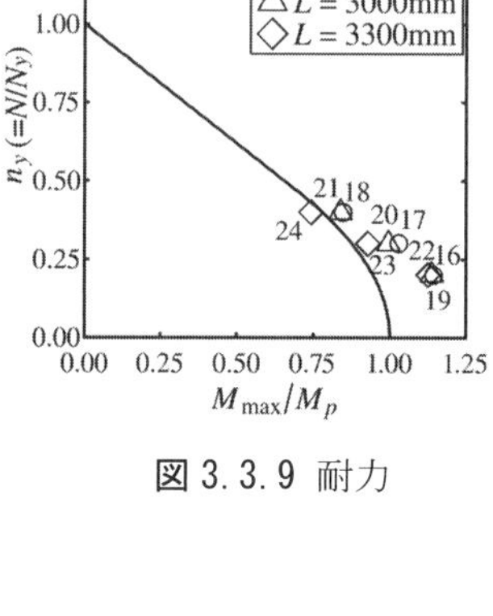

図 3.3.9 耐力

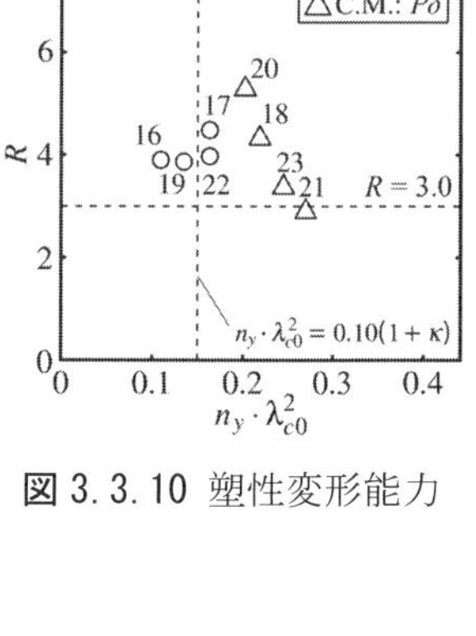

図 3.3.10 塑性変形能力

合の幅厚比との関係については，さらなる検討が必要である。ただし，□-125 の幅厚比は塑性指針の幅厚比制限の上限値に近いことから，指針が定める制限式は，終局限界の変形性状の観点から考察すると妥当といえる。一方で，崩壊形式が「$P\delta$」となる部材では，幅厚比の影響を受けず，指標 $n_y \cdot \lambda_{c0}^2$ が大きな値になると，塑性変形能力が線形的に低下することが顕著に確認された。

3.3.3 軸力と単調複曲率一軸曲げモーメントを受ける場合（材端曲げモーメント比 0.5 の場合）[3.27]

本項では図 3.3.2(b)に示す材端曲げモーメント比 κ =0.5 の結果を記す。材長 L=3000mm の無次元化材端曲げモーメント M_1/M_{pc} と無次元化材端回転角 θ/θ_{pc} の関係を一例として図 3.3.7 に示す(No. 19-21)。図中の▽は局部座屈が発生した時点を示す。図 3.3.8 に載荷終了後の試験体の変形性状を示す。図 3.3.7 が示すように，材端最大曲げモーメント M_{max} は M_{pc} を確保した。一方で，図 3.3.8 に示すように前項同様，局部座屈で終局限界が決定した試験体(No. 19)と部材中間部のたわみが増大し，$P\delta$ 効果によって終局限界が決まった試験体(No. 20, 21)が存在した。終局時の崩壊形式が局部座屈で決まる「L」から $P\delta$ 効果で決まる「$P\delta$」へと変化する傾向は，前項と同様であった。

図 3.3.9 に全塑性相関式と実験で得られた最大曲げモーメント M_{max} の対応を示す。No. 24 の試験体を除く 8 体の試験体は全塑性モーメント M_{pc} を上回ることを確認した。つまり前項同様，幅厚比制限を満たし，LSD 指針が規定する C-I 区分の鋼柱であれば，軸力を考慮した全塑性モーメント M_{pc} が確保される。図 3.3.10 に塑性変形能力 R と指標 $n_y \cdot \lambda_{c0}^2$ の関係を示す。図中の鉛直破線は制限式の境界，水平破線は塑性指針が確保できるとする塑性変形能力（$R \geq 3.0$）である。図に示すように前項同様，制限式を超える鋼柱であっても塑性変形能力は 3.0 以上となった。ただし前項同様，制限を満たさない鋼柱の多くは崩壊形式が「$P\delta$」であり，設計で想定する材端での塑性ヒンジの変形による崩壊形式が形成されない結果となった。前項で述べたように，本試験体は幅厚比制限の上限値に近いことから，指針が定める制限式は，終局限界の変形性状の観点から考察すると若干安全側の設定とはなるが妥当といえる。崩壊形式が「$P\delta$」となる鋼柱では，指標 $n_y \cdot \lambda_{c0}^2$ が大きな値になると，塑性変形能力が線形的に低下することが本実験でも確認できた。

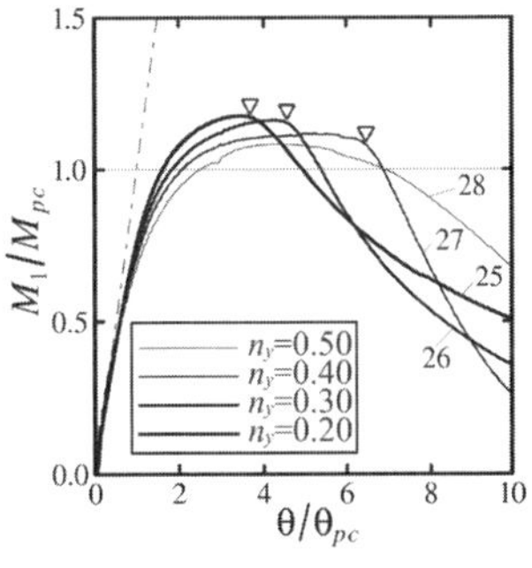

図 3.3.12 L2800(κ=1.0)

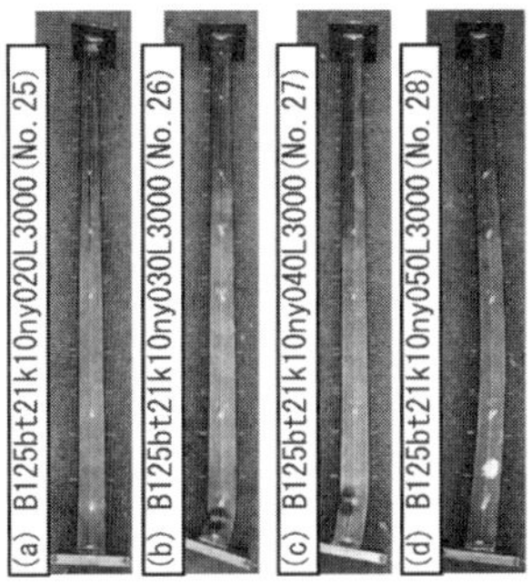

図 3.3.13 終局状態

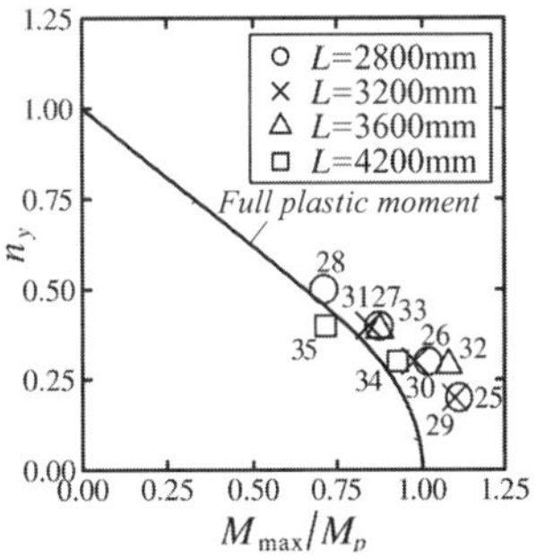

図 3.3.14 耐力

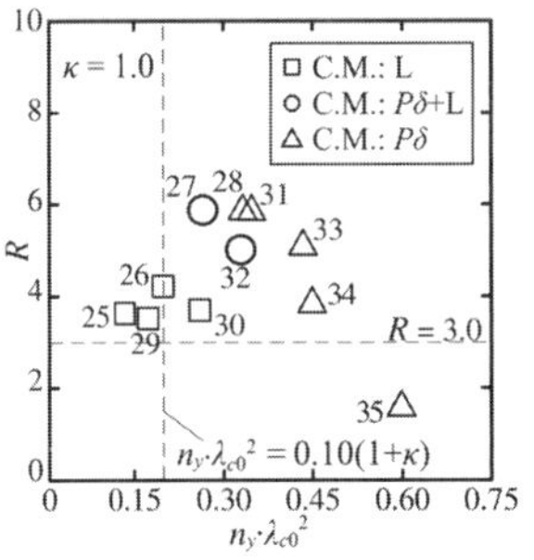

図 3.3.15 塑性変形能力

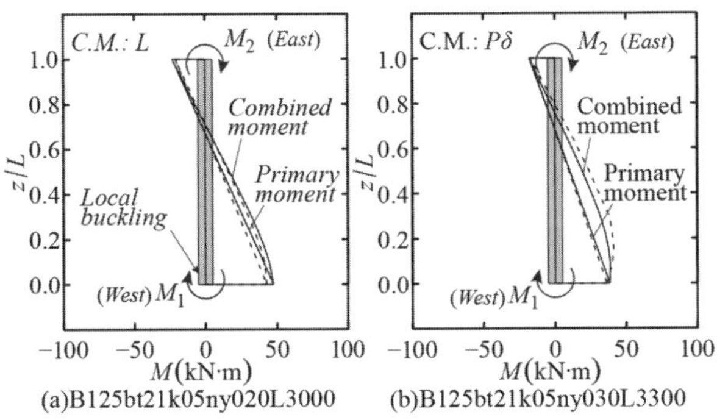

(a)B125bt21k05ny020L3000 (b)B125bt21k05ny030L3300

図 3.3.11 $P\delta$ モーメントの影響

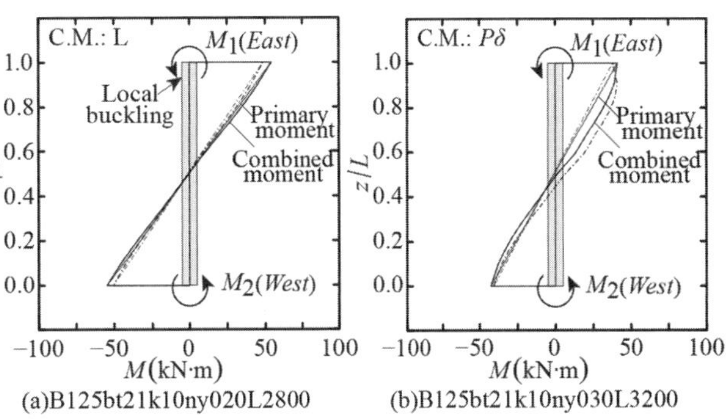

(a)B125bt21k10ny020L2800 (b)B125bt21k10ny030L3200

図 3.3.16 $P\delta$ モーメントの影響

図 3.3.11 に鋼柱に生じる材長方向の曲げモーメント分布を一例として示す。図中の実線は最大曲げモーメント到達時，細破線は限界変形時（M_u）をそれぞれ示している。図 3.3.11(a)は局部座屈で終局限界が決まった試験体，図3.3.11(b)は $P\delta$ 効果で終局限界が決まった試験体をそれぞれ示している。図(a)が示すように，局部座屈で終局状態が決まった試験体の最大曲げモーメント位置は材端部であり，限界変形時においても最大曲げモーメント位置は材端部であり $P\delta$ 効果の影響はほとんどないといえる。一方で，図(b)に示すように，$P\delta$ 効果で終局限界が決まった試験体の最大曲げモーメント位置は材端部ではなく，部材中間となっており，限界変形時では最大曲げモーメント位置がより部材中央に移動し，付加曲げモーメントが終局限界を決定したといえる。

設計においては全塑性モーメントに到達した材端部で塑性ヒンジが形成され，塑性変形が進行することで終局状態に至ることを意図していることから，$P\delta$ モーメントにより材端から離れた位置が最大曲げモーメントとなる崩壊形式は避けるべきといえる。

3.3.4 軸力と単調逆対称一軸曲げモーメントを受ける場合（材端曲げモーメント比 1.0 の場合）[3.28)]

本項では，図 3.3.2(c)に示す材端曲げモーメント比 κ =1.0 の結果を記す。材長 L=2800mm の無次元化材端曲げモーメント M_1/M_{pc} と無次元化材端回転角 θ/θ_{pc} の関係を一例として，図 3.3.12 に示す（No. 25-28）。図中の▽は局部座屈が発生した時点を示す。図 3.3.13 に載荷終了後の試験体の変形性状を

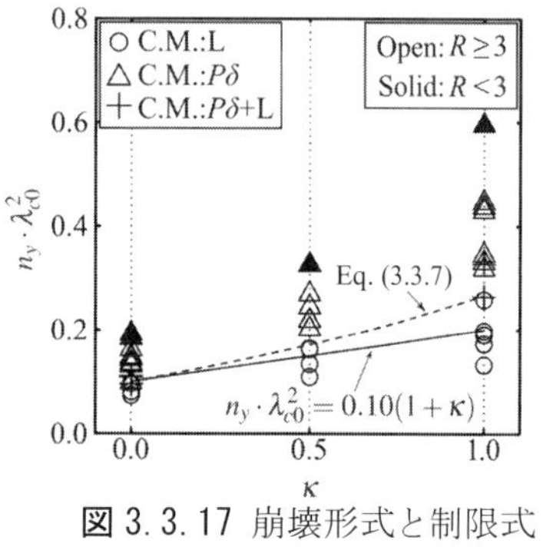

図 3.3.17 崩壊形式と制限式

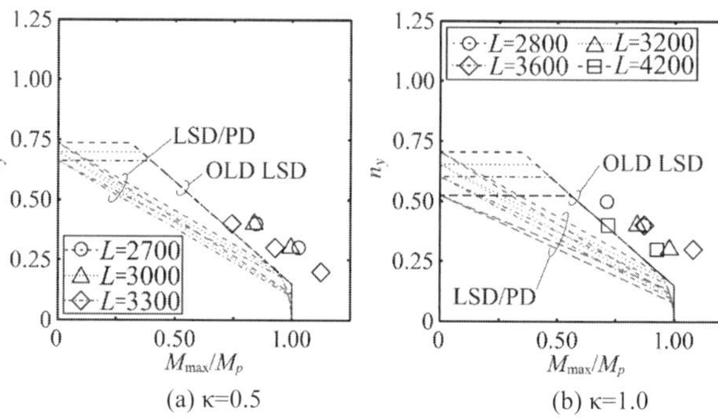

図 3.3.18 指針式と実験結果の対応

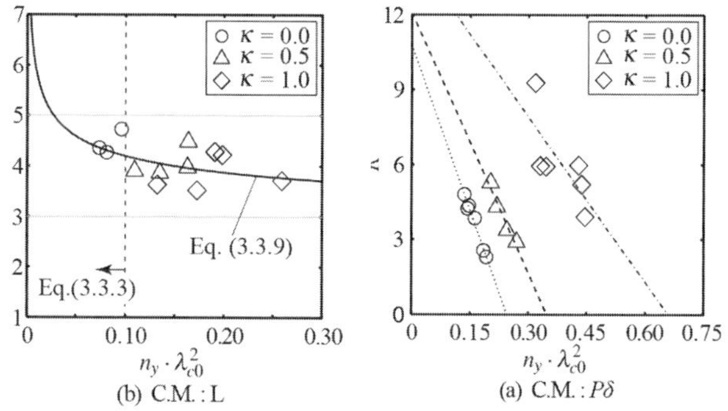

図 3.3.19 塑性変形能力 R と $n_y \cdot \lambda_{c0}{}^2$ の関係

示す。図 3.3.13 が示すように，材端最大曲げモーメント M_{max} は M_{pc} を確保した。一方で，図 3.3.13 に示すように前項同様，局部座屈で終局限界が決定した試験体(No. 25, 26, 27)と部材中間部のたわみが増大し，$P\delta$ 効果によって終局限界が決まった試験体(No. 28)が存在した。終局時の崩壊形式が局部座屈で決まる「L」から曲げ面内変位の $P\delta$ 効果で決まる「$P\delta$」へと変化する傾向は，前項と同様であった。

図 3.3.14 に全塑性相関式と実験で得られた最大曲げモーメント M_{max} の対応を示す。No.35 の試験体を除く 10 体の試験体は全塑性モーメント M_{pc} を上回ることを確認した。つまり前項同様，幅厚比制限を満たし，LSD 指針が規定する C-I 区分の鋼柱であれば，軸力を考慮した全塑性モーメント M_{pc} が十分に確保される。図 3.3.15 に塑性変形能力 R と指標 $n_y \cdot \lambda_{c0}{}^2$ の関係を示す。図中の鉛直破線は制限式の境界，水平破線は塑性指針が確保できるとする塑性変形能力（$R \geq 3.0$）である。図に示すように前項同様，制限式を超える鋼柱であっても塑性変形能力は 3.0 以上となった。ただし，制限を満たさない鋼柱の崩壊形式は「$P\delta$」へと移行してお

り，設計で想定する材端での塑性ヒンジの変形による崩壊形式が形成されない結果となった。本試験体は幅厚比制限の上限値に近いことから，指針が定める制限式は，終局限界の変形性状の観点から考察すると安全側の結果を与えている。崩壊形式が「$P\delta$」となる部材では，指標 $n_y \cdot \lambda_{c0}^2$ が大きな値になると，塑性変形能力が線形的に低下することが本実験でも確認できた。

図 3.3.16 に鋼柱に生じる材長方向の曲げモーメント分布を示す。図中の実線は最大曲げモーメント到達時，細破線は限界変形時（M_u）をそれぞれ示している。図 3.3.16(a)は局部座屈で終局限界が決まった試験体, 図 3.3.16(b)は $P\delta$ 効果で終局限界が決まった試験体をそれぞれ示している。前項同様，図(a)が示すように，局部座屈で終局限界が決まった試験体の最大曲げモーメント位置は材端部であり，$P\delta$ 効果の影響はほとんどないといえる。一方で図(b)に示すように, $P\delta$ 効果で終局限界が決まった試験体の最大曲げモーメント位置は材端部ではなく，部材中間となっており，限界変形時では最大曲げモーメント位置がより部材中央に移動し，付加曲げモーメントが終局限界を決定したといえる。

3.3.5 単調一軸曲げモーメントを受ける角形鋼管柱の構造性能評価 [3.29)]

塑性指針が規定する幅厚比制限と設計式を満たすことで，全塑性モーメントに到達した材端部で塑性ヒンジが形成され，塑性ヒンジの塑性変形が進行することで終局状態に至ることを確認した。ただし，材端曲げモーメントが逆対称曲げモーメント(κ=1.0)に近くなるほど安全側の制限になっていることも確認した。図 3.3.17 に指標 $n_y \cdot \lambda_{c0}^2$ と材端曲げモーメント比 κ の関係を示す。本実験の範囲においては，材端に塑性ヒンジを形成し，終局限界が局部座屈で決まる塑性変形能力 3.0 以上を確保する鋼柱の制限式として，現行式との連続性を確保しつつ，次式が提案できる。

$$n_y \cdot \lambda_{c0}^2 \le \frac{0.4}{4-\kappa}(1+\kappa) \tag{3.3.7}$$

図 3.3.5, 3.3.9, 3.3.14 で示したように，LSD 指針が規定する C-I 区分の鋼柱であれば，材端での最大曲げモーメントは，軸力を考慮した全塑性モーメント M_{pc} を確保できた。なお，塑性指針では，塑性ヒンジを形成する鋼柱の制限を満たさない場合は，曲げ面内耐力式が適用されるため，C-I 区分に属している鋼柱であっても過度に安全側の評価となっていることが想定される。旧版の LSD 指針（第二版）では，耐力評価において C-I 区分以外の鋼柱に対しても全塑性相関式を基本とし，各軸まわりの曲げ座屈耐力で耐力が頭打ちとなる設計式となっている。一例として，C-I 区分にも含まれない鋼柱を含む実験結果と設計式との対応を図 3.3.18 に示す。ここでは，塑性指針において塑性ヒンジを形成する柱の制限を満たしていない試験体をプロットしている。なお，図中の「OLD LSD」は LSD 指針（第二版）である。現行指針（図中 LSD/PD と表記）と鋼柱の最大曲げモーメントの対応を見ると，軸力比の大きい試験体の一部で耐力式が実験結果を過剰に安全側で評価していることが分かる。塑性指針に則り鋼柱の耐力評価を行う場合，本実験の範囲では，LSD 指針第二版の考え方によることが適切であるといえる。

一連の実験では，崩壊形式が「$P\delta$」となる鋼柱における塑性変形能力 R は，指標 $n_y \cdot \lambda_{c0}^2$ に比例してその性能が低下することを確認した。また，その相関には幅厚比の影響は確認されなかったことから，□-125 の実験結果について線形回帰分析を行うことで，図 3.3.19(a)の関係が得られた。回帰直線と材端曲げモーメント比 κ との関係を分析することで，材端曲げモーメント比 κ を陽に反映した塑性変形能力評価式が次式で表現できる。

$$R_{\text{C.M.:}p\delta} = (22.2\kappa - 44.8)(n_y \cdot \lambda_{c0}^2) + (3.7\kappa + 10.6) \tag{3.3.8}$$

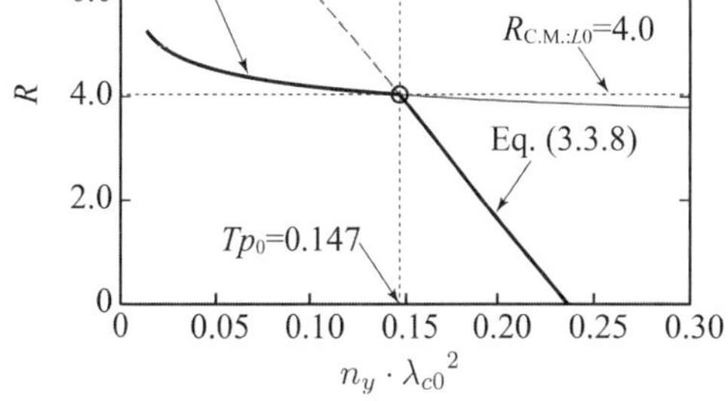

図 3.3.20 崩壊形式と塑性変形能力

また，□-125 の実験結果で終局状態が局部座屈で決定した試験体の塑性変形能力 R と指標 $n_y \cdot \lambda_{c0}^2$ には図 3.3.19(b)の関係が得られ，非線形回帰分析をすることで次式の塑性変形能力評価式が得られた。

$$R_{\mathrm{C.M.:L}} = (n_y \cdot \lambda_{c0}^2)^{-0.243} + 2.45 \qquad (3.3.9)$$

鋼柱の塑性変形能力は，式(3.3.8)，式(3.3.9)に実験値のばらつきに基づく補正を行った後，各式から求まる小さい方を評価値とすることで求められる。一例として，材端曲げモーメントκ=0.0 のときの塑性変形能力 R の評価値について図 3.3.20 に示す。図中の◯は崩壊形式の移行点であり，そのときに局部座屈崩壊形式で確保できる塑性変形能力は，式(3.3.9)より $R_{\mathrm{C.M.:}L0}$ =4.0 となる。この考察で対象として角形鋼管は□125×125×6 の一断面であり，局部座屈崩壊形式で決まる塑性変形能力 4.0 は，その幅厚比に対応する構造性能といえる。局部座屈崩壊形式は，幅厚比が支配的な関数であり，断面形状の違いが局部座屈の構造性能に及ぼす影響については，佐藤ら[3.32]の研究を参照されたい。

図 3.3.20 に示すように，崩壊形式が移行する軸力比と細長比の組合せ指標 $n_y \cdot \lambda_{c0}^2$ は 0.147 である。ここで，崩壊形式が移行するときの柱の指標を Tp_0 と定義する。柱の指標 $n_y \cdot \lambda_{c0}^2$ が Tp_0=0.147 を超える場合は崩壊形式が「$P\delta$」となり，塑性変形能力は局部座屈崩壊形式よりも低下する。評価式(3.3.8)を用いれば，崩壊形式の移行に伴う塑性変形能力の低減率は表現でき，低減率 $r_{p\delta}$ は，次式による一次関数となる。

$$r_{p\delta} = 1.0 - 11.2(n_y \cdot \lambda_{c0}^2 - Tp_0) \qquad (\kappa = 0.0) \qquad (3.3.10)$$

低減率 $r_{p\delta}$ の評価式が示すように，柱の指標 $n_y \cdot \lambda_{c0}^2$ が Tp_0 から 0.05 大きくなると，柱の塑性変形能力は 5 割程度低下する。なお，3.3.2 節で示したように，幅厚比は局部座屈で終局状態が決まる塑性変形能力に大きく影響するため，評価式(3.3.9)については，幅厚比を変数とする評価式に修正が必要である。なお，材端部での局部座屈発生による塑性変形能力については，佐藤らが新規幅厚比尺度 S_H に基づく評価式を提案しており[3.32]，その研究成果を反映することで評価可能になるといえる。

3.3 節では，柱部材の耐力と塑性変形能力について考察を行い，制限式(3.3.3)との対応関係を確認した。ただし，本節では，作用する圧縮軸力を一定とした実験結果を考察しており，地震力などの水平外力が作用する骨組においては中柱を想定したものとなっている。一方で，水平外力を受ける骨組の側柱では，軸力の大きさは変動するため，ここで示した構造性能とは異なる可能性があるといえる。変動軸力下の柱の挙動については今後解明すべき課題といえる。さらに，柱部材は骨組安定性を確保するための設計も必要であり，その際は制限式(3.3.1)を満たす必要がある。制限式(3.3.1)は，柱の曲げ座屈長さ（座屈長さ係数）に基づいており，架構内の柱部材を議論する必要がある。骨組安定性に関する柱部材の議論については 5.2 節を参照されたい。

3.4 おわりに

局部座屈による劣化挙動を考慮した，柱材の履歴特性を評価できる数値解析モデルを示した。柱の崩壊形式，および $P\delta$ 効果が鋼柱の終局状態に及ぼす影響を紹介した。

参考文献

3.1) 加藤勉，秋山宏，帯洋一：局部座屈を伴う H 形断面部材の変形，日本建築学会論文報告集，第 257 号，pp.49-58，1977.7

3.2) 鈴木敏郎，小野徹郎：圧縮と曲げを受ける鉄骨 H 形断面柱の塑性変形能力に関する研究，日本建築学会論文報告集，第 292 号，pp.23-29，1980.6

3.3) 大井謙一，陳以一，高梨晃一：変動軸力と水平力を受けるH形鋼柱の弾塑性挙動に関する実験的研究，構造工学論文集，Vol. 38B，pp.421-430，1992.3

3.4) 山田哲，秋山宏，桑村仁：局部座屈を伴う H 形断面鋼部材の劣化挙動，日本建築学会構造系論文集，第 454 号，pp.179-186，1993.12

3.5) 倉田真宏，中島正愛，吹田啓一郎：固定柱脚を想定した角形鋼管柱の大変形繰返し載荷実験，日本建築学会構造系論文集，第 598 号，pp.149-154，2005.12

3.6) 山田哲，石田孝徳，島田侑子，松永達哉：一定軸力下で水平２方向外力を受ける角形鋼管柱の繰り返し載荷実験，日本建築学会構造系論文集，第

78 巻，第 683 号，pp.203-212，2013.1

3.7) 桑田涼平，聲高裕治，吹田啓一郎：局部座屈と破断をともなう冷間プレス成形角形鋼管柱の塑性変形能力, 日本建築学会構造系論文集, 第 80 巻, 第 718 号，pp.1961-1970，2015.12

3.8) 向出静司，奥伸之，松尾克也，多田元英：製造方法が異なる箱形断面柱の大変形域載荷実験, 鋼構造論文集，第 23 巻，第 90 号，2016.6

3.9) Newell, JD, Uang, C-M : Cyclic behavior of steel columns with combined high axial load and drift demand. Report No. SSRP-06/22. Department of Structural Engineering, University of California, San Diego., 2006

3.10) 三谷勲，牧野稔，松井千秋：H 形鋼柱の局部座屈後の変形性状に関する解析的研究 その 2 繰返し荷重を受ける場合，日本建築学会論文報告集，第 301 号，pp.77-87，1981.3

3.11) 山田哲，石田孝徳，島田侑子：局部座屈を伴う角形鋼管柱の劣化域における履歴モデル, 日本建築学会構造系論文集，第 77 巻，第 674 号，pp.627-636，2012.4

3.12) Ibarra, L. F., Medina, R. A., Krawinkler, H : Hysteretic models that incorporate strength and stiffness deterioration.", Earthquake. Engng. Struct. Dyn., 34, 1489–1511, DOI: 10.1002/eqe.495, 2005

3.13) 加藤勉，福知保長：板要素の変形能力について，日本建築学会論文報告集，第 147 号，pp.19-25, 71，1981.3

3.14) 孟令樺，大井謙一，高梨晃一：鉄骨骨組地震応答解析のための耐力劣化を伴う簡易部材モデル, 日本建築学会論文報告集，第 437 号, pp. 115-124, 1992.7

3.15) 石田孝徳，山田哲，島田侑子：一定軸力下で水平２方向外力を受ける角形鋼管柱の解析モデル, 日本建築学会構造系論文集，第 78 巻，第 691 号, pp.1631-1640，2013.9

3.16) 石田孝徳，山田哲，島田侑子：変動軸力下で水平２方向外力を受ける角形鋼管柱の履歴挙動の追跡, 日本建築学会構造系論文集, 第 79 巻, 第 699 号，pp.641-650，2014.5

3.17) Elkady, A, Lignos DG : Analytical investigation of the cyclic behavior and plastic hinge formation in deep wide-flange steel beam-columns, Bull. Earthquake Eng., Vol. 13, pp. 1097-1118, DOI: 10.1007/s10518-014-9640-y

3.18) Kolwankar, S., Kanvinde, A, Kenawy, M, Lignos, D, Kunnath, S : Simulating local buckling-induced softening in steel members using an equivalent nonlocal material model in displacement-based fiber, elements, J. of Struct. Eng., Vol. 144, DOI: 10.1061/(ASCE)ST.1943-541X.0002189, 2018

3.19) Kolwankar, S., Kanvinde, A., Kenawy, M., Lignos, D., Kunnath, S. : Simulating cyclic local buckling-induced softening in steel beam-columns using a nonlocal material model in displacement-base fiber elements. J. of Struct. Eng., Vol. 146,
DOI: 10.1061/(ASCE)ST.1943-541X.0002457, 2020

3.20) 竹内徹，松井良太，長路秀鷹，森下邦広：高軸力下で繰返し曲げを受ける H 形断面鋼柱の弾塑性座屈モデル，日本建築学会構造系論文集，第 81 巻，第 728 号, pp. 1723-1732, 2016.10

3.21) 松井良太，橋本舟海，竹内徹：高軸力下において局部座屈を伴う箱形断面柱の一次元数値解析モデル，日本建築学会構造系論文集，第 84 巻, 第 760 号, pp. 863-873, 2019.6

3.22) 日本建築学会: 鋼構造塑性設計指針, 2017.2

3.23) 日本建築学会: 鋼構造限界状態設計指針・同解説, 2010.2

3.24) 柴田道生，若林實：鉄骨筋違の履歴特性の定式化：その 2 応答解析への適用，日本建築学会構造系論文集，第 320 号, pp. 29-35, 1982.10

3.25) Dassault Systèmes Simulia Corp., Providence, RI, USA.: Abaqus Ver. 6.14-2

3.26) 佐藤篤司, 三井和也: 軸方向圧縮力と一端単調曲げモーメントを受ける角形鋼管柱の実験的研究, 日本建築学会構造系論文集, 第 81 巻, 第 729 号, pp. 1933-1943, 2016.3

3.27) 佐藤篤司, 位田健太, 三井和也: 軸方向圧縮力と単調複曲率曲げモーメントを受ける角形鋼管柱の実験的研究 材端曲げモーメント比を 0.5 とし

た場合, 日本建築学会構造系論文集, 第 83 巻, 第 747 号, pp. 739-749, 2018.5

3.28) 佐藤篤司, 三井和也: 軸方向圧縮力と単調逆対称曲げモーメントを受ける角形鋼管柱の実験的研究, 日本建築学会構造系論文集, 第 82 巻, 第 732 号, pp. 267-277, 2017. 2

3.29) 佐藤篤司, 位田健太, 三井和也：軸方向圧縮力と曲げモーメントを受ける角形鋼管柱の構造性能評価, 日本建築学会構造系論文集, 第 83 巻, 第 751 号, pp. 1365-1372, 2018. 9

3.30) 井上一朗, 吹田啓一郎：建築鋼構造—その理論と設計—, 鹿島出版会, 2010.2

3.31) 鈴木敏郎, 小野徹郎：圧縮と曲げモーメントを受ける鉄骨 H 形断面柱の塑性変形能力に関する研究（その１）, 日本建築学会論文報告集, 第 292 号, pp. 23-29, 1980.6

3.32) 佐藤公亮, 五十嵐規矩夫：曲げせん断力を受ける正方形中空断面部材の局部座屈性状と構造性能評価法, 日本建築学会構造系論文集, 第82巻, 第 732 号, pp. 123-133, 2018. 9

4.周辺要素との相互効果および荷重条件を考慮した板要素の局部座屈

4.1 はじめに

鋼構造部材の耐力，塑性変形能力を決定づける要因の１つとして，構成板要素の幅厚比がある。部材挙動と幅厚比の関係については，これまで多くの研究が行われてきており，その成果は多大なものがある。これらの成果を盛り込む形で，日本建築学会の規準[4.1]，指針など[4.2)−4.4]では，それぞれの設計思想に基づき部材寸法が定められており，幅厚比に関しても様々な規定が設けられている。また規準，指針以外でも設計において考慮すべきものとして，部材種別に応じた幅厚比の値が告示において定められている[4.5]。

板要素の局部座屈性状，座屈耐力は，板要素の周辺境界条件および荷重条件により決定される。このため，部材を構成する板要素の局部座屈性状は，各板要素の相互効果を考慮する必要がある。このような考えのもと，鋼構造限界状態設計指針[4.3]における幅厚比区分，建築耐震設計における保有耐力と変形性能(1990)[4.4]における寸法制限においては，フランジとウェブの相互効果が考慮された形で与えられている。

本会の『鋼構造物の座屈に関する諸問題2013』[4.6]では，部材構成板要素の連成座屈および部材内応力状態を考慮した局部座屈耐力評価式を用いて，梁端部において全塑性モーメントを確保するための幅厚比制限値が紹介されている。この知見により，これまで塑性変形能力が要求される梁として使用されてきていない梁でも，塑性変形能力がある程度期待できることが理論的にも明らかになっている[4.7], [4.8]。また，本会の『鋼構造塑性設計指針　第４版』[4.2]では，文献4.8)の知見を応用し，H形断面梁が塑性設計指針で規定する塑性変形能力を有するための幅厚比制限値を，フランジとウェブの相互効果および部材に作用する応力状態を考慮した上で与えている。

このように部材を構成する板要素の相互効果や部材に作用する荷重効果を適切に考慮することで，部材性能を合理的に評価可能である。

そこで，本章では最近行われた研究から，H形断面以外を対象として構成板要素の相互効果を考慮した上で座屈耐力および座屈後耐力に言及した研究[4.9)-4.11]を紹介する。また，部材に作用する軸方向繰返し応力の効果を考慮したH形断面端部の局部座屈性状および部材の塑性変形能力に言及しつつ，文献4.8)で提案されている幅厚比指標を修正することで部材性能を可能にしている研究[4.12)-4.15]を紹介する。

これらは，周辺条件が局部座屈性状に与える影響を検討したものであるが，部材の局部座屈が発生することにより周辺要素に与える影響に言及し，その効果を明らかにしている研究[4.16)-4.22]がある。局部座屈の発生により，部材の最大耐力は低下するもののその耐力低下は梁端部の破断に代表されるような脆性的なものではなく，比較的安定した耐力低下を伴う。部材端部に塑性ヒンジを形成させる設計を行う場合，その性能は破断を回避した上で，安定的な局部座屈を誘発し，それを効果的にコントロールすることが必要となる。一旦安定的な塑性ヒンジが形成されれば，梁端の応力上昇は抑えられ，梁端破断の防止に寄与することになる。本章では，このような考えのもと近年提案された手法についても紹介する。

4.2 板要素の座屈耐力に及ぼす隣接要素の拘束効果

軽量鉄骨や薄板軽量形鋼[4.23]などの幅厚比が大きい板要素で断面を構成される鉄骨部材では，局部座屈耐力の定量的評価が重要な設計要素の１つとなる。現在の設計体系では，断面を構成する板要素を4辺単純支持された板要素とみなした部材の最大耐力評価が主に行われている。しかしながら，実際の部材において断面を構成する板要素の境界条件が単純支持となる場合は稀であり，隣接する板要素間での相互効果が働く[4.24), 4.25)]ため，部材の実挙動と設計上の仮定の間に乖離が生じる。海外で開発された，座屈固有値解析を併用するDirect Strength Method[4.26)]では，板要素間での相互効果をある程度考慮して部材の最大耐力を評価できる。しかしながら，部材ごとに固有値解析に基づく耐力評価を実施しなければならず，また板要素間での相互効果が部材の耐力に及ぼす影響は明らかにされていない。

以上の背景を踏まえ，本節では隣接する板要素間での相互効果が板要素の弾性局部座屈耐力および最大耐力に及ぼす影響について最新の研究[4.10), 4.11), 4.27)]を紹介する。

4.2.1 長方形断面を有する部材の弾性局部座屈耐力

(1)有限帯板法による座屈固有値解析

長方形中空断面（以下，長方形断面）を有する部材は，隣接する板要素の板幅が異なるため，長辺の板要素に局部座屈が生じる際に短辺の板要素からの回転拘束を受ける。ここでは，有限帯板法による座屈固有値解析[4.28)]を通じて，長辺に作用する回転拘束が長方形断面部材の弾性局部座屈耐力に及ぼす影響を分析する。

図4.2.1に解析モデルの概要を示す。長辺(long side plate)の幅b(= 100 mm)と板厚t(= 1.6 mm)を一定とし，短辺(short side plate)の幅cを変化させて(= 10 -100 mm @5 mm)，長辺と短辺の比c/bが部材の弾性局部座屈耐力σ_{cr}に与える影響を調べている。荷重は，軸力部材を想定して断面内に一様な x方向の軸圧縮応力となるように作用させた。この荷重が作用する辺は単純支持としている。材料は鋼材を想定し，ヤング係数 E = 200000 N/mm^2，ポアソン比 ν = 0.3としている。図4.2.2に解析結果を示す。縦軸が弾性局部座屈耐力σ_{cr}を表し，横軸がc/b (長方形断面の短辺の幅を長辺の幅で除した値) を表す。プロットは解析で求めたσ_{cr}であり，破線は式(4.2.1)で求めた板幅がbの単純支持板の弾性局部座屈耐力である。なお，kは板要素の座屈係数を表し，4辺単純支持板の場合 k = 4である。

$$\sigma_{cr} = k\frac{E\pi^2}{12\left(1-\nu^2\right)}\left(\frac{t}{b}\right)^2 \tag{4.2.1}$$

正方形断面(c/b = 1.0)の場合，固有値解析から得たσ_{cr}と式(4.2.1)で求めた単純支持板のσ_{cr}は等しくなる。対してc/bが1よりも小さくなると，固有値解析より求まるσ_{cr}は長辺の板要素を単純支持板とみなした場合の弾性座屈耐力よりも大きい値となり，断面を構成する板要素の境界条件が単純支持とは異なることが分かる。

(2)回転拘束が作用する板要素の座屈係数

前述の断面形状の変化に伴う弾性局部座屈耐力の上昇が短辺の板要素から長辺の板要素の側辺部に作用する回転拘束の影響であると考え，長辺の板要素を板側辺部に連続的な回転ばねを有する単純支持された板要素(図4.2.3)とみなすことで，エネルギー法に基づき座屈係数の評価式を導出する。一般に，板厚が十分に薄い板のつり合い式は式(4.2.2)となる[4.24)]。

$$\frac{\partial^4 w}{\partial x^4} + 2\frac{\partial^4 w}{\partial x^2 \partial y^2} + \frac{\partial^4 w}{\partial y^4} = -\frac{N_x}{D}\frac{\partial w^2}{\partial x^2} \tag{4.2.2}$$

w：板要素の面外方向変位に関する変位関数

D：板の曲げ剛性(= $Et^3/12(1-\nu^2)$)

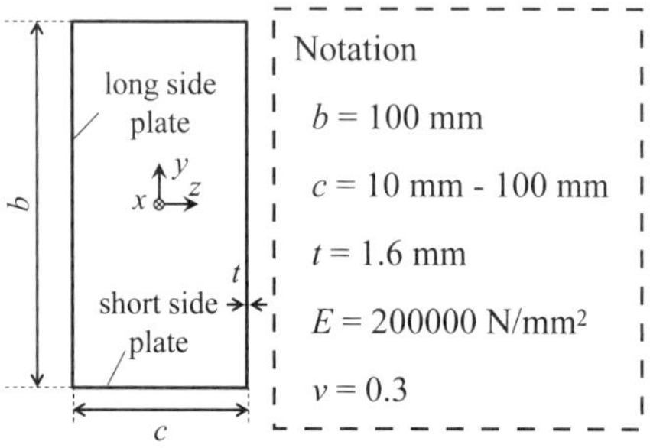

図4.2.1 長方形中空断面のモデル概要

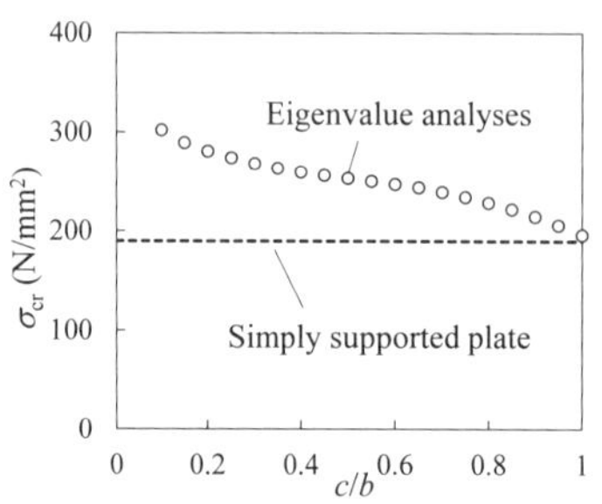

図4.2.2 軸圧縮が作用する長方形断面部材の弾性局部座屈

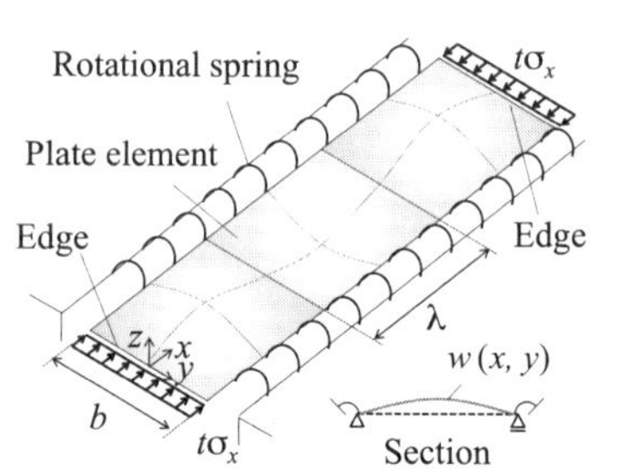

図4.2.3 回転拘束が作用する板要素

N_x：単位幅あたりに作用するx軸方向圧縮力

側辺部の回転拘束がない単純支持板の場合，板の変位関数w_pは式(4.2.3a)の通り求めることができる。また，側辺部の回転が拘束された板要素の変位関数w_rは，x方向に三角関数形状($w = f(y)\sin(\pi x/\lambda)$)となると仮定することで，式(4.2.3b)の通り変位関数を求めることができる[4.24]。

$$w_p = A\cos\left(\frac{\pi}{b}y\right)\sin\left(\frac{\pi}{\lambda}y\right) \qquad (4.2.3a)$$

$$w_r = \frac{M_0 b^2}{D(\alpha^2+\beta^2)\pi^2} \times \left[\frac{\cos(\beta\pi y/b)}{\cos(\beta\pi/2)} - \frac{\cosh(\alpha\pi y/b)}{\cos(\alpha\pi/2)}\right]\sin\left(\frac{\pi x}{\lambda}\right) \qquad (4.2.3b)$$

M_0：側辺部に作用する曲げモーメントの最大値

λ：材軸方向の局部座屈半波長

α：$\sqrt{b/\lambda}\sqrt{b/\lambda+\sqrt{k}}$

β：$\sqrt{b/\lambda}\sqrt{-b/\lambda+\sqrt{k}}$

両側辺のばねの回転剛性が十分に大きく端部を固定支持とみなせる場合，式(4.2.3b)のkとλはk= 6.98，λ/b = 0.66となり[4.29]，式(4.2.3b)にα = 2.49，β = 1.31を代入した値が両側辺を固定支持された板要素の変位関数になる。そこで，側辺部の回転拘束を受ける板の変位関数が単純支持板の変位関数$w_p(x, y)$と固定支持板の変位関数$w_r(x, y)$の線形和で近似できると仮定し，その配分比率をγとして変位関数w_lを式(4.2.4)で定式化する。なお，γ =1の時に単純支持条件，γ =0の時に固定端支持条件となる。

$$w_l(x,y) = \gamma\, w_p(x,y) + (1-\gamma)\, w_r(x,y) \qquad (4.2.4)$$

板の座屈条件式は，保存される内部エネルギーの増分ΔUと外力ポテンシャルの変化量ΔTが等しい(ΔU=ΔT)として求まる[4.24]。側辺部の回転変形が拘束される場合，内部に保存されるエネルギーの増分ΔUは側辺部の回転ばねに保存されるエネルギーの増分ΔUsと板のひずみエネルギーの増分ΔU_Eの和になると考えることで(ΔU = ΔUs+ΔU_E)，板の弾性座屈耐力式が次の通り求まる。

$$\sigma_{cr} = \frac{f_{\Delta U_E}(b/\lambda) + f_{\Delta U_S}(b/\lambda)}{f_{\Delta T}(b/\lambda)}\frac{E\pi^2}{12(1-\nu^2)}\left(\frac{t}{b}\right)^2 \qquad (4.2.5)$$

ただし，

$$f_{\Delta U_S}\left(\frac{b}{\lambda}\right) = (1-\gamma)\gamma\frac{\lambda}{2b}\frac{\cosh(\alpha\pi/2)\cos(\beta\pi/2)}{\cos(\beta\pi/2)-\cosh(\alpha\pi/2)} \times\left\{(\beta\pi)^2+(\alpha\pi)^2\right\}\frac{1}{\pi}$$

$$\begin{aligned}f_{\Delta U_E}\left(\frac{b}{\lambda}\right) = \frac{\pi^2\lambda}{8b}\Bigg[&\left\{\frac{b^2}{\lambda^2}+1\right\}^2\gamma^2 \\ &+\left\{\frac{1-\gamma}{\cosh(\alpha\pi/2)-\cos(\beta\pi/2)}\right\}^2\left(\frac{b^2}{\lambda^2}+\beta^2\right)^2 \times\left(\frac{\sin(\beta\pi)}{\beta\pi}+1\right)\cosh^2\left(\frac{\alpha\pi}{2}\right) \\ &+\left\{\frac{1-\gamma}{\cosh(\alpha\pi/2)-\cos(\beta\pi/2)}\right\}^2\left(\frac{b^2}{\lambda^2}-\alpha^2\right)^2 \times\left(\frac{\sinh(\alpha\pi)}{\alpha\pi}+1\right)\cos^2\left(\frac{\beta\pi}{2}\right) \\ &-\left\{\frac{(1-\gamma)\gamma}{\cosh(\alpha\pi/2)-\cos(\beta\pi/2)}\right\}^2\left(\frac{b^2}{\lambda^2}+1\right)^2 \times\frac{8\cosh(\alpha\pi/2\cos(\beta\pi/2)}{\pi} \\ &\times\left\{\left(\frac{b^2}{\lambda^2}+\beta^2\right)\frac{1}{\beta^2-1}+\left(\frac{b^2}{\lambda^2}-\alpha^2\right)\frac{1}{\alpha^2+1}\right\}\Bigg]\end{aligned}$$

$$\begin{aligned}f_{\Delta U_T}\left(\frac{b}{\lambda}\right) = \frac{\pi^2}{8}\frac{b}{\lambda}\Bigg[&\gamma^2+\left\{\frac{1-\gamma}{\cosh(\alpha\pi/2)-\cos(\beta\pi/2)}\right\}^2 \\ &\times\left\{\left(\frac{\sin(\beta\pi)}{\beta\pi}+1\right)\cosh^2\left(\frac{\alpha\pi}{2}\right)+\left(\frac{\sinh(\alpha\pi)}{\alpha\pi}+1\right)\cos^2\left(\frac{\beta\pi}{2}\right)\right\} \\ &-2\gamma\left\{\frac{1-\gamma}{\cosh(\alpha\pi/2)-\cos(\beta\pi/2)}\right\} \times\cosh\left(\frac{\alpha\pi}{2}\right)\cos\left(\frac{\beta\pi}{2}\right) \\ &\times\left(\frac{1}{\beta^2-1}+\frac{1}{\alpha^2+1}\right)\frac{4}{\pi}\Bigg]\end{aligned}$$

式(4.2.5)から，γに対してσ_{cr}が最小となるb/λを与えれば，拘束効果を考慮したσ_{cr}およびkが求まる。

図4.2.4に，kとγの関係を示す。実線が式(4.2.5)で求めた理論解であり，破線が式(4.2.6)の線形近似値である。kの値はγの増加とともに6.98から4へ漸減すること，また，式(4.2.6)に示すγの一次関数で

kを安全側に評価することができることが分かる。ここに，軸圧縮が作用する板要素の場合，$k_p = 4$，$k_r = 6.98$である。

$$k = k_p \gamma + k_r (1 - \gamma) \qquad (4.2.6)$$

式(4.2.6)で長方形断面部材の弾性局部座屈耐力を評価するには，断面形状とγの関係を定式化する必要がある。そこで，短辺の板要素の変位関数を式(4.2.3b)を参考に定式化した上で，長辺の板要素と短辺の板要素が接続する側辺部でのモーメントのつり合いに基づきγとc/bの関係を収斂計算で求めると，$0 \leqq \gamma \leqq 1$の範囲において図4.2.5の実線が得られる。ここに，図4.2.4に示した通り，γの増加とともに座屈係数kは減少することから，図4.2.5の実線に対してγを同等以上の値として評価すれば，c/bとγの関係を安全側に評価できる。以上の前提を踏まえ，文献(4.27)では(c/b, γ)=(0,0)および(1,1)を通り，なおかつ図4.2.5に示す実線に接する2直線を用いてc/bとγの関係を式(4.2.7a)，式(4.2.7b)の通り近似している。

$0 < c/b \leqq 0.1$の場合　　$\gamma = 4.6\, c/b$　　(4.2.7a)

$0.1 < c/b \leqq 1$の場合　　$\gamma = 0.4 + 0.6\, c/b$　　(4.2.7b)

図4.2.6に，座屈係数(kおよびk_{FSA})とc/bの関係を示す。プロットは，固有値解析の結果から式(4.2.1)で逆算した座屈係数k_{FSA}であり，破線は式(4.2.6)，式(4.2.7a)，式(4.2.7b)を用いて計算した座屈係数kである。同図から，提案する弾性座屈耐力の評価式で解析結果を精度良く安全側に評価できることが分かる。

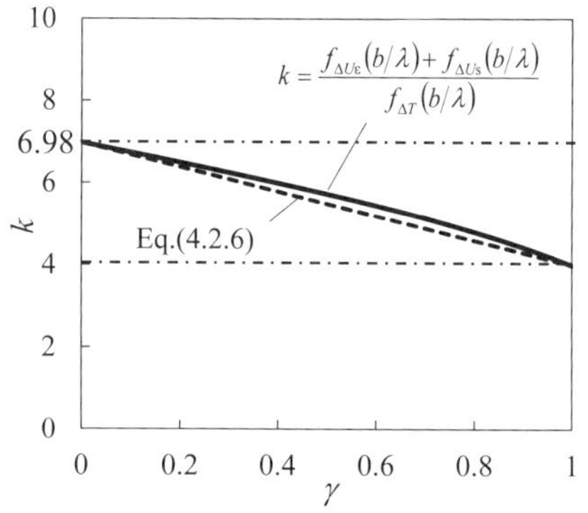

図4.2.4 座屈係数kとγの関係

(3)等曲げが作用する部材の弾性局部座屈耐力

曲げが作用する長方形断面部材[4.10]では，短辺の板要素が局部座屈する場合と，長辺の板要素が局部座屈する場合の2通りの座屈モードが想定されるため，双方の座屈を考慮して部材の弾性局部座屈耐力を評価する必要がある。

図4.2.7に，図4.2.1で示した長方形断面部材に等曲げが作用する場合の弾性局部座屈耐力と断面形状との関係を示す。なお等曲げの解析では，板厚が0.8mm，1.6mmの2種類の板厚を想定した解析を実施している。図の縦軸は$\sigma_{FSA}/\sigma_{cr_p}$ (固有値解析で得られた弾性局部座屈耐力σ_{FSA}を長辺および短辺の板要素を単純支持板とみなした場合の弾性局部座屈強度の理論値のうち小さい方の値σ_{cr_p}で除した値)を表し，横軸はc/b(短辺と長辺の板幅の比率)を表す。図中の白塗りプロット(○，△)が長辺の板要素に面内曲げが作用する方向(z軸まわり)に曲げモーメントを作用させた場合の解析結果を表

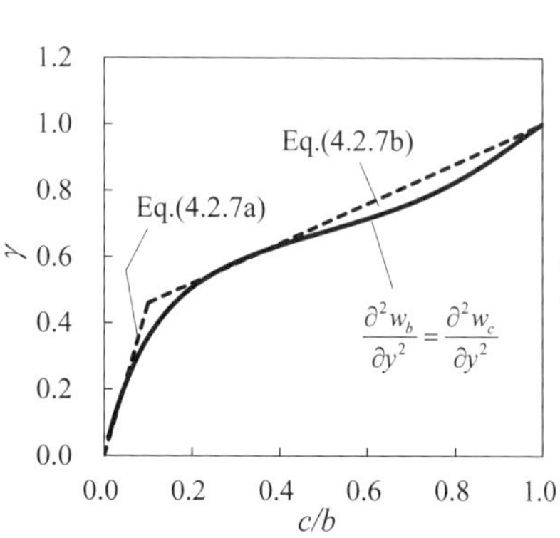

図4.2.5 提案式によるγの評価結果

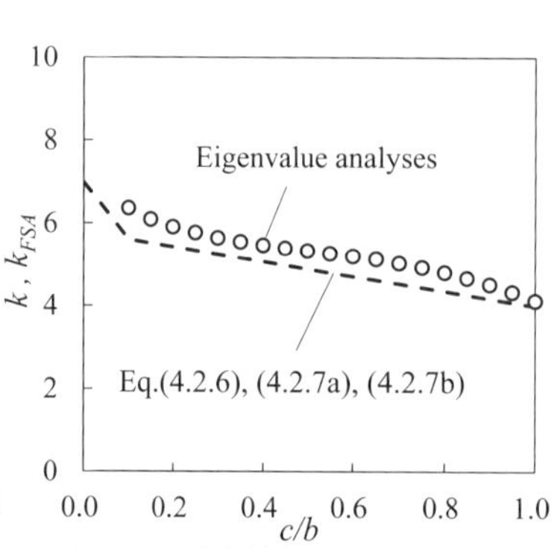

図4.2.6 座屈係数kの評価結果

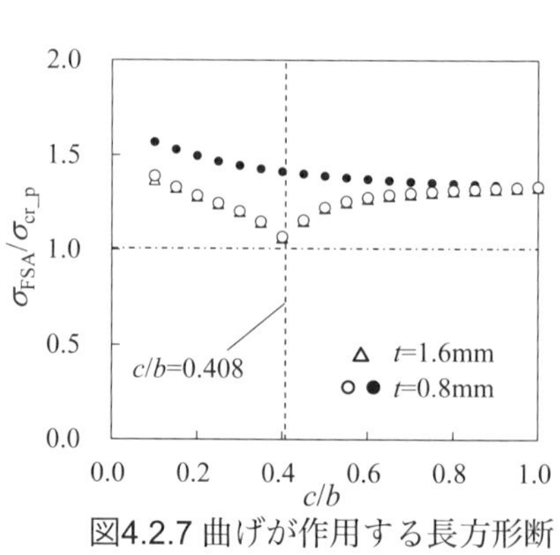

図4.2.7 曲げが作用する長方形断面部材の弾性局部座屈耐力

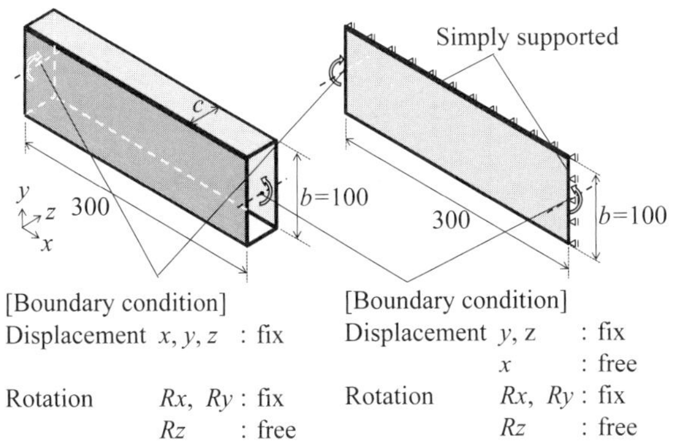

図4.2.8 有限要素解析モデルの概要

し，黒塗りプロット(●)が短辺の板要素に面内曲げが作用する方向(y軸まわり)に曲げモーメントを作用させた場合の解析結果を表す。図中の破線は，z軸まわりの曲げモーメントが作用する外力条件下において，長辺の板要素を単純支持板とみなした場合の弾性局部座屈耐力と，短辺の板要素を単純支持板とみなした場合の弾性局部座屈耐力が等しくなる断面仕様(c/b=0.408)を表す。また図中の一点鎖線は$\sigma_{FSA}/\sigma_{cr_p}$=1を表す。

z軸まわりの曲げモーメントが作用する場合，破線近傍のc/b=0.4の断面仕様において$\sigma_{FSA}/\sigma_{cr_p}$が最小となることが確認でき，$c/b$が0.4から増減すると$\sigma_{FSA}/\sigma_{cr_p}$は増加する。また$y$軸回転の曲げモーメントが作用する場合，$\sigma_{FSA}/\sigma_{cr_p}$は全て1.0よりも高い値となり，$c/b$の減少とともに$\sigma_{FSA}/\sigma_{cr_p}$は増加する。なお，$t$ =0.8mmの解析結果とt =1.6mmの解析結果を比較すると，$\sigma_{FSA}/\sigma_{cr_p}$に有意な差は確認されなかった。

これらの等曲げが作用する部材についても，軸圧縮が作用する部材と同様に，隣接する板要素間での拘束を考慮した弾性局部座屈耐力の評価が可能である。式(4.2.4)に示した軸圧縮が作用する長方形断面部材では，板要素の変位関数を，側辺部を単純支持された板の変位関数と固定支持された板の変位関数を，γを用いて線形結合することで耐力式を導出している。ここに，式(4.2.4)をyで偏微分すると，座屈変形時の板側辺部($y=\pm b/2$)における回転角は$\partial w(x,y)/\partial y = \gamma \partial w_p(x,y)/\partial y$となり，$\gamma$は角形断面部において局部座屈を生じる板要素の側辺部における回転角と同板要素を単純支持板とみなした場合の側辺部における回転角との比率であると分かる。

この特徴に着目し，等曲げが作用する角形断面部材について有限要素法に基づく解析的な検討が行われている。図4.2.8に，解析モデルの概要を示す。長方形断面を有する部材にz軸まわりおよびy軸まわりの曲げモーメントが作用する荷重条件を想定した座屈固有値解析を行い，面外変位が最大となる断面位置での板の座屈モードと，各板要素が単純支持板として挙動することを想定した場合の板要素の座屈モードの比較からγを算出し，座屈係数kおよび断面形状c/bとの関係を調べている。なお，面内曲げが作用する単純支持板要素の変位関数については，図4.2.8に示す4辺単純支持された板要素の座屈固有値解析から得ている。図4.2.9に，等曲げが作用する長辺の板要素が座屈す

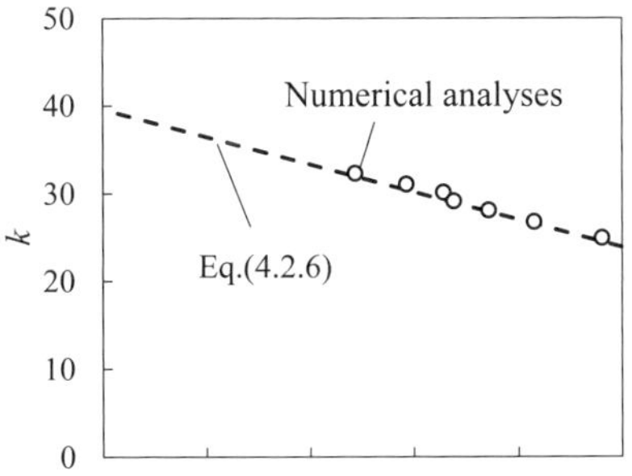

図4.2.9 等曲げが作用する部材のkとγの関係

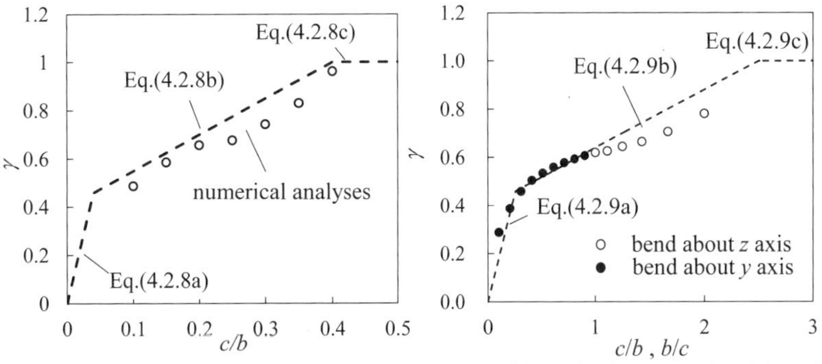

(a) 面内曲げが作用する板要素が座屈する場合

(b) 一様曲げが作用する板要素が座屈する場合

図4.2.10 等曲げが作用する部材のγとc/bの関係

る場合($c/b \leqq 0.4$)の場合について，座屈係数kとγの関係を示す。図中の破線は，両端ピン支持の条件(k_p = 23.9)と両端固定端支持の条件(k_r =39.6)を式(4.2.6)に代入し，kとγの関係を示したものである。図より，面内曲げが作用する板要素弾の座屈係数についても，式(4.2.6)によって精度良く評価できることが分かる。

図4.2.10に，γとc/bの関係を示す。これまでと同様に，bは長辺の板要素の板幅であり，cは短辺の板要素の板幅である。図中の破線は，以下の式(4.2.8a)-式(4.2.8c)，式(4.2.9a) - 式(4.2.9c)で求めた計算結果である。いずれも，z軸まわりの曲げモーメントが作用する場合に，c/b=0.4近傍にて板要素の境界条件が単純支持に近づくことを考慮し，式(4.2.7a)および式(4.2.7b)を参考に座屈する板要素とγとの関係を求めたものである[4.10]。解析結果と計算値は概ね良い対応を示し，曲げが作用する部材においてもc/bまたはb/cとγの関係を概ね評価できると分かる。なお，弱軸方向へy軸まわりの曲げモーメントが作用する場合については，式(4.2.9a)-式(4.2.9c)のb/cをc/bに置き換えて評価している。

面内曲げが作用する板要素が座屈する場合

$0 < c/b \leqq 0.04$の場合 $\gamma = 11.5\,c/b$ (4.2.8a)

$0.04 < c/b \leqq 0.4$の場合 $\gamma = 0.4 + 1.5\,c/b$ (4.2.8b)

$0.4 < c/b$の場合 $\gamma = 1.0$ (4.2.8c)

一様圧縮が作用する板要素が座屈する場合

$0 < b/c \leqq 0.25$の場合 $\gamma = 1.84\,b/c$ (4.2.9a)

$0.25 < b/c \leqq 2.5$の場合 $\gamma = 0.4 + 0.24\,b/c$ (4.2.9b)

$2.5 < b/c$の場合 $\gamma = 1.0$ (4.2.9c)

式(4.2.6)と式(4.2.8a)-式(4.2.8c)，式(4.2.9a)-式(4.2.9c)を用いて長方形断面部材の断面を構成する各板要素の弾性局部座屈耐力を算出し，最も小さい値を等曲げが作用する長方形断面部材の弾性局部座屈耐力σ_{cr_r}とみなした上で，固有値解析から得られた弾性局部座屈耐力σ_{FSA}との対応を計算した結果を図4.2.11に示す。図中の白塗りおよび黒塗りプロットが本検討の結果であり，灰色プロットが板要素間での拘束を無視した結果である。拘束

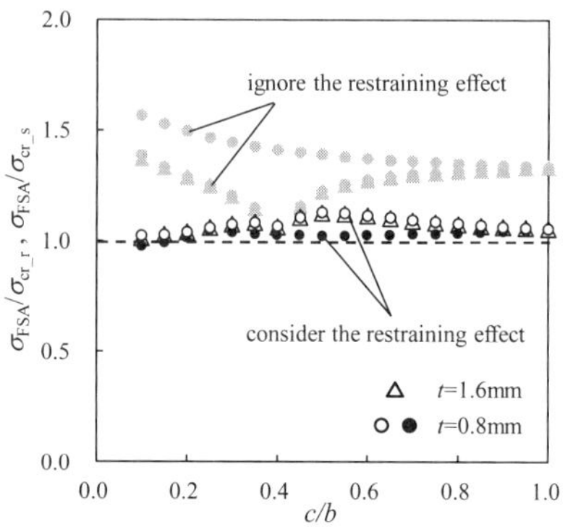

図4.2.11 等曲げが作用する長方形断面部材の弾性局部座屈耐力の評価結果

の効果を加味することで，従来の拘束効果を無視した場合の評価に対して，その評価精度が向上したことが分かる。図より，提案式がは等曲げを受ける長方形断面部材の弾性局部座耐力を精度よく評価できることが分かる。

(4)曲げ圧縮が作用する部材の弾性局部座屈耐力

曲げと圧縮の複合力が作用する長方形断面部材の弾性局部座屈耐力についても，前述の曲げ部材や圧部材と同様にして弾性局部座屈耐力を定量評価が可能である[4.10]。曲げ圧縮が作用する部材の断面において，座屈を生じうる板要素は，面内圧縮が作用する板要素と，面内曲げと圧縮の複合力が作用する板要素の2種類である。前者の面内圧縮が作用する板要素については，すでにkとγの関係が明らかにされていることから，ここでは，面内曲げと面内圧縮の複合力が作用する板要素の座屈係数とγの関係を示した上で，断面形状とγとの関係を評価する評価式を示す。

まず，面内曲げと圧縮の複合力が作用する板要素(図4.2.12)の座屈係数について示す。前述の通り，軸圧縮が作用する部材と等曲げが作用する部材は，いずれもkとγの関係は式(4.2.6)で評価することができた。ゆえに，曲げと圧縮の複合力が作用する場合においても，板要素の座屈係数kは式(4.2.6)によって評価できるものと考えられ，境界条件を単純支持とみなした板要素の座屈係数k_pと，固定支持とみなした場合の座屈係数k_rを定量評価できれば，kとγの関係を評価することができ

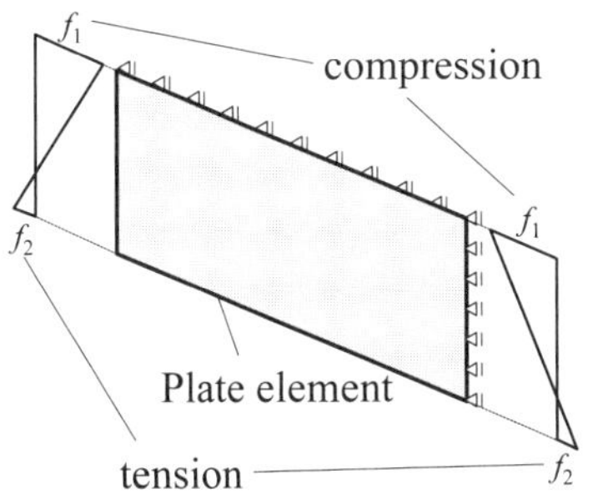

図4.2.12 曲げ圧縮が作用する板要素の概要

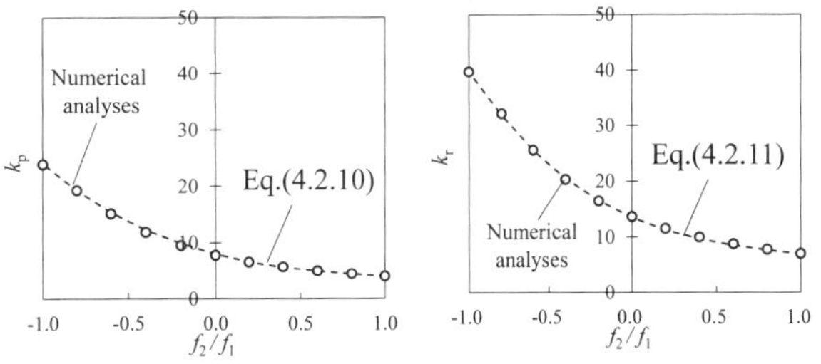

(a) 単純支持の場合　(b) 回転完全拘束の場合

図4.2.13 曲げ圧縮が作用する板要素の座屈係数

ると考えられる。単純支持された板要素に曲げ圧縮が作用する場合の座屈係数k_pについては，すでに数多くの研究がなされており，例えば文献4.26)に記載の通り，式(4.2.10)に示す経験式が知られている。与式は，断面内に一様な圧縮力が作用する場合($f_2/f_1=1$)には$k=4$となり軸圧縮が作用する単純支持板の座屈係数と等しくなり，また等曲げが作用する場合($f_2/f_1=-1$)には$k=24$となり等曲げが作用する単純支持板の座屈係数(k=23.9)と一致する。

$$k_p = 4.00 + 2.00\{(1-f_2/f_1)^3 + (1-f_2/f_1)\} \quad (4.2.10)$$

ただし　f_1：引張縁側の発生応力

　　　　f_2：圧縮縁側の発生応力

式(4.2.10)を参考に，$f_2/f_1=1$(軸圧縮)の場合には$k=6.98$，$f_2/f_1=-1$(等曲げ)の場合には$k=39.6$となるように係数を変化させることで，式(4.2.11)が得られる。

$$k_r = 6.98 + 3.26\{(1-f_2/f_1)^3 + (1-f_2/f_1)\} \quad (4.2.11)$$

図4.2.13に，座屈係数とf_2/f_1との関係を示す。プロットは有限帯板法による固有値解析から求めた座屈係数とf_2/f_1との関係を表し，破線は式(4.2.10)および式(4.2.11)から求めた計算結果を表す。式(4.2.10)および式(4.2.11)による計算結果は，いずれも解析結果とよい対応を示すことが分かる。

続いて部材の断面形状とγの関係について示す。等曲げが作用する長方形断面部材では，面内曲げが作用する板要素と純圧縮が作用する板要素が各々単純支持板として挙動する際の断面仕様を基準にc/bとγの関係式を導出した。この知見を参考に，隣接する板要素の弾性局部座屈耐力が等しくなる断面仕様において板要素間での拘束効果が失われると仮定して式展開を行うことで，式(4.2.12a)-式(4.2.12c)の評価式を得ることができる。

$0 < b_{ad}/b_b \le 0.1\sqrt{k_{p\_ad}/k_{p\_b}}$ の場合

$$\gamma = \frac{4.6}{\sqrt{k_{p\_ad}/k_{p\_b}}}\frac{b_{ad}}{b_b} \quad (4.2.12a)$$

$0.1\sqrt{k_{p\_ad}/k_{p\_b}} < b_{ad}/b_b \le \sqrt{k_{p\_ad}/k_{p\_b}}$ の場合

$$\gamma = 0.4 + \frac{0.6}{\sqrt{k_{p\_ad}/k_{p\_b}}}\frac{b_{ad}}{b_b} \quad (4.2.12b)$$

$\sqrt{k_{p\_ad}/k_{p\_b}} \le b_{ad}/b_b$ の場合

$$\gamma = 1 \quad (4.2.12c)$$

ここで，b_b，k_{p_b}は座屈する板要素の板幅，および同板要素が単純支持板として挙動する場合の座屈係数であり，b_{ad}，k_{p_ad}は座屈する板要素に隣接する板要素の板幅，および同板要素が単純支持板として挙動する場合の座屈係数である。

図4.2.14に，軸圧縮力と曲げモーメントが同時に作用する場合について，有限帯板法による固有

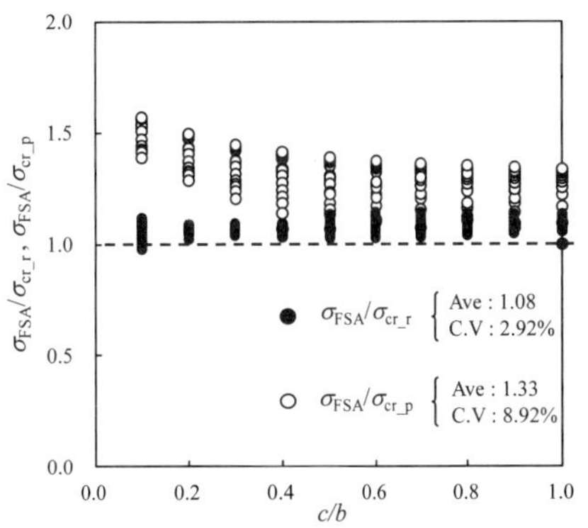

図4.2.14 曲げ圧縮が作用する長方形断面部材の弾性局部座屈耐力評価結果

値解析より得た弾性座屈固有値と，提案式に基づく計算結果との比較を行った結果を示す。本検討では，c/bを0.1から1まで0.1間隔で変化させるとともに，f_2/f_1を-1から1まで0.2間隔で変化させることで，断面仕様の違いが曲げ圧縮部材の弾性局部座屈耐力に及ぼす影響を定量評価している。図の縦軸は$\sigma_{\mathrm{FSA}}/\sigma_{cr_r}$(拘束効果を考慮した弾性局部座屈耐力の計算値$\sigma_{cr_r}$で$\sigma_{\mathrm{FSA}}$を除した値)および$\sigma_{\mathrm{FSA}}/\sigma_{cr_p}$(拘束効果を無視した単純支持板の弾性局部座屈耐力$\sigma_{cr_p}$で$\sigma_{\mathrm{FSA}}$を除した値)を表し，横軸が$c/b$を表す。黒色プロットが端部拘束の影響を考慮した場合の結果を示し，白色プロットが拘束効果を無視した場合の結果である。AveおよびC.V.はそれぞれプロットの平均値と変動係数を表す。板要素間での相互拘束を考慮しない場合，解析結果と計算耐力の比率は1.00-1.57の間に分布し，なおかつc/bが小さくなるにつれて$\sigma_{\mathrm{FSA}}/\sigma_{cr_p}$は大きくなる傾向を示す。一方，隣接する板要素間での拘束効果を考慮した場合，$\sigma_{\mathrm{FSA}}/\sigma_{cr_r}$は0.98-1.14に分布しており，$c/b$の値によらず概ね一定の値となっている。計算耐力と解析結果との比率の平均値および変動係数に着目すると，$\sigma_{\mathrm{FSA}}/\sigma_{cr_r}$の平均値は　$\sigma_{\mathrm{FSA}}/\sigma_{cr_p}$に対して1.33から1.08に減少し，変動係数も8.92%から2.92%に減少しており，提案式に軸圧縮，等曲げおよび軸圧縮と曲げの組合せ力が作用する長方形断面部材の弾性局部座屈耐力を精度よく評価できると分かる。

4.2.2 長方形断面を有する部材の最大耐力

(1)有限要素解析の解析モデル概要

文献4.27)と文献4.10)では，板要素間での拘束効果が部材の最大耐力に及ぼす影響について有限要素法による解析的な検討が行われている。図4.2.15には解析モデルの概要を示す。モデルは，4節点シェル要素を用いた有限要素解析モデルである。部材長さ300mm，長辺の板幅100mmの閉断面形状を有する長方形断面について，板厚(t=0.8mm，1.2mm，1.6mm，2.4mm)および短辺の板幅(軸圧縮の場合：c = 10mm-100mm @10mm, 曲げ圧縮の場合: c = 20mm-100mm @20mm)をパラメータとした弾塑性大変形解析を実施し，断面形状の変化が部材の最大耐力に及ぼす影響について分析している。ここでは，材軸方向への強制変位を与える座標位置を変化させることで，軸圧縮および曲げ圧縮が作用する荷重条件を模擬している。鋼材の機械的特性は表4.2.1に示す通りである。材料の応力ひずみ関係は，材料引張試験の結果をマルチリニアで与えた。初期不整については，座屈固有値解析から求まる固有モードに基づき，最大不整量が板厚の10%になるように与えた。その他，解析の詳細条件については，文献4.27)，4.10)を参照されたい。

(2)軸圧縮が作用する部材の最大耐力

図4.2.16に，荷重変形関係の例を示す。図4.2.16(a)が c/b = 0.5，かつ t = 0.8mmの解析結果を表し，図4.2.16(b)が c/b = 0.5 かつ t = 2.4mmの解析結果を表す。実線がP(部材に作用する軸圧縮力)と

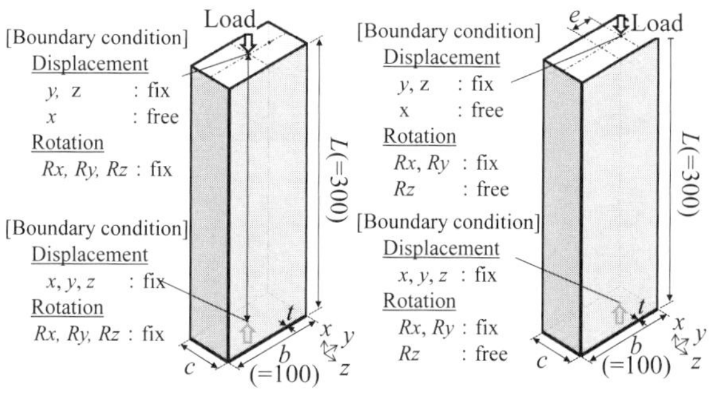

(a) 純圧縮の場合　(b) 曲げ圧縮の場合

図4.2.15 有限要素解析モデルの概要

表4.2.1 解析に用いた材料の機械的特性

Thickness (mm)	Yield Stress (0.1% offset) (N/mm²)	Tensile Strength (N/mm²)	Yield Ratio (%)	Elongation (%)
0.813	315	439	75.1	33

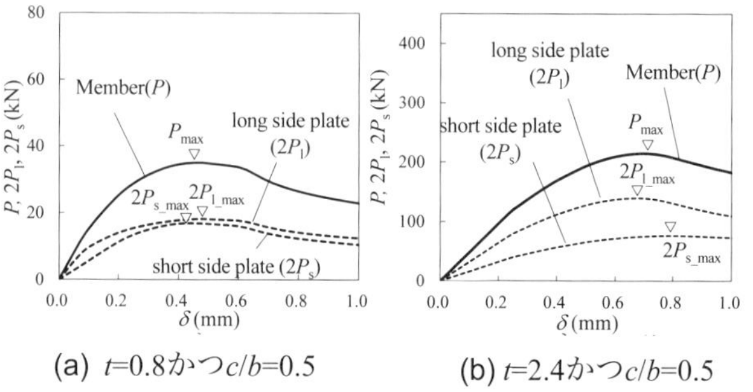

(a) t=0.8かつc/b=0.5　(b) t=2.4かつc/b=0.5

図4.2.16 部材および各板要素の荷重変位関係

表4.2.2 部材の最大耐力と断面を構成する各板要素の最大耐力の和の比較

		c/b									
		0.1	0.2	0.3	0.4	0.5	0.6	0.7	0.8	0.9	1.0
t=0.8mm	$2(P_{bmax}+P_{cmax})$	26.6	30.2	33.7	35.5	35.0	35.0	35.4	35.9	36.3	36.5
	P_{max}	25.8	30.1	33.6	35.5	35.0	34.9	35.4	35.9	36.3	36.7
	$\boldsymbol{P_{max}/2(P_{bmax}+P_{cmax})}$	**0.97**	**1.00**	**1.00**	**1.00**	**1.00**	**1.00**	**1.00**	**1.00**	**1.00**	**1.00**
t=1.2mm	$2(P_{bmax}+P_{cmax})$	50.4	56.3	63.1	68.3	71.3	71.6	71.4	71.7	72.3	73.2
	P_{max}	49.1	55.3	62.7	68.1	71.2	71.6	71.3	71.6	72.3	73.1
	$\boldsymbol{P_{max}/2(P_{bmax}+P_{cmax})}$	**0.97**	**0.98**	**0.99**	**1.00**	**1.00**	**1.00**	**1.00**	**1.00**	**1.00**	**1.00**
t=1.6mm	$2(P_{bmax}+P_{cmax})$	81.8	89.0	98.3	106.2	113.2	118.0	120.2	120.3	120.1	120.5
	P_{max}	79.6	86.9	96.7	105.0	112.3	117.5	119.9	120.3	120.1	120.5
	$\boldsymbol{P_{max}/2(P_{bmax}+P_{cmax})}$	**0.97**	**0.98**	**0.98**	**0.99**	**0.99**	**1.00**	**1.00**	**1.00**	**1.00**	**1.00**
t=2.4mm	$2(P_{bmax}+P_{cmax})$	157.6	171.3	186.4	201.6	216.3	230.0	242.2	252.0	258.0	259.5
	P_{max}	157.6	171.3	185.5	200.4	214.6	228.1	240.8	250.9	257.4	259.5
	$\boldsymbol{P_{max}/2(P_{bmax}+P_{cmax})}$	**1.00**	**1.00**	**1.00**	**0.99**	**0.99**	**0.99**	**0.99**	**1.00**	**1.00**	**1.00**

δ(部材軸方向の変位)の関係を表し，破線が$2P_l$，$2P_s$ (P_l：幅の大きい板要素1枚あたりが負担する軸力，P_s：幅の小さい板要素 1 枚あたりが負担する軸力)とδ(解析モデル上端部の図心位置におけるz方向変位)の関係を表している。図中の▽はP，P_l，P_sがそれぞれP_{max}，P_{l_max}，P_{s_max}(P_{max}：部材の最大耐力，P_{l_max}：長辺が負担する軸圧縮力の最大値，P_{s_max}：短辺が負担する軸圧縮力の最大値)に達した点を表す。

同図より，両解析結果とも，部材が最大耐力に達した達した際のδと，各板要素の負担軸力が最大値に達した際のδが一致しないことが確認できる。t = 0.8mmの解析では，板幅の小さい短辺の板要素が先に最大耐力に達した後に部材が最大耐力に達し，部材の耐力劣化が始まってから長辺の板要素が最大耐力に達した。またt = 2.4mmの解析では，長辺の板要素が先に最大耐力に達した際のδは部材が最大耐力に達した際のδと概ね等しい値となり，短辺の板要素は部材の耐力劣化が始まってから最大耐力に達した。

表4.2.2には部材のP_{max}と各板要素の最大耐力を足し合わせた値(=$2P_{l\_max}+2P_{s\_max}$)を示す。表から，部材の最大耐力と各板要素の最大耐力を累加した値の差は最大で3％と小さいことが分かる。また薄板軽量形鋼の断面を構成する各板要素の負担軸力は，最大耐力の前後で急激に変化するわけではない4.30)。図4.2.16に示す解析例においても，一方の板要素が先に最大耐力に達した際に，他方の板要素の負担耐力は最大耐力とほぼ同等の耐力を発揮していた。軸圧縮が作用する長方形断面部材では，断面を構成する板要素は必ずしも同時に最大耐力に達するわけではないものの，文献4.27)の検討範囲において，部材の座屈後耐力および非弾性座屈耐力は，断面を構成する各板要素の弾塑性座屈耐力の足し合わせとして評価できることが分かっている。

続いて，軸圧縮が作用する長方形断面部材の断面を構成する各板要素が負担する最大耐力に断面形状が及ぼす影響について示す。図4.2.17に，長方形断面を構成する各板要素の最大耐力について，有限要素解析で得たP_{l_max}，P_{s_max}を有効幅理論に基づき，全ての板要素を単支持板とみなして算出した計算耐力(長辺の最大耐力の計算値：P_{l_nl}，短辺の最大耐力の計算値：P_{s_nl})で除した値とc/bの関係を示す。なお，板要素の最大耐力の評価については，文献4.26)に基づき下式で評価している。

$$P_{l\_nl} = \rho bt\sigma_y \tag{4.2.13a}$$

$$P_{s\_nl} = \rho ct\sigma_y \tag{4.2.13b}$$

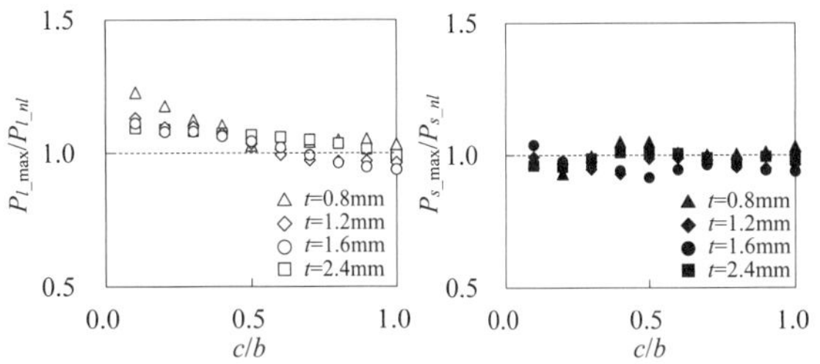

(a) long side plate　　(b) short side plate

図4.2.17 板要素の最大耐力に断面形状が及ぼす影響

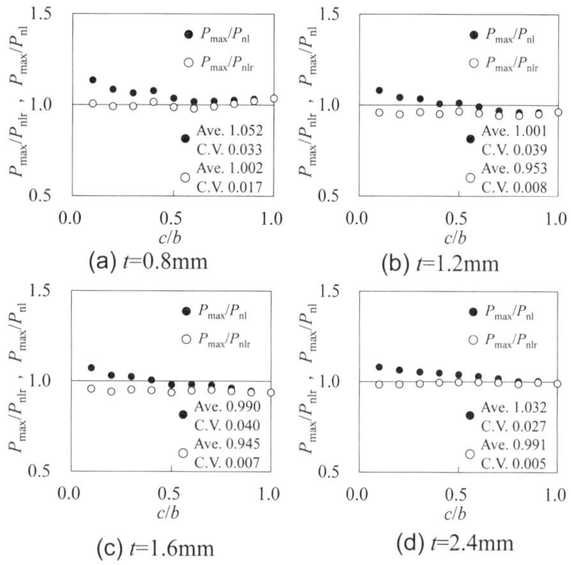

図4.2.18 最大耐力の評価結果

ここに，σ_yは表4.2.1に示す鋼材の降伏応力度である。また，ρは板要素の板幅と有効幅との比率を表す無次元量であり，弾性局部座屈耐力と材料の降伏応力度を用いて式(4.2.14a)，式(4.2.14b)より求まる[4.26), 4.31)]。

$\gamma \geq 0.673$　の場合

$$\rho = \frac{1 - 0.22/\lambda}{\lambda} \qquad (4.2.14a)$$

$\gamma < 0.673$　の場合

$$\rho = 1 \qquad (4.2.14b)$$

ここで，$\lambda = \sqrt{\sigma_y / \sigma_{cr}}$　(4.2.15)

σ_{cr}は式(4.2.1)で求まる各板要素の弾性局部座屈耐力であり，単純支持板の場合，式(4.2.1)に $k = 4$ を代入した値となる。長辺の板要素に着目すると，c/bが小さくなるにつれて$P_{l_\max}/P_{l_nl}$が大きくなる傾向を示すことが確認でき，短辺の板要素から長辺の板要素への回転拘束が作用することで，c/bの減少とともに長辺の板要素の最大耐力が大きくなることが確認できる。対して短辺の板要素においては，c/b=0.4および0.5の解析においてばらつきが大きくなる傾向がみられたものの，$P_{s_\max}/P_{s_nl}$の値は概ね一定となり，c/bとの間に明確な相関性は見受けられない。

拘束効果による影響が現れた長辺の板要素について，式(4.2.6)，式(4.2.7a)，式(4.2.7b)の計算で求まる座屈係数を用いて板要素の弾性局部座屈耐力(式(4.2.15)中のσ_{cr})を評価することで拘束効果による影響を考慮し，長方形断面部材の最大耐力を再評価する。なお，図4.2.17(b)において短辺の板要素の$P_{s_\max}/P_{s_nl}$が概ね一定の値となったことを考慮し，短辺の板要素については単純支持板(k=4)とみなして耐力評価を実施した。図4.2.18に，長方形断面部材の最大耐力を全ての板要素を単純支持板とみなした計算耐力P_{nl}で$P_{\max}$を除した$P_{\max}/P_{nl}$ および長辺の板要素に作用する拘束効果を考慮した計算耐力P_{nlr}で$P_{\max}$を除した$P_{\max}/P_{nlr}$とc/bの関係を示す。図中の●は$P_{\max}/P_{nl}$を表し，○は$P_{\max}/P_{nlr}$を表す。Ave.とC.V.はそれぞれ$P_{\max}/P_{nl}$および$P_{\max}/P_{\mathrm{nlr}}$の平均値と変動係数を表している。板厚によらず，長辺の板要素に作用する拘束効果を考慮することで変動係数が減少したことが分かる。また，$P_{s_\max}/P_{nlr}$の平均値について，その値は0.945～1.002となっている。現在の薄板軽量形鋼に使用されているSGC400やSGH400の鋼材は，JIS規格の定める材料の降伏強度（295N/mm^2）に対して約0.95倍の値が設計基準強度(=280N/mm^2)に設定されており，材料の設計基準強度が，本項に示す手法で板要素の有効幅を評価する上での良い指標となることが分かる。従来，長方形断面部材の最大耐力は断面を構成する板要素を単純支持板としてみなして評価されていたが，実際の部材では隣り合う板要素間での拘束効果の影響で，板幅の大きい板要素の側辺部における回転変形が板幅の小さい板要素によって拘束される。この拘束効果を考慮することで，長方形断面部材の最大耐力に対する評価値のばらつきを抑制できる。

(3)曲げ圧縮が作用する部材の最大耐力

曲げ圧縮が作用する部材についても，隣り合う板要素の板幅の違いによって生じる相互拘束効果を考慮することで，軸圧縮材と同様に，より精緻な部材の最大耐力の評価が可能になる。

まず，設計式について示す。前述の通り，軸圧縮力が作用する部材において，板要素間での拘束効果は弾性局部座屈耐力が低い長辺の座屈後耐力に対して顕著に現れ，短辺に対してはほとんど有意な差は生じなかった。これは，板要素間での拘束効果は，局部座屈耐力が高い板要素が局部座屈耐力の低い板要素を拘束することに起因するため，その逆である局部座屈耐力の低い板要素が局部座屈耐力の高い板要素を拘束する効果はほとんど期待できないためである[4.27]。そこで，曲げ圧縮が作用する長方形断面部材の最大耐力においては，局部座屈耐力の高い板要素が，局部座屈耐力の低い板要素に対して拘束効果を発揮するものと仮定して，各板要素の有効幅を評価する。

有効幅理論に基づく部材の最大耐力の評価について，圧縮力と強軸まわりの曲げモーメントが作用する部材の長辺の板要素を例に，その概要を示す。板要素の負担耐力を評価する場合，各板要素の有効幅b_eは低減係数ρを用いて$b_e=\rho b$と計算できる。ここに，ρは一般化幅厚比$\lambda(=\sqrt{\sigma_y/\sigma_{cr}})$を用いて算出される値であり，設計指針によって異なる設計式が採用されている。本検討では，代表的な設計指針としてEurocode3[4.31]に記載の設計式を用いて板要素の有効幅の評価を行った。以下に，本検討に用いた設計式を示す。なお，式中のλは式(4.2.15)から求まる一般化幅厚比であり，軸圧縮($\psi=f_2/f_1=1$)の場合，式(4.2.16a)，式(4.2.16b)は式(4.2.14a)，式(4.2.14b)に等しくなる。

$\lambda > 0.5+\sqrt{0.085-0.055f_2/f_1}$ の場合

$$\rho=\frac{1-0.055\left(3+f_2/f_1\right)/\lambda}{\lambda} \tag{4.2.16a}$$

$\lambda \leq 0.5+\sqrt{0.085-0.055f_2/f_1}$ の場合

$$\rho=1 \tag{4.2.16b}$$

以上から，$b_e=\rho b$として求まるb_eを基に図4.2.19に示す通り[4.31] b_1およびb_2を計算することで，板要素内での材軸方向応力の分布$\sigma_x(y)$を仮定し，式(4.2.17)および式(4.2.18)で板要素の負担する軸力および曲げモーメントを計算する。

板要素の負担軸力

$$N_{PL}=t\int_{-1/2}^{1/2}\sigma_x\left(y\right)dy \tag{4.2.17}$$

板要素の負担曲げモーメント

$$N_{PL}=t\int_{-1/2}^{1/2}y\,\sigma_x\left(y\right)dy \tag{4.2.18}$$

$\sigma_x(y)$ ：板要素内の材軸方向の応力
l ：板要素の板幅(長辺の場合l=b)
N_{PL} ：板要素の負担軸力の計算値
M_{PL} ：板要素の負担曲げモーメントの計算値

なお，等曲げが作用する長方形断面部材では，板厚が厚くなると，材料降伏後の塑性変形によって断面内での応力分布が非線形になり，部材の最大耐力が降伏耐力を上回る場合がある(図4.2.20)。実際の構造物の設計では(例えば薄板軽量形鋼の主要な適用先である壁式工法の枠材やトラスの上下弦材・斜材など)，建物が終局状態に至るまで形鋼には損傷を生じさせないという設計思想に基づき部材の耐力評価が通常行われており，材料降伏後の塑性変形を伴う耐力上昇の効果を見込んだ部材設計を積極的に行うことは稀である。ゆえに本項では，有限要素解析で得られた部材の最大耐力が降伏耐力を上回る解析結果については検討対象外とし，部材の最大耐力が降伏耐力を下回る場合について，計算耐力と部材の最大耐力との比率に

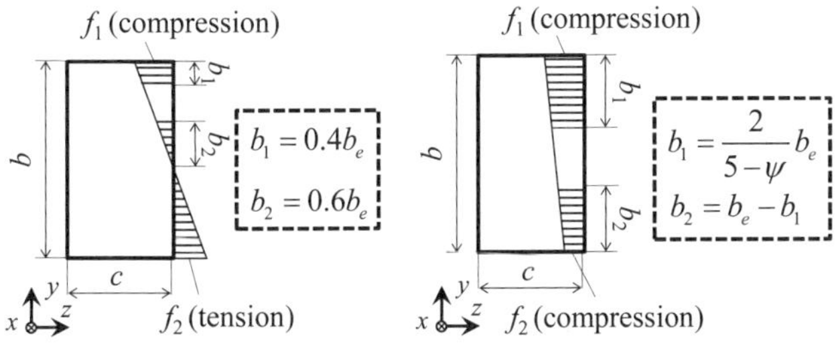

(a) f_2が引張の場合　(b) f_2が圧縮の場合

図4.2.19 面内曲げが作用する板要素の有効幅

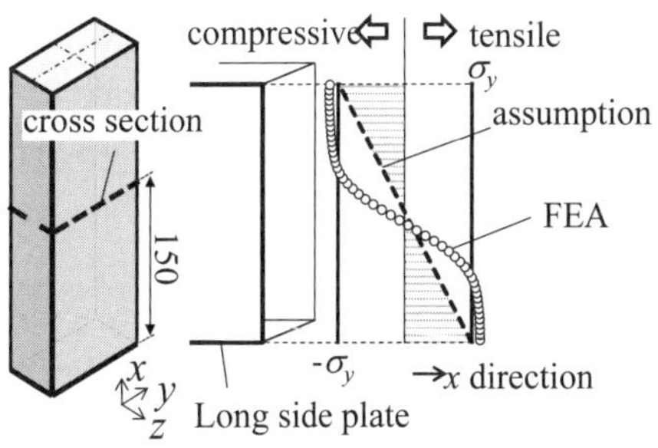

図4.2.20 断面内での応力分布の例

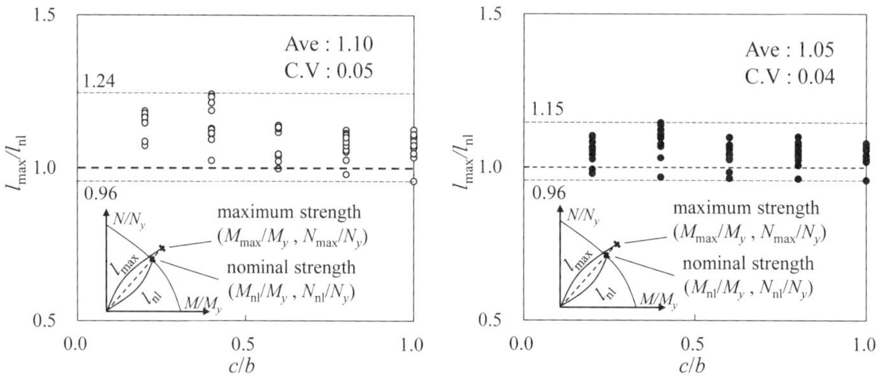

(a) 拘束効果を無視　　(b) 拘束効果を考慮

図4.2.21 曲げ圧縮が作用する部材の最大耐力

隣り合う板要素間での拘束が及ぼす影響を分析した結果について示す。

図4.2.21に，板要素間での拘束効果を考慮した耐力評価の結果と，拘束効果を無視した耐力評価結果との比較を示す。図4.2.21(a)が拘束効果を無視した耐力評価値と解析結果との比率を表し，図4.2.21(b)が拘束効果を考慮した場合の結果を表す。ここでは，有限要素解析の結果から最大モーメントM_{max}とN_{max}の比率(M_{max}/N_{max})が等しいM_{nl}/N_{nl}およびM_{nlr}/N_{nlr}を提案式から計算し，M-N曲線上で，原点から最大耐力および計算耐力までの距離(l_{max}，l_{nl}およびl_{nlr})の比率(l_{max}/l_{nl}，l_{max}/l_{nlr})とc/bとの関係を調べることで，断面形状の変化が部材の最大耐力の評価精度に及ぼす影響を分析している。図より，拘束効果による影響を無視した場合，l_{max}/l_{nl}は0.96から1.24の間に分布し，特にc/bが小さいc/b = 0.2および0.4の解析において，l_{max}/l_{nl}が大きくなる傾向を示すことが分かる。この傾向は固有値解析で得られた結果(図4.2.14)と類似の傾向であり，隣り合う板要素間での拘束効果によって計算耐力と最大耐力の差異が大きくなったものと推察される。一方，板要素間での拘束効果を考慮した解析結果では，l_{max}/l_{nlr}が分布する範囲は0.96から1.15に狭まり，l_{max}/l_{nlr}の平均値が1.10から1.05に減少し，また変動係数も0.04まで減少している。拘束効果による影響が最も大きく現れたc/b=0.2の断面仕様では，y軸まわりの弱軸曲げと圧縮力の複合力が作用した場合に，l_{nlr}がl_{nl}の比率は最大で1.12倍となり，拘束効果の有無によって計算耐力が1割以上も変化する断面仕様も確認されている[4.10)]。このように部材に板要素間での拘束効果を考慮することで，長方形断面部材の座屈後耐力に対する評価精度を向上できる。

4.2.3 実部材の断面を想定した解析的検討

4.2.1項および4.2.2項に示した研究事例は，長方形断面を対象とした検討事例であるが，同知見をリップ溝形断面部材の座屈耐力の評価に適用する研究も進められている。

文献4.11)では，リップ溝形断面部材に軸圧縮，曲げ，および曲げ圧縮が作用した場合について，弾性局部座屈耐力の評価に文献4.27)，文献4.10)の検討結果を適用した事例が報告されている。ここでは，リップ溝形断面部材の強軸まわりに曲げモーメントが作用する場合を想定している。

リップ溝形断面部材の場合，ウェブの境界条件は先に示した長方形断面の板要素と概ね等しい境界条件にあるものと考えられる。また圧縮フランジについては，フランジへの回転拘束はウェブからのみ作用するものと仮定し，リップ側の板側辺部が常に単純支持と等しい境界条件にあるとみなすことで，$k_p = 4$，$k_r = 5.4$と評価できる。

リップについては，片側辺部を単純支持された板要素の座屈係数が下式で評価できるという既往の知見を参考に，固有値解析に基づき片側辺部を固定支持された板要素の座屈係数を逆算することで，k_p，k_rを各々式(4.2.19)-式(4.2.22)の通り近似で

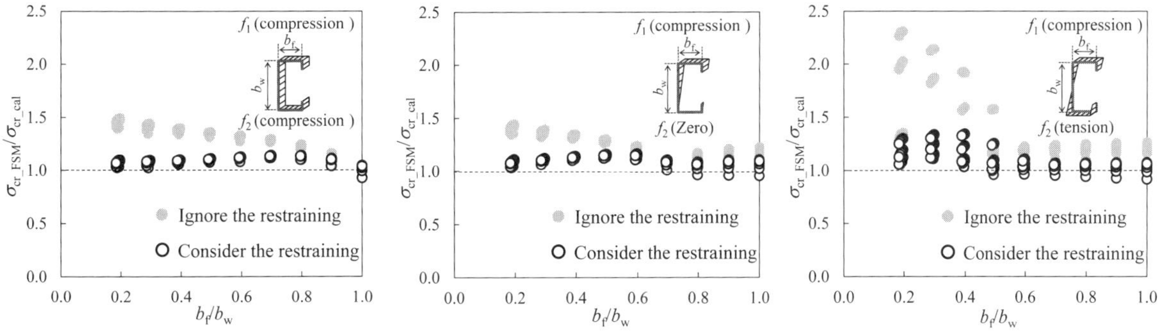

(a) 軸圧縮が作用する場合　(b) 曲げ圧縮が作用する場合　(c) 等曲げが作用する場合

図4.2.22 リップ溝形断面の弾性局部座屈耐力

きる。

$0 \leq \xi < 1$　の場合

$$k_p = \frac{0.578}{1.34 - \xi} \quad (4.2.19)$$

$$k_p = \frac{1.5}{1.25 - \xi} \quad (4.2.20)$$

$1 \leq \xi < 2$　の場合

$$k_p = 1.36 - 29.2\xi + 17.1\xi^2 \quad (4.2.21)$$

$$k_p = -22.68 - 26.31\xi + 2.37\xi^2 \quad (4.2.22)$$

ここで，ξは断面内の応力度分布を表す変数であり，先に定義したf_1，f_2を用いて$\xi=1-f_2/f_1$で計算でき，０以上２以下の値をとる。

図4.2.22に，解析結果と計算耐力との関係を示す。軸圧縮や曲げ圧縮が作用する場合，先に示す評価法を用いた弾性局部座屈耐力の計算値は固有値解析の結果と良い対応を示すことが分かる。また，等曲げが作用する場合においても，b_f/b_wが小さい領域において，本手法による計算結果は弾性局部座屈耐力を過小評価する傾向がみられるものの，総じて本手法による計算結果は，固有値解析から求まる弾性局部座屈耐力と良い対応を示すことが報告されている。なお，等しい曲げが作用する溝形鋼において，b_f/b_wが過小評価された要因としては，リップ部の座屈耐力を過小に評価したことによるものと推察される旨が，文献4.11)において指摘されている。

また，文献4.27)には，リップ溝形鋼を対象とした弾塑性大変形解析や，より現実に近い断面形状として角部の曲げRを有する長方形断面部材についても，その耐力評価に関する解析的な検討の結果が示されている。ここでは，図4.2.23に示す5種類の断面形状を有する部材を対象とした軸圧縮解析を実施し，その最大力の評価結果に拘束効果が及ぼす影響を考察している。

表4.2.3には4.2.2項と同様な有限要素解析で求めた部材の最大耐力P_{max},，拘束効果を無視して計算した計算耐力P_{nl_R}，短辺から長辺への拘束効果を考慮して計算した計算耐力P_{nlr_R}，解析結果と計算耐力との比率(P_{max}/P_{nl_R}，P_{max}/P_{nlr_R})，P_{max}/P_{nl_R}とP_{max}/P_{nlr_R}の変動係数(CV)と平均値(Ave)を示す。表から，拘束効果による影響を考慮することでP_{max}/P_{nl}の変動係数が小さくなったと分かり，拘束効果を考慮することで最大耐力に対する計算耐力

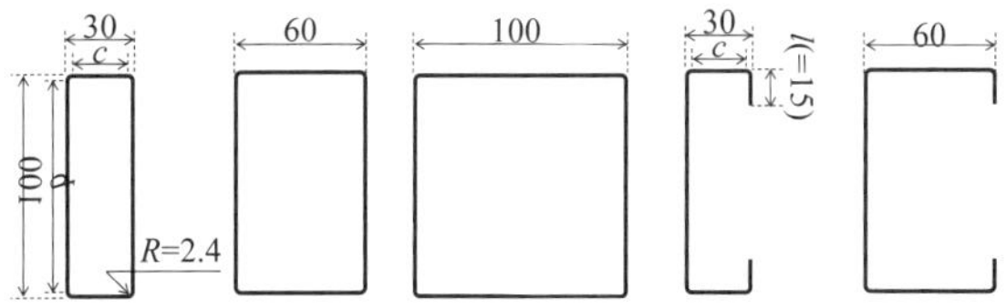

図4.2.23 解析モデルの断面仕様

表4.2.3 解析結果と計算耐力の比較

Section shape	P_{max} (kN)	P_{nl_R} (kN)	P_{nlr_R} (kN)	P_{max}/P_{nl_R}	P_{max}/P_{nlr_R}
□ -100x30x1.6	91.7	96.6	105.3	0.949	0.871
□ -100x60x1.6	114.1	124.8	129.0	0.914	0.884
□ -100x100x1.6	116.7	134.8	134.8	0.866	0.866
C-100x30x15x1.6	75.1	77.5	81.1	0.969	0.925
C-100x60x15x1.6	97.1	105.8	107.9	0.918	0.899
C.V.				0.038	0.024
Ave				0.923	0.889

のばらつきが低減されることが確認できる。薄板軽量形鋼の最大耐力の評価において，板同士の拘束効果は曲げRの有無や，閉断面・開断面によらず，リップ溝形鋼のウェブ，長方形断面の長辺部，いずれの場合にも生じる現象であるといえる。

なお，P_{max}/P_{nl_R}と$P_{max}//P_{nlr_R}$の平均値については，拘束効果を加味した場合の方が，拘束効果を無視した場合よりも小さくなっている。この結果は，開断面化による断面のゆがみの影響や，角部形状の変化に伴う有効幅の変化について，さらなる検討の余地があることを示唆している。また，これらの検討は全体座屈が生じない短柱部材を想定しているが，例えば部材長さが長くなった場合には，局部座屈と全体座屈との連成挙動が生じることも想定される。板要素間での拘束効果を加味した合理的な設計法の体系化に向けては，角部影響や全体座屈・ゆがみ座屈・局部座屈の連成に関する影響について，更なる詳細分析を進める必要がある。

4.2.4 ま と め

圧縮や等曲げが作用する薄板軽量形鋼について，断面を構成する板要素の座屈耐力に隣接する板要素からの拘束効果が及ぼす影響に関する最新の研究成果を紹介した。以下に本節で得られた成果と今後の展望を列記する。

1）現在の薄板軽量形鋼造建築物の設計では，部材断面を構成する板要素が単純支持板として挙動することを前提とした耐力評価が行われるが，実際の部材においては隣接する板要素間での相互効果が生じる。長方形断面部材を対象に，拘束効果が部材の弾性局部座屈耐力に及ぼす影響を明らかにするとともに，エネルギー法に基づく耐力評価式を導出し，その妥当性を示した。導出された評価式は，軸圧縮が作用する場合，等曲げが作用する場合，等曲げと圧縮の複合力が作用する場合のいずれの場合にも適用できることを示した。

2）板要素相互の拘束効果が部材の最大耐力に及ぼす影響について，有限要素法による弾塑性大変形解析を実施し，拘束効果による影響を加することで，部材の最大耐力評価に対する計算値のばらつきを抑制することが可能となることを示した。この効果は長方形断面部材の場合，リップ溝形断面部材の場合，いずれの場合にも確認されることを示した。

3）薄板軽量形鋼は，断面を構成する板要素の幅厚比が大きく，弾性局部座屈耐力の変化が部材の最大耐力に及ぼす影響も大きいが，断面自由度の高さゆえに，固有値解析などの数値解析を用いずに局部座屈耐力を精緻に評価することは一般的に難しいとされている。本検討の結果は，板要素の拘束効果を評価する手法を示すものであり，同手法の汎用化に向けては，溝形鋼や長方形断面のみではなく，例えばハット形鋼や非対称な断面仕様を有する部材など，様々な断面仕様を想定した更なる研究成果が必要である。

4）薄板軽量形鋼では，例えばリップ溝形鋼のようにゆがみ座屈との連成による影響を受けやすい断面形状も存在するため，板要素間での拘束効果が局部座屈とゆがみ座屈の連成挙動に及ぼす影響についても，今後更なる検討が必要であると考える。

4.3 制振ブレース構面において変動軸力を受けるH形鋼梁の性能評価

制振構面における鉄骨梁には，図4.3.1に示す通り，地震時に曲げモーメントに加えてダンパーから軸力が作用する。この軸力は，梁の塑性変形能力を低下させる可能性があるが，これまで定量的に梁の性能は評価されてきていない。

一方で，鉄骨柱については，柱断面(広幅H形鋼[4.32]，円形鋼管[4.33]，角形鋼管[4.34])や軸力履歴(一定圧縮[4.35]，一定圧縮＋変動[4.36])について広範な実験的・解析的知見が蓄積されてきた。

しかし，ダンパーから梁に作用する軸力は，圧縮・引張の変動軸力となり，断面も柱と比較して

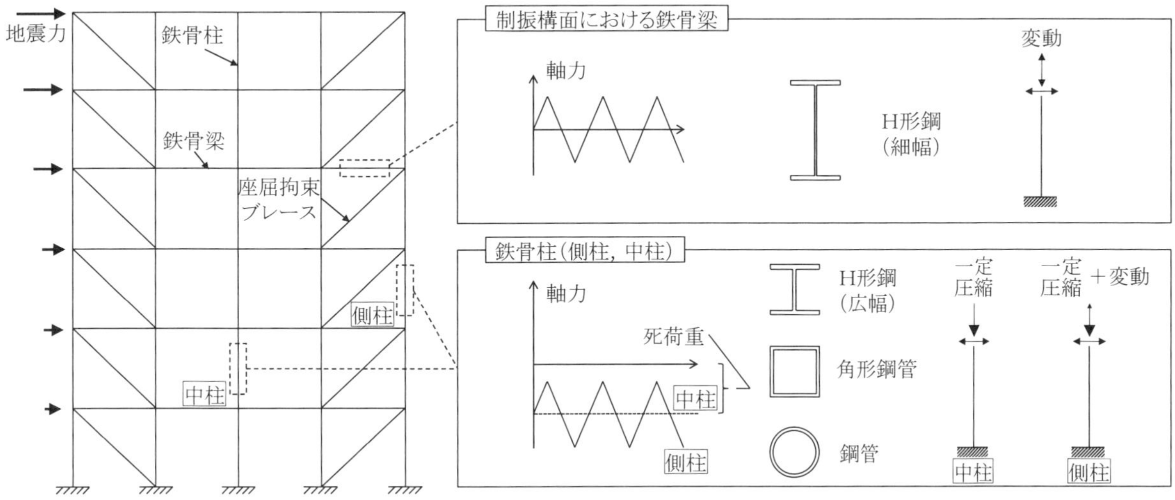

図4.3.1 制振ブレース構面における柱－梁－ダンパー間の応力伝達

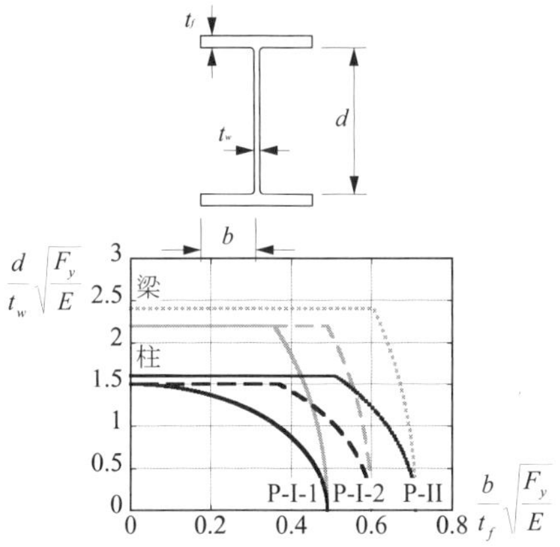

図4.3.2 鋼構造限界状態設計指針・同解説[4.2.7)]の幅厚比

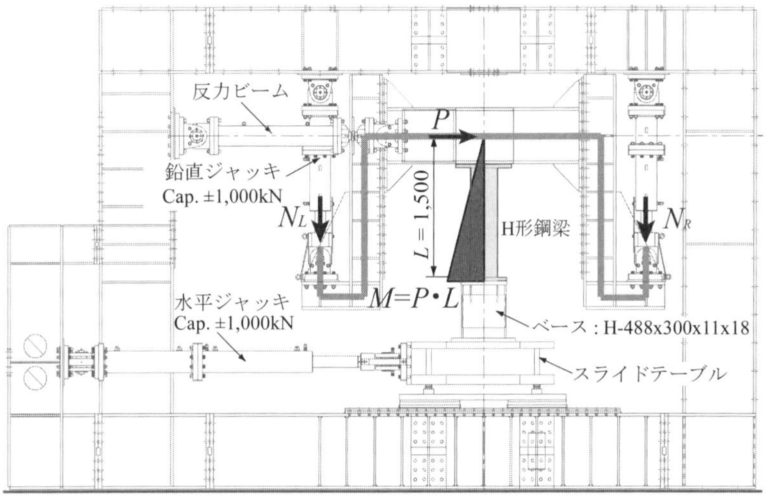

図4.3.3 載荷装置

スレンダーとなるため，座屈現象を生じやすいことから，別途検討する必要がある。なお，現行の鋼構造制振設計指針[4.37)]において，制振構面の梁の塑性変形能力を定める際は，梁作用軸力が梁降伏軸力の15%以上となる場合に，鋼構造限界状態設計指針・同解説[4.3)]の柱の幅厚比規定(図4.3.2)を準用するに留まっている。

本節では，制振構面において変動軸力を受けるH形鋼梁の座屈問題を取り上げ，最新の保有性能評価法[4.12)-4.15)]を紹介する。

4.3.1 交番繰返し軸力を受ける局部座屈崩壊型H形鋼梁の保有性能

(1)載荷実験および試験体概要

図4.3.3に載荷装置を示す。載荷装置は文献4.12)で詳述されており，H形鋼梁をスライドテーブルと載荷フレーム間に設置する。スライドテーブルに取り付く水平ジャッキにより梁に水平力を与え，載荷フレーム左右の鉛直ジャッキにより軸力を与えている。軸力が常に鉛直下向きに作用する柱とは異なり，制振構面における梁には，反曲点位置から固定端(柱梁接合部)に向かって軸力が作用する。そこで，左右の鉛直ジャッキ荷重を等しく与え(N_L=N_R)，梁上端(M=0点)に作用する軸力の向きを固定端のウェブ中心に指向させることで，ダンパーから軸力を受ける梁の一部を取り出した片持ち梁形式を再現している。

図4.3.4(a)に水平力載荷方法の一例を示す。載荷は同一変位振幅で1回または2回ずつ行う正負交番

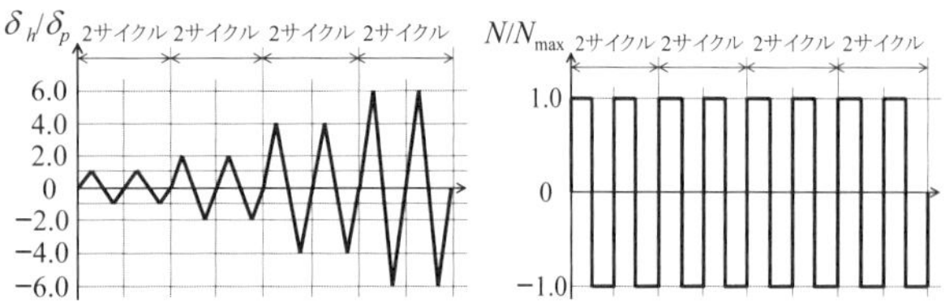

(a) 水平力　　(b) 軸力

図4.3.4 載荷履歴

漸増繰返し載荷である。載荷の制御値は，梁の水平変位δ_hを無軸力の全塑性耐力時の水平変位δ_pで除した無次元化水平変位δ_h/δ_p=1，2，4，6とする。

図4.3.4(b)に交番繰返し軸力載荷方法を示す。H形鋼梁試験体に作用する軸力を，水平ジャッキの荷重Pが0に達したときに極性を切り替える。縦軸のN_{max}は梁に与える最大軸力である。梁の最大作用軸力N_{max}はH形鋼梁の降伏軸力N_yに対する割合で表され，梁の最大作用軸力比$n(=N_{max}/N_y)$は0，0.15，0.3である。

表4.3.1に試験体一覧を示す。試験体は全部で22体であり，そのうち12体が文献4.12)，3体が文献4.13)，5体が文献4.14)，2体が文献4.15)の試験体である。パラメータは，梁断面，同一変位振幅での載荷繰返し回数，材長，作用軸力比である。試験体名称についての説明は表4.3.1下に示す通りである。梁断面の横には，梁の軸力を考慮しない全塑性曲げ耐力M_p，M_p到達時の部材角θ_p，軸力を考慮した全塑性曲げ耐力M_{pc}，M_{pc}到達時の部材角θ_{pc}，降伏軸力N_yを示している。なお，M_{pc}，θ_{pc}は軸力比0.3のときの値である。

(2)繰返し載荷実験結果

図4.3.5に各試験体の載荷履歴曲線を示す。縦軸は作用曲げモーメントMを梁の全塑性耐力M_pで無次元化したもので，横軸は梁の部材角θを全塑性耐力時部材角θ_pで無次元化したものである。

図4.3.5(a)では正側θ/θ_p=6サイクルで局部座屈を生じて最大耐力を迎えたが，最終サイクル(θ/θ_p=6)時まで全塑性耐力を保持した。図4.3.5(b)では負側θ/θ_p=2の第1サイクル時で最大耐力を迎え，θ/θ_p=6の第2サイクル時にはM/M_p=0.3まで耐力低下し，さらに局部座屈により梁が大きく縮んだため，載荷を中断した。図4.3.5(c)でも負側θ/θ_p=2の第1サイクル時で最大耐力を迎え，最終サイクル時にはM/M_p=0.5まで低下したものの，図4.3.5(b)の一定圧縮軸力の場合よりも曲げ耐力が高かった。正側載荷では負側載荷で生じた局部座屈変形が引張軸力により緩和されるため，目視では圧縮側フランジでも局部座屈変形が明確に確認できず，曲げ耐力はM/M_p=1.4まで上昇した。ただし，載荷振幅の増加に伴い，無軸力の1-1-1.5-N(図4.3.5(a))に比べて水平荷重0付近のとき履歴曲線の勾配が低くなった。図4.3.5(d)の1-2-1.5-R0.15では，(c)の1-1-1.5-R0.3に比べて負側載荷時の耐力低下および正側載荷の大変形時の剛性低下は緩やかであった。

図4.3.5には試験体の最終変形状態を併記している。(a)に示す無軸力の1-1-1.5-Nでは，最終ループ

表4.3.1 試験体リスト

試験体名称	載荷方法		N/N_y
	水平力	軸力	
1-1-1.5-N[4.12)]	繰返し１回	なし	-
1-2-1.5-N[4.12)]	繰返し２回	なし	-
1-2-0.9-N[4.15)]	繰返し２回	なし	-
1-2-2.1-N[4.14)]	繰返し２回	なし	-
1-2-1.5-C0.3[4.12)]	繰返し２回	一定圧縮	-0.3
1-1-1.5-R0.3[4.12)]	繰返し１回	交番繰返し	±0.3
1-2-1.5-R0.15[4.12)]	繰返し２回	交番繰返し	±0.15
1-2-1.5-R0.3[4.12)]	繰返し２回	交番繰返し	±0.3
1-2-0.9-R0.3[4.15)]	繰返し２回	交番繰返し	±0.3
1-2-2.1-R0.3[4.14)]	繰返し２回	交番繰返し	±0.3
2-2-1.5-N[4.12)]	繰返し２回	なし	-
2-1-1.5-R0.3[4.12)]	繰返し１回	交番繰返し	±0.3
2-2-1.5-R0.3[4.12)]	繰返し２回	交番繰返し	±0.3
3-2-1.5-N[4.12)]	繰返し２回	なし	-
3-1-1.5-R0.3[4.12)]	繰返し１回	交番繰返し	±0.3
3-2-1.5-R0.3[4.12)]	繰返し２回	交番繰返し	±0.3
4-2-1.5-N[4.13)]	繰返し２回	なし	-
4-1-1.5-R0.3[4.13)]	繰返し１回	交番繰返し	±0.3
4-2-1.5-R0.3[4.13)]	繰返し２回	交番繰返し	±0.3
5-2-1.5-N[4.14)]	繰返し２回	なし	-
5-1-1.5-R0.3[4.14)]	繰返し１回	交番繰返し	±0.3
5-2-1.5-R0.3[4.14)]	繰返し２回	交番繰返し	±0.3

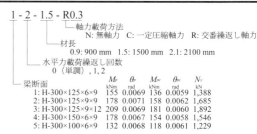

1 - 2 - 1.5 - R0.3

軸力載荷方法
N: 無軸力　C: 一定圧縮軸力　R: 交番繰返し軸力

材長
0.9: 900 mm　1.5: 1500 mm　2.1: 2100 mm

水平力載荷繰返し回数
0（単調），1, 2

梁断面

梁断面	M_p kNm	θ_p rad	M_{pc} kNm	θ_{pc} rad	N_y kN
1: H-300×125×6×9	155	0.0069	136	0.0059	1,388
2: H-300×125×9×9	178	0.0071	158	0.0062	1,685
3: H-300×125×9×12	209	0.0069	181	0.0060	1,892
4: H-300×150×6×9	178	0.0067	154	0.0058	1,546
5: H-300×100×6×9	132	0.0068	118	0.0061	1,229

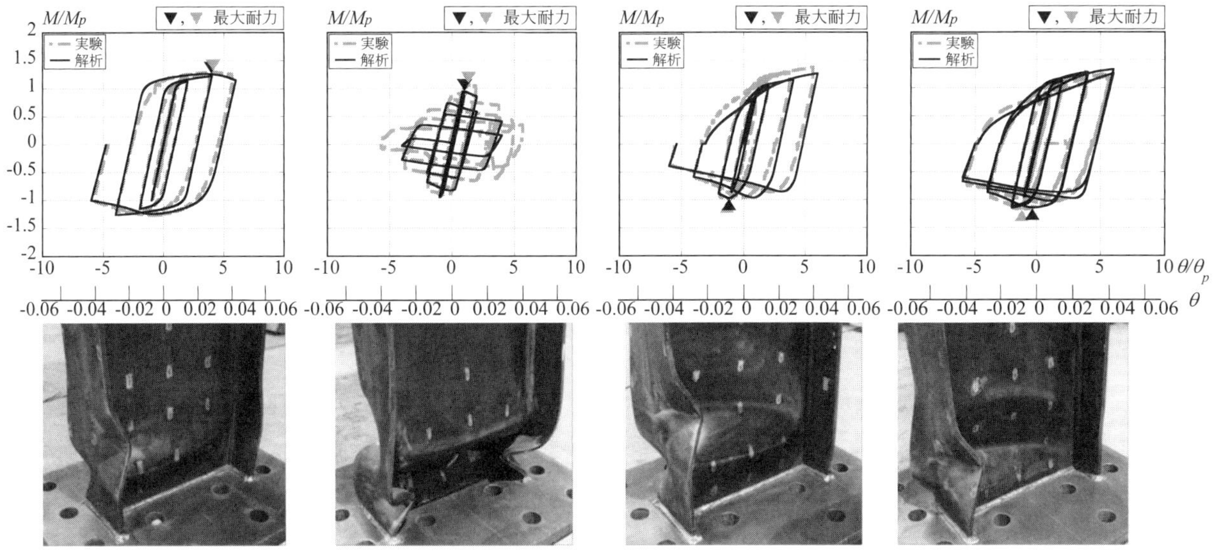

(a) 1-1-1.5-N　(b) 1-2-1.5-C0.3　(c) 1-1-1.5-R0.3　(d) 1-2-1.5-R0.15

図4.3.5 載荷履歴曲線と載荷後試験体（軸力載荷方法の違い）

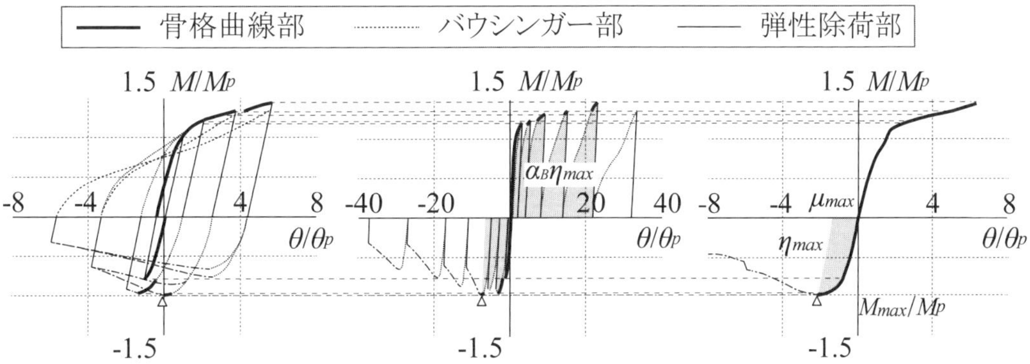

(a) 履歴曲線　(b) 累積履歴曲線　(c) 骨格曲線

図4.3.6 骨格曲線作成方法

の圧縮側フランジで局部座屈変形が大きく，それに伴うウェブ局部座屈が生じている。正負交番繰返し載荷であるため，引張側フランジでも局部座屈変形が残留している。(b)の一定圧縮軸力の1-2-1.5-C0.3では，両フランジの局部座屈変形が著しく増大し，材長方向の局部座屈波長は，軸力による軸縮みにより1-1-1.5-Nよりも短くなっている。また，ウェブの局部座屈変形はウェブ中心に対して線対称となっており，正負載荷時ともに圧縮軸力による軸縮みの進行が伺える。(c)，(d)の交番繰返し軸力の1-1-1.5-R0.3，1-2-1.5-R0.15では，片側フランジにのみ局部座屈変形が残留している。これは，正載荷時の引張軸力によりフランジの局部座屈変形が延ばされたためである。

図4.3.6に載荷履歴曲線から骨格曲線を作成する方法を示す[4.12)]。図4.3.6(a)は載荷履歴曲線，図4.3.6(b)は累積履歴曲線，図4.3.6(c)は骨格曲線である。図4.3.6(a)の載荷履歴曲線は骨格曲線部，バウシンガー部，弾性除荷部に分解される。骨格曲線部は太実線で表され，梁が初めて経験する荷重レ

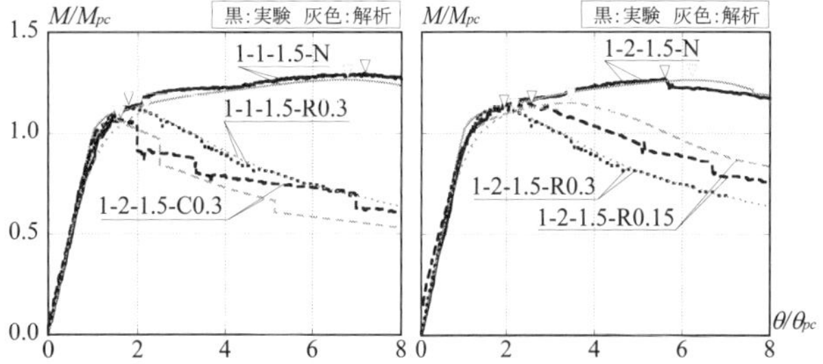

(a) 軸力比0および0.3（軸力載荷方法の違い）　(b) 交番繰返し軸力（軸力比の違い）

図4.3.7 骨格曲線による比較

ベル，バウシンガー部は破線で表され，すでに梁が経験したことがある荷重レベル，弾性除荷部は細実線で表され，除荷時の荷重レベルである。$\alpha_B\eta_{max}$は累積履歴曲線における最大耐力時までの総面積から弾性変形分を引いた値であり，無次元化履歴吸収エネルギー量である。また，α_Bはバウシンガー効果係数を示す。加えて，最大耐力時のθ_{max}/θ_pから1を引いた値を塑性変形能力μ'_{max}とする。骨格曲線における最大耐力時の累積塑性変形能力η_{max}は最大荷重時までの総面積から弾性変形分を引いた値であり，無次元化履歴吸収エネルギー量である。

図4.3.7に図4.3.5の載荷履歴曲線から得られる負側載荷時の骨格曲線の比較を示す。図4.3.7(a)では，無軸力で載荷繰返し回数1回の1-1-1.5-Nの塑性変形能力がμ'_{max}=6.15と最も大きい。一定圧縮軸力の場合，剛性低下を生じず全塑性耐力に達したが，その後すぐに耐力低下を生じ，塑性変形能力はμ'_{max}=0.52となった。一方，交番繰返し軸力を受ける1-1-1.5-R0.3は正側載荷時の引張軸力により，一度生じた局部座屈変形が引き延ばされて小さくなるため，1-1-1.5-R0.3の最大耐力比(M/M_{pc}=1.14)は1-2-1.5-C0.3よりも高く(M/Mpc=1.08)，1-2-1.5-Nよりも低い(M/M_p=1.30)。また，1-1-1.5-R0.3の塑性変形能力はμ'_{max}=0.72であり，最大耐力比と同様に無軸力時と一定圧縮軸力時の中間の値となる。

図4.3.7(b)では，1-2-1.5-Nの最大耐力比がM/M_{pc}=1.27，塑性変形能力がμ'_{max}=4.57と最も大きい。軸力比が0.15となる1-2-1.5-R0.15ではM/M_{pc}=1.15，μ'_{max}=1.21，軸力比が0.3となる1-2-1.5-R0.3ではM/M_{pc}=1.14，μ'_{max}=0.87と軸力比が増大するに従い，性能が低下していく。

図4.3.8は，軸力比n=0.3の交番繰返し軸力を受ける異なる梁断面の履歴曲線と載荷後の試験体の変形状態である。幅厚比の小さい(a)の2-1-1.5-R0.3，(b)の3-1-1.5-R0.3では，図4.3.5の1-1-1.5-R0.3に比べて，安定した履歴を描いており，劣化勾配も緩やかである。骨格曲線より得られる性能は，2-1-1.5-R0.3でM/M_{pc}=1.17，μ'_{max}=2.83，3-1-1.5-R0.3でM/M_{pc}=1.25，μ'_{max}=4.73となり，幅厚比が小さい試験体では性能が増大する。

フランジ幅厚比の大きい(c)の4-1-1.5-R0.3における局部座屈発生後の耐力劣化は，1-1-1.5-R0.3に比べて著しい。また，局部座屈により耐力劣化が生じた後の正載荷におけるM/M_p=0の剛性が1-1-1.5-R0.3よりも低く，エネルギー吸収量も小さい。骨格曲線より得られる性能は，M/M_{pc}=1.13，μ'_{max}=0.47と1-1-1.5-R0.3よりも小さくなる。

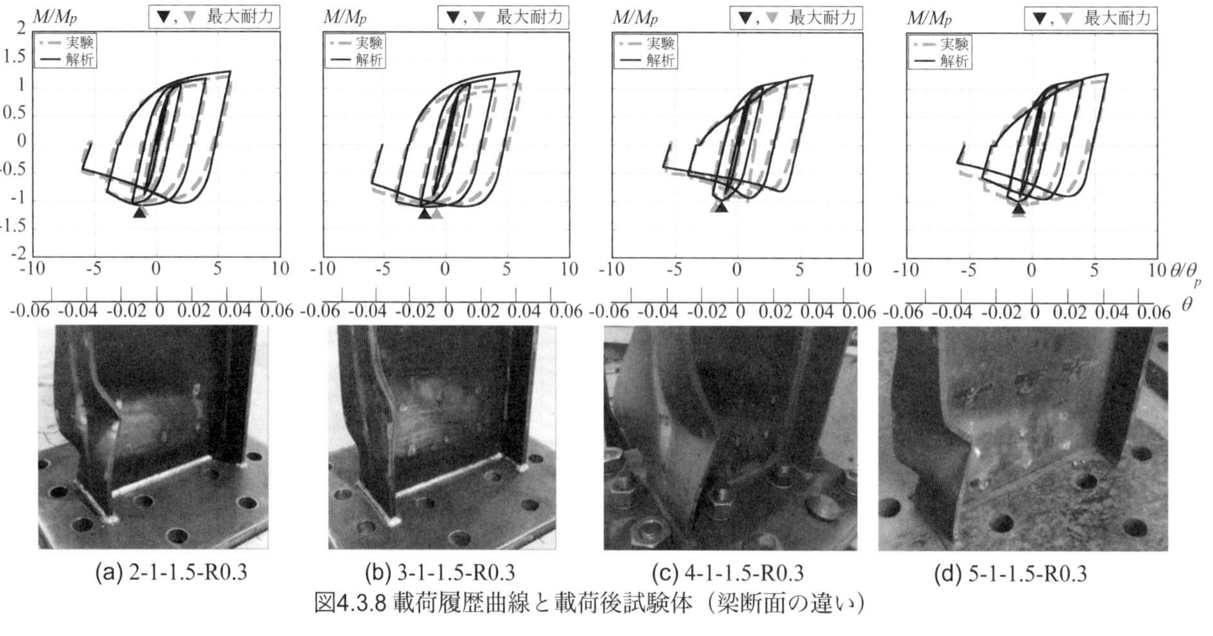

(a) 2-1-1.5-R0.3　(b) 3-1-1.5-R0.3　(c) 4-1-1.5-R0.3　(d) 5-1-1.5-R0.3

図4.3.8 載荷履歴曲線と載荷後試験体（梁断面の違い）

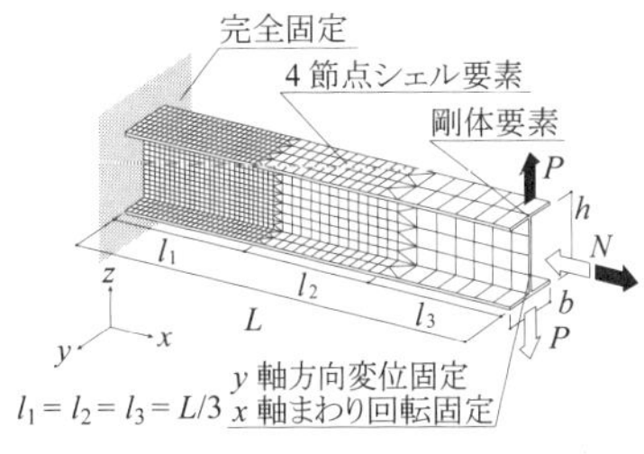

図4.3.9 有限要素解析モデル

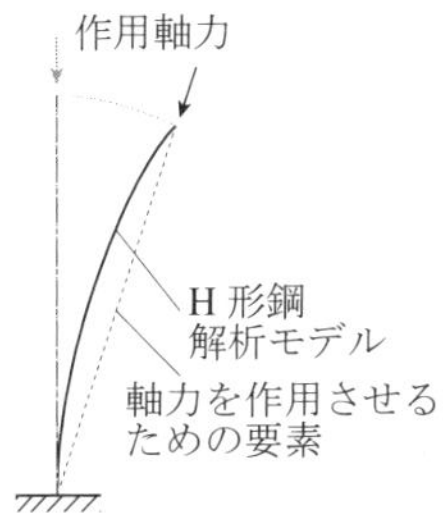

図4.3.10 軸力作用方法

フランジ幅厚比の小さい(d)の5-1-1.5-R0.3の最大耐力M/M_{pc}=1.18と1-1-1.5-R0.3よりも増大しているが，塑性変形能力はμ'_{max}=0.56と1-1-1.5-R0.3よりも小さくなる。これは後述する横座屈と局部座屈の連成を生じたためである。

(3)有限要素解析概要

図4.3.9に有限要素解析モデルを示す。H形鋼梁は4節点シェル要素で構成され，梁端を剛体要素で接合している。初期不整は弾性座屈固有値解析から得た座屈波形の最大値が，解析対象の板厚の1%となるように与える。また，文献4.13)では局部座屈崩壊型を対象とするため，梁の面外変位を固定端より$L/4$の位置で拘束している。

梁の境界条件は一端を固定とし，他端の面外変位および材軸まわりの回転を固定している。なお，変動軸力の導入には，図4.3.10の通り，常に固定端側の梁中心を指向するように梁両端を結ぶ要素を配置し，その要素に一定圧縮力もしくは引張力を与える方法を採用する。

有限要素解析結果を，図4.3.5，図4.3.8に併記しているが，解析モデルは，最大耐力，最大耐力時の変形角，耐力劣化勾配，引張軸力時のピンチング挙動も含めて実験結果を概ね追随できており，解析モデルの妥当性が示されている。

(4)最大耐力比・塑性変形能力・累積塑性変形能力評価

前項の解析モデルを用いて，文献4.13)では異なるフランジ厚・ウェブ厚に対するパラメトリックスタディを行っている。図4.3.11に作用軸力と梁の保有性能の関係を示す。各プロットは文献4.3)の幅厚比区分の違いを示している。各図ともに，等しい軸力比であっても梁断面の違いにより値にばらつきがみられるが，全体の傾向として，作用軸力比が大きくなるにつれて低下していく。文献4.37)では，制振構面において降伏軸力の15%以上(n≥0.15)の圧縮軸力が作用する梁には柱の幅厚比ランクを適用することとし，柱の幅厚比ランクP-I-1でμ'_{max}=4，P-I-2でμ'_{max}=2を有するものとしている。軸力比n=0.3のとき，柱としての幅厚比ランクがP-I-2でもP-I-1の要求性能を満たしている（図中，○）。一方，梁としての幅厚比ランクがP-I-1で，柱としての幅厚比ランクがP-IIIの場合(図中，●)，軸力比n=0.15では塑性変形能力は比較的ウェブの薄い断面(H-300×150×4.5×9)を除いて4以上となっており，鋼構造制振設計指針[4.37)]の規定は安全側となっていることが分かる。図4.3.12に文献4.13)のパラメトリックスタディ結果，実験結果，

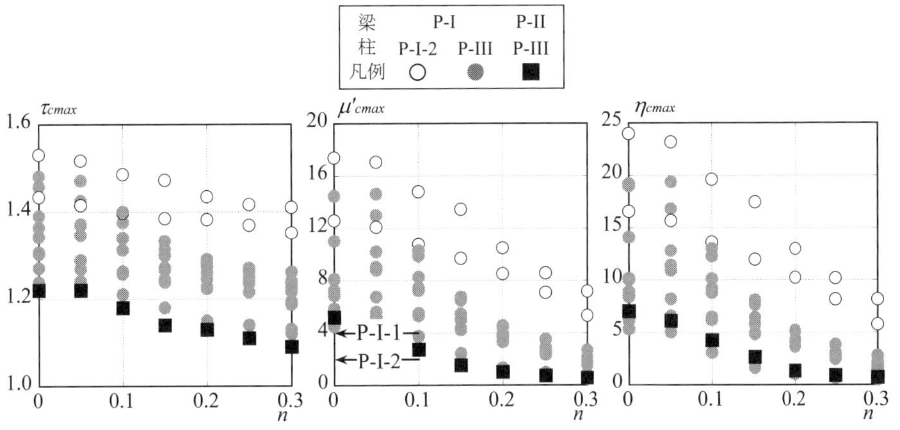

(a) 最大耐力比　(b) 塑性変形能力　(c) 累積塑性変形能力

図4.3.11 作用軸力比と梁の性能の関係

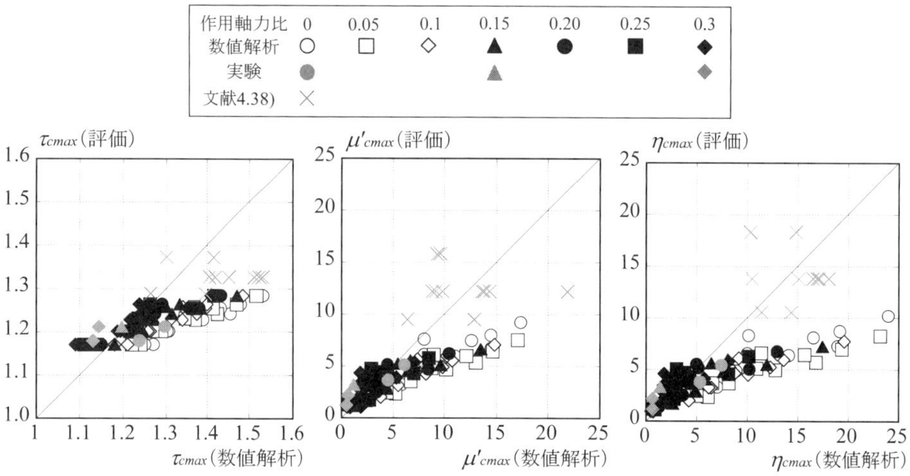

(a) 最大耐力比　(b) 塑性変形能力　(c) 累積塑性変形能力

図4.3.12 実験および解析結果と既往の評価式4.2.13)との比較

局部座屈崩壊型となる文献4.38)の実験結果とH形鋼柱を対象とした既往の評価式4.39)との比較を示す。図4.3.12(a)，(b)の最大耐力比，塑性変形能力の予測値は文献4.8)で提案された幅厚比指標W_fより算出され，(c)の累積塑性変形能力は文献4.38)を参考に最大耐力比，塑性変形能力からη_{cmax}=$(\tau_{cmax}+1)(\mu'_{cmax}+1-\tau_{cmax})/2$として算出している。文献4.39)では，評価式が実験結果および数値解析結果の下限値となるように設定しているため，図4.3.12(a)最大耐力比，(b)塑性変形性能ともに，ほとんどの結果が安全側となっている。最大耐力比，塑性変形能力が小さい範囲では概ね対応しているが，大きい範囲では過小評価となっており，評価式の余裕度にばらつきがみられる。この原因として，文献4.39)では一定圧縮軸力下の保有性能評価を対象としているため，変動軸力に対して適用できなかったと考えられる。

そこで，文献4.13)では，無軸力のH形鋼梁に対して構築された幅厚比指標4.8)にウェブ幅厚比の寄与を再設定した修正W_f (W'_f)が提案されている。

$$W'_f = \sqrt{\frac{1}{1-n'}\frac{1}{k^2}\left(\frac{d/t_w}{\sqrt{E/\sigma_w}}\right)^2 + \left(3.43 - \frac{25.0}{k^2}\right)\left(\frac{b/t_f}{\sqrt{E/\sigma_f}}\right)^2} \tag{4.3.1}$$

各変数の詳細については，文献4.13)を参照され

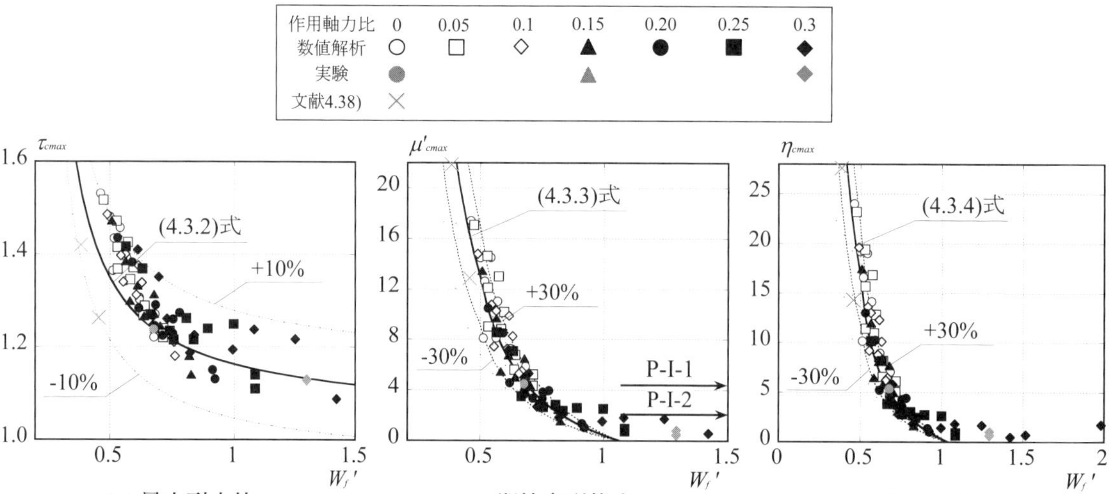

(a) 最大耐力比　(b) 塑性変形能力　(c) 累積塑性変形能力

図4.3.13 修正W_fと梁の性能の比較

たい。図4.3.13において確認できるように，交番繰返し軸力を受けるH形鋼梁の(a)最大耐力比，(b)塑性変形能力，(c)累積塑性変形能力ともに，概ねW_f'と相関関係を有する。また，W_f'を変数として，以下の保有性能評価式が提案されている。なお，図4.3.13には評価式の精度検証と安全率設定の際の目安として，(a)で±10%，(b)，(c)で±30%の誤差率を示す破線を併記している。

$$\tau_{c\,\max} = \left[1.1 + \left(\frac{0.09}{W_f' - 0.2} - 0.01L/H\right)\right]\left(1.1 - \frac{0.1N}{\sum \mu_x}\right) \tag{4.3.2}$$

$$\mu'_{c\,\max} = \left[-6.2 + \left(\frac{4.5}{W_f' - 0.2} + \frac{4.5}{L/H}\right)\right]\left(0.55 - \frac{0.08\sum \mu_x}{N}\right) \tag{4.3.3}$$

$$\eta_{c\,\max} = \frac{(\tau_{c\,\max}+1)(\mu'_{c\,\max}+1-\tau_{c\,\max})}{2} \tag{4.3.4}$$

図4.3.13より，式(4.3.2)-式(4.3.4)により交番繰返し軸力を受けるH形鋼梁の性能が評価できる。実験・解析値は，プロット群の中心として提案した評価式に対して，最大耐力比で-10%，塑性変形能力・累積塑性変形能力で-30%を下限として分布している。

(5)バウシンガー効果係数と履歴吸収エネルギー

図4.3.14に変動軸力を受けるH形鋼梁のバウシンガー効果係数と載荷履歴回数および載荷振幅の関係を示す。文献4.4)では，バウシンガー効果係数は梁で2.0，柱で1.67としている。しかし，既往の実験結果[4.38)]から，この割増率は梁が受ける荷重の繰返し回数と載荷振幅に依存する傾向にあり，文献4.38)ではバウシンガー効果係数を次式により評価している。なお，図4.3.14の横軸は，次式に示す右辺第2項を変数としている。

$$\alpha_B = 1 + 0.5\,(N-1)\log\sqrt{\sum_{i-1}\mu_{xi}} \tag{4.3.5}$$

ここで，Nは載荷履歴回数，$\sum\mu_{xi}$は無次元化載荷変位振幅の合計値である。文献4.38)の結果と同様に，本論文の数値解析結果，実験結果においても載荷履歴回数，載荷変位振幅の合計値が大きいほど，割増率は大きくなる傾向にあり，式(4.3.5)で概ね評価できることが分かる。

図4.3.15に式(4.3.4)，式(4.3.5)より得られたエネルギー吸収量と数値解析結果，実験結果の比較を示す。両者は概ね対応しており，文献4.13)の評価式により，交番繰返し軸力を受ける局部座屈崩壊型H形鋼梁の圧縮軸力下のエネルギー吸収量が予測できる。なお，前述の式(4.3.4)の下限(-30%)を採用することで，解析・実験より得られる履歴吸収エネルギーを安全側に評価できることを確認している。

図4.3.16に交番繰返し軸力を受けるH形鋼梁の正負載荷時の履歴吸収エネルギーを比較している。交番繰返し軸力を受ける場合，正側載荷時（引張軸力時）と負側載荷時（圧縮軸力時）でほとんど差がない。これは，圧縮軸力時に局部座屈を生

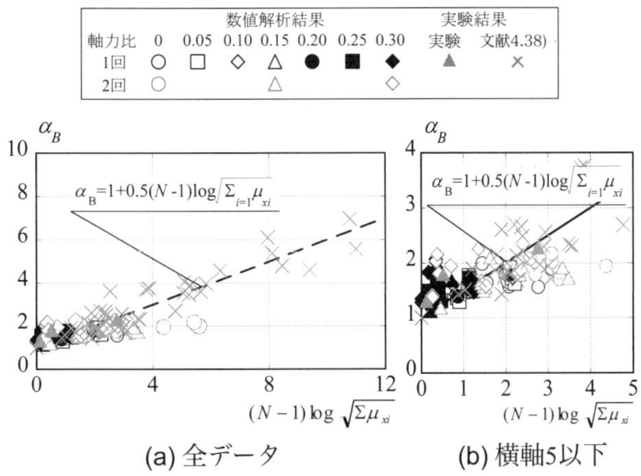

(a) 全データ　(b) 横軸5以下

図4.3.14 バウシンガー効果係数による割増率と繰返し回数および載荷変位振幅の関係

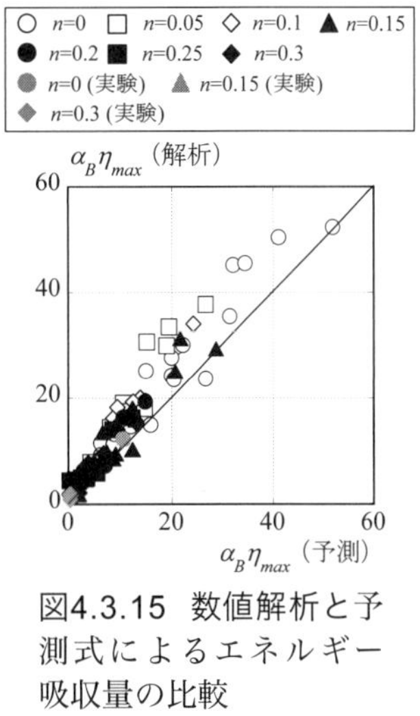

図4.3.15 数値解析と予測式によるエネルギー吸収量の比較

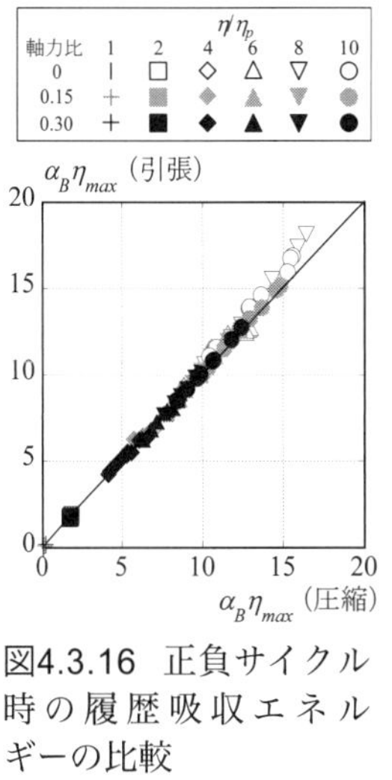

図4.3.16 正負サイクル時の履歴吸収エネルギーの比較

じ，耐力低下を生じる一方，引張軸力時には全塑性曲げ耐力まで耐力上昇するが，ピンチング現象により，圧縮軸力時よりも初期剛性が低くなるためである。そのため，漸増繰返し載荷では圧縮軸力作用時のエネルギー吸収量の評価手法より得られる値を引張軸力作用時にも適用できる。

4.3.2 交番繰返し軸力下で局部座屈と横座屈の連成を生じるH形鋼梁の保有性能評価

近年では，大空間構造物に対する座屈拘束ブレースの適用事例も増えており，また，エレベーターシャフトなどでは梁に横補剛材が設置できず，大スパン梁になる事例もある。このような場合，梁の性能は局部座屈を生じた後に横座屈を生じる連成座屈により決定される可能性がある。

図4.3.17に，作用軸力比n=0.3の場合でθ/θ_p=6時の部材の面外曲げ変形状態を示す。(a)は梁断面H-300×150×6×9，(b)は梁断面H-300×125×6×9の場合である。図4.3.17(a-2)，(b-2)では固定端側からL/4で梁の面外変形を拘束している(図中，▷，◁)。梁幅が小さいH-300×125×6×9(図4.3.17(b))では，面外変形拘束がない場合，圧縮側フランジの面外変形が生じており，局部座屈と横座屈が連成していることが分かる。

図4.3.18に幅厚比指標W_fが等しく，梁幅が異なる解析モデルの負側の骨格曲線を示す。(a)は無軸力，(b)は作用軸力比0.3の場合である。幅厚比指標W_fが等しい場合，梁幅の広い方が最大耐力比，塑性変形能力が大きくなる。この傾向は，作用軸力比0.3の場合でも同様である。これは，前述の通りフランジ幅が100mm，125mmの数値解析モデルでは横座屈との連成を生じるためである。

そこで，文献4.14)では，局部座屈と横座屈の連成を生じる梁の性能評価指標を，軸力を考慮した一般化細長比と幅厚比の相関式として構築している。なお，軸力を考慮した弾性横座屈荷重式は，下式として算出できる。各変数や導出の詳細は，文献4.14)を参照されたい。

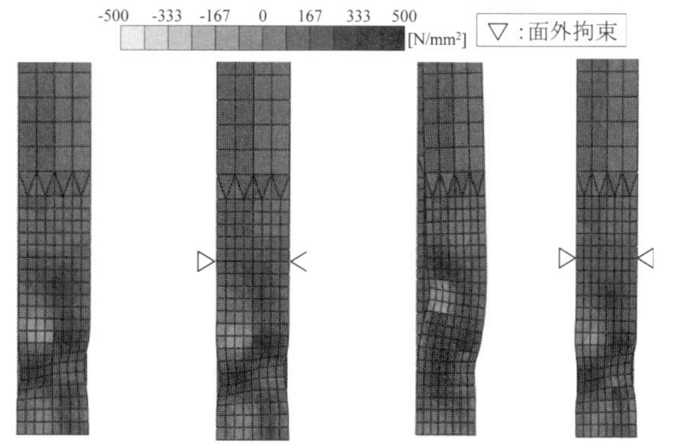

(a-1) なし (a-2) 有り (a-1) なし (a-2) 有り
(a) H-300×150×6×9 (b) H-300×125×6×95

図4.3.17 面外変形拘束の影響（θ/θ_p=6）

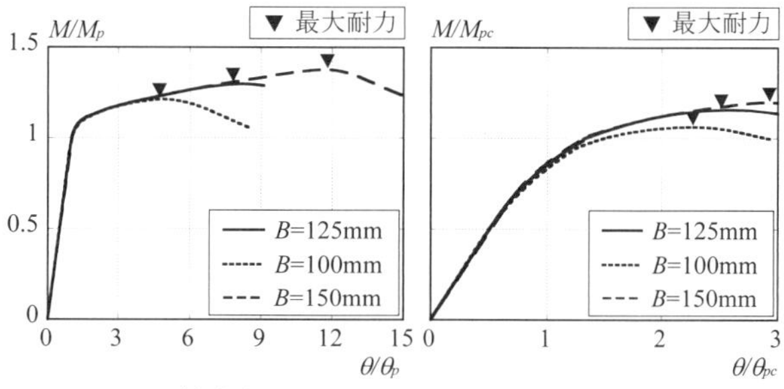

(a) 軸力比0 (b) 軸力比0.3

図4.3.18 梁幅が異なり等しいW_fを有する梁の骨格曲線

$$M_{cr} = C_1 d \frac{\pi^2 E I_f}{\left(K_u L\right)^2} \sqrt{\left(1 + 4\chi^2\right)\left(1 - P\frac{\left(k_\beta L\right)^2}{\pi^2 E I_f}\right)} \tag{4.3.6}$$

ここで，$\chi^2 = \dfrac{GK}{d^2} / \dfrac{\pi^2 E I_f}{\left(k_\beta L\right)^2}$

$$C_1 = \frac{1}{1 - 0.413\,(1-m) - 0.348\,(1-m)^2 + 0.220\,(1-m)^3} \tag{4.3.7}$$

図4.3.19(a)，(b)に局部座屈崩壊型の最大耐力比τ_{local}，塑性変形能力μ'_{local}に対する，連成座屈により最大耐力に達する場合の最大耐力比τ，塑性変形能力μ'の比τ/τ_{local}，μ'/μ'_{local}を示す。横軸は，修正W_fと修正一般化細長比λ_b'の比としてκ'を用いている。κ'の算出式を式(4.3.8)に示す。

$$\kappa' = \frac{W_f'}{\lambda_b'} \tag{4.3.8}$$

図4.3.19よりκ'が概ね3以下となると，τ/τ_{local}，μ'/μ'_{local}が小さくなる。さらに，κ'が1程度となると面外変形を拘束しない数値解析モデルが全塑性耐力に達する前に横座屈により耐力低下するため，μ'/μ'_{local}が0となる場合もある。また，κ'が概ね3以下となるフランジ幅125mm(灰色プロット)，フランジ幅100mm(黒色プロット)については，τ/τ_{local}，μ'/μ'_{local}がフランジ幅150mm（白色プロット）よりも小さくなっており，横座屈との連成を生じていることから，保有性能評価する際に細長比を考慮する必要性が示されている。

そこで，κ'が1-3では連成座屈，κ'が1以下で横座屈により最大耐力となると考え，κ'が1以上の範囲に対して，交番繰返し軸力を受けるH形鋼梁の連成座屈を考慮した保有性能評価式が構築されている。交番繰返し軸力を受けるH形鋼梁の連成座屈を考慮した保有性能評価指標は，文献4.40)の評価指標算出式の一般化細長比，W_fを，それぞれ軸力を考慮した修正一般化細長比，修正W_fで置き換えた次式として示される[4.14)]。

$$\Lambda'_c = \sqrt[3]{\left(\frac{\lambda'_b}{{}_p\lambda_b}\right)^3 + W_f'^3} \qquad (4.3.9)$$

ここで，${}_p\lambda_b$は塑性限界細長比である。また，保有

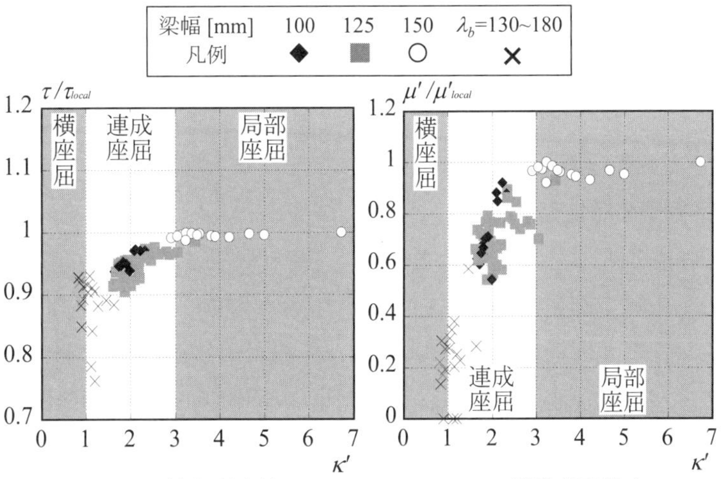

(a) 最大耐力比　(b) 塑性変形能力

図4.3.19 連成座屈による性能低下割合とκ'の関係

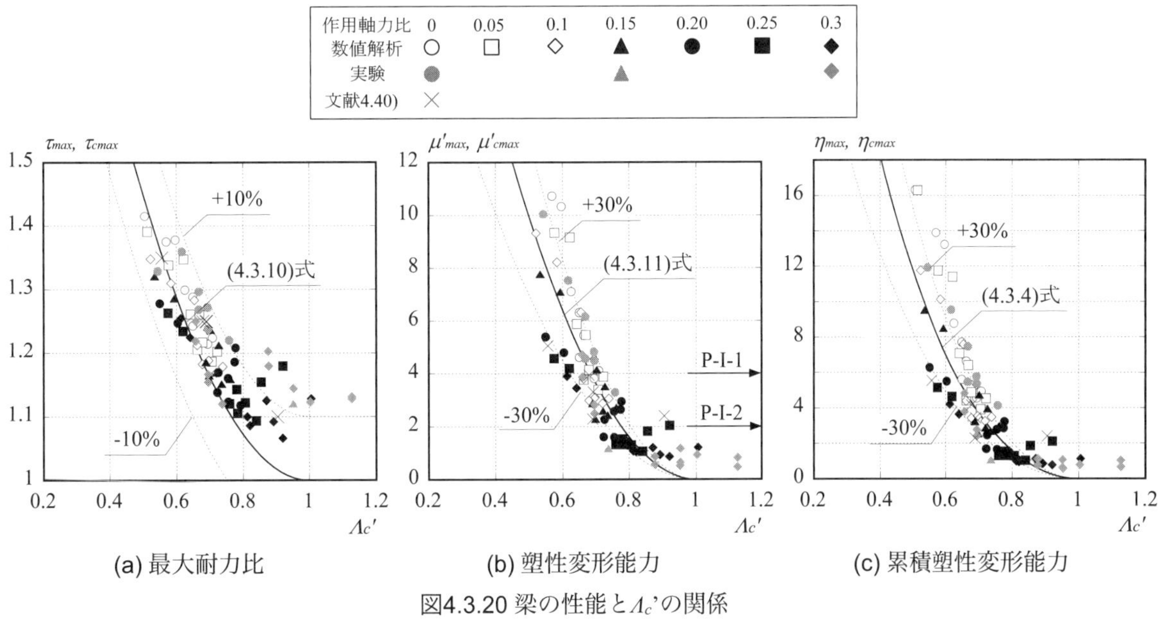

(a) 最大耐力比　(b) 塑性変形能力　(c) 累積塑性変形能力

図4.3.20 梁の性能とΛ_c'の関係

性能評価式は，次式として提案されている4.14)。

$$\tau_{c\,\max} = 1.0 + 1.8\,(1-\Lambda_c')^2 \qquad (4.3.10)$$

$$\mu'_{c\,\max} = 40\,(1-\Lambda_c')^2 \qquad (4.3.11)$$

図4.3.20は，文献4.14)のパラメトリックスタディの結果をΛ_c'で整理したものである。図4.3.20には本節の実験結果に加え，一般性を検証するために文献4.40)の実験結果を併記している。Λ_c'を用いることで，梁断面，材長，軸力比によらず，保有性能を整理できている。なお，図4.3.20では提案する評価式を実線で併記している。図4.3.20より$\Lambda_c' \leq 0.8$であれば，解析値，実験値は併記する誤差の範囲に収まっており，$\Lambda_c' \geq 0.8$においても安全側の評価となっている。また，図4.3.20より，Λ_c'が0.60程度以下であれば限界状態設計指針におけるP-I-1の要求性能（$\mu'_{\max} \geq 4$）を満たし，0.70程度以下であればP-I-2の要求性能（$\mu'_{\max} \geq 2$）を満たす。

4.3.3 交番繰返し軸力下で局部座屈とせん断座屈の連成を生じるH形鋼梁の塑性変形能力

4.3.1項では，比較的せん断スパン比が大きい梁を対象としてきた。ところで制振構面においても，梁は従来のラーメン骨組と同様に，梁せいが大きくなるため，シアスパン比が小さくなり，梁の座屈モードはウェブせん断座屈型となる可能性がある。文献4.15)では，交番繰返し軸力下でせん断座屈と局部座屈の連成を生じるH形鋼梁の保有性能評価が行われている。

図4.3.21に梁の座屈変形と載荷履歴・軸力載荷方向の関係を示す。図4.3.21より，無軸力下では，繰返し載荷を受ける場合の方が，単調載荷を受ける場合に比べて斜張力場が大きく形成されている。これは，繰返し載荷時に，ウェブが対角方向に圧縮・引張の繰返し応力を受け，変形が蓄積するためで，地震荷重を受ける場合にはせん断座屈が生じやすくなることを示している。

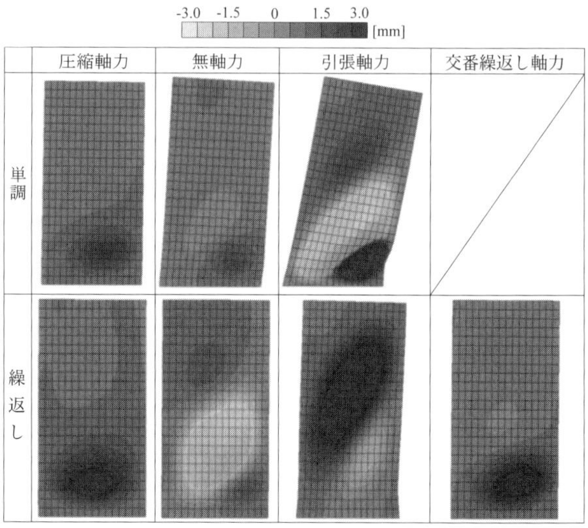

図4.3.21 座屈変形と載荷履歴・軸力載荷方向の関係

軸力載荷方法については，引張軸力下では斜張力場が卓越し，圧縮軸力下では局部座屈が発生する。また，交番繰返し軸力を受ける場合には，無軸力と圧縮軸力の中間程度となる。

図4.3.22に各座屈モードにおけるウェブ変形を示す。文献4.15)では，せん断座屈と局部座屈の連成を生じる場合，梁固定端から$H/2$の圧縮側フランジより，引張側フランジ固定端に向かって座屈変形が生じ($\theta=\tan^{-1}(1/2)$)，局部座屈変形を起点として斜張力場が形成されることが示されている。

そこで，文献4.41)の無軸力を対象としたせん断余裕度の全塑性耐力を圧縮側フランジ降伏時の曲

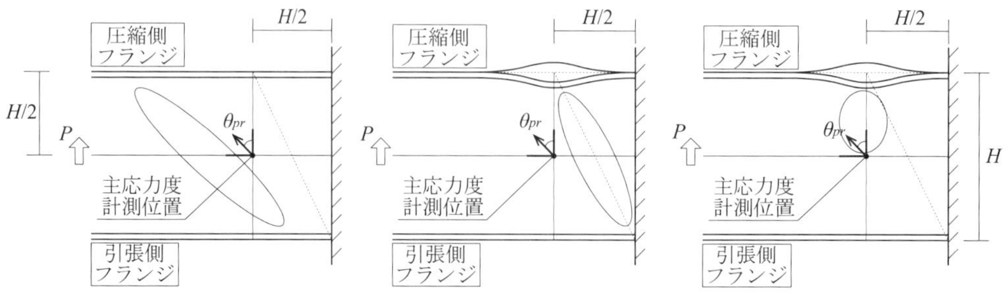

(a) せん断座屈　(b) 連成座屈　(c) 局部座屈

図4.3.22 各座屈モードにおけるウェブの変形状態

げモーメントで置き換えた修正せん断余裕度が座屈モード判定として提案されている。修正せん断余裕度の算出式を以下に示す。

$$\frac{{}_wQ_p}{Q_y'} = \frac{A_w \sigma_w}{\sqrt{3}} \frac{L}{M_y'} \qquad (4.3.12)$$

ここで，${}_wQ_p$はウェブのせん断耐力，Q_y'は圧縮側フランジ降伏時の作用せん断力である。

ウェブの主応力度の方向を${}_wQ_p/Q_y'$で整理した結果を図4.3.23に示す。図4.3.23より，主応力角度θ_{pr}は，${}_wQ_p/Q_y'$と負相関を有しており，プロット群の下限として下式が得られる。

$$\theta_{pr} = -18.4 \frac{{}_wQ_p}{Q_y} + 63.4 \qquad (4.3.13)$$

せん断座屈は${}_wQ_p/Q_y'$≦1.5で生じており，また式(4.3.13)と$\theta_{pr} = \tan^{-1}(1/2)$の交点が${}_wQ_p/Q_y' = 2.0$となることから，${}_wQ_p/Q_y' \leq 1.5$でせん断座屈型，$1.5 < {}_wQ_p/Q_y' \leq 2.0$でせん断座屈と局部座屈の連成型，${}_wQ_p/Q_y' > 2.0$で局部座屈型と判定できる。

また，文献4.15)では，連成座屈を生じるH形鋼梁に対して，無軸力時の修正せん断余裕度${}_wQ_p/Q_{y,0}'$と軸力比n時の修正せん断余裕度${}_wQ_p/Q_{y,n}'$の比$\psi_c'(=({}_wQ_p/Q_{y,n}')/({}_wQ_p/Q_{y,0}'))$を新たに考慮した$k'$を用いて，保有性能評価指標$\Psi_c'$が提案されている。$\Psi_c'$の算出式を式(4.3.14)，式(4.3.15)に示す。

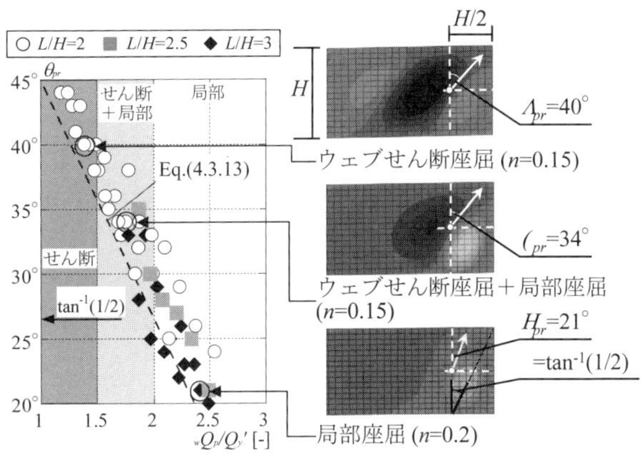

図4.3.23 修正せん断余裕度と主応力角度の関係

$$\Psi_c' = \sqrt{\frac{1}{1-n'} \frac{1}{k^2} \left(\frac{d/t_w}{\sqrt{E/\sigma_w}}\right)^2 + \left(3.43 - \frac{25.0}{k^2}\right)\left(\frac{b/t_f}{\sqrt{E/\sigma_w}}\right)^2}$$

$$(4.3.14)$$

$$k' = \begin{cases} 4.4 & \alpha < 1/6 \\ (5.18 - 4.6\alpha)\Psi_c' & 1/6 \leq \alpha < 1/2 \\ 2.9\Psi_c' & \alpha < 1/2 \end{cases} \qquad (4.3.15)$$

図4.3.24に保有性能とΨ_c'の関係を示す。なお，一般性を検証するために，図4.3.24には文献4.41)の実験結果を併記している。Ψ_c'により保有性能を梁断面，シアスパン比，軸力比によらず整理できている。また，保有性能評価式は式(4.3.16)，式(4.3.17)として提案されている。

作用軸力比	0	0.05	0.1	0.15	0.20	0.25	0.3
数値解析	○	□	◇	▲	●	■	◆
文献4.41)	×						

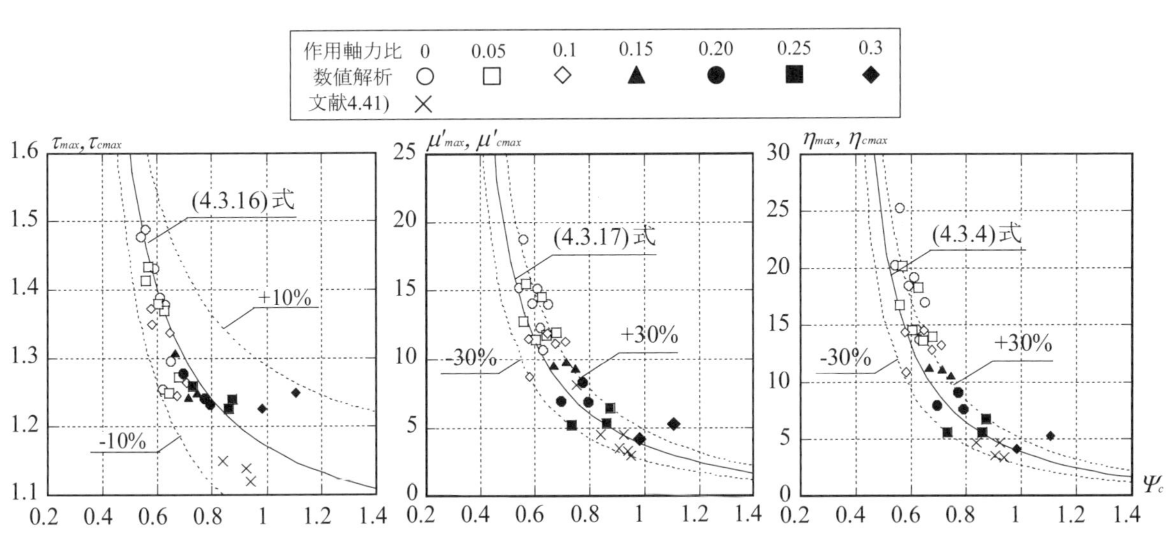

(a) 最大耐力比　　(b) 塑性変形能力　　(c) 累積塑性変形能力

図4.3.24 梁の性能とΨ_c'の関係

$$\tau_{c\,\max} = 1 + \frac{0.12}{\Psi_c' - 0.3} \qquad (4.3.16)$$

$$\tau_{c\,\max} = -2 + \frac{4}{\Psi_c' - 0.3} \qquad (4.3.17)$$

図4.3.24には式(4.3.16)，式(4.3.17)を併記しており，τ_{cmax}は誤差10%，μ'_{cmax}，η_{cmax}は誤差30%以内で評価できることが示されている。

4.3.4 まとめ

本節では，制振構面において変動軸力を受けるH形鋼梁の保有耐力評価を目的とした最新の研究成果を紹介した。以下にまとめを示す。

1）交番繰返し軸力を受けるH形鋼梁では，圧縮軸力時に局部座屈を生じ，耐力低下するものの，引張軸力時には局部座屈変形が解消されることから，一定圧縮軸力の場合に比べて最大耐力および塑性変形能力，累積塑性変形能力が大きくなり，最大耐力以降の耐力低下は緩やかとなる。

2）交番繰返し軸力を受ける局部座屈崩壊型H形鋼梁の圧縮軸力時の最大耐力比，塑性変形能力，累積塑性変形能力は，文献4.13)で提示された，ウェブ幅厚比の項にウェブ降伏軸力に対する作用軸力比の割合係数を考慮する修正W_fにより作用軸力比，断面形状によらず傾向を捉えられる。また，上記の保有性能は，式(4.3.2)-式(4.3.4)により精度良く予測できる。

3）交番繰返し軸力を受ける局部座屈崩壊型H形鋼梁のバウシンガー効果係数は，載荷繰返し回数と載荷履歴振幅が増大するほど上昇し，式(4.3.5)により評価できる。そのため，圧縮軸力時の履歴吸収エネルギーは式(4.3.4)に式(4.3.5)を乗じることで求められる。

4）局部座屈崩壊型H形鋼梁の最大耐力時までの引張軸力時の履歴吸収エネルギーは，圧縮軸力時の履歴吸収エネルギーと概ね等しいことから，全履歴吸収エネルギーは圧縮軸力時の履歴吸収エネルギーを2倍することで求められる。

5）交番繰返し軸力下で横座屈と局部座屈の連成を生じるH形鋼梁の座屈モード判定には，式(4.3.8)が適用でき，$\kappa' < 1$で横座屈，$1 \leq \kappa' < 3$で横座屈と局部座屈との連成座屈，$\kappa' \geq 3$であれば局部座屈により最大耐力となる。

6）横座屈と局部座屈の連成を考慮した保有性能評価指標Λ_c'は，修正W_fと修正一般化細長比λ_b'の相関式である式(4.3.9)として示される。また，最大耐力比，塑性変形能力は，Λ_c'を変数とした式(4.3.10)，式(4.3.11)により評価できる。

7）繰返し載荷を受けるH形鋼梁の座屈モードは，圧縮軸力下で局部座屈崩壊型，引張軸力下でせん断座屈崩壊型へと移行し，交番繰返し軸力下では無軸力下と圧縮軸力下の中間程度の座屈変形が生じる。

8）最大耐力時の主応力角度は，式(4.3.12)の修正せん断余裕度${}_wQ_p/Q_y'$により整理でき，${}_wQ_p/Q_y' \leq 1.5$でせん断座屈，$1.5 < {}_wQ_p/Q_y' \leq 2.0$でせん断座屈と局部座屈の連成座屈，${}_wQ_p/Q_y' > 2.0$で局部座屈を生じる。

9）せん断座屈と局部座屈の連成を考慮した保有性能評価指標は，修正せん断余裕度を考慮した式(4.3.14)，式(4.3.15)として示される。また，最大耐力比，塑性変形能力は，Ψ_c'を変数とした式(4.3.16)，式(4.3.17)により評価できる。

4.4 梁端にスリットを有するH形断面梁の弾塑性挙動

4.4.1 靭性改善型柱梁接合部

近年，東日本大震災や熊本地震を受けて梁端部の脆性破断に対する靭性を確保した柱梁接合部が既存，新築にかかわらず求められている。この梁端部脆性破断は接合ディテールによって靭性が大きく変化することが既往の研究によって示されており，近年の新築建物には塑性化の著しい部位において破断靭性の高い拡幅梁などの靭性改善型柱梁接合部4.42)が使用されている。しかし，既存建物の柱梁接合部は靭性が著しく低いディテールも多く，耐震改修などで接合部の靭性改善が求められる可能性がある。しかし，前述の高靭性接合部は1か所あたり工事コストが高く，多用することが難しい。よって，今後超高層建物などの規模の大きい建物を対象とした耐震改修を考える場合，工事規模の大小を問わず柔軟に対応可能な，新たな破断靭性向上技術が望まれる。本節では，既存建物のあと施工にも対応可能な最新の破断靭性向上技術として，図4.4.1のようにH形梁端部にスリットを設けることで意図的に座屈耐力を低下させ，梁端フランジの脆性破断を防止する技術を紹介する4.16)-4.22)。なお，本節における記号の定義および一部の式を表4.4.1にまとめる。

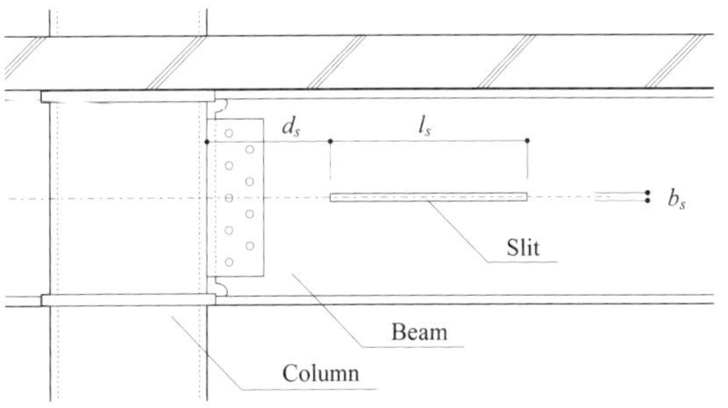

図4.4.1 スリット梁概念図

表4.4.1 記号の定義

H：梁せい	B：梁幅
t_w：ウェブ厚	t_f：フランジ厚
E：ヤング係数	v：ポアソン比
L：梁全長	λ：梁辺長比
d：ウェブせい	l_s：スリット長さ
d_s：スリット開始点	b_s：スリット幅
$\lambda_s = l_s/D$：スリット長さ比	β：曲げ応力勾配
A_f：フランジ断面積	A_w：ウェブ断面積
$\eta = A_f/A_w + 1/6$：せん断曲げ比	Z：断面係数
$\alpha = \eta\beta / \lambda$：せん断曲げ応力比	
ΔM：付加曲げモーメント	
h：T形断面ウェブせい	
e_t：T 形断面の中立軸位置	
Z_u, Z_d：中立軸上下の断面係数	
I_t：T形断面の断面二次モーメント	
τ_{cr}, σ_{cr}：せん断，曲げ座屈応力度	
$K_{\tau w}$, $K_{\sigma w}$：無孔梁ウェブせん断，曲げ座屈係数4.45)	
$K_{\tau f}$, $K_{\sigma f}$：フランジ(ウェブ換算)せん断，曲げ座屈係数4.45)	
$K_{\tau s}$, $K_{\sigma s}$：スリット梁ウェブせん断，曲げ座屈係数	
$K_{\tau c}$, $K_{\sigma c}$：スリット梁連成せん断，曲げ座屈係数	

4.4.2 梁端部にスリットを有するH形断面梁の応力分布

本項ではまずスリット部が梁の曲げ応力分布に与える影響について述べる。図4.4.1に示すスリット梁は梁中に断面欠損を設けるため応力分布が不連続となる。これについて，文献4.17)ではスリット部の応力状態がどのように決定されているかを有限要素法にて巨視的に把握している。

解析モデルと記号の定義を図4.4.2に示す。解析は片持ち梁の載荷形式であり，幾何学的非線形性および材料非線形性を考慮しない静的増分解析である。

図4.4.3にH-804×396×16×28，L=3216mmの解析によって得られたスリット両端とスリット中央の曲げ応力分布およびせん断応力分布を示す。なお図中の実線は梁の弾性理論から得られる片持ち無孔梁の理論応力分布であり，曲げ応力およびせん断応力ともに式(4.4.1)および式(4.4.2)で表される。

$$\sigma = \frac{QL}{Z}\left(1 - \frac{x}{L}\right)\left(1 - \frac{2}{d}y\right) \tag{4.4.1}$$

$$\tau = \frac{Q}{A} \tag{4.4.2}$$

無孔梁の場合中立軸まわりにモーメントが作用するため，中立軸を挟んだ上下T形断面は常に圧縮もしくは引張応力のみが作用するが，スリット両端における曲げ応力分布はT形断面内においても局所的に圧縮，引張応力が反転する領域がある

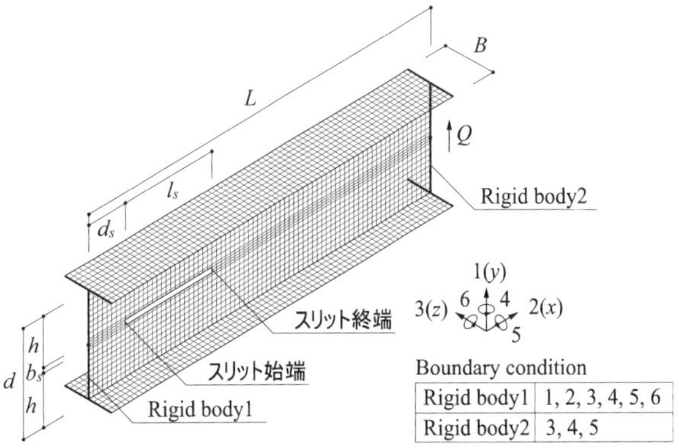

図4.4.2 解析モデル

ことが分かる。これは，スリットにより分断された各断面にせん断力に起因する付加曲げ（以下，フィーレンディール付加曲げ）が作用していることと，スリット両端の不連続点で応力集中が発生

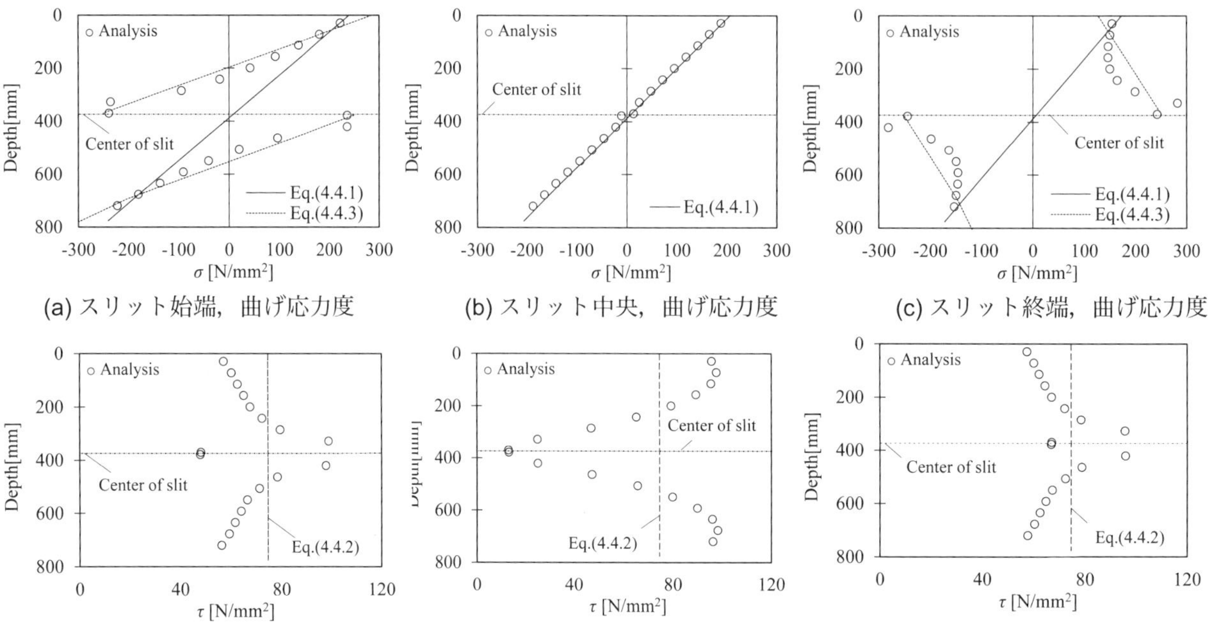

(a) スリット始端，曲げ応力度　(b) スリット中央，曲げ応力度　(c) スリット終端，曲げ応力度

(d) スリット始端，せん断応力度　(e) スリット中央，せん断応力度　(f) スリット終端，せん断応力度

図4.4.3 スリット部の応力度分布

していることに起因するものと考えられる。なお，応力集中については文献4.17)では厳密な評価を行っていないため，本項においてもフィーレンディール付加曲げのみに焦点を当てる。フィーレンディール付加曲げによって生じる応力は図4.4.4のようなつり合い仮定を用いて式(4.4.3)のように導出することが可能である。詳細については文献4.17)を参照されたい。

$$\sigma = \frac{QL}{Z}\left\{\left(1-\frac{x}{L}\right)\left(1-\frac{2}{d}y\right) + \frac{Z}{4Z_u}\left(1-\frac{2}{L}x\right)\left(1-\frac{Z_d+Z_u}{Z_u}\frac{2}{d}y\right)\right\} \quad (4.4.3)$$

この付加曲げΔMによる応力を元の曲げモーメントから生じる応力分布に足し合わせることにより，図4.4.4中の破線で示すようにスリット部の曲げ応力分布を導出することができる。この分布仮定は，有限要素法解析により算出された応力分布と概ね対応していることが確認できる。

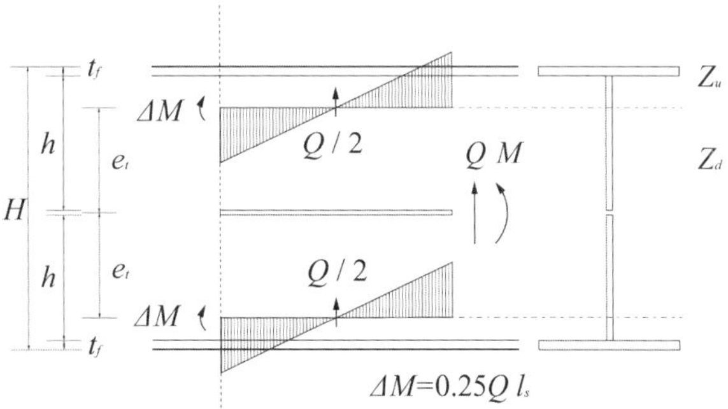

図4.4.4 スリット部付加曲げモーメントのつり合い

また，せん断応力分布はスリット両端の場合，スリット近傍に応力集中点が確認できるが，全体的な分布形状は均等分布に近い。一方，スリット中央においては，スリット部に向けて単調に応力が減少していることから,この領域では上下T形断面がスリット上下にそれぞれのせん断中心を持つパラボラ分布となっていると考えられる。よってスリット部のせん断応力分布は材長方向に連続的に変化しているものと考えられる。ただし文献4.17)においてスリット梁のせん断応力分布については詳細な検討を行っておらず，今後の課題としている。

以上より，スリット部の応力状態は曲げ応力，せん断応力分布ともにフィーレンディール付加曲げや応力集中により複雑に変化するといえる。

4.4.3　梁端部にスリットを有するH形断面梁の弾性座屈耐力

本節で述べるスリット梁は端部付近のウェブ圧

縮領域の板座屈耐力を低下させ，崩壊時の端部ひずみ進展とスリット部の局部座屈進展のバランスをとることにより梁端の早期破断を防止することを目的としている。前項よりスリット梁はフィーレンディール付加曲げが作用することにより，スリット部が複雑な応力状態になることを確認した。続いて本項では，スリット梁の弾性座屈性状を確認する。

文献4.22)ではスリット梁の弾性座屈性状について，有限要素法による座屈固有値解析を基に考察を行い，限定的な範囲ではあるものの，スリット梁の弾性座屈耐力を評価している。解析モデルを図4.4.5に示す。スリット梁はスリット部のウェブ板境界条件および応力状態が大きく変化することから，主にウェブ座屈耐力が大きく低下する。このときのウェブの単独座屈耐力を求めるため，フランジをビーム要素で構成することでフランジ座屈を抑制したモデルを用いてスリット梁ウェブ板単独の弾性座屈耐力の傾向を確認している。なお，パラメータ範囲および解析手法の妥当性については文献4.22)に示す通りである。なお，耐力については幅厚比および材料特性の影響を排除して

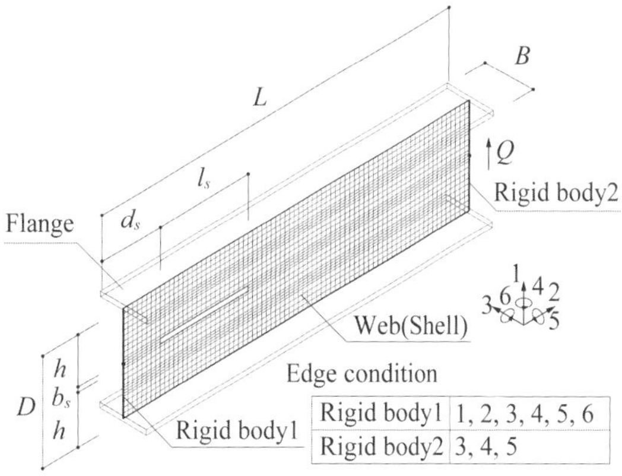

図4.4.5 ウェブ単独座屈解析モデル

比較するため，弾性座屈係数K_τによって比較を行うものとする。また，合わせて図4.4.6に示す3種のウェブフランジ接合条件を解析パラメータとすることで，ウェブ板の支持条件の影響についても確認している。

図4.4.7にスリット長さ比λ_sを変化させた場合のスリット梁の弾性座屈係数k_τと梁辺長比の関係をプロットしている。なお，合わせて文献4.45)において提案されている無孔梁の弾性座屈耐力評価式から得られた無孔梁ウェブ板座屈係数が示されている。同図から，スリット長さ比λ_s=1.5の解析モデルはウェブ板の弾性座屈係数k_τが無孔梁の座屈係数に対して大きく低下することが確認できる。一方λ_s=0.5の場合，座屈耐力の低下は小さい。

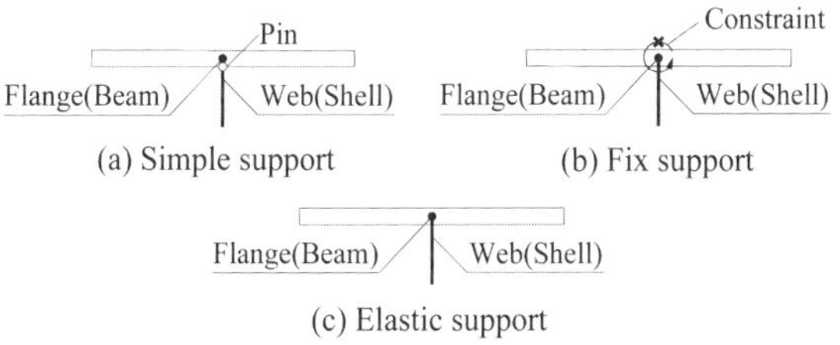

図4.4.6 ウェブ-フランジ接合線支持条件

表4.4.2 適用範囲

$2.0 \le \lambda \le 10.0$， $0.5D \le l_s \le 2.0D$， $0.25D \le d_s \le 1.00D$，
$0.005D \le b_s \le 0.05D$， $0.4 \le A_f/A_f \le 1.3$， β=1.0

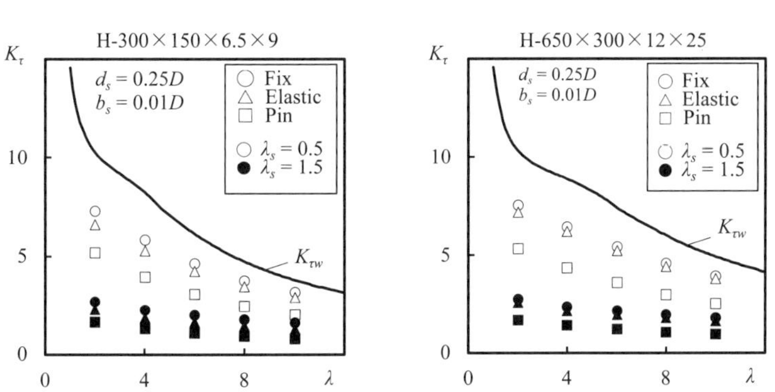

(a) H-300×150×6.5×9　(b) H-650×300×12×25

図4.4.7 スリット梁ウェブ単独座屈係数

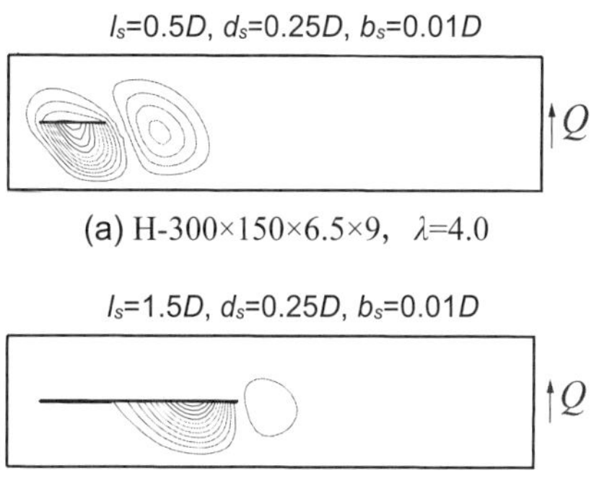

(a) H-300×150×6.5×9，λ=4.0

(b) H-650×300×12×25，λ=4.0

図4.4.8 スリット梁ウェブの座屈モード

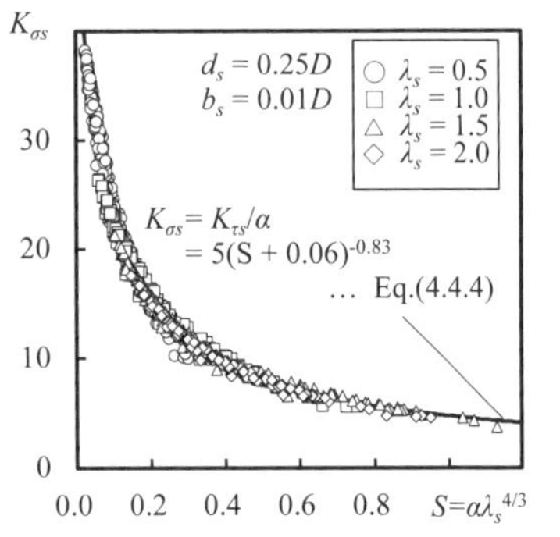

図4.4.9 Sを用いた座屈係数評価

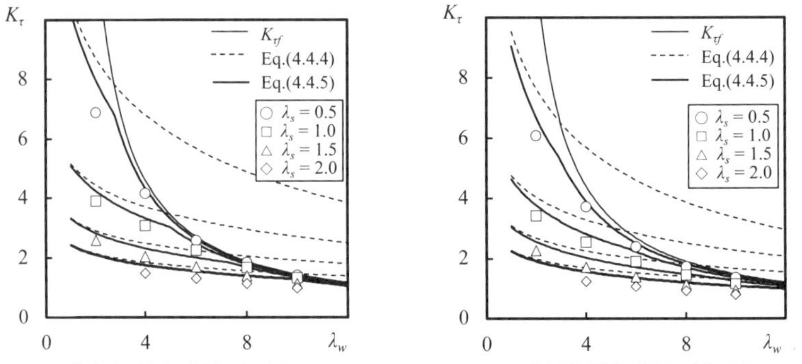

(a) H-386×299×9×14 (b) H-550×300×16×22

図4.4.10 連成座屈解析結果と評価式 (d_s=0.25D, b_s=0.01D)

よって，スリット長さ比λ_sを変化させることで梁のウェブ板座屈係数をコントロールすることが可能であると考えられる。また，スリット形状によらずウェブ板の支持条件は弾性支持と固定支持が近接しているため，文献4.22)ではスリット梁ウェブ板の支持条件を固定支持として検討を進めている。また，解析結果の一例として図4.4.8に固有値解析により得られた弾性座屈波形を示している。同図からスリット梁は弾性座屈時においてスリット終端付近の中立軸下側の領域に最大波が生じている。この部位は，通常無孔梁では引張応力が作用する領域であるが，スリット梁の場合はいずれもこの領域で最大座屈波が発生した。これは前項で記述したフィーレンディール付加曲げによる座屈が支配的であることを示しているものと考えられる。

文献4.22)ではさらにスリット梁ウェブの弾性座屈耐力について，解析範囲内においてスリット開始点位置d_sおよびスリット幅b_sの影響が小さいことを確認し，スリット形状の梁ウェブの弾性座屈耐力に影響を及ぼすパラメータがスリット長さ比λ_s，せん断曲げ応力比αであることを確認した上で，スリット梁ウェブ板弾性座屈耐力の簡易評価式を式(4.4.4)のように設定し，その妥当性を図4.4.9に示す。なお，文献4.22)では，評価式は力学的な根拠に乏しいため適用範囲を解析パラメータから決定した表4.4.2の範囲内に限定している。

$$K_{\sigma s} = K_{\tau s}/\alpha = 5(S+0.06)^{-0.83} \qquad (4.4.4)$$

また，フランジを考慮したスリット梁全体の弾性座屈耐力については，文献4.22)にてスリット部がフランジ応力に与える影響が小さいものとし，無孔梁のフランジ板弾性座屈耐力とスリット梁ウェブ板弾性座屈耐力の連成にて評価可能であることを確認している。この時の連成局部座屈耐力は，式(4.4.5)のように導出できる。

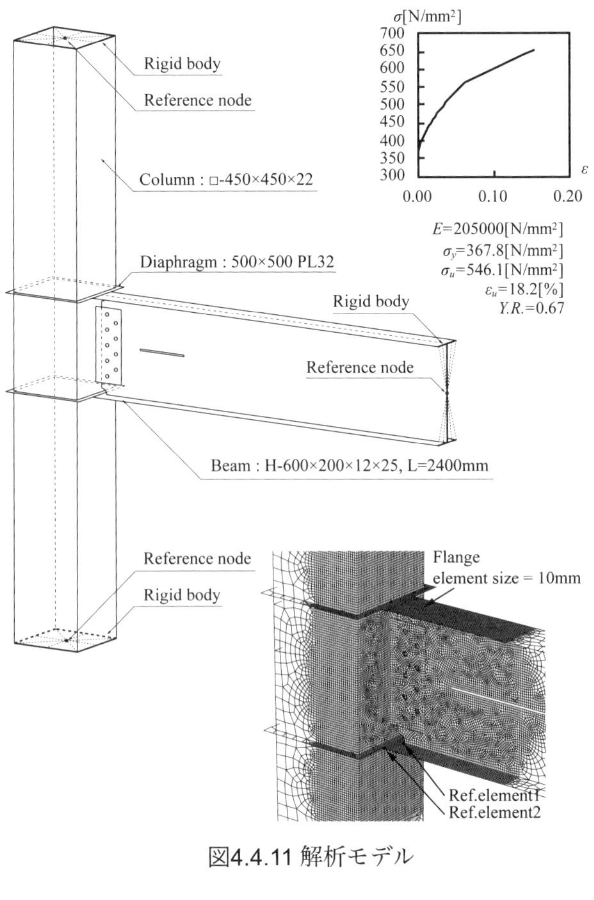

図4.4.11 解析モデル

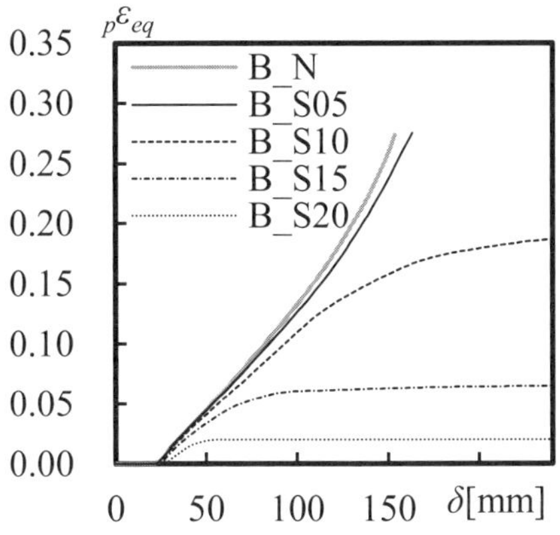

(a) スカラップ底

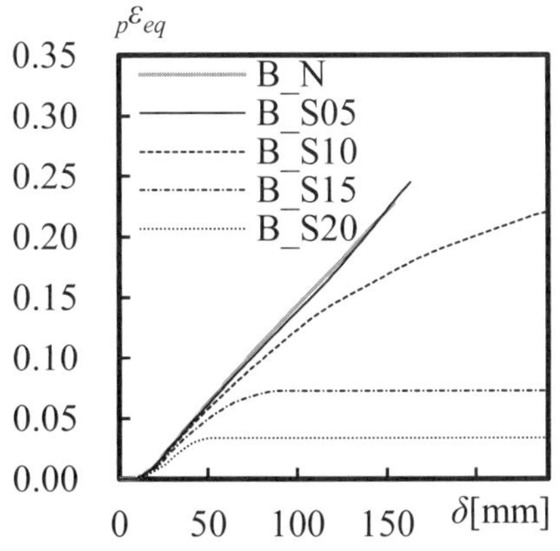

(b) フランジ端

図4.4.12 梁端部フランジの相当塑性ひずみ進展

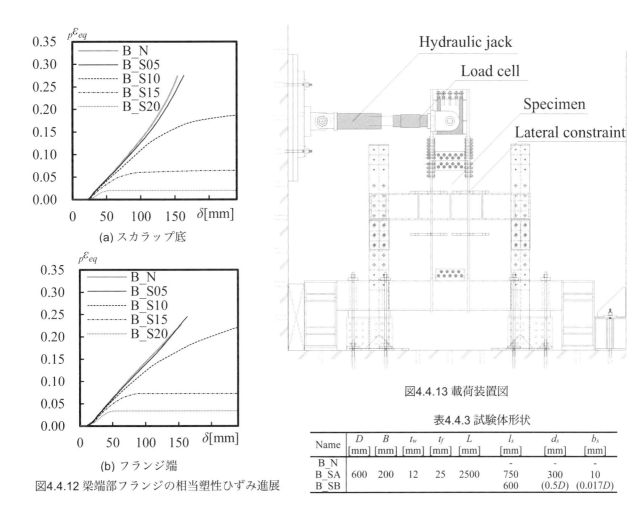

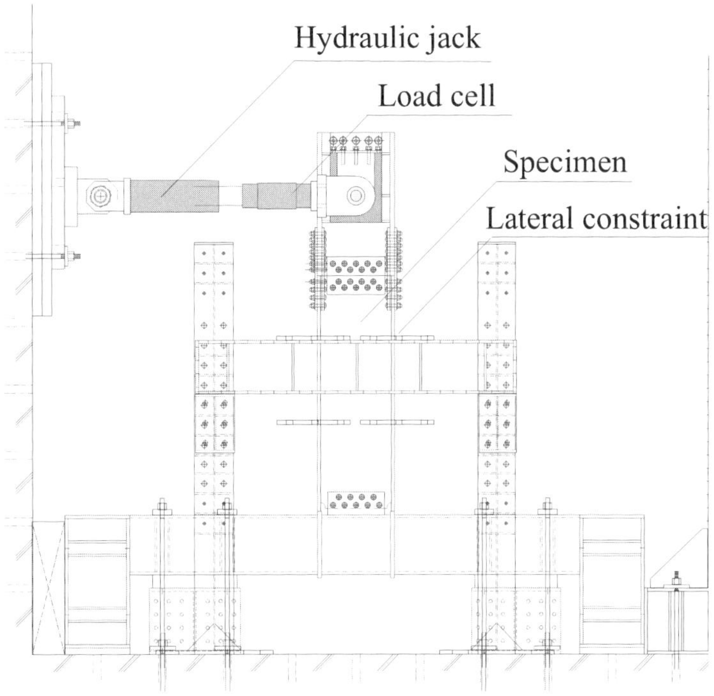

図4.4.13 載荷装置図

表4.4.3 試験体形状

Name	D [mm]	B [mm]	t_w [mm]	t_f [mm]	L [mm]	l_s [mm]	d_s [mm]	b_s [mm]
B_N						-	-	-
B_SA	600	200	12	25	2500	750	300	10
B_SB						600	(0.5D)	(0.017D)

$$
K_{\sigma c} = K_{\tau c}/\alpha = \begin{cases} K_{\sigma f} - \dfrac{K_{\sigma f}{}^3}{K_{\sigma s}{}^2}\left(0.18\dfrac{A_w}{A_f} - 0.02\dfrac{A_w{}^2}{A_f{}^2}\right) & \left(K_{\sigma f} \le K_{\sigma s}\right) \\ K_{\sigma s} - \dfrac{K_{\sigma s}{}^3}{K_{\sigma f}{}^2}\left(0.18\dfrac{A_w}{A_f} - 0.02\dfrac{A_w{}^2}{A_f{}^2}\right) & \left(K_{\sigma f} > K_{\sigma s}\right) \end{cases} \tag{4.4.5}
$$

図4.4.10に式(4.4.5)の評価式と有限要素法による座屈固有値解析結果との対応関係を併せて示してている。両者は精度よく対応している。なお，これらの詳細については文献4.16)を参照されたい。

4.4.4 梁端部にスリットを有するH形断面梁の破断性能

前項にて梁端付近にスリットを設けることにより，梁ウェブの座屈耐力を意図的に低下させることができることを確認した。続いて本項では，実際にスリットを設けた場合の弾塑性挙動について，解析および実験結果を紹介する。

まず，文献4.16)では図4.4.11に示す解析モデルを用いてスリット梁の有限要素法を用いた大変形解析を行っている。解析には，材料非線形として図4.4.11の右上の真応力真ひずみ関係にフィッティングした非線形移動硬化則を定義し，幾何学的非線形を考慮する。また，初期不整は別途同一形状のモデルを用いて行った固有値解析の一次モードを最大振幅がウェブ厚の1/100倍となるように入力した。なお，スリット同士の自己接触については考慮していない。図4.4.11に大変形解析結果から得られた相当塑性ひずみの推移を示す。なお，図中の実線はスリットの形状を表し，Nは無孔梁，S05，S10，S15，S20はそれぞれスリット長さを0.5D，1.0D，1.5D，2.0Dとした場合の結果である。図4.4.12から確認できるように，スリット長さを大

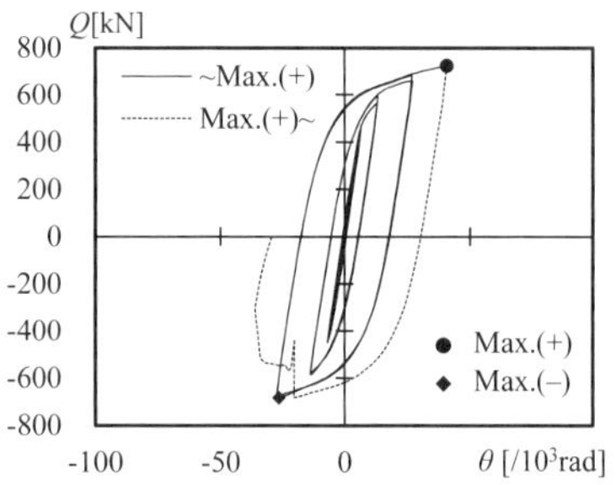

(a) 荷重変形関係

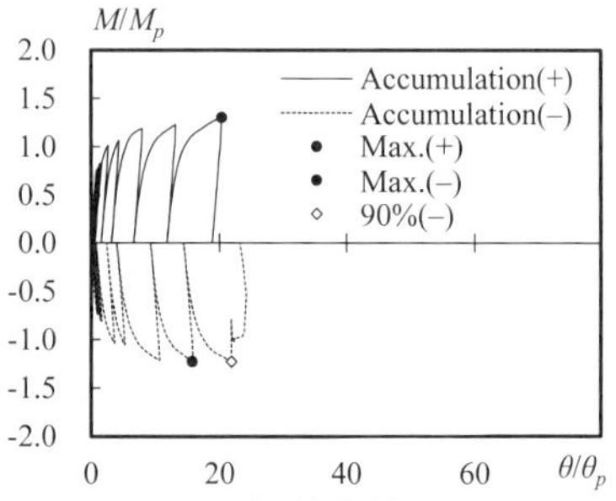

(b) 累積曲線

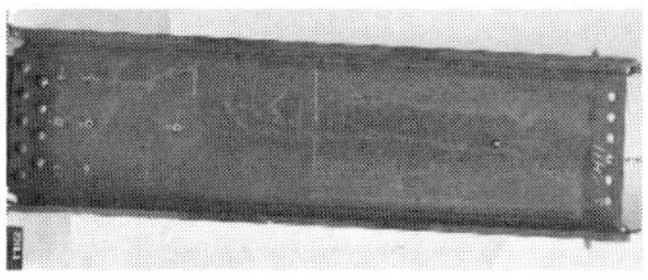

(c) 終局変形形状

図4.4.14 実験結果(B_N)

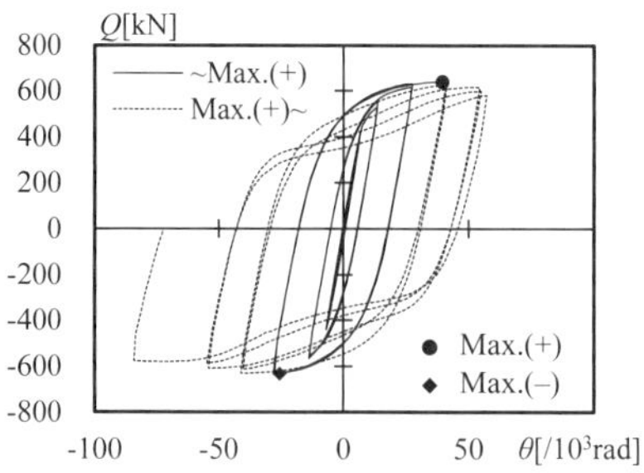

(a) 荷重変形関係

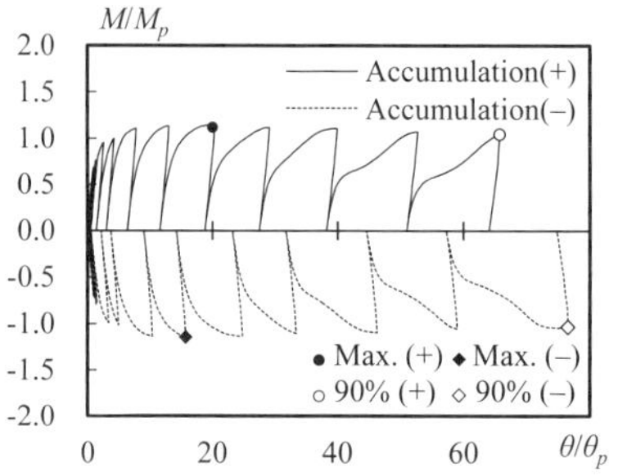

(b) 累積曲線

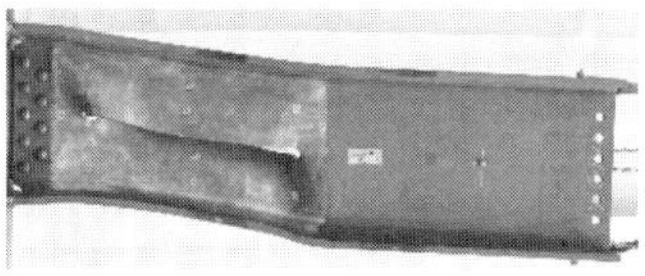

(c) 終局変形形状

図4.4.15 実験結果(B_SA)

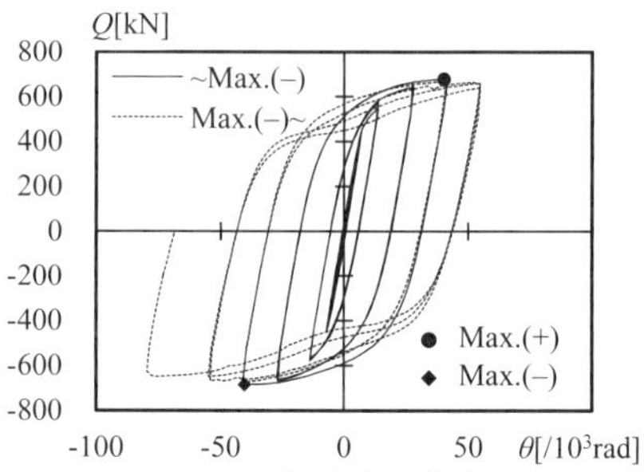

(a) 荷重変形関係

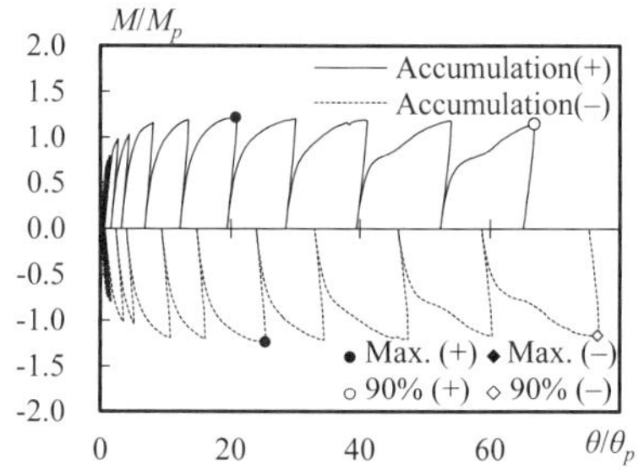

(b) 累積曲線

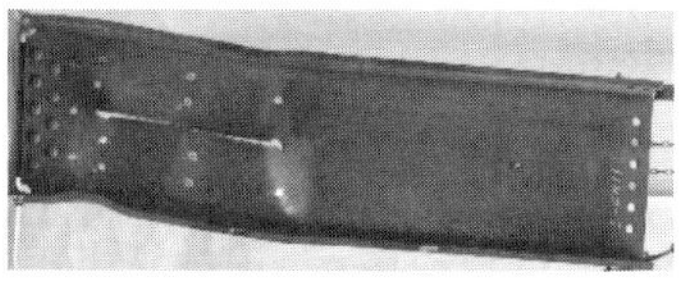

(c) 終局変形形状

図4.4.16 実験結果(B_SB)

きくとることによりスリット部が先行して局部座屈し，梁端部の塑性ひずみ進展を抑制することができるといえる。

この解析結果を踏まえ，文献4.16)，4.20)ではスリットを有する梁静的載荷試験を行い，スリットが梁端の破断を防止する効果があるかを検証している。図4.4.13に載荷試験図を示す。実験は片持ち梁形式としており，載荷履歴は正負交番変位漸増繰返し載荷および定振幅繰返し載荷により破断挙動を確認した。試験体形状を表4.4.3に示す。

実験結果の一例を図に示す。図4.4.14はスリットを設けない無孔梁試験体B_N，図4.4.15はスリット長さ比λ_s=1.25としたスリット梁試験体B_SA，図4.4.16はスリット長さ比λ_s=1.00としたスリット梁試験体B_SBの(a)載荷点反力梁端回転角関係，(b)履歴から得られた累積曲線，(c)終局変形形状である。無孔梁試験体は6θ_p，2サイクル負側にて梁端フランジが全断面破断して耐力低下したが，同一形状でスリットを設けた試験体B_SA，B_SBは10θ_pを超えてもフランジ破断を生じることなく，スリット部ウェブの座屈変形により緩やかに耐力が低下した。また，累積曲線で比較した場合，早期に破断を生じたB_Nと比べて，B_SAおよびB_SBは倍以上のエネルギー吸収性能を有していた。これより，スリットを設けることにより梁端破断を防止し，局部座屈による崩壊に移行させることができることが検証された。また，スリット長さの短いB_SBについては，履歴がB_SAに比べて安定している。これは，スリット長さの違いによる座屈耐力の違いによるものと考えられる。よって，スリット長さをコントロールすることによって塑性化以後の挙動をコントロールすることが可能であるものと考えられる。なお，降伏耐力および剛性については，無孔梁からわずかに低下するもののほぼ同様の結果となった。スリット部が梁の剛性および降伏耐力に及ぼす影響について

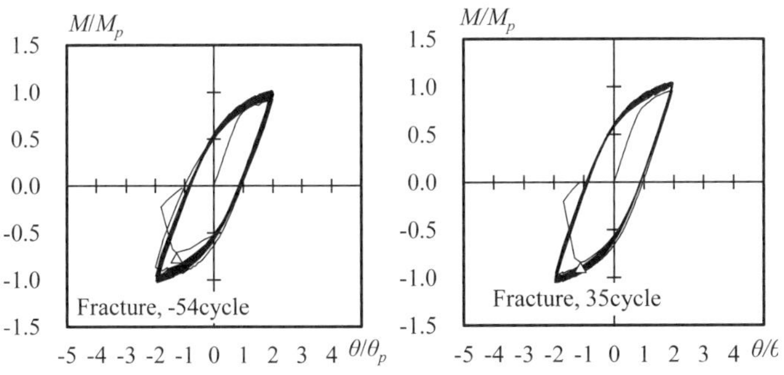

(a) B_N_2D　(b) B_SB_2D

図4.4.17 実験結果

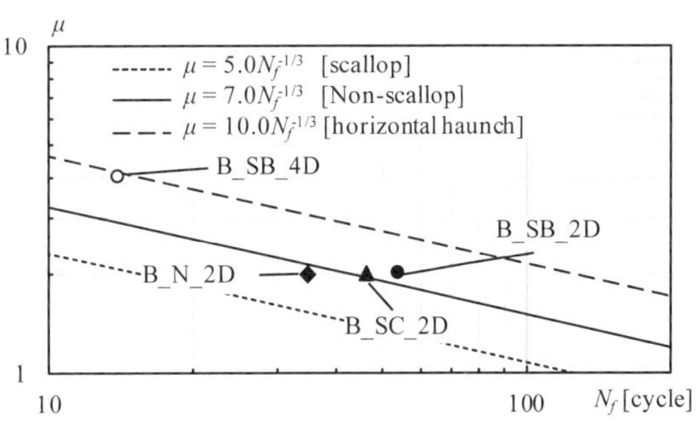

図4.4.18 疲労性能曲線

は，文献4.17)-4.20)にて詳細を記載している。

さらに文献4.21)では図4.4.13の同様の試験装置を用いて，無孔梁試験体　B_Nとスリット長さ比λ_s=1.00としたスリット梁試験体B_SBの2δ_p定振幅繰返し載荷実験を行うことでスリット梁の疲労性能について述べている。実験結果の一例を図4.4.17に示す。スリットのない試験体B_N_2Dについては，35サイクル負側にてフランジ全断面が破断して耐力劣化した。一方，スリット梁試験体B_SB_2Dについては，フランジ破断により耐力劣化したものの，初期段階で座屈を生じることにより梁端フランジのひずみレベルが緩和されたために54サイクルまで破断を生じることなく耐力を維持した。

また，この実験結果について文献4.21)では文献4.43)に示される各種接合部ディテールに対する疲労性能評価式と実験結果の関係について，図4.4.18のように比較している。図からスリット梁試験体B_SBはノンスカラップ形式の梁端ディテールと同程度の疲労性能を有しているといえる。

4.4.5 ま　と　め

本節では，既存建物のあと施工にも対応可能な最新の破断靭性向上技術として，H形梁端部の中立軸上にスリットを設けることで座屈耐力を低下させ，梁端フランジの脆性破断を防止する技術を紹介した。以下に知見をまとめる。

1）H形断面梁にスリットを設けた場合，スリット部でフィーレンディール付加曲げが生じるため，応力状態が局所的に不連続となる。

2）スリットを有するウェブ板の座屈耐力の形状パラメータを用いた近似式を提案した。支配的なパラメータであるスリット長さを変化させることにより，既存H形断面梁のウェブ板座屈耐力をコントロールすることが可能となる。

3）スリットを有する梁の弾塑性挙動を有限要素法大変形解析により確認した。スリットを有する梁は，スリット部の局部座屈が先行して誘発されることにより梁端部の塑性ひずみ進展が抑制され，梁端の破断靭性を向上できる可能性がある。

4）スリットを有する梁の弾塑性挙動確認実験を実施した。スリット形状を適切に設けることにより，降伏耐力および剛性を維持したまま，H形断面梁の梁端部破断を抑制できることを確認した。また定振幅繰返し載荷試験によりスリット梁の疲労性能を確認するとともに既往の疲労性能評価曲線との比較を行った。

4.5 お わ り に

本章では，最近行われた研究から，鋼構造部材構成板要素の相互効果を考慮した上で座屈耐力および座屈後耐力に言及した研究，部材に作用する軸方向繰返し応力の効果を考慮したH形断面端部の局部座屈性状および部材の塑性変形能力に言及した研究を紹介した。また，部材の局部座屈が発生することにより周辺要素に与える影響に関する研究を紹介した。

部材および構成板要素の局部座屈は，周辺境界条件および荷重条件に影響を受け，それらを適切に考慮することで，これまでの座屈設計に加えてより合理的な座屈設計が可能になる。また，安定的な座屈を部材あるいは板要素にあえて発生させることにより，周辺部材の脆性的な不安定現象を抑制することが可能となる。今後も，これら座屈現象をより高度に扱い，座屈部材そのもののみならず，周辺部材との相互効果を取り入れた座屈設計が必要になってくる。

参 考 文 献

4.1）日本建築学会：鋼構造許容応力度設計規準，2019.10

4.2）日本建築学会：鋼構造塑性設計指針，2017.2

4.3）日本建築学会：鋼構造限界状態設計指針・同解説，2010.2

4.4）日本建築学会：建築耐震設計における保有耐力と変形性能(1990)，1990.10

4.5）建築物の構造関係技術基準解説書編集委員会：2015年版　建築物の構造関係技術基準解説書，2015.10

4.6）日本建築学会：鋼構造物の座屈に関する諸問題 2013，2013.6

4.7）五十嵐規矩夫，小田部敏明，王韜：ウェブ幅厚比の大きなH形断面梁の塑性変形能力と座屈後繰返し挙動，日本建築学会構造系論文集，Vol.74，No.646，pp.2345-2354，2009.12

4.8）五十嵐規矩夫，末國良太，篠原卓馬，王韓：鋼構造H形断面梁の耐力及び塑性変形能力評価のための新規幅厚比指標と幅厚比区分，日本建築学会構造系論文集，第76巻，pp.1865-1872，2011.10

4.9）小橋知季，五十嵐規矩夫，清水信孝：隣り合うい板要素の幅が異なる薄板軽量形鋼の弾性局部座屈耐力および最大耐力，日本建築学会構造系論文集，第749号，pp.1051-1061，2018.7

4.10）小橋知季，五十嵐規矩夫，清水信孝：曲げと圧縮が作用する薄肉長方形断面部材の弾性局部座屈耐力および最大耐力，日本建築学会構造系論文集，第755号，pp.97-107，2019.1

4.11）Kobashi, T. “Design equations for elastic local buckling strength of lipped-C channel members”, *Proceedings od the 12th pacific structural steel conference*, Tokyo, Japan, 2019. 11

4.12）木村祥裕，山西央朗，笠井和彦：交番繰り返し軸力を受けるH形鋼梁の繰り返し履歴挙動と保有性能，日本建築学会構造系論文集，第78巻，pp.1307-1316，2013.7

4.13）Kimura, Y., Atsushi, S., and Kazuhiko, K. “Estimation of plastic deformation capacity for I-shaped beams with local buckling under compressive and tensile forces”, *Japan Architectural Review*, 2(1), 26-41, 2019.1

4.14）Suzuki, A., Yoshihiro, K., and Kazuhiko, K., “Rotation capacity of I-shaped beams collapsed with lateral-torsional buckling under reversed axial forces”, *Japan Architectural Review*, 2(4), 451-464, 2019.10

4.15）Suzuki, A., Yoshihiro, K., and Kazuhiko, K., “Rotation capacity of I-shaped beams under alternating axial forces based on bucking mode transitions”, Journal of Structural Engineering, American Society of Civil Engineers, 146(6), 2020.6, https://doi.org/10.1061/(ASCE)ST.1943-541X.0002623

4.16）宇佐美徹，山本雅史，稲葉澄，長濱健太：梁端にスリットを有するH形断面梁の弾塑性挙動　その1 概要，日本建築学会大会学術講演梗概集，日本建築学会大会学術講演梗概集，C-III，pp.1049-1050，2019.9

4.17）岩間和博，山本雅史，宇佐美徹，稲葉澄，長濱健太，梅津佳奈子：梁端にスリットを有するH形断面梁の弾塑性挙動　その2 スリット梁の応力分布と弾性剛性，日本建築学会大会学術講演梗概集，C-Ⅲ，pp.1051-1052，2019.9

4.18）梅津佳奈子，山本雅史，宇佐美徹，稲葉澄，長濱健太，小田島暢之：梁端にスリットを有するH形断面梁の弾塑性挙動　その3　スリット部の全塑性耐力，日本建築学会大会学術講演梗概集，C-Ⅲ，pp.1053-1054，2019.9

4.19）小田島暢之，山本雅史，宇佐美徹，稲葉澄，長濱健太，野澤裕和：梁端にスリットを有するH形断面梁の弾塑性挙動　その4　スリット梁の全蔵振幅繰返し載荷実験1，日本建築学会大会学術講演梗概集，C-Ⅲ，pp.1055-1056，2019.9

4.20）野澤裕和，山本雅史，宇佐美徹，稲葉澄，長濱健太，石原清孝：梁端にスリットを有するH形断面梁の弾塑性挙動　その5　スリット梁の全蔵振幅繰返し載荷実験2，日本建築学会大会学術講演梗概集，C-Ⅲ，pp.1057-1058，2019.9

4.21）石原清孝，山本雅史，宇佐美徹，稲葉澄，長濱健

太，岩間和博：梁端にスリットを有するH形断面梁の弾塑性挙動 その6 定振幅繰返し載荷実験，日本建築学会大会学術講演梗概集，C-Ⅲ，pp.1059-1060，2019.9
4.22）石原清孝，稲葉澄，宇佐美徹，長濱健太，山本雅史：梁端にスリットを有するH形断面梁の弾塑性挙動 その7，スリット梁の弾性局部座屈耐力，日本建築学会大会学術講演梗概集，C-Ⅲ，pp.947-948，2020.9
4.23）薄板軽量形鋼造建築物設計の手引き 第2版，技報堂出版，2014.3
4.24）Timoshenko, S. Gere, J. : Theory of elastic stability. McGraw-Hill, 1961
4.25）Bleich, F. : Buckling strength of metal structures. McGraw-Hill, 1952
4.26）North American Specification for the Design of Cold-Formed Steel Structural Members 2007 Edition, American Iron and Steel Institute, 2016
4.27）Kobashi, K., Ikarashi, K. and Shimizu, N. "Elastic local buckling strength and maximum strength of cold-formed steel members with different plate width on adjacent plate elements", *Japan Architectural Review*, 2(4), 465-476, 2019.10
4.28）Li, Z., Schafer, B.W. "*Buckling analysis of cold-formed steel members with general boundary conditions using CUFSM: conventional and constrained finite strip methods*" Proceedings of the 20th Int;l. Spec. Conf. on Cold-Formed Steel Structures, pp.17-31, 2010
4.29）日本建築学会：鋼構造座屈設計指針，2018.2
4.30）木村衛：金属部材を構成する板要素の有効幅についての一考察，日本建築学会構造系論文集，第673号，pp.437-442，2012.3
4.31）EN 1993-1-3 : Eurocode 3 – Design of Steel Structures, Part 1-3 : General rules – Supplementary rules for cold-formed members and sheeting, CEN – European committee for standardization, 2006
4.32）加藤勉，秋山宏，帯洋一：局部座屈を伴うH 形断面部材の変形，日本建築学会論文報告集，第257 号，pp.49-58，1977.7
4.33）津田恵吾，松井千秋：一定軸力と変動水平力を受ける円形鋼管柱の弾塑性性状，日本建築学会構造系論文集，第505号，pp.131-138，1998.3
4.34）津田恵吾，松井千秋：一定軸力下で水平力を受ける角形鋼管柱の耐力，日本建築学会構造系論文集，第512号，pp.149-156，1998.10
4.35）Nakashima, M., Takanashi, K., and Kato, H. "Test of steel beam-columns subject to sidesway", *Journal of Structural Engineering*, American Society of Civil Engineers, 116(9), 2516-2531, 1990.9
4.36）James, D. N. and Chia-Ming, U., "Cyclic Behavior of Steel Wide-Flange Columns Subjected to Large Drift", *Journal of Structural Engineering*, American Society of Civil Engineers, 134(8), 1334-1342, 2008.8
4.37）日本建築学会：鋼構造制振設計指針，2014.11
4.38）木村祥裕：局部座屈崩壊型H形鋼梁の塑性変形性能と累積塑性変形性能に及ぼす載荷履歴特性の影響－片持ち梁形式の載荷実験データベースの構築－，日本建築学会構造系論文集 第76巻，pp.1143-1151，2011.6
4.39）五十嵐規矩夫，長谷川 龍太：鋼構造H形断面柱の最大耐力及び塑性変形性能評価法，構造工学論文集，Vol. 61B，pp.209-216，2015.3
4.40）五十嵐 規矩夫，末國 良太，鞆 伸之：繰返し曲げせん断を受けるH形断面梁の連成座屈挙動と塑性変形能力，日本建築学会構造系論文集，第77巻，pp.1319-1328，2012.8
4.41）鈴木敏郎，五十嵐規矩夫，常木康弘：せん断曲げを受けるH形鋼梁の崩壊形式と塑性変形能力に関する研究，日本建築学会構造系論文集，pp.185-191，2001
4.42）田中直樹，澤本佳和，佐伯俊夫，深田良雄：水平ハンチ付はりと角形鋼管柱梁接合部の弾塑性挙動，鋼構造論文集，第5 巻，第20 号，pp.101-111，1998.12
4.43）日本建築センター; 長周期地震動に対する鉄骨造建築物の安全性検証方法の検討，ビルディングレター，2014.4
4.44）五十嵐規矩夫，吉澤克仁：曲げせん断力を受けるH 形断面テーパー梁の応力度分布と弾性局部座屈耐力，日本建築学会構造系論文，Vol.78, No.688，pp.1139-1148，2013.6
4.45）五十嵐規矩夫，王韜：曲げせん断力を受けるH 形断面構成板要素の弾性座屈耐力算定法，日本建築学会構造系論文集，Vol.73，No.623，pp.135-142，2008.1

5．部材の不安定現象が骨組挙動に与える影響

5.1 はじめに

鋼構造骨組が有する性能を正しく評価するためには，図 5.1.1 に示すような崩壊までの挙動を把握する必要がある。骨組が自重保持能力を失い倒壊に至るまでの性能を決定づける主要因として，座屈や座屈によって引き起こされる破断が挙げられる [5.1)−5.8)]。一般的な鋼構造骨組では，図 5.1.1 のような柱の座屈や接合部の破断の被害事例が数多く報告されている [5.9)]。また，体育館などの大空間鋼構造建物ではブレース構造形式が多く，ブレースの座屈・破断の被害が地震の度に報告され [5.10)]，ブレースの破断によって骨組不安定が誘発されることも報告されている。しかし，部材の座屈や破断が骨組不安定に必ずつながるとは限らないため，鋼構造骨組の性能評価には，座屈後，破断後の骨組挙動を把握する必要がある。このため，鋼構造骨組が崩壊に至るまでの性能については，座屈や破断などの不安定現象を適切に捉えて評価する必要があり，各種の設計指針には部材の劣化特性を再現した数理モデルで，骨組の性能を検証する方法が示されている [5.1), 5.2), 5.8), 5.11), 5.12)]。

鋼構造骨組の性能を劣化させる各部材の主要因は，柱では軸力と曲げモーメントの組合せ荷重による曲げ座屈および局部座屈，梁では曲げモーメントによる横座屈，局部座屈や端部の破断，ブレースでは軸力による曲げ座屈や破断である。

設計においては，座屈を考慮した部材耐力以下に発生応力を留めることで，骨組の性能を間接的に保証している。柱や梁においては，種々の拘束条件に応じて座屈長さを決定することで部材耐力を評価する方法が一般的に用いられることから，座屈長さを正確に評価する研究が数多く進められている。柱においては，均等な骨組における柱，不均等骨組の柱，ブレース付骨組における柱の座屈長さの評価方法など数多くの研究があり [5.13)−5.16)]，その知見に基づいて，等価座屈長さの評価式が提案されている。梁においても，2 章で示したように周囲部材の拘束効果を考慮した横座屈耐力の評価方法やスラブ付き梁の横座屈耐力評価について研究が進められている [5.17)−5.20)]。一方，米国 AISC の鋼構造設計指針では [5.21)] では，骨組の安定性を評価する設計方法も提案されている。Direct Analysis Method は，座屈長さ係数の評価を行わずに骨組の安定性を評価できる手法であり，鋼構造座屈設計指針にも紹介されている。

立体骨組の不安定挙動を把握する必要性から，研究として，実験的検討と解析的検討が進められている。実験的検討では，小型模型骨組 [5.22)−5.24)]，小断面形鋼立体骨組 [5.25)]，実大骨組 [5.26),5.27)] を対象とした静的実験が行われ，骨組挙動が明らかになりつつある。また，近年では E-ディフェンスにおける実大振動台実験 [5.3),5.28)] が実施され，層崩壊を示す実大骨組において，部材耐力の低下が鉛直支持能力の喪失につながったことを実験データより明らかにしている。このように，骨組の崩壊挙動の実験データの蓄積も進んできている。

解析的検討では，魚骨形骨組を用いた倒壊解析が提案され [5.29)]，梁－柱有限要素法を用いた立体骨組の静的 [5.30)] および動的 [5.31)] 解析法が開発されている。また，不安定挙動を考慮した復元力特性を解析的に検討する方法があり，部材寸法や材料特性から力学的モデルを用いて評価する手法，実験結果からモデル化する手法がある。実験結果からモデル化する手法の一つである Ibarra Krawinkler モデル（IK モデル）[5.32)] を用いて，4 層の鉄骨骨組の崩壊挙動を再現している [5.33)]。また，井戸田ら [5.34), 5.35)] による繰返し載荷履歴モデル，桑村ら [5.36)] による部材の局部座屈実験に基づいた復元力モデル，山田ら [5.37)] は，劣化域を含む復元力特性などが挙げられる。一方，断面寸法や材料特性のみで部材の荷重変形関係を構成できるモデルとして，Ikeda-Mahin モデル（IM モデル）[5.38)] があり，骨組内のブレースの破断の影響についても検討されている [5.39)]。

以上のように，部材耐力の評価方法および骨組挙動に関する研究成果は蓄積されてきているものの，立体骨組の挙動特性を明らかにし，設計に反映するまでには至っていないのが実情である。

本章では，座屈に起因した不安定現象が鋼構造骨組の挙動に与える影響について示すこととし，柱の座屈，梁の座屈，部材破断の３つに関して，近年の検討例を紹介する。また，骨組の不安定現象として，シェルの性能評価についても紹介する。

(a) 1層における層崩壊

(b) 柱の局部座屈

図5. 1. 1 振動台実験による4層鉄骨造骨組の崩壊[5.5)]

5.2 骨組の中の柱の座屈長さ係数

5.2.1 骨組の安定性に関する設計

鋼構造骨組の設計では，座屈を考慮することが必要であり，骨組の中の柱材の有効座屈長さを求め座屈耐力を評価する方法がある。これは，鋼構造塑性設計指針[5.40)]や鋼構造座屈設計指針[5.2)]に示されている設計図表を用いる方法が多い。この座屈長さの評価方法に関する研究が，鋼構造物の座屈に関する諸問題 2013（以降，諸問題 2013 と称す）の 11 章の冒頭にまとめられている[5.1)]。均等な骨組における柱材の座屈長さについては，エネルギー法により陽な形で座屈長さ評価式を示しているものがある[5.13), 5.14)]。また，均等な骨組にブレースが付いた場合についても，ブレースの水平剛性と座屈長さ係数の関係について示し[5.15)]，指定した座屈長さをとるために必要なブレースの水平剛性が示されている[5.16)]。

不均等骨組，すなわち柱，梁の剛度分布や柱軸力分布に急な変化がある，あるいは吹き抜けを含むような骨組における柱座屈長さ評価法についても数多くの研究がある[5.41)−5.46)]。文献 5.46)では，細長比が他の柱よりも大きな柱（1 層の吹き抜け柱）を含む部分を解析対象とし，それ以外の骨組を補剛骨組として考え，細長比の大きな柱の座屈長さが節点移動がない場合と同じになるための必要補剛剛性を示している。

また，上記は全て鉛直荷重が作用した場合のみの検討であるが，水平力が作用した場合について，諸問題 2013 の 11 章では，転倒モーメントを受ける骨組において，外柱の弾性座屈荷重が指針などで算定される値を上回り，一次設計時に柱の短期許容圧縮応力度を算定する上で，筋かいのないラーメン骨組においても柱の座屈長さを階高にとることで安全側に評価できることを示唆している[5.47), 5.48)]。

鋼構造座屈設計指針の第 8 章に骨組の安定性に関する設計が記されている。その中で，$P\Delta$効果を考慮する方法として，モーメント増幅率，$P\Delta$法，Direct Analysis method が示されている。Direct Analysis method は，AISC[5.49)]においては本文に示されている方法であり座屈長さ係数の評価を行わずに，骨組の安定性を評価できるものである。また，線形座屈解析を用いた座屈設計手法についても提案がなされている[5.50)]。

このように，骨組の安定性評価に関して数多くの研究があるが，本節では比較的簡便に骨組の中における柱材の座屈長さを評価するための方法を，近年発表された論文から紹介する。内容は次の通りである。

5.2.2 項で均等な骨組の中の柱材の座屈長さ係数算定法として鋼構造塑性設計指針[5.40)]や鋼構造座屈設計指針[5.2)]に示されている設計図表を示す。また，座屈長さ算定式として提案されているもののうち，文献 5.13)，5.14)により提案されている座屈長さ評価式を紹介する。また，ブレース付均等骨組における座屈長さ係数[5.15)]と指定した座屈長さ係数を与えるためのブレースの必要剛性算定法を示す[5.16)]。また，均等な骨組として計算した座屈長さ係数の妥当性について，2 層 1 スパンの解析モデルを用いた検討を示す[5.51),5.52)]。

5.2.3 項では均等な骨組の中の柱材の $P\Delta$効果を考慮するための，柱頭・柱脚の曲げモーメントの拡大係数や部材角の拡大係数の評価式を，純鉄骨およびブレース付骨組に対し示す[5.53), 5.54)]。さらに，AISC[5.49)]などで $P\Delta$効果を考慮するための係数として用いられている，層モーメントに対する $P\Delta$モーメントの比として与えられる安定性指標(SI)を用いた座屈長さ係数評価法[5.55)]を示す。

5. 2. 2 均等な骨組における柱材の座屈長さ係数

本項では (1)で鋼構造塑性設計指針[5.40)]に示されている座屈長さ算定図表を，(2)で座屈長さ算定式を，節点移動がある場合[5.13)]とない場合[5.14)]について示す。また，ブレース付均等骨組における，座屈長さ係数とブレースの水平剛性との関係や，指定した座屈長さをとるために必要なブレースの水平剛性を示す。(3)では均等な骨組として算定した座屈長さ係数の妥当性の検討を示す。

(1) 鋼構造塑性設計指針の設計図表[5.40)]

鋼構造塑性設計指針には，均等な骨組の柱材の座屈長さ係数の算定図表が図 5.2.1 の実線（図中精解）のように示されている。図(a)が節点移動がある場合，図(b)が節点移動がない場合である。これらの算定図表は，均等な骨組から取り出した図 5.2.2 に示す部分骨組の中の AB 部材の座屈長さ係数γを与える。

図 5.2.2 において，記号 I, h, l は部材の断面二次モーメントおよび柱，梁の材長であり，前添字 A, B は接合する節点，後添字 c, g はそれぞれ柱，梁を表している。なお，図 5.2.1 中の G_A, G_B は次式で表される。

$$G_A = \frac{(I_c/h_c)+({}_AI_c/{}_Ah_c)}{({}_AI_{g1}/{}_Al_{g1})+({}_AI_{g2}/{}_Al_{g2})} \tag{5.2.1}$$

$$G_B = \frac{(I_c/h_c)+({}_BI_c/{}_Bh_c)}{({}_BI_{g1}/{}_Bl_{g1})+({}_BI_{g2}/{}_Bl_{g2})} \tag{5.2.2}$$

これらを G ファクタと呼ぶ。

また，式(5.2.3)で Z を定義し，座屈条件式を満たす Z を Z_{cr} とすると，Z_{cr} と図中の座屈長さ係数γの関係が式(5.2.4)で表される。式(5.2.3)中の P は図 5.2.2 の AB 部材に作用する圧縮力，h_c は材長，E はヤング係数，I_c は断面二次モーメントである。

$$Z \equiv \sqrt{\frac{Ph_c^2}{EI_c}} \tag{5.2.3}$$

$$\gamma = \frac{\pi}{Z_{cr}}, \quad \left(Z_{cr} \equiv \sqrt{\frac{P_{cr}h_c^2}{EI_c}} \right) \tag{5.2.4}$$

また，座屈時圧縮力 P_{cr} と座屈長さ係数γの関係は次式で表される。

$$P_{cr} = \frac{\pi^2 EI_c}{(\gamma h_c)^2} \tag{5.2.5}$$

なお，G ファクタを用い，図 5.2.2 の部分架構骨組の座屈条件式を満たす Z_{cr} および座屈長さ係数γを求める方法を，本節では G ファクタ法と呼ぶ。

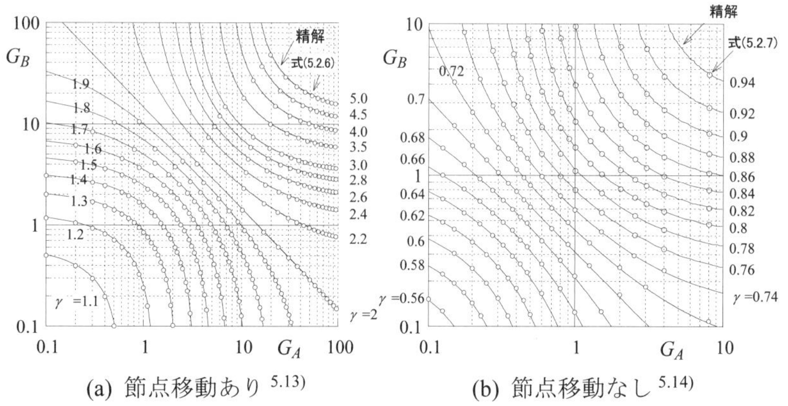

(a) 節点移動あり 5.13)　　(b) 節点移動なし 5.14)

図 5. 2. 1 座屈長さ係数算定図表

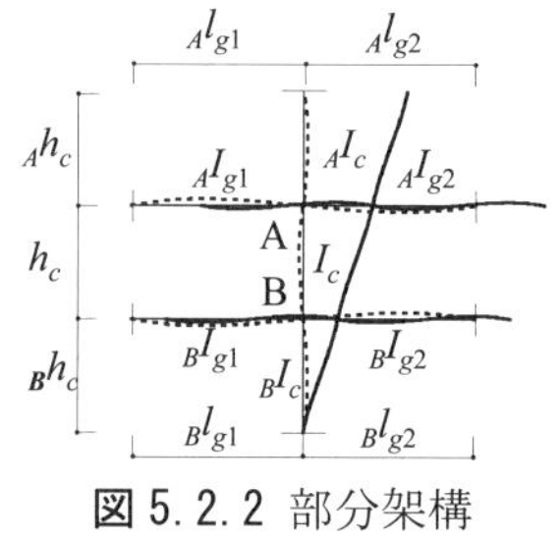

図 5. 2. 2 部分架構

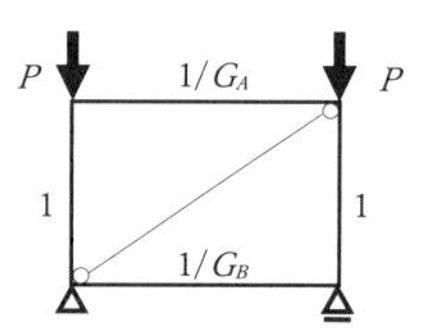

図 5. 2. 3 部分架構と等価な骨組

(2) 座屈長さ係数の評価式[5.13),5.14)]

ラーメン骨組の座屈は，節点移動のある場合とない場合に分けられる。骨組の各層にブレースが組み込まれたラーメンなどでは，十分な水平剛性がある場合は横移動が拘束されているとみなすことができるが，ブレースの剛性によっては節点移動が生じる。

a) ラーメン骨組の場合

(1)で示した鋼構造塑性設計指針の設計図表を使えば均等な骨組の中の座屈長さ係数は評価できるが，柱1本ずつに対してこの設計図表を用いることや，座屈条件式が三角方程式となるため精解値を求めるのは煩雑であり，座屈長さ係数を陽な形で表現できると座屈長さ係数評価に有用である。この観点から文献5.13)では節点移動がある場合について，エネルギー法を用いて座屈長さ係数(γ_{dsn})算定式を式(5.2.6)のように提示している。これは，図5.2.3に示す柱の剛比が1，上梁，下梁の剛比k_t, k_bがそれぞれ$1/G_A$, $1/G_B$のロ形骨組の座屈条件式が，図5.2.2の部分架構の座屈条件式と同じになることに着目して求められたものである。

図5.2.1に文献5.13)で提案されたものを白丸(○)印で示しているが，実線で示す精解と良く対応している。また，節点移動がない場合についても同様の方法で座屈長さ係数算定式が式(5.2.7)として示されており，その結果を図5.2.1(b)に白丸(○)印で示しているが，やはり精解と良く対応している。

b) ブレース付骨組の場合[5.15)]

均等な骨組に水平剛性要素としてのブレースが付いた場合についてもエネルギー法に基づいた座屈長さ係数評価式が提案されている。

文献5.56)では，柱脚がピンの場合の骨組で，座屈長さが階高と等しくなるために必要なブレースの柱1本あたりの水平剛性を式(5.2.8)で示している。hは柱の長さである。

$$K_1 = \frac{\pi^2 EI_c}{h^3} \tag{5.2.8}$$

この水平剛性にスパン数をnとし，柱の本数

$$\gamma_{dsn}(G_A, G_B) = \sqrt{\frac{5G_A^2G_B^2 + 20G_AG_B(G_A+G_B) + 24(G_A^2+G_B^2) + 63(G_AG_B+G_A+G_B) + 54}{3G_AG_B(G_A+G_B) + 30G_AG_B + 6(G_A^2+G_B^2) + 45(G_A+G_B) + 54}} \quad \text{節点移動あり} \tag{5.2.6}$$

$$\gamma_{dsn}(G_A, G_B) = \frac{\pi}{\sqrt{330}} \cdot \sqrt{\frac{\begin{aligned}&1679130G_A^4G_B^4 + 1733400G_A^3G_B^3(G_A+G_B) + 749736G_A^2G_B^2(G_A^2+G_B^2) + 1642383G_A^3G_B^3 + 158976G_AG_B(G_A^3+G_B^3) + \\ &661869G_A^2G_B^2(G_A+G_B) + 13824(G_A^4+G_B^4) + 132720G_AG_B(G_A^2+G_B^2) + 251382G_A^2G_B^2 + 11060(G_A^3+G_B^3) + \\ &48000G_AG_B(G_A+G_B) + 8775G_AG_B + 3840(G_A^2+G_B^2) + 675(G_A+G_B) + 50\end{aligned}}{\begin{aligned}&50220G_A^4G_B^4 + 72198G_A^3G_B^3(G_A+G_B) + 37260G_A^2G_B^2(G_A^2+G_B^2) + 95256G_A^3G_B^3 + 8904G_AG_B(G_A^3+G_B^3) + \\ &45819G_A^2G_B^2(G_A+G_B) + 848(G_A^4+G_B^4) + 10340G_AG_B(G_A^2+G_B^2) + 20658G_A^2G_B^2 + 940(G_A^3+G_B^3) + \\ &4416G_AG_B(G_A+G_B) + 900G_AG_B + 384(G_A^2+G_B^2) + 75(G_A+G_B) + 6\end{aligned}}} \quad \text{節点移動なし} \tag{5.2.7}$$

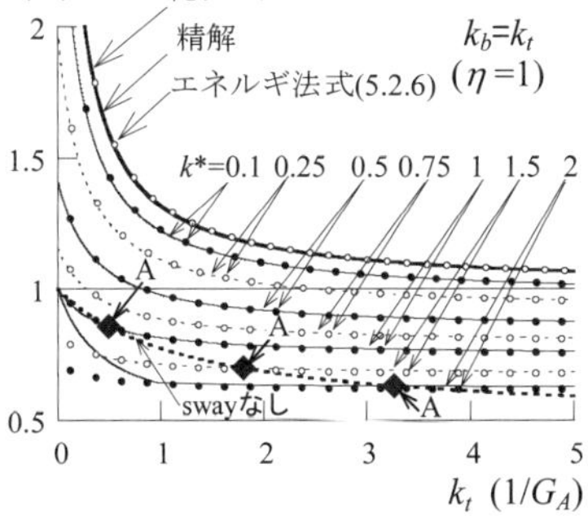

図 5.2.4 座屈長さ係数γ, γ_{dsn}と梁剛比k_tの関係

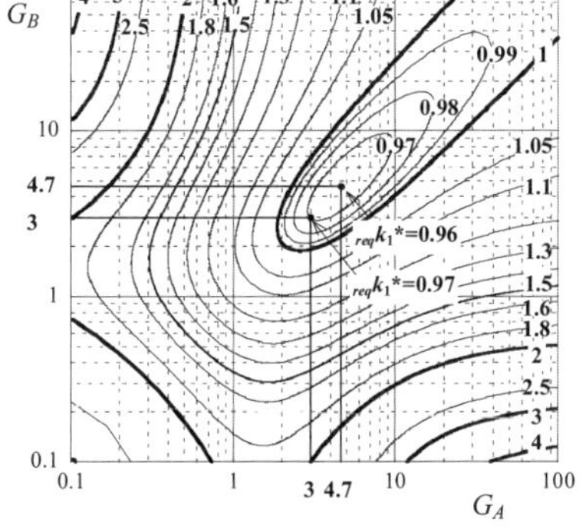

図 5.2.5 節点の水平移動がない場合の座屈長さと等しくするためのブレースの必要水平剛性

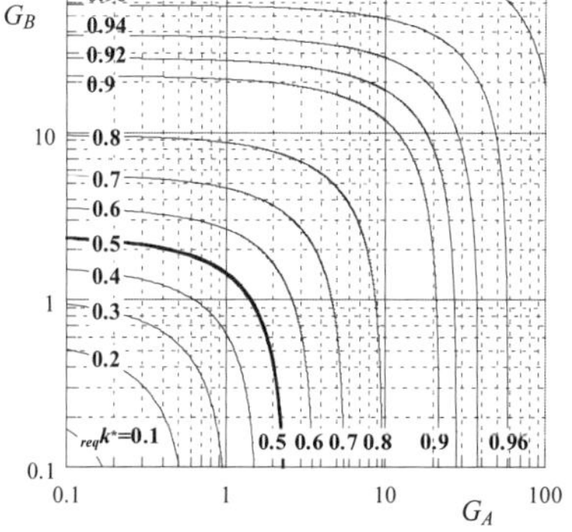

図 5.2.6 座屈長さを階高とするためのブレースの必要水平剛性

$(n+1)$を乗じた剛性を，ブレースの基準水平剛性$\overline{K}$と定義する。$\overline{K}$を式(5.2.9)に示す。

$$\overline{K}=\overline{K}(n)=(n+1)K_1=(n+1)\frac{\pi^2 EI_c}{h^3} \qquad (5.2.9)$$

基準水平剛性$\overline{K}$で層全体のブレースの水平剛性K_h（ブレースが複数ある場合は，各ブレースの水平剛性の総和$K_h=\Sigma K_{hi}$，K_{hi}: ある層のブレース1本あたりの水平剛性）を無次元化し，式(5.2.10)の無次元水平剛性k^*を用いて表現する。

$$k^*=\frac{K_h}{\overline{K}} \qquad (5.2.10)$$

図 5.2.4 に座屈長さ係数γ，γ_{dsn}と図 5.2.3 に示す等価な骨組の梁剛比 k_t $(1/G_A)$ の関係を例示する。γは座屈たわみ角法による精解値である。ブレースの無次元水平剛性 k^*は，0（ブレースなし），0.1, 0.25, 0.5, 0.75, 1, 1.5, 2 として計算を行った。図 5.2.4 は，図 5.2.3 の上梁の剛比と下梁の剛比が等しい場合である。図中実線および点線が精解値，○，●が文献 5.15)により提案された評価式を用いて求めた座屈長さ係数である。

図5.2.4中には，節点の水平移動のない場合（以下，swayなし）の座屈長さ係数を太い点線で示している。無次元水平剛性k^*の値が1以上になると，座屈長さがsway なしで決まる場合がある。図中，◆で示したA点が，swayなしと節点の水平移動のある場合（以下, swayあり）の曲線の交点である。つまり，この点よりもk_tが小さい範囲においては，swayなしの座屈モードとなる。

実用的な範囲と考えられる図5.2.3のロ形骨組の梁剛比 k_t が 0.2～2 の範囲の誤差はη $(=k_b/k_t)$が0.25以上の場合には1.5%程度の範囲に収まっており，これらの範囲においては，エネルギー法による座屈長さ係数γ_{dsn}は精解値を精度良く評価できることが分かっている[5.15)]。

上記とは逆の問題として，指定した座屈長さ係数を与えるためのブレースの必要水平剛性を求めることができる[5.16)]。節点が水平移動しない場合の座屈長さ係数に等しくするためのブレースの必要剛性 ${}_{req}k^*{}_1$ を G_A-G_B 平面上で示すと図 5.2.5 になる。図によれば，節点の水平移動がない場合の座屈長さ係数と等しくするためのブレースの必要水平剛性は，$G_A=G_B=4.7$ のとき最小値 0.96 となり，G_A，G_B がそれぞれ 0.1，100 のときに，4 程度の値となっている。また，座屈長さを階高とするために必要なブレースの水平剛性 ${}_{req}k^*$は式(5.2.11)となる。図 5.2.6 に G_A-G_B 平面上に示す。

$${}_{req}k^*=\frac{1}{1+\dfrac{24}{\pi^2\left(G_A+G_B\right)}} \qquad (5.2.11)$$

(3) 均等な骨組として算定した場合の座屈長さ係数の妥当性[5.51), 5.52)]

これまでに，節点移動のある場合，ない場合について均等な骨組の座屈長さ評価式を示した。しかしながら，これらの座屈長さ係数評価式は骨組を構成する柱や梁の剛性のみに依存し荷重の分布（柱の圧縮力の分布）には依存しない。骨組の中の柱の座屈長さ係数は圧縮力分布に依存することは明らかである。そこで，図 5.2.7 に示す柱脚固定の 2 層 1 スパン骨組の座屈荷重および柱の座屈長さ係数に関して，座屈たわみ角法を用いた精解値

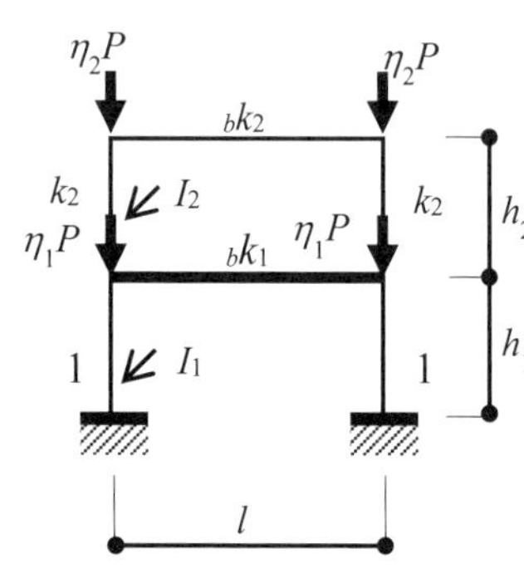

図 5.2.7 解析モデル

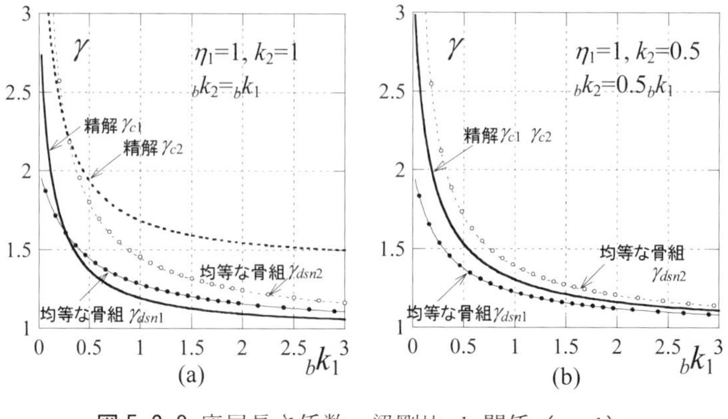

図 5.2.8 座屈長さ係数－梁剛比 ${}_bk_1$ 関係（$\eta_1=1$）

を求め，精解値と均等な骨組の座屈長さ係数算定法より得られる座屈長さ係数と比較を行う。

図 5.2.8 に節点移動が拘束されていない場合の，座屈長さ係数γ（γ_{c1}，γ_{c2}, γ_{dsn1}，γ_{dsn2}，右添字の数字 1，2 はそれぞれ 1 層，2 層を表す）と梁の剛比 $_bk_1$ の関係を示す。いずれも，1 層，2 層ともに軸力が作用している場合で，図(a)は 2 層柱の剛比が 1 で，1 層と 2 層の梁の剛比が等しい場合で，図(b)は，2 層の柱の剛比が 0.5 で，2 層の梁剛比が 1 層の 0.5 倍の場合である。図中の太実線と太点線はそれぞれ精解の座屈長さ係数γ_{c1}，γ_{c2}である。細実線，細点線は均等な骨組として算定した座屈長さ係数γ_{dsn1}，γ_{dsn2}であり，●，○はそれぞれ式（5.2.6）で算定した座屈長さ係数γ_{dsn1}，γ_{dsn2}である。図 5.2.8 によれば，精解と均等な骨組として求めた座屈長さ係数は異なっていることが分かる。

均等な骨組として座屈長さを求める G ファクタ法で，梁の曲げモーメントは上下の柱にその曲げ剛性に応じて分配されるという仮定を用いていることが，精解と座屈長さ係数が異なっていることの一因であると考えられる。

文献 5.51)では，柱剛比，1 層と 2 層の梁剛比の比を変化させ検討を行い，実際の荷重分布に近い場合（η_1=1）には，G ファクタ法で 1 層の座屈長さ係数は，ほぼ 10%以内の精度で評価ができるが，2 層の柱材については，最大 20%程度，座屈長さ係数を小さく評価する場合もあることに留意が必要であることを示している。また，文献 5.52)で節点の水平移動が拘束された場合について同様の検討を行い，実際の荷重分布に近い場合は，G ファクタ法で 1 層，2 層とも 15%以内の精度で座屈長さ係数を評価できることが示されている。

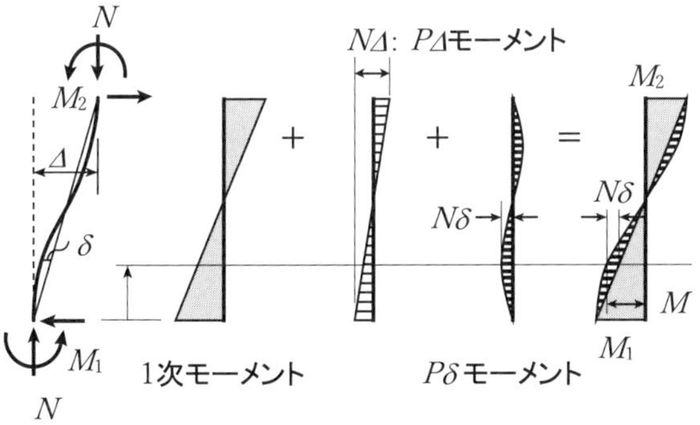

図 5.2.9 $P\Delta$モーメントと $P\delta$モーメント

5.2.3 柱材の座屈長さ係数と$P\Delta$効果[5.53), 5.54)]

柱材の設計において，日本国内における一般の構造設計では幾何学的非線形を無視した微小変形理論に基づいて算定された応力，変形に対して安全性を検討している[5.57)]。しかし，実際には柱材に作用する圧縮力と材軸と直交方向変位に起因する二次的な付加モーメントが生じる。この付加モーメントは図 5.2.9 に示すように，部材のたわみを部材角による成分と材の曲げによる成分とに分離され，それぞれ $P\Delta$モーメント，$P\delta$モーメントと呼ばれている[5.2)]。3 章では，$P\delta$効果が鋼柱の終局状態に及ぼす影響について示している。本項では(1)，(2)において均等な骨組の中の柱の $P\Delta$効果によるモーメントの増幅を考慮するための拡大係数について，ラーメン骨組，ブレース付骨組の場合に対して記す。さらに，(3)においては層モーメントと $P\Delta$ モーメントの比として表される安定性指標（SI)に着目した座屈長さ係数の算定方法について示す。

(1) ラーメン骨組について[5.53)]

a) 部材角拡大係数と曲げモーメント拡大係数

均等な骨組から取り出した図 5.2.2 に示す部分架構に対して，水平力が作用するものとして座屈たわみ角法を用い，部材角 R，柱頭，柱脚の曲げモ

$$\frac{R}{{}_0R}=\frac{(\alpha+6/G_A)(\alpha+6/G_B)-\beta^2}{\left\{(\alpha+6/G_A)(\alpha+6/G_B)-\beta^2\right\}\delta-2\gamma^2\left\{\alpha-\beta+3\left(1/G_A+1/G_B\right)\right\}}\times\frac{G_A+G_B+6}{G_AG_B+2\left(G_A+G_B\right)+3}\times 6 \quad (5.2.12)$$

$$\frac{M_{AB}}{{}_0M_{AB}}=\frac{\gamma\cdot\left(\alpha-\beta+6/G_B\right)\cdot 6/G_A}{\left\{(\alpha+6/G_A)(\alpha+6/G_B)-\beta^2\right\}\delta-2\gamma^2\left\{\alpha-\beta+3\left(1/G_A+1/G_B\right)\right\}}\times\frac{G_A+G_B+6}{G_B+3} \quad (5.2.13)$$

$$\frac{M_{BA}}{{}_0M_{BA}}=\frac{\gamma\cdot\left(\alpha-\beta+6/G_A\right)\cdot 6/G_B}{\left\{(\alpha+6/G_A)(\alpha+6/G_B)-\beta^2\right\}\delta-2\gamma^2\left\{\alpha-\beta+3\left(1/G_A+1/G_B\right)\right\}}\times\frac{G_A+G_B+6}{G_A+3} \quad (5.2.14)$$

ーメント M_{AB}，M_{BA} を算定する。次に，通常のたわみ角法を用い，軸力がない場合の部材角，柱頭，柱脚の曲げモーメントを算定する。

これらの算定結果より，軸力がない場合の部材角 ${}_0R$，柱頭，柱脚の曲げモーメント ${}_0M_{AB}$，${}_0M_{BA}$ に対する，軸力を考慮した場合の部材角，柱頭，柱脚の曲げモーメントの比が得られ，柱部材角，柱頭，柱脚の拡大係数は式(5.2.12)～(5.2.14)で表せる。これらの式より，拡大係数は式(5.2.1)と(5.2.2)の G_A，G_B および式(5.2.3)の Z に支配される（式中，α, β，γ は安定関数であり付録 5.2.1 に示す）。ここで述べる $P\Delta$ モーメントによる部材角，柱頭，柱脚のモーメントの増幅率を考慮する拡大係数は，大変形は考慮しておらず弾性範囲内で用いることを想定している。

b） $R/{}_0R-Z$ 関係と $M/{}_0M-Z$ 関係

図 5.2.10(a) に式(5.2.12)により求めた $R/{}_0R-Z$ 関係を点線で，式(5.2.13)により求めた $M/{}_0M-Z$ 関係を実線で示す（G_A=G_B の場合，式(5.2.13)と(5.2.14)は同じ値となるため，$M/{}_0M \equiv M_{AB}/{}_0M_{AB}= M_{BA}/{}_0M_{BA}$ とした）。図中には G_A（=G_B）が 0，0.5，1，2.5，5 の場合を示している。図より，梁の剛度が大きくなるほど，すなわち G ファクタの値が小さくなるほど，拡大係数 $R/{}_0R$ などの大きさは小さくなる。Z の値が同じとき $R/{}_0R$ と $M/{}_0M$ はほぼ同じ値をとるが，$R/{}_0R$ の値が大きい。この傾向は G ファクタが小さいときに顕著となる。

図中に縦軸が 1.05 の時を直線で示しているが，G_A=0 の $R/{}_0R-Z$ 関係とこの $R/{}_0R$ =1.05 の直線の交点の Z の値は 0.69 となる。すなわち，梁が剛の場合 Z≦0.69 であれば，部材角の拡大係数は 1.05 以下となる。G ファクタの値が大きくなるにつれて，交点の Z の値は小さくなり，G=5 の場合，Z=0.31 が交点の値となる。Z の値が 0.69，0.31 は柱長さ h_c を座屈長さとしたときのオイラー荷重（π^2EI_c/h_c^2）の 4.8%，0.97%に相当する。

c） 拡大係数の簡易評価式

部材角拡大係数や曲げモーメント拡大係数は式(5.2.12)～(5.2.14)を用いれば算定できるが，簡易的な拡大係数 a_m の評価法が提案されている。図 5.2.2 に示す部分架構の AB 部材の近似的な座屈長さ係数は，エネルギー法を用いて得られた式(5.2.6)で与えられる。したがって，AB 部材の座屈荷重は下式で表せる。

$$P_{cr} = \frac{\pi^2 EI_c}{\left(\gamma_{dsn} h_c\right)^2} \tag{5.2.15}$$

部材角や曲げモーメントの拡大係数は，文献 5.58)より近似的に式(5.2.16)となると考えられる。ここでは，この拡大係数を a_m とする。

$$a_m = \frac{1}{1-\dfrac{P}{P_{cr}}} \tag{5.2.16}$$

式(5.2.16)の右辺は，下式(5.2.17)のように式(5.2.3)の Z で表現できる。式中 $\tilde{\gamma}$ は座屈長さ係数で，座屈たわみ角法から得られる座屈条件式により求められる精解か，あるいは式(5.2.6)の γ_{dsn} である。

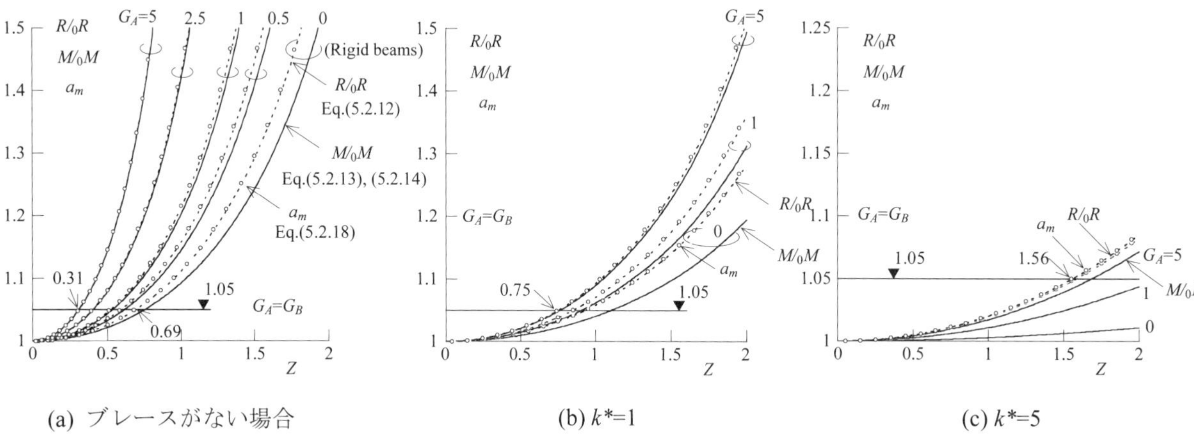

(a) ブレースがない場合　(b) k^*=1　(c) k^*=5

図 5.2.10 $R/{}_0R$，$M/{}_0M$，a_m-Z 関係

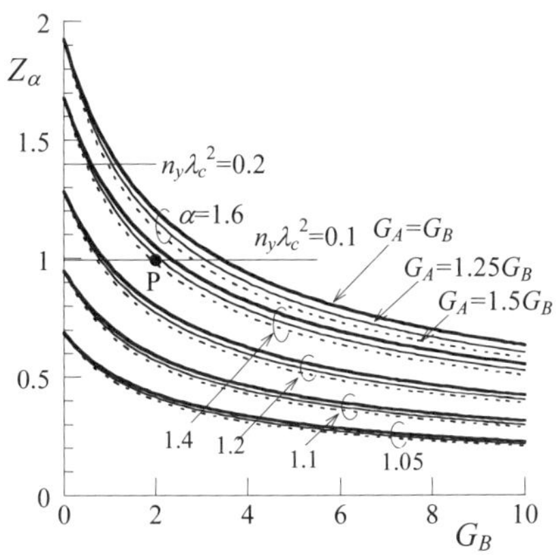

図 5. 2. 11 $Z_\alpha - G_B$ 関係

$$a_m = \frac{1}{1-\dfrac{P}{P_{cr}}} = \frac{1}{1-\dfrac{\tilde{\gamma}^2}{\pi^2}\dfrac{Ph_c^2}{EI_c}} = \frac{1}{1-\dfrac{\tilde{\gamma}^2}{\pi^2}Z^2} \qquad (5.2.17)$$

座屈長さ係数$\tilde{\gamma}$としてγ_{dsn}を用いると式(5.2.18)が得られる。

図 5.2.10(a)に丸(○)印で，式(5.2.18)で算定した値を示しているが，a_mの値は$R/_0R$や$M/_0M$の値を良く評価している。Zの値が 1 以下であれば，ほぼ2%以内の誤差で$R/_0R$や$M/_0M$の値を評価できることが報告されている。したがって，簡略的には式(5.2.18)のa_mを用いて，部材角や曲げモーメントの拡大係数を評価できる。

d）拡大係数を抑制するための Z の制限値

$P\Delta$効果による部材角や材端曲げモーメントの増大を抑制するためのZの条件を求める。ここでは，$R/_0R$や$M_{AB}/_0M_{AB}$の値が例えば 1.05 以下となる条件を検討する。一般的に，部材角や曲げモーメントの拡大係数がある値α以下であるための条件は，式(5.2.17)より下式で与えられる。

$$\alpha \geq \frac{1}{1-\dfrac{\tilde{\gamma}^2}{\pi^2}Z_\alpha^2} \qquad Z_\alpha \leq \frac{\pi}{\tilde{\gamma}}\sqrt{\frac{\alpha-1}{\alpha}} \qquad (5.2.19)$$

上式でα=1.05 とすると下式が得られる。

$$Z_\alpha \leq \frac{\pi}{\tilde{\gamma}}\sqrt{\frac{\alpha-1}{\alpha}} = \frac{0.686}{\tilde{\gamma}} \qquad (5.2.20)$$

上式(5.2.20)で上下の梁が剛の場合あるいは柱脚が剛，柱頭がピンの場合を考えて，座屈長さ係数$\tilde{\gamma}$を 1，2 とすると式(5.2.20)の右辺はそれぞれ，0.686，0.342 となり，Z_αの値がこの値より小さければ$P\Delta$効果による部材角や材端曲げモーメントの増大を 5%以下に抑えることができる。一般的には，式(5.2.19)で座屈長さ係数$\tilde{\gamma}$として式(5.2.6)のγ_{dsn}を用いると式(5.2.21)が得られる。

図 5.2.11 に拡大係数αの値を 1.05, 1.1, 1.2, 1.4, 1.6 とし，G_A=G_B，G_A=1.25G_B，G_A=1.5G_BとしたときのZ_αを示す。図中太実線，実線，点線でそれぞれ，G_A=G_B，G_A=1.25G_B，G_A=1.5G_Bの場合を示している。この図より，拡大係数をα以下とするためのGファクタとZの関係が与えられる。

図中点 P は，$n_y\lambda_c^2$=0.1，G_B=2 のときで 1.4 程度の拡大係数となっている。式(3.3.3)で示された塑性ヒンジを形成する柱の制限を満足する場合でも$P\Delta$モーメントは大きくなっている場合がありえることに留意が必要であると考えられる。

(2) ブレース付骨組について

ブレース付均等骨組の中の柱材においても，同様の検討が行われている。解析仮定として(1)と同じものを用い，ブレースの無次元化剛性として，式(5.2.10)のk^*を用いると，部材角拡大係数，曲げモーメント拡大係数が算定できる。図 5.2.10(b), (c)に$R/_0R-Z$関係を点線で，$M/_0M-Z$関係を実線で示す（G_A=G_Bとしているので，$M/_0M \equiv M_{AB}/_0M_{AB}$=$M_{BA}/_0M_{BA}$とした)。図中には$G_A$（=$G_B$）が 0，1，5 の場合を示している。ブレースがない場合と同様に，梁の剛性が大きくなるほど，拡大係数$R/_0R$などの大きさは小さくなる。Zの値が同じとき$R/_0R$

$$a_m = \frac{1}{1-\dfrac{1}{\pi^2}\cdot\dfrac{5G_A^2G_B^2+20G_AG_B(G_A+G_B)+24(G_A^2+G_B^2)+63(G_AG_B+G_A+G_B)+54}{3G_AG_B(G_A+G_B)+30G_AG_B+6(G_A^2+G_B^2)+45(G_A+G_B)+54}\cdot Z^2} \qquad (5.2.18)$$

$$Z_\alpha = \sqrt{\frac{Ph_c^2}{EI_c}} \leq \frac{\pi}{\gamma_{dsn}}\sqrt{\frac{\alpha-1}{\alpha}} = \pi\sqrt{\frac{3G_AG_B(G_A+G_B)+30G_AG_B+6(G_A^2+G_B^2)+45(G_A+G_B)+54}{5G_A^2G_B^2+20G_AG_B(G_A+G_B)+24(G_A^2+G_B^2)+63(G_AG_B+G_A+G_B)+54}}\cdot\sqrt{\frac{\alpha-1}{\alpha}} \qquad (5.2.21)$$

と $M/_0M$ を比較すると $R/_0R$ の値が大きく，この傾向は G ファクタが小さいときに顕著となる。

図中に縦軸が 1.05 の時を直線で示している。ブレースのついた場合は，$G_A=G_B=5$ の場合で $R/_0R$ =1.05 の直線と点線で示す $R/_0R$ の交点の Z の値は 0.75，1.56 と大きくなる。Z の値が 0.31，0.75，1.56 は柱長さ h_c を座屈長さとしたときのオイラー荷重（π^2EI_c/h_c^2）の 0.97%，5.7%，24.7%に相当する。

また，式(5.2.17)の拡大係数および，拡大係数を抑制するための Z の制限値についてもブレースがない場合と同様に，G ファクタ，Z，無次元水平剛性 k^*を用いた式で表されている。

式(5.2.18)による拡大係数 a_m は，G ファクタと Z の値により比較的簡便に算定できる。

(3) 安定性指標(SI)を用いた座屈長さ係数の算定

これまで，均等な骨組における柱材の座屈長さ係数の算定について示してきたが，図 5.2.2 に示す部分架構の中の柱材について着目したものであった。ここでは，層モーメントと $P\varDelta$モーメントの比として表される安定性指標（SI：Stability Index の略）に着目した座屈長さ係数の算定方法について示す。

a) 安定性指標(SI)について

鋼構造塑性設計指針 5.40)では，骨組全体の不安定現象による著しい耐力低下を避けるために，圧縮軸力比と構面内の曲げ座屈細長比の組合せに関して下式の制限を満たすことを要求している。式表現は異なるが，同じ内容の制限を鋼構造限界状態設計指針 5.59)でも示している。

$$\frac{N}{N_Y}\cdot {}_f\lambda_c^{\,2} \le 0.25 \qquad (5.2.22)$$

ここに，N，N_Y は，それぞれ柱の圧縮軸力，降伏軸力であり，N/N_Y は軸力比である。また，${}_f\lambda_c$ は構面内の曲げ座屈細長比であり，下式で表現される。

$${}_f\lambda_c = \sqrt{\frac{N_Y}{{}_fN_e}} \qquad (5.2.23)$$

上式の ${}_fN_e$ は構面内の柱の弾性曲げ座屈耐力で，柱の曲げ座屈長さ ${}_kl_c$ を用いて下式で算定する。

$${}_fN_e = \frac{\pi^2EI}{{}_kl_c^{\,2}} \qquad (5.2.24)$$

AISC5.49)では，その付録 8 で近似二次解析として $P\varDelta$効果に対する拡大係数 B_2 に対して下式を示している。

$$B_2 = \frac{1}{1-\dfrac{\alpha P_{story}}{P_{e\,story}}} \ge 1 \qquad (5.2.25)$$

ここに，荷重耐力係数設計（LRFD）で $\alpha=1$，許容応力度設計（ASD）で $\alpha=1.6$ としている。P_{story} は層に作用する全鉛直荷重，$P_{e\,story}$ は節点移動を考慮した座屈解析による層に対する弾性座屈荷重であり，下式で算定してもよいとしている。

$$P_{e\,story} = R_M\frac{HL}{\varDelta_H} \qquad (5.2.26)$$

ここに，H は層せん断力，L は層高さである。$\varDelta_H$ は一次解析による層間変位，R_M は $P\delta$モーメントの影響を考慮するもので，下限として 0.85 をとることができるとしている。式(5.2.26)を式(5.2.25)の右辺の $\alpha P_{story}/P_{e\,story}$ に代入すると下式となる。

$$\frac{\alpha P_{story}}{P_{e\,story}} = \frac{\alpha P_{story}\cdot\varDelta_H}{R_M\cdot HL} \qquad (5.2.27)$$

上式は本質的には層モーメント HL に対する $P\varDelta$モーメントの比を示している。文献 5.60)では上式右辺を“stability index”と呼んでいる。

Eurocode 3[5.61)]では，式(5.2.28)を満足するときは変形を考慮しない解析でよく，この α_{cr} は節点移動がある骨組の場合は式(5.2.29)を用いることとしている。式(5.2.28)の F_{cr} は式(5.2.23)の ${}_fN_e$ に，F_{Ed} は式(5.2.22)の N に対応している。また，H_{Ed} は層せん断力，V_{Ed} は層に作用する全鉛直荷重，h は層の高さ，$\delta_{H,Ed}$ は層間変位である。

$$\alpha_{cr} = \frac{F_{cr}}{F_{Ed}} \ge 10\text{（弾性解析）},\ 15\text{（塑性解析）} \qquad (5.2.28)$$

$$\alpha_{cr} = \left(\frac{H_{Ed}}{V_{Ed}}\right)\left(\frac{h}{\delta_{H,Ed}}\right) \qquad (5.2.29)$$

式(5.2.29)の右辺は，式(5.2.27)右辺の逆数を意味している。$P\varDelta$効果は，下式を水平力に乗じ，水平力を増加させることによるとしている。ただし，$\alpha_{cr}<3.0$ の場合はより正確な二次解析を行うとしている。

$$\frac{1}{1-\dfrac{1}{\alpha_{cr}}} \tag{5.2.30}$$

これら，フレームスタビリティに関しての指標の関係は，式(5.2.25)のα=1，式(5.2.27)の R_M=1 とすると，下式となる。

$$\frac{N}{N_Y}\cdot {}_f\lambda_c^2=\frac{N}{{}_fN_e}=\frac{P}{P_{cr}}=\frac{\gamma^2}{\pi^2}Z_{cr}^2=\frac{P_{story}}{P_{e\,story}}$$
$$=\frac{P_{story}\cdot\Delta_H}{HL}=\frac{1}{\dfrac{F_{cr}}{F_{Ed}}}=\frac{1}{\left(\dfrac{H_{Ed}}{V_{Ed}}\right)\left(\dfrac{h}{\delta_{H,Ed}}\right)}=\frac{1}{\alpha_{cr}} \tag{5.2.31}$$

b) SI法による座屈長さ係数の算定法

座屈荷重・座屈長さ係数と安定性指標 (SI)には密接な関係がある。すなわち，安定性指標(SI)より座屈長さ係数を算出できる。算定方法としては次のようになる。これを，ここではSI法と呼ぶ。

1) 各階の床位置に水平力を載荷し，層せん断力と各層の層間変位を算定する。
2) 各層の安定性指標（SI）を式(5.2.32)で算定する。柱の軸力は，与えられた軸力分布とする。

$$\mathrm{SI}_i=\frac{\sum_{j=1}^{n+1}P_{ij}\cdot\Delta_i}{Q_i\cdot h_i} \tag{5.2.32}$$

本式で示した安定性指標 SI_i が求まると曲げモーメントや水平変位の拡大係数 a_{mi} が下式で算定できる。

$$a_{mi}=\frac{1}{1-\mathrm{SI}_i} \tag{5.3.33}$$

3) 各層の安定性指標 (SI)を比較し，一番大きな値となる層をクリティカルな層 i_{cr} と考える。この層を座屈関連層と呼ぶ。
4) 式(5.3.33)において拡大係数 a_{mi} が∞になる時が座屈荷重と考えられるが，比例的に各柱の負担軸力 P_{ij} が増加するとき，SI_i が最大となる $i=i_{cr}$

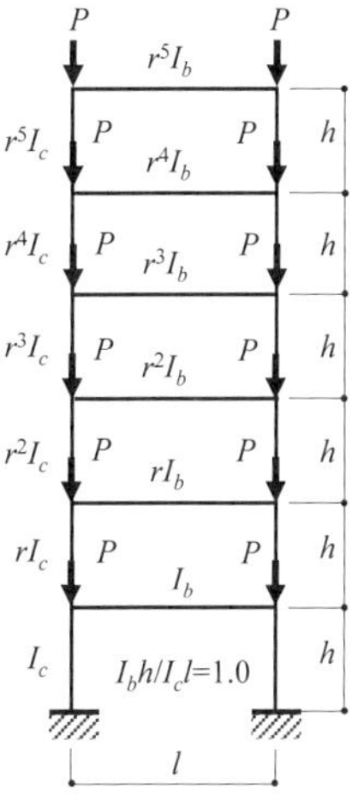

図 5.2.12 解析モデル

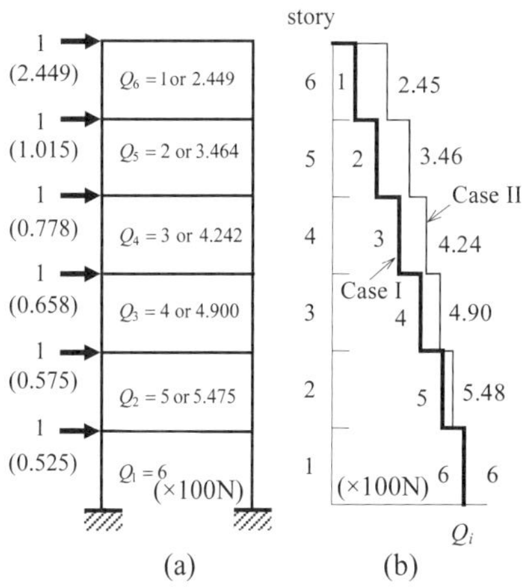

図 5.2.13 水平力と層せん断力の分布

表 5.2.1 座屈長さ係数の比較（水平力分布が一定の場合 Case I）

(1)	(2)	(3)	(4)	(5)	(6)	(7)	(8)	(9)	(10)	(11)	(12)	(13)	(14)
story	Story shear Q_i [N]	Story displacement Δ_i [mm]	Story axial load ($\times P_0$)	Stability index SI	Story buckling load [N]	${}_{SI}\gamma_{i_{cr}j}$	Z_{kl}	$\dfrac{Z_{i_{cr}j}}{Z_{kl}}$	${}_{SI}\gamma$	γ_{exact}	${}_G\gamma$	${}_{SI}\gamma/\gamma_{exact}$	${}_G\gamma/\gamma_{exact}$
6	100	5.78	2	0.353	(86500)	(1.522)	1.23	1.43	**2.15**	2.11	1.43	**1.02**	0.68
5	200	9.02	4	0.552	(110800)	(1.503)	1.55	1.13	**1.70**	1.67	1.55		0.93
4	300	10.87	6	0.665	(137900)	(1.507)	1.70	1.03	**1.56**	1.52	1.55		1.02
3	400	11.58	8	**0.708**	**172600**	**1.506**	1.76	1.00	**1.51**	1.47	1.55		1.05
2	500	11.16	10	0.683	(224000)	(1.478)	1.76	1.00	**1.51**	1.47	1.55		1.05
1	600	7.27	12	0.445	(412400)	(1.218)	1.72	1.02	**1.54**	1.50	1.26		0.84

表 5.2.2 座屈長さ係数の比較（水平力分布が A_i 分布に従う場合 Case II）

(1)	(2)	(3)	(4)	(5)	(6)	(7)	(8)	(9)	(10)	(11)	(12)	(13)	(14)
story	Story shear Q_i [N]	Story displacement Δ_i [mm]	Story axial load ($\times P_0$)	Stability index SI	Story buckling load [N]	${}_{SI}\gamma_{i_{cr}j}$	Z_{kl}	$\dfrac{Z_{i_{cr}j}}{Z_{kl}}$	${}_{SI}\gamma$	γ_{exact}	${}_G\gamma$	${}_{SI}\gamma/\gamma_{exact}$	${}_G\gamma/\gamma_{exact}$
6	244.9	12.59	2	0.315	(97200)	(1.436)	1.23	1.43	**2.16**	2.11	1.43	**1.03**	0.68
5	346.4	15.41	4	0.544	(112300)	(1.493)	1.55	1.13	**1.71**	1.67	1.55		0.93
4	424.2	15.38	6	0.665	(137900)	(1.507)	1.70	1.03	**1.56**	1.52	1.55		1.02
3	490	14.25	8	**0.711**	**171900**	**1.509**	1.76	1.00	**1.51**	1.47	1.55		1.05
2	547.5	12.34	10	0.689	(221800)	(1.485)	1.76	1.00	**1.51**	1.47	1.55		1.05
1	600	7.46	12	0.456	(402000)	(1.234)	1.72	1.02	**1.54**	1.50	1.26		0.84

の層が最初に $a_{mi}\to\infty$ となる。すなわち，クリティカルな層の SI_{icr} が 1 となる時が座屈条件式となる。

$$\frac{\sum_{j=1}^{n+1}\widetilde{P}_{i_{cr}j}\cdot\Delta_{cr}}{Q_{i_{cr}}\cdot h_{i_{cr}}}=1 \qquad (5.2.34)$$

5) 上式より，座屈時の i_{cr} 層の負担する軸力が下式で算定できる。

$$\sum_{j=1}^{n+1}\widetilde{P}_{i_{cr}j}=\frac{Q_{i_{cr}}\cdot h_{i_{cr}}}{\Delta_{cr}} \qquad (5.2.35)$$

6) i_{cr} 層 j 通りの柱が負担する軸力 $P_{i_{cr}j}$ の i_{cr} 層の全負担軸力に対する比を式(5.2.36)のように $\alpha_{i_{cr}j}$ とすると，座屈長さ係数の定義より，式(5.2.37)でこの柱の座屈長さ係数 ${}_{SI}\gamma_{i_{cr}j}$ が算定できる。

$$\alpha_{i_{cr}j}=\frac{P_{i_{cr}j}}{\sum_{k=1}^{n+1}P_{i_{cr}k}} \qquad (5.2.36)$$

$${}_{SI}\gamma_{i_{cr}j}=\sqrt{\frac{1}{\alpha_{i_{cr}j}}\cdot\frac{1}{\sum_{j=1}^{n+1}\widetilde{P}_{i_{cr}j}}\cdot\frac{\pi^2 EI_{i_{cr}j}}{h_{i_{cr}}{}^2}} \qquad (5.2.37)$$

7) 任意の k 層 l 通りの柱の座屈長さ係数 ${}_{SI}\gamma_{kl}$ は ${}_{SI}\gamma_{icrj}$ より以下のように算定することができる。まず，式(5.2.3)に従って各柱の Z の値を下式で算定する。

$$Z_{kl}=\sqrt{\frac{P_{kl}\cdot h_k{}^2}{EI_{kl}}} \qquad (5.2.38)$$

座屈長さ係数は π を Z_{cr} で割ったものとなり，式(5.2.37)で算定した ${}_{SI}\gamma_{icrj}$ は下式となる。

$${}_{SI}\gamma_{i_{cr}j}=\frac{\pi}{Z_{i_{cr}j}} \qquad (5.2.39)$$

したがって，k 層 l 通りの柱の座屈長さ係数 ${}_{SI}\gamma_{kl}$ は下式で求めることができる。

$${}_{SI}\gamma_{kl}=\frac{\pi}{Z_{kl}}=\frac{\pi}{Z_{i_{cr}j}}\cdot\frac{Z_{i_{cr}j}}{Z_{kl}}=\frac{Z_{i_{cr}j}}{Z_{kl}}\cdot{}_{SI}\gamma_{i_{cr}j} \qquad (5.2.40)$$

c) 精解とSI法およびGファクタ法の比較

図 5.2.12 に示す 6 層 1 スパン骨組における座屈長さ係数の算定結果を表 5.2.1，5.2.2 に示す。梁・柱の剛比が上層にいくにつれ小さくなるよう図 5.2.12 中の r の値を 0.8 とし，部材の断面二次モーメントに r^{i-1} を乗じている。作用する鉛直荷重 P は全層とも同じで，水平力の分布は，Case I : 等分布の場合，Case II : A_i 分布に従う場合，の 2 通りについて計算する。水平力ならびに各層の層せん断力 Q_i の分布を図 5.2.13 に示しており，表 5.2.1，表 5.2.2 の(2)列にその値を示している。この水平力を作用させたときの層間変位を(3)列に示している。

式(5.2.32)で算定した安定性指標(SI)を(5)列に示している。安定性指標(SI)は 3 層で最大値（0.708, 0.711）を取っており，3 層が座屈関連層ということになる。

表中，(10)列，(11)列，(12)列にそれぞれ，SI 法による座屈長さ係数 ${}_{SI}\gamma$ と精解値 γ_{exact}，G ファクタ法による座屈長さ係数 ${}_{G}\gamma$ を示している。精解値は座屈たわみ角法を用いて算定している文献 5.62)によった。水平力分布が Case I の等分布の場合，Case II の場合，それぞれ ${}_{SI}\gamma/\gamma_{exact}$ は 1.02，1.03 となり 3%程度の違いで座屈長さ係数を評価できている（表 5.2.1，5.2.2 の(13)列参照)。水平力の分布によらず安定性指標(SI)ならびに座屈長さ係数はほぼ同じ値となっている。

また，G ファクタ法による座屈長さ係数 ${}_{G}\gamma$ も 2 層から 5 層の柱に対しては ${}_{G}\gamma/\gamma_{exact}$ は 0.93〜1.05 と比較的精度良く座屈長さ係数を評価できている（表 5.2.1，5.2.2 の(14)列参照)。

SI 法による座屈長さ係数算定の利点は，座屈たわみ角法を用いる場合に比較して簡便であり，精度も良い。また，多層骨組においては安定性に関してクリティカルな層が判別できることにある。

5.2.4 ま　と　め

骨組における柱材の座屈長さ係数について，既往の研究について紹介し，エネルギー法により均等な骨組として算定した座屈長さ係数評価法を，節点の移動が拘束されていない場合，拘束されている場合，また，ブレースがある場合について示した。また，$P\Delta$ 効果による曲げモーメント，部材角の増幅を考慮するための拡大係数の評価式を示し，最後に，安定性指標(SI)を用いた座屈長さ係数評価法について紹介した。

付録 5.2.1 安定関数

式(5.2.12)～(5.2.14)のα, β, γ, δは式(A1)で定義したZを用いて，式(A2)で求められる。

$$Z=\sqrt{\frac{Ph_c^2}{EI_c}} \tag{A1}$$

$$\left.\begin{aligned}&\alpha=\frac{Z\sin Z-Z^2\cos Z}{2(1-\cos Z)-Z\sin Z},\quad \beta=\frac{Z^2-Z\sin Z}{2(1-\cos Z)-Z\sin Z}\\&\gamma=\alpha+\beta,\qquad \delta=2\gamma-Z^2\end{aligned}\right\} \tag{A2}$$

5.3 梁の横座屈と骨組挙動

梁の横座屈は骨組耐力を決める要因として重要な現象の一つであり，横座屈が骨組挙動にどのような影響を及ぼすのかを明確にする必要がある。

部材単体を対象とした研究は数多く行われ，非弾性横座屈荷重の推定，十分な塑性変形能力を確保するための補剛間隔，必要補剛剛性，床スラブなど横座屈に影響を及ぼす種々の要因が詳細に検討され[5.63)−5.72)]，これらの成果は，現行の設計基・規準にも反映されている[5.73)−5.76)]。近年では，床スラブや折板屋根の補剛効果についての知見も蓄積されつつあり[5.77)−5.84)], それぞれの横座屈耐力評価式が提案されている。また，梁両端の拘束条件による耐力評価についても研究が進められ[5.85)−5.87)]，梁の復元力特性モデルも提案されている[5.88), 5.89)]。繰返し載荷時に塑性変形能力を保証するための横座屈補剛条件についても研究が進められており，文献 5.1）にこれらの成果がまとめられている。

横座屈発生後の骨組の大変形挙動についての研究も行われ, 文献 5.90),5.91)では水平加力を受ける骨組の横座屈後挙動解析を実施し，梁の横座屈が発生しても骨組耐力は急激に低下しないこと，外力のかかり方によって梁に軸力が導入され，骨組耐力が変化することが示されている。また，立体的な鋼骨組挙動を把握する目的で，小型模型骨組[5.22)−5.24), 5.92)]，小断面形鋼立体[5.25),5.93)]，実大骨組実験[5.26),5.27)]も行われ，骨組挙動が明らかになりつつあるが，これらの実験の多くは，梁の横座屈を含むような骨組の大変形挙動までを対象としていない。また，骨組挙動として考えた場合，梁と梁が横補剛材で接合され，床版がなく水平ブレースなどで水平剛性を確保している場合，梁は同一面外方向に変形し，横補剛位置で構面外変形を拘束できずに横補剛の効果が小さくなるのではないかという懸念があり，梁単体では把握できない現象があると考えられる。

現行の設計基・規準では梁単体の挙動の知見に従って補剛規定が示されており，骨組内の梁が横座屈した場合の挙動については考慮されていない。しかし，骨組内の梁の横座屈挙動は梁単体の挙動とは異なる可能性があり，骨組内の梁が座屈を生じても，ただちに骨組が不安定になるわけではないものの不明な点が多く，設計規準にはその点は考慮されていない。部材としての評価ではなく，骨組として評価できれば，より効果的な設計ができる可能性がある。梁の座屈によって骨組挙動にどのような影響があるかを明らかにする目的で実験的，解析的検討を実施して得られた，梁の横座屈発生後の骨組挙動，横補剛を有する梁の挙動特性，変形性能について知見を紹介する。

5.3.1 門形骨組の横座屈後挙動[5.97)]

横座屈後の大変形領域まで考慮した骨組内の梁の耐力および変形性能を検討する目的で, 柱断面, 梁断面，スパンおよび柱脚部の拘束条件をパラメータとした門形骨組の数値解析を行い，骨組内の梁の横座屈長さ，梁の塑性変形能力について考察する。なお，増分摂動法を導入した一軸材料線要素からなる梁-柱有限要素法による立体骨組解析プログラム[5.30),5.94),5.96)]を用いている。

(a) 解析モデル

解析対象は図 5.3.1 に示す両柱頭に均等に水平力を受ける柱脚固定の門形骨組であり，階高 h は 3500mm，スパン l は弱軸まわりの細長比λ_y=170～800 の範囲で変化させる。解析パラメータは梁断面，柱断面，スパンである。梁は H-400×200×8×13（以下，H-400×200），H-340×250×9×14（H-340×250）の 2 種類であり，いずれも幅厚比 FA ランクである。柱断面は□-250×250×16～□-350×350×16 の角形鋼管柱 3 種類と H-340×250×9×14～H-458×417×30×50 の H 形鋼柱 7 種類であり，柱梁耐力比は概ね 1 以上となるように選択している。スパンは細長比λ_y=170～800 に相当する 10 種類の長さを対象とした。柱および梁の断面，耐力比，骨組の崩壊荷重を表 5.3.1 にまとめて示す。なお，骨組内の梁の変形性能を把握するため，設計規準などで横補剛が必要とされる梁に対しても横補剛は設けず，直交する梁やスラブの拘束効果，残留応力の影響は対象としていない。

図 5.3.1(a)に示すように節点を設け，部材せいの 1～2 倍の長さの要素長になるように，各節点間を

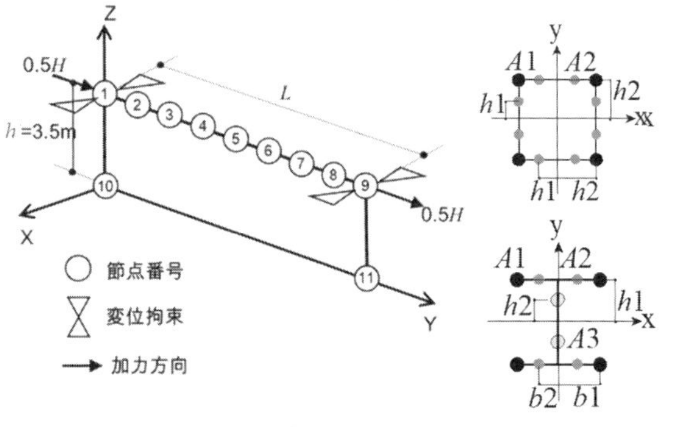

(a) 骨組モデル　　(b) 部材断面モデル

図5. 3. 1 解析モデル

表5. 3. 1 柱断面諸量と崩壊荷重

柱＼梁	H-400×200×8×13		H-340×250×9×14	
	柱梁耐力比	骨組崩壊荷重[kN]	柱梁耐力比	骨組崩壊荷重[kN]
□-250×250×16	1.02	349	0.97	353
□-300×300×16	1.51	433	1.42	443
□-350×350×16	2.08	532	1.97	542
H-340×250×9×14	1.06	355	1.00	365
H-300×300×10×15	1.14	369	1.08	379
H-344×348×10×16	1.61	451	1.52	461
H-388×402×15×15	2.12	539	2.01	549
H-414×405×18×28	3.85	838	2.65	666
H-428×407×20×35	4.85	1011	4.59	1020
H-458×417×30×50	7.36	1444	6.96	1454

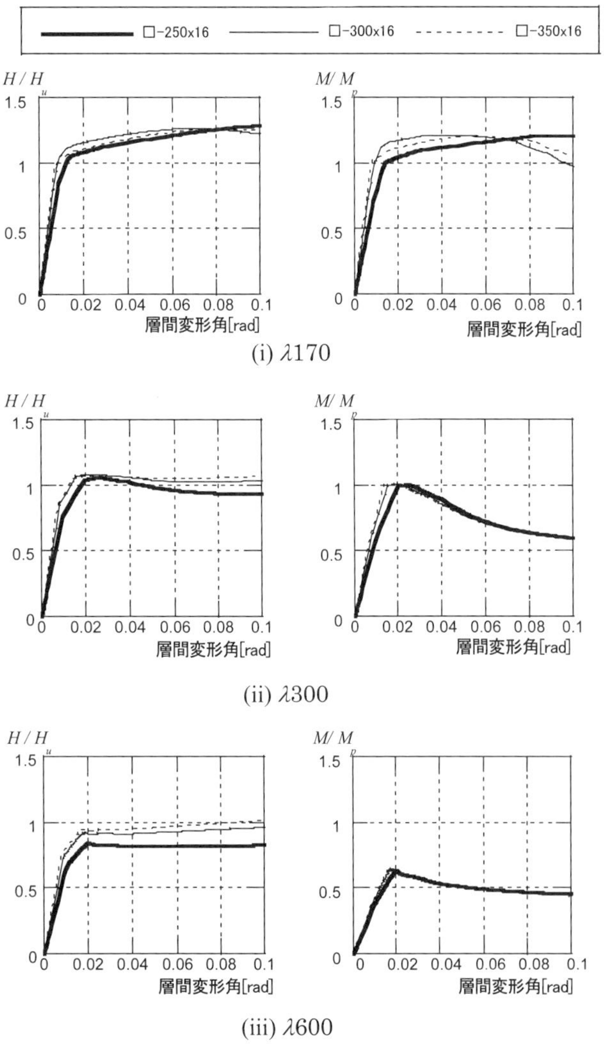

(i) λ170

(ii) λ300

(iii) λ600

(a) 骨組耐力　　(b) 梁耐力

図5. 3. 2 角形鋼管柱－細幅断面梁骨組

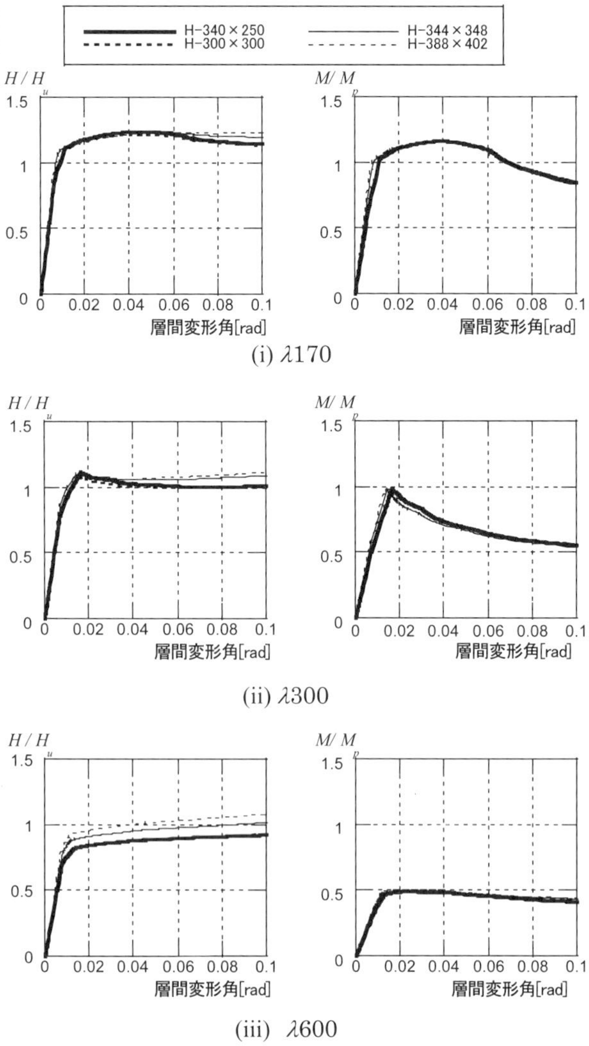

(i) λ170

(ii) λ300

(iii) λ600

(a) 骨組耐力　　(b) 梁耐力

図5. 3. 3 H形鋼柱－細幅断面梁骨組

さらに等分割している。拘束条件は，柱頭は面外の並進変位のみを拘束し，節点⑩，⑪の全変位を拘束している。応力ひずみ関係はバイリニア型で，ヤング係数 E=2.05×10^{5}N/mm^2，降伏応力度 σ_y=235N/mm^2 であり，降伏後の接線勾配係数は E/100 としている。せん断弾性係数は G=7.9×10^{4}N/mm^2 であり，解析中一定とする。図5.3.1(b)に示すように各断面要素はいくつの材料線要素からなり，断面諸量を一致させるように，箱形断面は 12 材料線要素，H 形断面は 10 材料線要素でモデル化する。

(b) 耐力

図 5.3.2 に角形鋼管柱，図 5.3.3 に H 形鋼柱の解析結果を示す。いずれも，梁は H-400×200 である。(a)は骨組耐力－層間変形角関係，(b)は梁耐力-層間変形角関係を示す。図 5.3.2(a)，(b)より，梁の耐力低下と骨組の耐力低下の発生がほぼ一致し，梁の耐力低下が骨組に影響している。しかし，柱が水平力を負担するため，骨組の耐力低下は緩やかになる。

図 5.3.3 は図 5.3.2 とほぼ同様の傾向を示すが，図 5.3.2 と図 5.3.3 を比較すると，H 形鋼柱は角形鋼管柱と比較してねじり剛性が低いため骨組および梁耐力の低下が早く，λ600 では梁の最大耐力も20%程度低くなっており，柱のねじれ拘束が横座屈耐力および座屈後挙動に影響を与えることが分かる。また，2.6 節の知見にあるように，λ170 では最大耐力の大きさは柱の形状による違いは小さいが，H 形鋼柱の場合は耐力低下が著しい傾向にある。この傾向は，繰返し載荷ではより顕著になると予測される。一方，λ300，λ600 では柱断面の違いによる骨組挙動への影響は少ない。

骨組耐力と柱梁剛比の関係を図 5.3.4 に示す。(a)角形鋼管柱，(b)H 形鋼管柱の結果を示す。縦軸は骨組耐力を示し，崩壊荷重で除して無次元化しており，横軸は剛比を示す。剛比とは柱の剛度(I_c/h)を梁の剛度(I_b/l)で除したものであり，$k=(I_c/h)/(I_b/l)$である。ここで，I_c は柱の断面二次モーメント，I_b は梁の断面二次モーメントを示す。

図 5.3.4 より梁材長が同じでも，剛比が大きいほど骨組耐力が上昇する傾向がみられる。この傾向は，角形鋼管柱，H 形鋼柱とも共通しており，梁

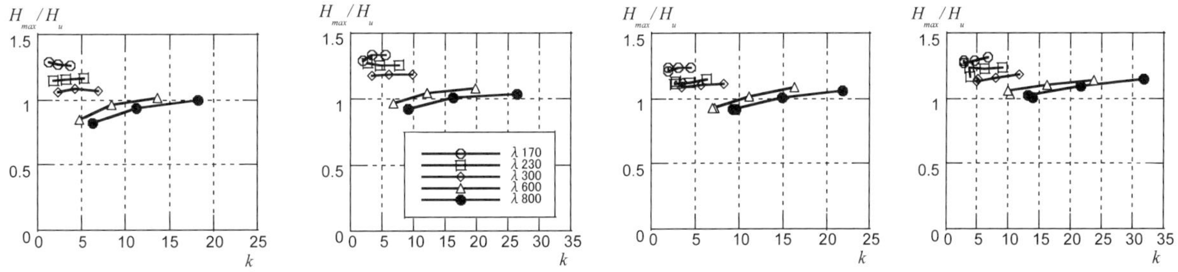

(i) 細幅梁　(ii) 中幅梁　(i) 細幅梁　(ii) 中幅梁
(a) 角形鋼管柱　(b) H形鋼柱

図5.3.4 最大耐力比－柱梁剛性比関係

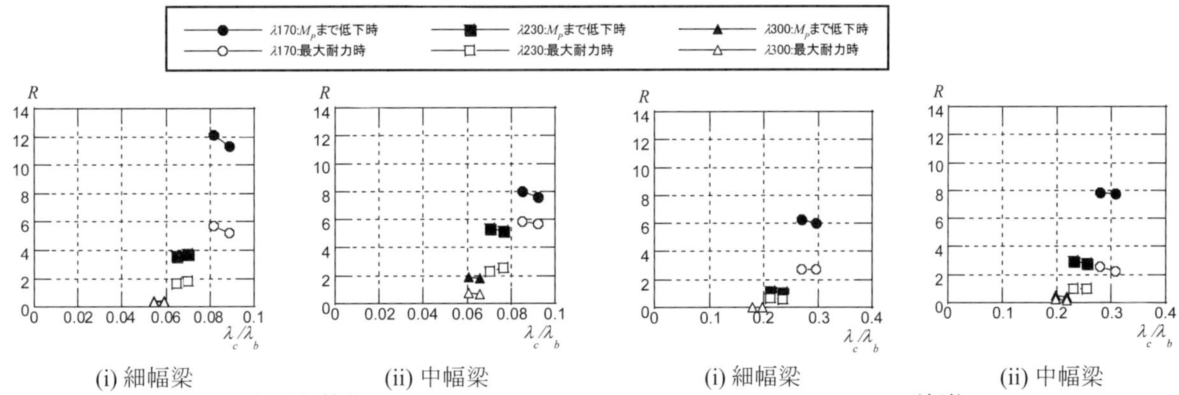

(i) 細幅梁　(ii) 中幅梁　(i) 細幅梁　(ii) 中幅梁
(a) 角形鋼管柱　(b) H形鋼柱

図5.3.5 骨組内の梁の塑性変形性能

横座屈発生後，柱の水平力負担によって骨組耐力が上昇し，柱耐力に影響を受けて剛比が大きいほど骨組耐力が大きくなる。これは，梁耐力だけで骨組耐力が決定するわけではないことを示している。なお，梁単体の耐力は，角形鋼管柱に取り付く梁の座屈長さは0.55l，H形鋼柱に取り付く梁の座屈長さは0.65l程度であり，2.3節でも検証している文献 5.95)と概ね同じ結果が得られていることを確認している。

(c) 変形能力

骨組内の梁の変形性能について検討する。先の解析結果より，最大耐力が全塑性モーメントM_p以上を示した梁λ170，λ230，λ300を対象とする。梁の変形性能の評価については，縦軸を骨組内の梁耐力-梁部材回転角関係において，最大耐力以降，M_pまで低下したときの梁部材回転角θ_uを，M_pに対応する弾性梁部材回転角θ_pで除したものを塑性変形倍率μ，μから弾性変形分を減じた塑性変形能力Rを指標とする。M_pに達した後，解析終了までM_pを下回らない場合は解析終了時の部材回転角をθ_uとして採用する。

$$R = \mu - 1 = \frac{\theta_u}{\theta_p} - 1 \qquad (5.3.1)$$

λ170，λ230，λ300のR-λ_c/λ_b関係を図5.3.5に示す。(a)は角形鋼管柱，(b)はH形鋼柱を示す。図中，●，■，▲は梁耐力がM_pまで低下する時の変形能力であり，○，□，△は梁の耐力が最大に到達した時の変形能力を示す。

(a)，(b)より中幅梁では，梁材長が短い場合は，柱の形状違いにかかわらず，梁は概ね同じ変形能力を示すが，材長が長くなると，角形鋼管柱を用いた骨組内の梁の変形能力がH形鋼柱の2倍以上大きくなり，柱のねじり剛性が梁の変形性能にも影響を与えることが分かる。横補剛がなく横座屈

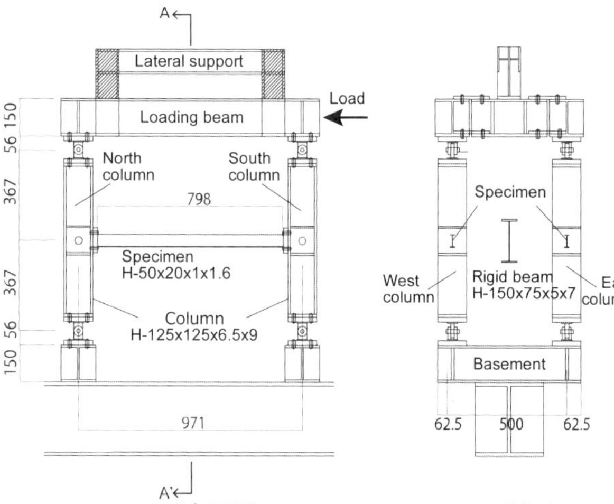

(i) 西立面図　(ii) A-A' 断面

(a) 載荷治具

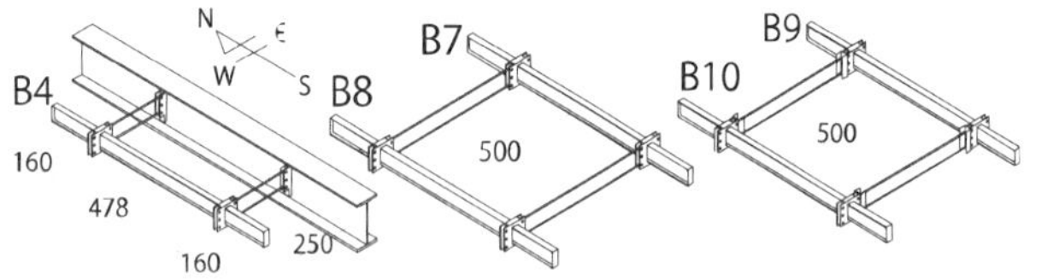

(b) 梁試験体

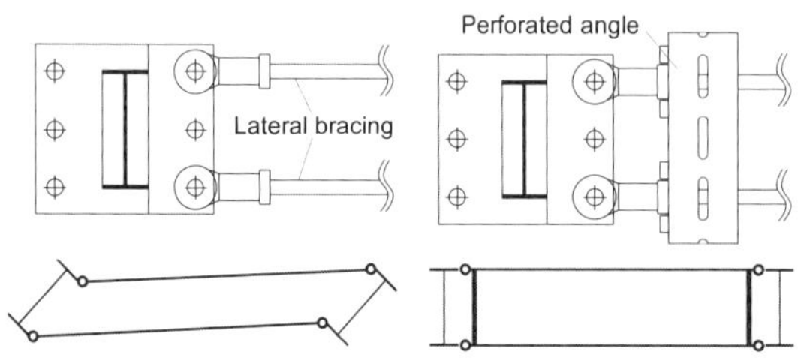

(i) Type A　(ii) Type B

(c) 横補剛治具

図5.3.6 横座屈実験

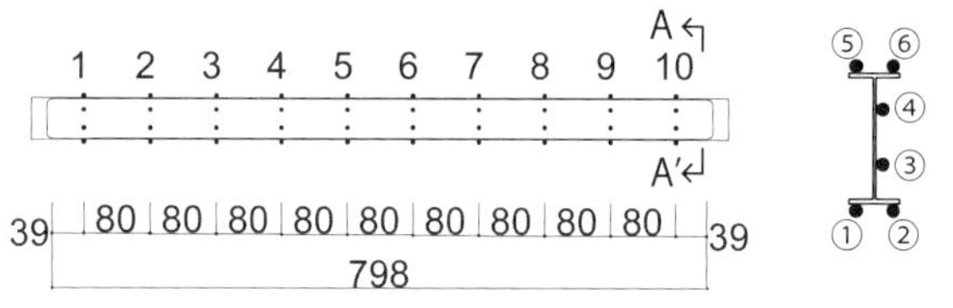

(a) 側面図　(b) 断面

図5.3.7 モーションキャプチャー用マーカー位置

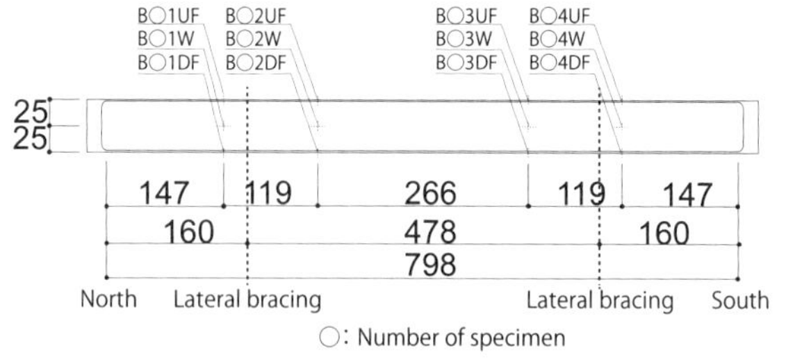

(a) 梁

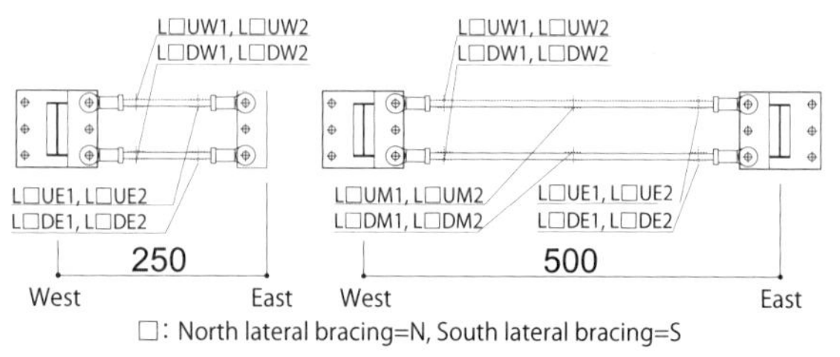

(b) 横補剛

図5.3.8 ひずみゲージ貼付け位置

が生じても，柱が角形鋼管のようにねじり剛性が高い断面であれば，梁の変形性能の向上が期待できる。なお，骨組内の梁は，単純梁よりも塑性変形能力 R が 5 程度向上することを確認している。

5.3.2 横補剛でつながれた並列梁の横座屈挙動 [5.98)]

横補剛材の接合条件によって梁の挙動がどのように異なるかを明確にし，横補剛材に発生する軸力および曲げモーメントの特徴を示すことを目的として，横補剛を有する小型 H 形鋼梁の繰返し載荷実験を実施した。

実験概要を図 5.3.6 に示す。剛な載荷梁と柱頭柱脚をピンで固定された 4 本の剛な柱の間に，小型 H 形鋼梁を 2 本取り付けている。載荷梁はジャッキと緊結され，ジャッキによって載荷梁が水平方向に移動することで，柱は柱脚のピンを中心に載荷方向に回転し，試験体梁に逆対称曲げを与える。梁断面は，標準寸法 H-500×200×10×16 を 10 分の 1 に縮小した H-50×20×1×1.6 を対象とする。材長は 798mm であり，弱軸に関する細長比λ_y=182 に相当する。この試験体は，材質 SS400 の直方体鋼材を切削加工によって製作した。試験体梁は，両端に剛なプレートを溶接し，プレートと柱をボルトで接合している。載荷履歴は，試験体梁の全塑性モーメント M_p に対応する梁端弾性回転角θ_p (0.0083rad)を基準とし，θ_p, $2\theta_p$, $4\theta_p$, $6\theta_p$, $8\theta_p$, $10\theta_p$, $12\theta_p$ とし，正負方向に 2 サイクルずつ載荷した。

各試験体梁の概要を図 5.3.6(b)に示す。B4 は横補剛材の端部を剛な梁に取り付けた試験体，B7・B8 および B9・B10 は梁同士を横補剛材でつなげた試験体である。横補剛材は丸鋼を使用し，端部にねじ切り加工をしてロッドエンドベアリングを介して補剛用治具に取り付けている(図 5.3.6 (c))。梁の補剛用治具はジュラルミンを切削加工して製作し，治具と横補剛材は，ベアリングを介することで上下方向に回転可能なピン支点となっている（Type A）。B7・B8 には Type A の補剛用治具を用いている。Type A は梁にねじれが生じると上下の横補剛材が回転し，図 5.3.6(c)(i)のように平行四辺形に変形し，十分な補剛効果が得られないと考えられる。B9・B10 には，図 5.3.6(c) (ii)に示すように，上下の横補剛材間距離を固定し，補剛効果が期待できる補剛用治具（Type B）を用いた。

補剛位置および横補剛材の断面は端部補剛規定[5.76)]に基づいて決定した。また，横補剛材に発生するモーメントについては，文献 5.74)の規定に従った必要補剛モーメントを基準としている。

梁の変形はモーションキャプチャーによる非接触計測を行い，図 5.3.7 に示す位置の変位を三次元計測した。また，ひずみゲージは図 5.3.8 に示すように，梁，横補剛材および剛柱に貼り付けた。試験体梁および横補剛材のひずみゲージの値から，横座屈発生の確認，横補剛材の軸力および梁ねじれによる曲げモーメントの大きさを算出した。また，載荷装置の剛柱のひずみゲージの値から，梁の材端曲げモーメントを算出した。降伏応力度σ_yは梁 287N/mm^2，補剛材 629N/mm^2 である。

(a) 梁の面内および面外挙動

図 5.3.9 に荷重－変位関係と実験後の写真を示す。(i)はモーメント－面内回転角関係，(ii)はモーメント－ねじれ回転角関係を示す。グラフ縦軸は梁の材端曲げモーメントを全塑性モーメントで除して無次元化している。梁の材端曲げモーメントは，剛柱に貼り付けたひずみゲージの値から各柱の曲げモーメントを算出して梁端の曲げモーメントに換算し，梁両端の値を平均している。(i)の横軸は梁端回転角θをθ_p で無次元化し，(ii)は梁のねじれ回転角θ_z を示す。ねじれ回転角は梁中央近傍の回転角であり，図 5.3.7 に示す 5，6 位置のねじれ回転角の平均値を示す。図 5.3.9 に横座屈が発生した時点を○で示し，(d)に各試験体の実験後の写真を示す。

図 5.3.9 (a)より，B4 は横座屈発生後の面外変位の進行は緩やかであり，振幅 $6\theta_p$ まで耐力が上昇した。その後耐力は緩やかに低下し始めたが，ねじれ回転角も 0.09rad と小さい変形に留まっており，$23\theta_p$ で破断が生じて実験を終了した。図 5.3.9 (b)および(d)より，B7・B8 は，横補剛材でつながれた 2 本の梁が同じ方向に面外変形が生じて平行に S 字状に変形しており，補剛の効果はほとんどみられない。図 5.3.9 (c)より，B9・B10 は B4 と同

様に横座屈の発生は振幅 $6\theta_p$ であり，横座屈発生後の耐力低下は緩やかであり，ねじれ回転角の増加もわずかである。横座屈発生直後に 2 本の梁の両端に局部座屈が現れ，局部座屈が進展して耐力が低下した。補剛間の距離を固定することで，梁のねじれを拘束する効果が高くなり B4 と同様の効果を示した。梁同士を横補剛材でつなげる場合，軸方向の拘束だけでは不十分であり，曲げに抵抗する必要がある可能性を示した。

(b) 横補剛材の軸力とモーメント

図 5.3.10 に補剛力－面内変位関係を示し，(i)補

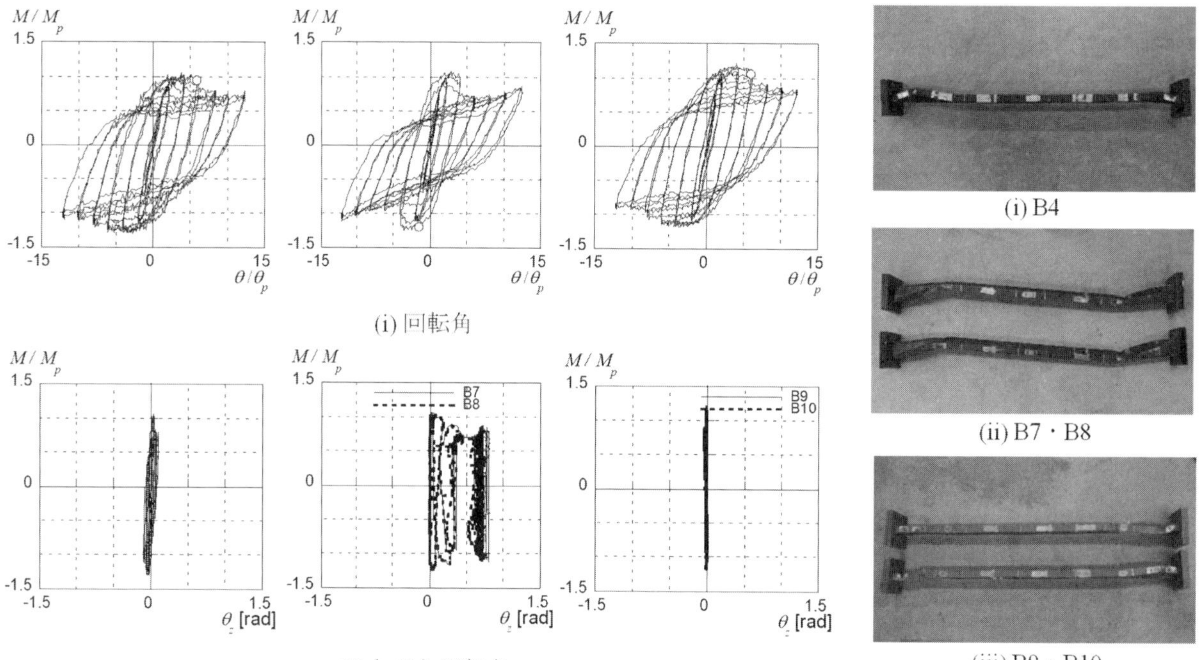

(ii) ねじれ回転角

(a) B4　(b) B7・B8　(c) B9・B10　(d) 実験後試験体

図5. 3. 9 モーメント―変形角関係と試験体の様子

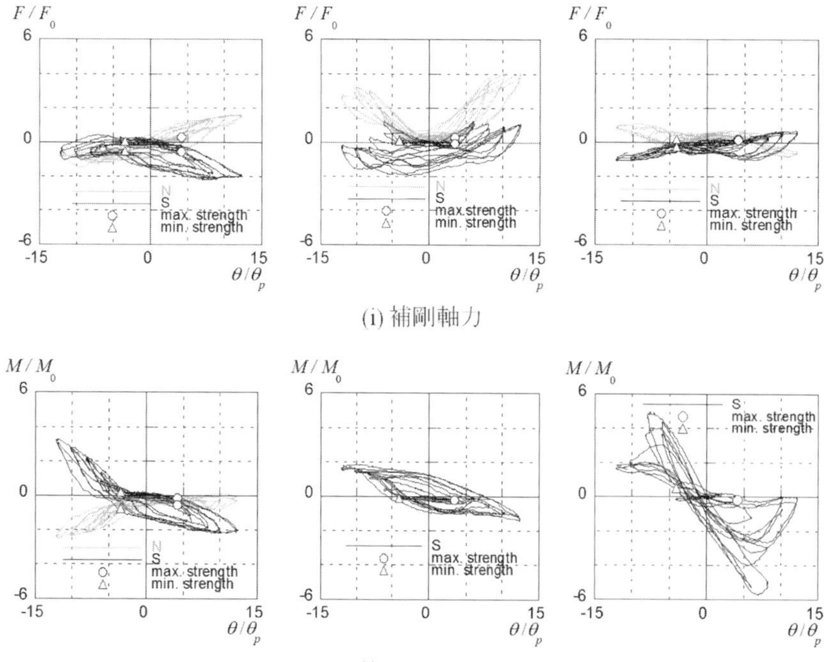

(ii) 補剛モーメント

(a) B4　(b) B7・B8　(c) B9・B10

図5. 3. 10 補剛力―変形角関係

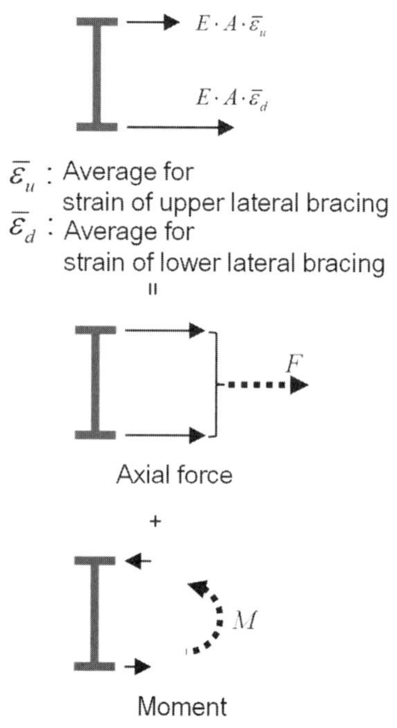

図5. 3. 11 補剛力の計算

剛軸力，(ii)補剛モーメントである。縦軸は，必要補剛力 F_0[5.75)]，必要補剛モーメント M_B[5.74)]で除して無次元化している。横軸は梁端回転角θを示し，θ_pで無次元化している。図中には，正側最大耐力および負側の最大耐力（最小耐力）を○，△で示す。補剛軸力，補剛モーメントは図 5.3.11 に示すように，横補剛材に貼り付けたひずみゲージの値からそれぞれの軸力を算出し，補剛軸力は上下の横補剛材の軸力を足し合わせた値，補剛モーメントは上下横補剛材のそれぞれの補剛軸力の差の半分の値に上下の横補剛材間距離を乗じて算出している。

図 5.3.10 (a)より，横補剛材の一端が剛梁に取り付けられた B4 の補剛力は，$6\theta_p$－方向 1 サイクル目までは必要補剛軸力および必要補剛モーメント以下に収まっている。一方，大変形領域である振幅 $8\theta_p$ 以降は，必要補剛軸力および必要補剛モーメント以上の力が発生している。図 5.3.10 (c)より，横補剛材が曲げに抵抗できる B9・B10 では，補剛軸力は B4 と比較して小さく，振幅 $10\theta_p$ まで必要補剛軸力以下に収まっている。しかし，補剛モーメントは必要補剛モーメントの 5 倍以上あり，ねじれを拘束するために，大きな補剛モーメントが発生していることが分かる。図 5.3.10 (b)より B7・B8 は梁が 2 本とも同じ方向にねじれ，上下フランジに取り付けられた横補剛材が梁断面のねじれ回転角に追従して大きく引っ張られるため大きな軸力が発生しているが，補剛モーメントに寄与する偶力は小さく補剛効果は低い。

以上より，並行する梁の上下フランジ同士を両端ピンの横補剛材でつなげた場合，横座屈が発生して 2 本の梁は同方向に面外変形および耐力低下が顕著であり，横座屈を抑制することはできない。一方，上下の横補剛材間距離を固定し梁のねじれに抵抗できる場合，横座屈が発生して２つの梁は同じ方向に面外変形するが，横座屈後の耐力低下は緩やかで，面外変形も極めて小さい。梁同士を横補剛材でつなげる場合，補剛軸力に加え，補剛モーメントの検討が必要である可能性がある。

5.3.3 骨組内の梁における横補剛の影響と立体骨組挙動[5.99)]

骨組内の横補剛を設計する場合，横補剛位置で面外変形が完全に拘束されるものとして梁耐力が計算されているが，実際には横補剛が梁を固定しきれず横補剛で接合された梁が揃って面外変形を起こす可能性がある。床版が取り付かない 2 本の梁間に配置された横補剛には，梁のねじれを拘束するために，軸剛性以外に曲げ剛性の検討が必要である可能性がある。しかし，骨組内の梁の横座屈および耐力低下を抑制するために横補剛に要求される条件が明らかではないことから，骨組内の横補剛が骨組挙動に与える影響について検討する。なお，文献 5.30)，5.94)，5.96)の立体骨組解析プログラムを用いる。

(a) 解析モデル

平面骨組および立体骨組を対象とする。図 5.3.12 に解析モデルを示す。X，Y，Z は全体座標系を示し，x，y は部材座標系を示す。柱断面は□-400×400×19，梁断面は H-600×200×11×17，補剛材は H-500×200×10×16，梁長さ L=14560mm（細長比λ_y=350）である。梁と横補剛材は PL-400×12.5 を介して接合している。横補剛は文献 5.76) に規定されている保有耐力横補剛の端部補剛規定に従う。400N 級鋼の場合，式(5.3.1)に従って端部補剛を設け，その中間部は許容応力度を満足するように節点②,③,⑤,⑥の位置に横補剛を配置する。

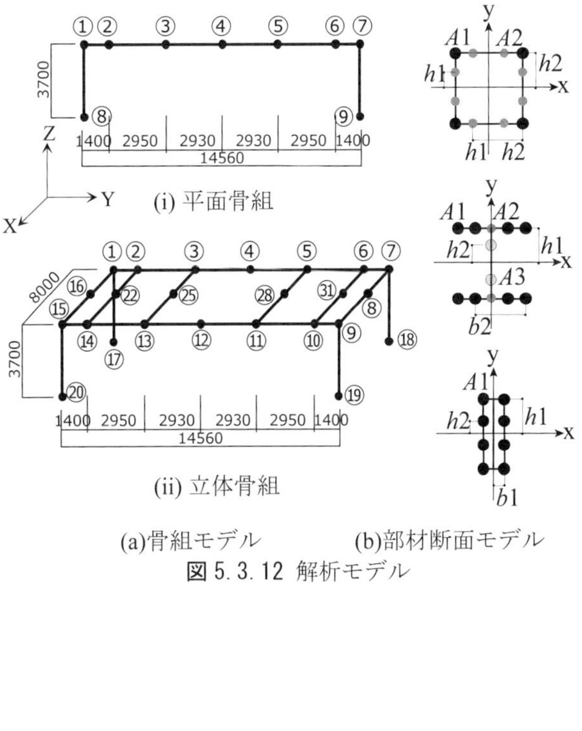

図 5.3.12 解析モデル

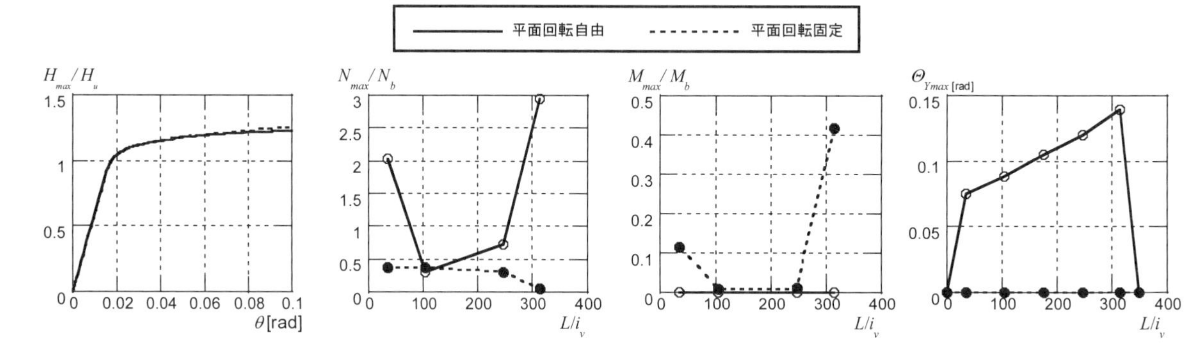

(a) 荷重－層間変形角　(b) 補剛力分布　(c) 補剛曲げモーメント分布　(d) ねじれ回転角分布

図5. 3. 13 平面骨組挙動（H-600×200 λ_y=350）

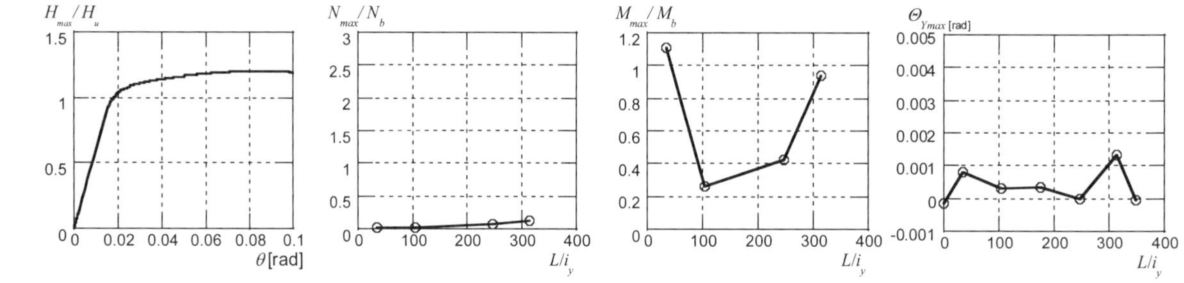

(a) 荷重－層間変形角　(b) 補剛力分布　(c) 補剛曲げモーメント分布　(d) ねじれ回転角分布

図5. 3. 14 立体骨組挙動（H-600×200 λ_y=350）

$$l_b \cdot h / A_f \le 250 \quad and \quad l_b / i_y \le 65 \qquad (5.3.1.a)$$

$$k \le 4.0 M_c / (l_b \cdot h), \quad F \le 0.02 M_c / h \qquad (5.3.1.b)$$

5.3.1 項と同様に (b)に示すように部材を材料線要素でモデル化し，材軸方向に部材幅の 1～2 倍程度の長さになるように部材ごとに等分割している。応力ひずみ関係はバイリニア型で，ヤング係数 E=2.05×10^{5}N/mm^2, 降伏応力度σ_y=235N/mm^2 であり，降伏後の接線勾配係数は E/100 とし，せん断弾性係数は G=7.9×10^{4}N/mm^2 とする。

平面骨組の境界条件は，節点 8, 9 が X，Y 軸まわりの回転が自由なピン支持であり並進変位 U_X, U_Y, U_Z, ねじれ回転角Θ_Z とそりを拘束している。節点 1, 7 は柱と梁の接合部であり面外変位 U_X, ねじれ回転Θ_Z とそりを拘束している。横補剛位置の節点は U_X, Θ_Y とそりを拘束する条件（以下，平面回転固定）と，面外変位 U_X とそりを拘束する条件（以下，平面回転自由）の 2 つの条件を対象とした。骨組柱頭の節点 1, 7 に水平力を与え，層間変形角 0.1rad まで載荷する。立体骨組の境界条件は，柱脚はピン支点として U_X, U_Y, U_Z, Θ_Z とそりを拘束している。柱と梁および梁と横補剛材の接合節点は，そりを拘束している。4 つの柱頭に水平力を与え層間変形角 0.1rad まで載荷する。立体骨組では，補剛軸剛性および補剛曲げ剛性をパラメータとした解析を行う。

(b) 解析結果

図 5.3.13 に平面骨組の解析結果，図 5.3.14 に立体骨組の解析結果を示す。(a)は荷重－層間変形角関係，(b)は補剛位置での軸力分布，(c)は補剛位置での曲げモーメント分布，(d)ではねじれ回転角分布を示す。(a)において縦軸は，水平耐力を崩壊荷重で除して無次元化している。(b), (c)では補剛軸力，補剛曲げモーメントを必要補剛軸力，必要補剛曲げモーメントで除している [5.74)]。

図 5.3.13 (a)より，骨組は実大断面をモデル化しているが 0.1rad の大変形時まで耐力を維持することができる。(b)より，補剛位置のねじれ回転角を拘束した平面固定の場合，補剛軸力は必要補剛軸力の 40%程度であるが，平面回転自由の場合は必要補剛軸力の 3 倍程度の軸力が生じ，梁端部に近い補剛ほど大きな軸力が生じている。(c)より，平面回転固定の場合，補剛曲げモーメントが発生す

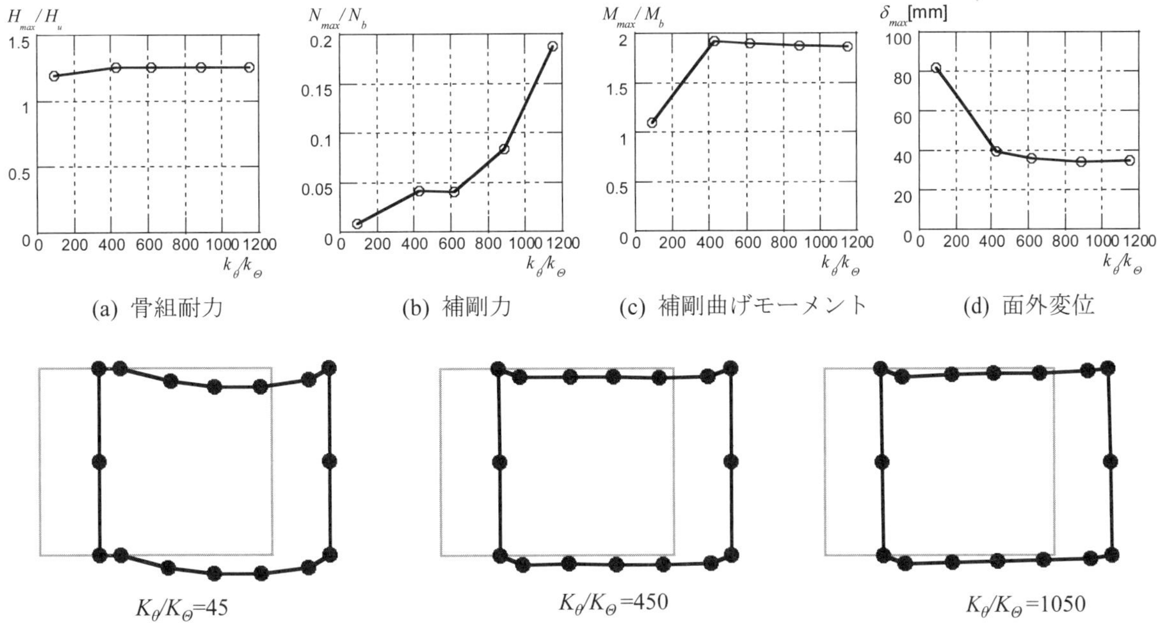

(a) 骨組耐力　(b) 補剛力　(c) 補剛曲げモーメント　(d) 面外変位

(e) 変形図

図 5.3.15　補剛剛性変化による立体骨組への影響（H-600×200 λ_y=350）

るが，必要補剛曲げモーメントの 45%程度であり，軸力分布と同様に梁の両端に近い位置に配置された補剛に生じるモーメントは梁の内側に位置する補剛よりも大きい。(d)より，平面回転自由の場合，0.14rad のねじれ回転角が生じ，耐力は維持できるが軸方向の拘束だけでは面外変形を拘束できないことが分かる。

図 5.3.14 (a)より，平面骨組と同じく 0.1rad の最大変形時まで耐力を維持できる。(b)，(c)より，立体骨組の補剛軸力が小さく，最大でも必要補剛力の 12%程度であり，梁の端部に近い位置の補剛に生じる曲げモーメントは梁の内側に配置された補剛よりも大きく，必要曲げモーメントよりも大きい。(d)より，立体骨組は 0.002rad 以下のねじれ回転角が発生しているが，平面骨組と比較すると面外変形が小さい。

横補剛の補剛軸剛性および曲げ剛性を変化させた解析を行った。文献 5.74)で規定されている必要補剛剛性を必要補剛剛性（k_Θ, k_B）とし，横補剛剛性 k_Θ を変化させてその挙動を検討する。k_Θ=1346 (kNm/rad)，k_B=2040000(kN/m)である。

解析結果を図 5.3.15 に示す。(a)は荷重－補剛曲げ剛性関係，(b)は補剛力－補剛曲げ剛性関係，(c)は補剛曲げモーメント－補剛曲げ剛性関係，(d)は面外変位－補剛曲げ剛性関係，(e)は梁変形図を示す。

(a)，(b)より補剛曲げ剛性の大きさにかかわらず，耐力は崩壊荷重を上回り，補剛曲げ剛性が大きいほど補剛軸力も大きくなるが，必要補剛軸力の 20%未満である。(c)より，補剛曲げ剛性が上がると，補剛曲げモーメントが大きくなるが，450k_Θ以降はほぼ一定になり，最大値は H-600×200 で 1.9 M_bであり，必要補剛曲げモーメントの約 2 倍の曲げモーメントが発生している。(d)，(e)より，補剛曲げ剛性の増大に伴い面外変位が小さくなるが，450 k_Θ 以上ではほぼ一定値になり，補剛剛性を大きくしても，面外変形を完全に拘束することはできないことが分かる。

5.3.4 まとめ

1 層 1 スパンの骨組を対象とした数値解析を行い，ここで対象とした断面については，横座屈発生後の骨組の耐力低下は緩やかである。補剛材の軸剛性・曲げ剛性を大きくしても，横座屈の発生は抑えられないが，必要補剛剛性以上の横補剛を配置すれば，耐力低下は抑制できることを示した。また，横補剛で接続された小型 H 形鋼梁の繰返し載荷実験を行い，並行する梁の上下フランジ同士を梁のねじれに抵抗できるように拘束した場合，横座屈が発生して２つの梁は同じ方向に面外変形するが，横座屈後の耐力低下は緩やかで，面外変形も極めて小さいことを紹介した。

本節での内容は，文献 5.97)－5.99)の内容をまとめたものである。

5.4 局部座屈や部材破断を考慮した鋼構造骨組の地震応答と損傷度評価

ブレース付鋼構造骨組において，繰返し軸力を受けるブレースは，全体曲げ座屈や局部座屈により耐力が徐々に劣化する。局部座屈により，局部座屈部で塑性ひずみが集中すると部材が破断し，ブレースの耐力が失われる可能性がある [5.1),5.2),5.26)]。1.2 節では，座屈によりブレースの耐力が劣化または喪失する挙動を，一次元トラスモデルで表現できることを示した。一方，局部座屈により高軸力下の柱は曲げ耐力が徐々に劣化する。3.2 節では，シェル要素などの二次元や三次元の要素ではなく，一次元ファイバーモデルで柱の耐力劣化挙動を再現できることを示した。以上に示した部材モデルでは，モデルを構成した要素の荷重－変位関係を，一次元で表現したことから，同モデルを一次元部材モデルと呼称した。本節では，座屈に起因してブレースや柱などの部材耐力が劣化する挙動を，1.2 節や 3.2 節で紹介した一次元部材モデルで表現し，鋼構造骨組の耐震性能を検証した例 [5.100)－5.103)] を示す。一般的に鋼構造骨組の終局耐震性能を確認する上で，部材の座屈を考慮することはあっても部材破断を考慮する例はまだ少ない。部材座屈のみならず座屈に伴う部材破断を考慮した場合に，鋼構造骨組の終局耐震性能がどのように変化するかについて，本節で紹介する。

表 5.4.1 主架構骨組の諸元，耐力

	層数	固有周期 T_1 (s)	柱断面 鋼材種別	梁断面 鋼材種別	総質量 M (t)	保有水平耐力 計算検定値 Q_u/Q_{un}
BW 梁降伏型	7	0.97	□-550×25 (BCP325)	H-440×300 ×11×18 ~ H-588×300 ×12×20 (SN400B)	424	1.53
	15	1.85	□-550×22 ~ □-550×32 (BCP325)	H-700×300 ×16×28 ~ H-800×250 ×16×22 (SN400B)	1263	1.23
	21	2.88	□-600×28 ~ □-600× 700×55 (BCP325)	H-700×300 ×16×28 ~ H-800×250 ×16×22 (SN400B)	4053	1.48
CW 柱降伏型	7	0.98	□-350×16 ~ □-450×22 (BCP235)	H-700×300 ×16×28 ~ H-800×250 ×16×22 (SN400B)	424	1.43
	15	1.91	□-350×16 ~ □-600×40 (BCP235, 325)	H-700×250 ×16×25 ~ H-800×300 ×16×28 (SN400B)	1263	1.44
	21	2.97	~ □-600×40 (BCP235,325)	H-1000×300 ×19×32 ~ H-1150×350 ×25×36 (SN400B)	4053	1.35

5.4.1 ブレース座屈・破断を考慮した鋼構造重層骨組の耐震性能評価例 [5.100)]

図 5.4.1 に示すような 7 層，15 層および 21 層のブレース付骨組を対象とし，ブレース部材の破断および梁端部の破断が，地震応答に与える影響を分析した例を示す。表 5.4.1 に，ブレース付骨組の仕様を示す。実在するブレース付鋼構造骨組を参考に，柱梁主骨組の諸元を決定し，降伏型と層数で 6 つの組合せが想定された。主骨組のみの一次固有周期は，概ね 1.0 s～3.0 s の範囲に分布し，円形鋼管ブレース（CHS）を用いずとも，$D_s = 0.25$ での保有水平耐力を満足している。表 5.4.2 に示す通り，ブレースの水平力分担率が保有水平耐力の 0.4 倍から 0.7 倍程度となるよう，径が 165.2 mm～457.2 mm の円形鋼管ブレースを採用された。保有水平耐力計算によると，ブレースは BB，BC ランクに区分された。ブレース付骨組の一次固有周期は 0.6～2s 程度の範囲に分布している。図 5.4.2 に

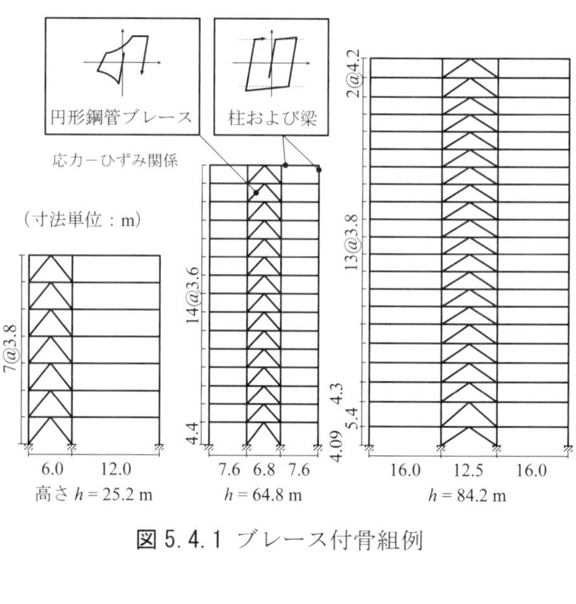

図 5.4.1 ブレース付骨組例

示すように一次固有周期は，ブレース付骨組 BW-7F の 0.55 s から CW-21F 主骨組のみの 3.0 s までの範囲で，設計用速度応答スペクトルと適合するよう，計 14 種の地震動を最小二乗法で調整された。

表 5.4.2 円形鋼管ブレースの諸元

モデル名	固有周期 T_1(s)	円形鋼管ブレース	細長比 λ	径厚比 D/t	ブレース保有水平耐力比 Q_{ub}/Q_u
BW-7F	0.55	$\phi165.2\times4.0$ ~ $\phi267.4\times6.6$	47~76	26~48	0.5~0.56
BW-15F	1.3	$\phi165.2\times3.8$ ~ $\phi267.4\times6.6$	40~78	26~53	0.51~0.63
BW-21F	1.91	$\phi216.3\times4.5$ ~ $\phi457.2\times9.5$	42~92	26~58	0.48~0.61
CW-7F	0.58	$\phi216.3\times5.8$ ~ $\phi267.4\times6.6$	47~59	26~45	0.4~0.59
CW-15F	1.24	$\phi267.4\times6.6$ ~ $\phi355.6\times9.5$	36~49	29~45	0.41~0.65
CW-21F	1.92	$\phi355.6\times9.5$ ~ $\phi457.2\times12.7$	42~55	32~48	0.41~0.69

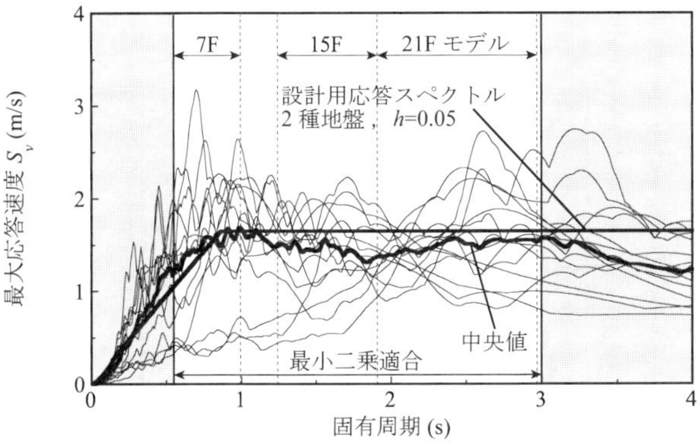

図 5.4.2 入力地震動の設定

(a) 破断非考慮(68.0s)　(b) 破断考慮(65.0s)

(c) 破断非考慮(68.8s)　(d) 破断考慮(64.9s)

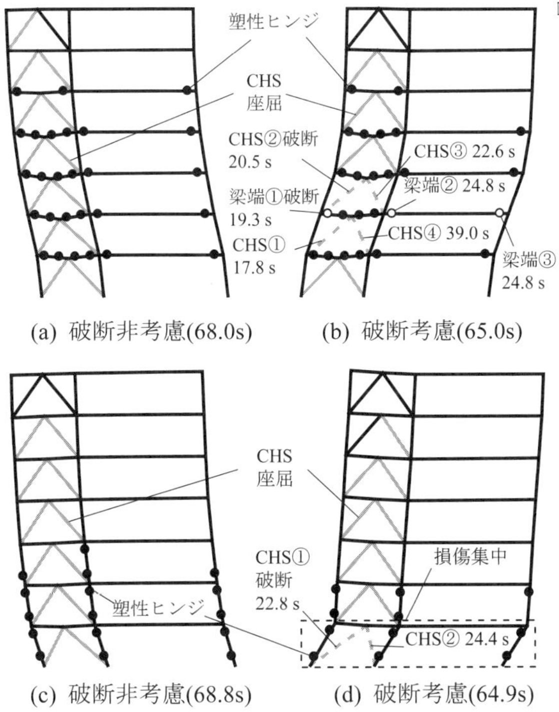

図 5.4.3 損傷状況および変形図（7層モデル）

調整した地震動は，入力地震動の倍率 SF ＝ 1 として設定された。ブレースの部材破断には 1.2 節で示した一次元トラスモデル，梁端部の破断については文献 8)の塑性回転角で判定する手法が採用された。

図 5.4.3 に 7 層モデルにおいて，ブレース部材および梁端部の破断の考慮／非考慮により最も顕著な差異が現れた時点における，損傷状況と変形図を示す。同図(a)で梁端①は破断していないことから，座屈に起因したブレースの破断が梁端の損傷に影響を及ぼすことが確認される。同図(b)のブレース CHS①および④は局部座屈を生じたのち破断し，応力再配分で梁端①の損傷が増大し破断している。同図(c)と比較して，同図(d)では柱先行降伏型のため，ブレース CHS①，②が破断しても 1 層梁端の損傷は避けられたが，1 層の変形は増大している。図 5.4.4 に示した 7 層モデルの各階最大層間変形角を見ると，部材破断の考慮／非考慮により，(a)の梁先行降伏型では 2，3 層，(b)

(a) 梁先行降伏型　　　(b) 柱先行降伏型

図 5.4.4 最大層間変形角（7層モデル）

(a) 破断非考慮　　　　(b) 破断考慮

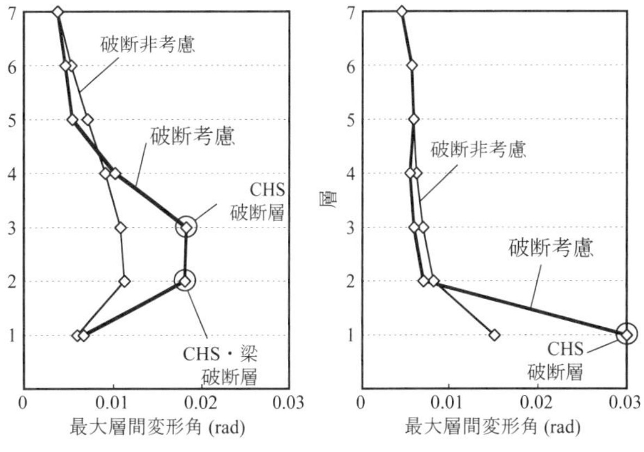

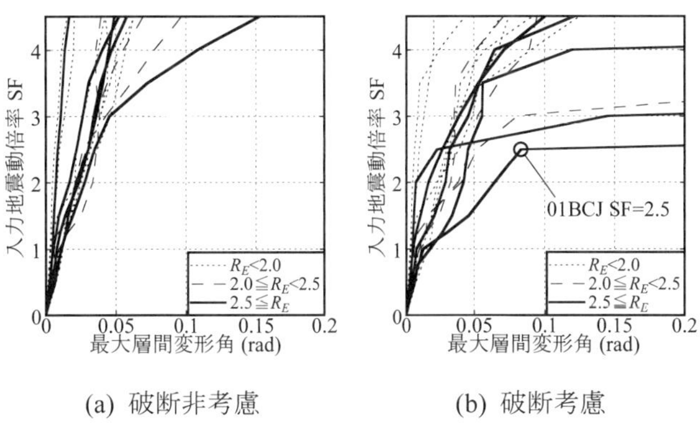

図 5.4.5 IDA カーブ（7層モデル）

の柱先行降伏型では 1 層の変位応答の差異が顕著に現れている。図 5.4.5 に漸増動的解析により得られた，入力地震動倍率－最大層間変形角関係を示す。図中では速度換算エネルギースペクトル V_E と速度応答スペクトル S_V の比率である，入力エネルギー比 [5.104] $R_E\,(=V_E/S_V)$ で分類し，凡例で示した範囲に含まれる結果を同種の線で示している。部材破断の考慮／非考慮により，入力地震動－最大層間変形角関係に明瞭な差がみられた。継続時間の長い地震動で入力エネルギー比 R_E は，大きい傾向がみられた。R_E が大きい場合では，入力地震動倍率が大きくなるにつれ最大層間変形角が急増し始める入力地震動倍率が小さくなる傾向がみられた。図 5.4.6 に，14 種の入力地震動による漸増動的解析の結果から抽出した，入力地震動倍率 - 最大層間変形角の中央値を示す。ブレースの部材破断は，入力地震動倍率が 1.0 付近で，梁端部破断は 0.5～1.0 程度の範囲から生じ始めている。これらの値以上に，入力地震動倍率が増大すると，部材破断の考慮／非考慮により，最大層間変形角に差異がみられ始めた。

b）フラジリティ評価による分析

図 5.4.7 に，漸増動的解析の結果より，フラジリティ評価 [5.105] から得た，地震動強さと構造物の被害や損傷確率の関係を示す。文献 5.106)による被災度を参照した最大層間変形角のクライテリア Y_c により，フラジリティ評価が分類された。漸増動的解析では，地震動強さを表す入力地震動倍率 SF を，0.25～2 では 0.25 刻み，2～6 では 0.5 刻みで合計 15 個が採用された。地震動強さと地震波 14 種との組合せで，各 7，15，21 層モデルでそれぞれ計 $N=210$ ケースの解析結果が抽出された。地震動強さを入力地震波の最大地動速度 PGV_i を小さい順から $i=1$ ～N と定義された。j 番目から M（ここでは 15 とする）個のデータより，j 番目の地震動強さ $\overline{PGV_j}$，超過確率 P_j は以下の式で求まる。

$$\overline{PGV_j} = \sum_{i=j}^{M} PGV_i \big/ M \qquad (5.4.1)$$

$$P_j = n(y_j, \cdots, y_{j+M-1} > Y_c) \big/ M \qquad (5.4.2)$$

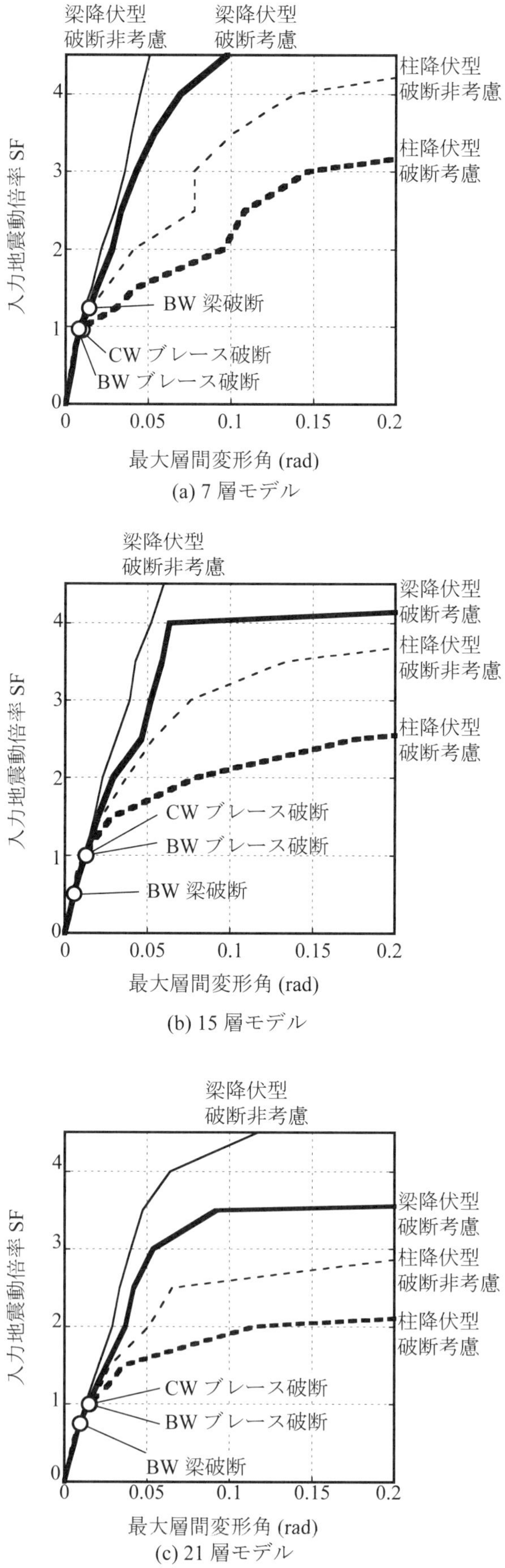

図 5.4.6 地震動倍率 - 最大層間変形角の中央値

ここに，$n(y_j, \cdots, y_{j+M-1} > Y_c)$は，$y_i\ (i = j \sim j+M-1)$のデータのうち，クライテリア Y_c を上回るデータの個数とされた。得られた結果を基に，超過確率 p は地震動強さ PGV に対して正規分布を仮定し，近似曲線の式(5.4.3)で表される。

$$p = \frac{1}{2}\left(1 + \mathrm{erf}\left(\frac{PGV - \mu}{\sqrt{2\sigma^2}}\right)\right) \tag{5.4.3}$$

ここに，偏差 σ と超過確率 50%における地震動強さに相当する μ は最小二乗法により求められた。図 5.4.7 に，上記の手法により得られた，7 層モデルの梁先行降伏型のフラジリティ評価を示す。クライテリア Y_c が 1/50 rad 以上で，部材破断の考慮／非考慮により，フラジリティ評価に明瞭な差異がみられた。この差異は，クライテリア Y_c の値が増大するほど顕著となった。

5.4.2 長周期地震動を受けるブレース付中層骨組の耐震性能評価例 5.101)

5.4.1 項で，梁先行降伏型の場合，座屈したブレースが破断すると，当該層における梁の損傷が増大し破断したことを示した。入力エネルギー比 R_E が大きいほど，ブレースが破断した入力地震動倍率が小さい。本項では，文献 5.107)で公開されている R_E の大きい長周期地震動の南海トラフ想定地震波が，図 5.4.1 の 21 層モデルに入力された場合，ブレースの破断により梁端がどのように損傷するか分析した例 5.101)を示す。同例では，時刻歴応答解析を用いず，梁端部における損傷の評価を試みたので併せて示す。なお，数値解析手法は，5.4.1 項を踏襲したが，梁端の損傷度を評価するため，梁端部における破断は考慮されていない。

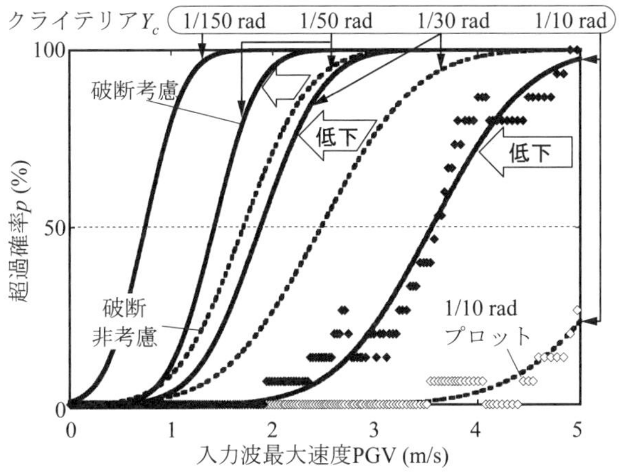

図 5.4.7 梁先行降伏型のフラジリティ評価
(7 層モデル)

図 5.4.9 に，図 5.4.8 の長周期地震動を受けた 21 層モデルの地震応答を示す。大きな変位応答がみ

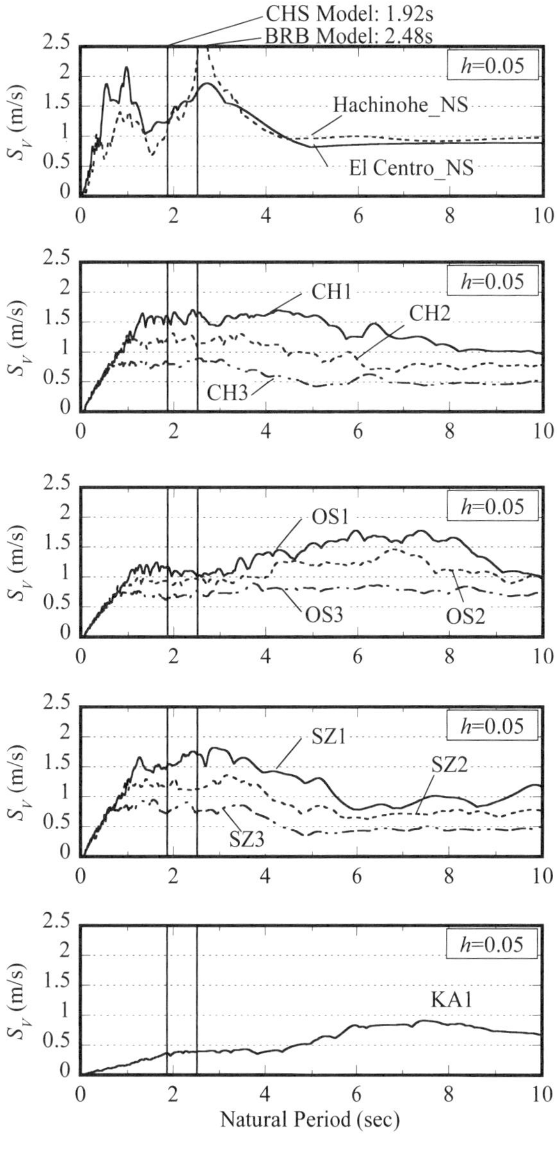

図 5.4.8 入力地震動の速度応答スペクトル

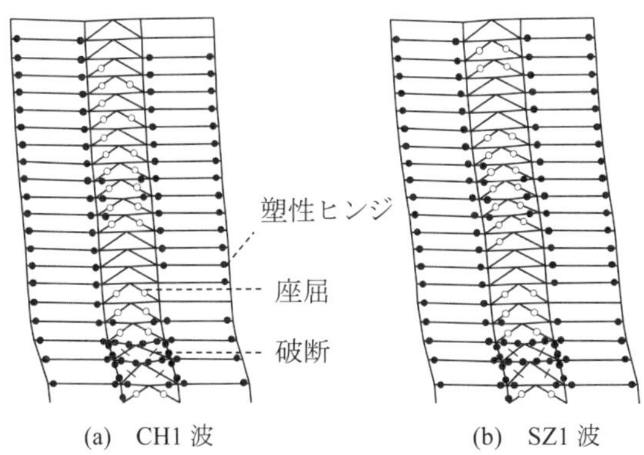

図 5.4.9 21 層モデルの地震応答

られた CH1 波および SZ1 波の例を示しているが，各層の層変形角は 1/200 rad～1/50 rad 程度の範囲で，両モデルとも同等に分布している。図 5.4.10 に，各層の損傷度分布を示す。損傷度は，文献 5.108)で示されている手法により算出した。CH1 波を受けた 21 層モデルにおける各層の変位応答は，SZ1 波の場合と違いがみられなかったが，2 層目における CH1 波の損傷度は SZ1 波の 3 倍程度となっている。図 5.4.11 に入力地震波の入力エネルギー比 R_E と固有周期の対応を示す。21 層モデルの固有周期 1.92 s においては，CH1 波より SZ1 波の方が，入力エネルギー比が小さいことが確認される。図 5.4.12 に入力エネルギー比と梁端部の損傷度との関係を示す。入力エネルギー比が大きいほど，梁端部の損傷度が大きい傾向がみられた。また，速度応答スペクトルの大きい地震波ほど，梁端部の損傷度が大きいことが確認された。以上から，本検討では 21 層の鋼構造骨組では，速度応答スペクトルが 1.6m/s で入力エネルギー比が 2.5 以上で，梁端部の損傷度が 1.0 を超え，破断する可能性があることが示唆される。これより，時刻歴応答解析をすることなく，速度応答スペクトルと入力エネルギー比を確認することで，梁端部の損傷度の目安を検討できると考えられる。

5.4.3 柱の局部座屈を考慮したブレース付プラント骨組の耐震性能評価例 5.102)

本項では，3.2 節で紹介した柱材の局部座屈を考慮し，部材力を計算できる一次元ファイバーモデルを用いて，図 5.4.13 に示す鋼構造骨組の地震応答を解析した例 5.102)を示す。採用した部材断面を表 5.4.3 に示す。3.2 節で検討した部材の分割数

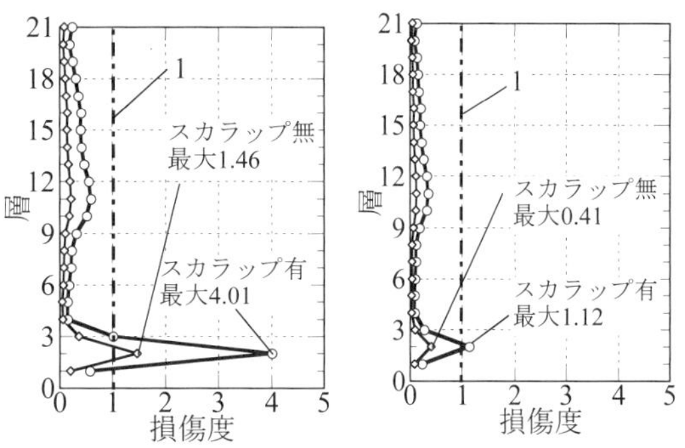

(a) CH1 波　　(b) SZ1 波

図 5.4.10 損傷度分布

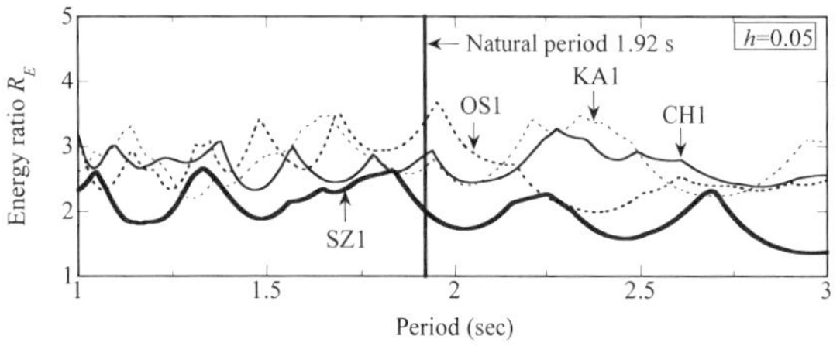

図 5.4.11 入力エネルギー比 R_E

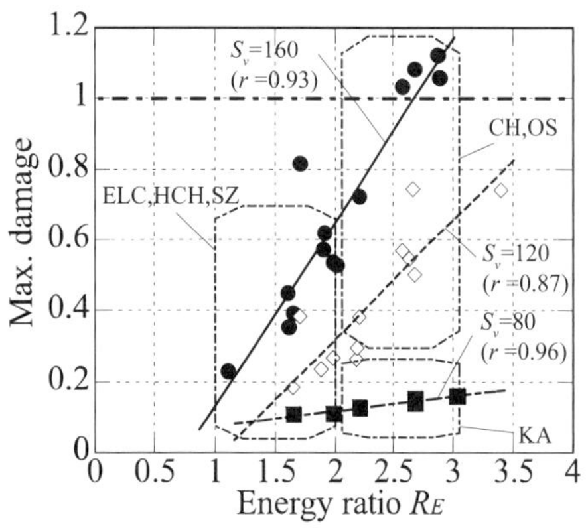

図 5.4.12 R_E—損傷度関係

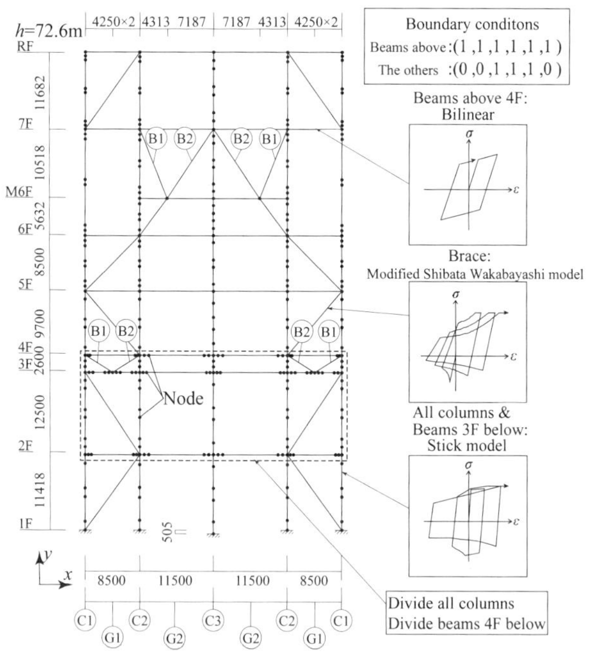

図 5.4.13 ブレース付骨組の例

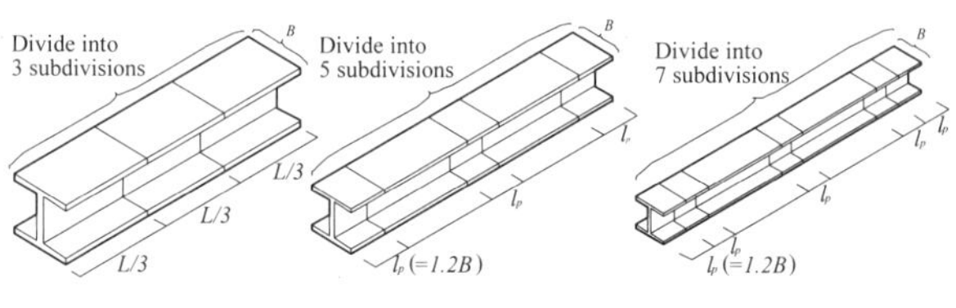

図 5.4.14 一次元ファイバー要素の分割

表 5. 4. 3 図 5.4.13 の骨組における部材断面一覧

Story No.	Column section			Girder section		Brace section	
	C1	C2	C3	G1	G2	B1	B2
7	H-500×500×12×16	H-600×600×14×19	H-1050×1050×25×36	H-700×350×12×25	H-2100×500×28×60	ϕ 519×21	
6	H-650×650×14×22	H-700×700×16×25	H-900×900×22×32	H-700×450×12×40	H-700×500×12×40	ϕ 506×15	ϕ 691×31
					H-600×300×22×25	ϕ 692×28	
5	H-650×650×14×22	H-700×700×16×25	H-900×900×22×32	H-582×300×12×17	H-800×400×16×40	ϕ 749×27	
4	H-1000×1000×22×36	H-1000×1000×22×36	H-1500×1500×32×50	H-800×450×12×36	H-800×450×22×40	ϕ 519×31	
3				H-900×300×14×33	H-1500×600×16×40	ϕ 346×15	ϕ 346×15
2	H-1000×1000×22×36	H-1000×1000×22×36		H-600×500×12×28	H-800×450×12×40	ϕ 490×25	
1	H-1100×1100×25×40	H-1250×1250×30×45	H-1500×1500×32×50	H-1000×400×16×40	H-1200×600×16×60	ϕ 445×23	

が断面力に与える影響を考慮し，図 5.4.14 に示すよう，一次元ファイバー要素で部材を分割した。ただし梁材は部材中央で局部座屈を生じないものと仮定し，要素を分割せず 1 要素で構成された。

$$
\begin{cases}
\text{3要素分割} & \left(\dfrac{L}{B} < 3.6\right) \\
\text{5要素分割} & \left(3.6 \leq \dfrac{L}{B} \leq 10.8\right) \\
\text{7要素分割} & \left(10.8 < \dfrac{L}{B}\right)
\end{cases}
$$

ここに, L は部材長, H は H 形断面のせいを示す。接合部におけるダイアフラムの長さは無視し，全ての部材端部の境界条件を剛とされた。柱材および 3 層までの梁材は一次元ファイバーモデル, 4 層以上の梁材はバイリニア型で構成された。なお, 柱材に用いる一次元ファイバーモデルについては, 3.2 節に提案した累積変形性能評価手法を用い，損傷度が確認されている。ブレースは修正柴田・若林モデル [5.109]で断面力を計算し，材料特性は表 5.4.3 に示した値が採用された。文献 5.110)に従い, 局部座屈が発生した個所における塑性ひずみ ε_h の累積変形性能が鋼材の疲労破断条件式 $\Sigma\Delta\varepsilon_{hp} = 3857\overline{\Delta\varepsilon_{hp}}^{-1.13}$ と適合する時点において破断と判定された。部材破断判定後は剛性を破断前の状態の 10^{-4}, 内力を 0 とした。なお, 比較のために局部座屈による耐力劣化を考慮していないバイリニア型の復元力特性で全ての柱，梁材の断面力を表現したモデルが構成された。

入力地震動は図 5.4.15 に示す BCJ-L2 とし, 骨組の重量は火力発電プラント鉄骨の重量分布を参考に，柱の軸力比，水平方向の振動特性が実機相当となるよう調整して決定され，各節点に集中して図 5.4.16 のように重量と慣性力を分けて設定された。表 5.4.4 に示すように鉛直方向は屋根部と 4 層に，水平方向は 5，6 層に集中して重量が配置された。解析時間刻みは 0.01 s, 数値積分には Newmark-β 法 (β=1/4), 構造減衰は一次, 二次の減衰比を 0.05 とした Rayleigh 減衰が採用された。

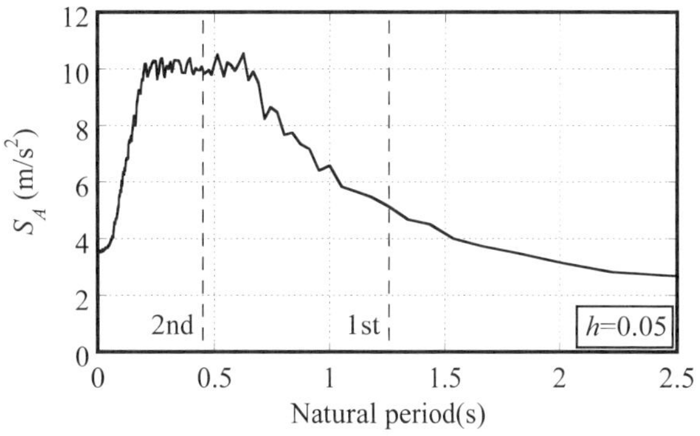

図 5. 4. 15 入力地震動

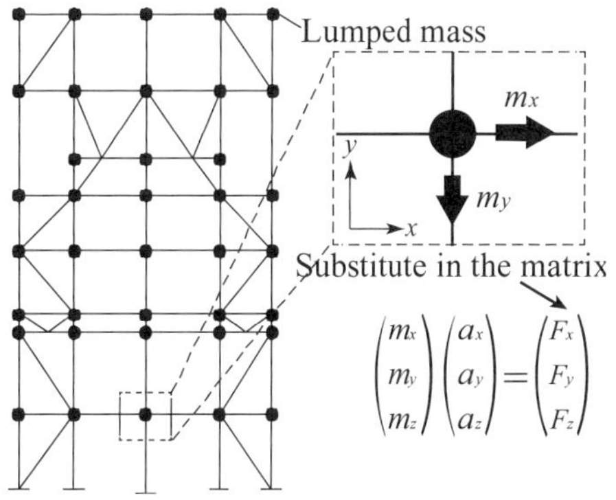

$$
\begin{pmatrix} m_x \\ m_y \\ m_z \end{pmatrix}
\begin{pmatrix} a_x \\ a_y \\ a_z \end{pmatrix}
=
\begin{pmatrix} F_x \\ F_y \\ F_z \end{pmatrix}
$$

図 5. 4. 16 集中質量の設定

表 5. 4. 4 重量の設定

	Total weight
Vertical (kN)	52583
Horizontal (kN)	64407

STORY	2F	3F	4F	5F	6F	M6F	7F	RF
Vertical mass ratio (%)	9.8	5.5	24.7	6.2	5.0	3.3	17.9	27.5
Horizontal mass ratio (%)	14.4	11.7	8.4	20.9	18.5	5.1	14.8	6.1

図 5.4.17 に，柱の局部座屈の考慮／非考慮による，ブレース付骨組の地震応答結果を比較して示す。図 5.4.17(a)に示した柱の局部座屈を考慮して

いないモデルでは，2 層の柱材が全体曲げ座屈を生じている。図 5.4.17(b)に見るように，一次元ファイバーモデルで局部座屈による耐力劣化を評価すると，同箇所の柱材が非考慮の場合と比べて大きく変形している。

図 5.4.18 に漸増動的応答解析（Incremental Dynamic Analysis，IDA）を実施して得られた，図 5.4.16 のブレース付骨組の IDA カーブを示す。入力地震動倍率 SF（Scale Factor）が 2.5 倍を超えると，局部座屈の考慮／非考慮によって全層における層変形角の最大値に差異が生じている。図 5.4.19 に示す箇所における柱材の層変形角，およびファイバーの軸ひずみ時刻歴を図 5.4.20 に示す。図 5.4.20(a)に示すように，Co. 01 の柱材が局部座屈を生じてから 1 層の層変形角が，徐々に片側へ寄るように推移し，ブレースが部材破断した前後で層変形角の変動中心の軸が変化しないことが確認されている。一方，柱の塑性化が進展した後，層変形角の変動中心の軸は負側へ移動している。図 5.4.20(b)に見るように，局部座屈を生じた Co. 01 の柱を構成しているファイバーのひずみが圧縮側で 2.5%程度まで漸近した。

以上より，一次元ファイバーモデルにより柱材の局部座屈および軸方向への塑性化領域の進展を考慮すると，非考慮の場合と明瞭な差異が生じることが確認されている。本解析手法で部材の局部座屈を含めた骨組の地震応答を評価しうると考えられる。

5. 4. 4 筒身の局部座屈を考慮した鉄塔構造物の耐震性能評価例 [5.103)]

鉄塔構造物煙突の煙突筒身には径厚比 400～600 と極めて大きい径厚比の部材が採用されており，

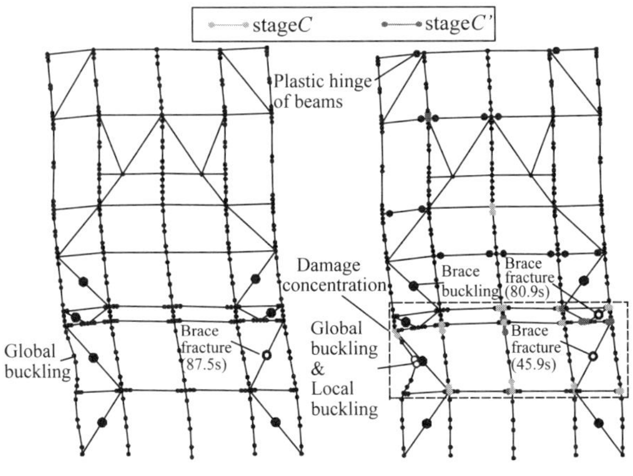

(a) 局部座屈非考慮　(b) 局部座屈考慮

図 5. 4. 17 ブレース付骨組の地震応答

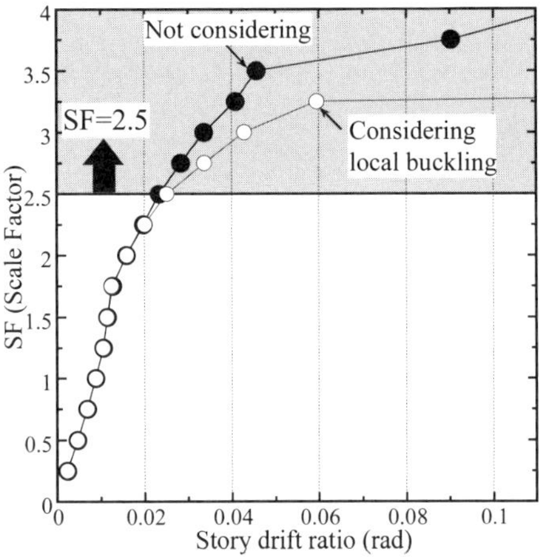

図 5. 4. 18 ブレース付骨組の IDA カーブ

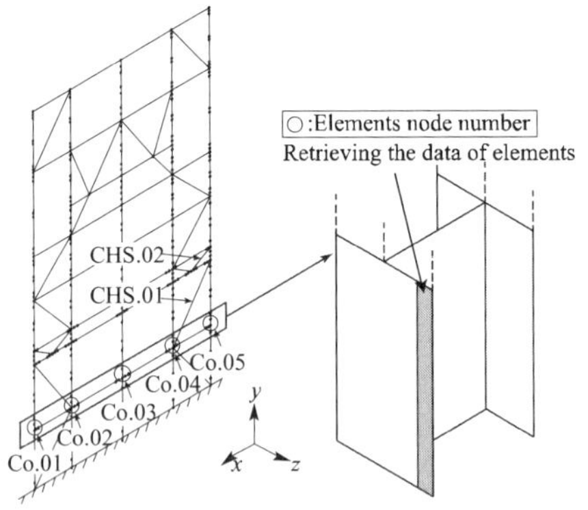

図 5. 4. 19 着目した柱材

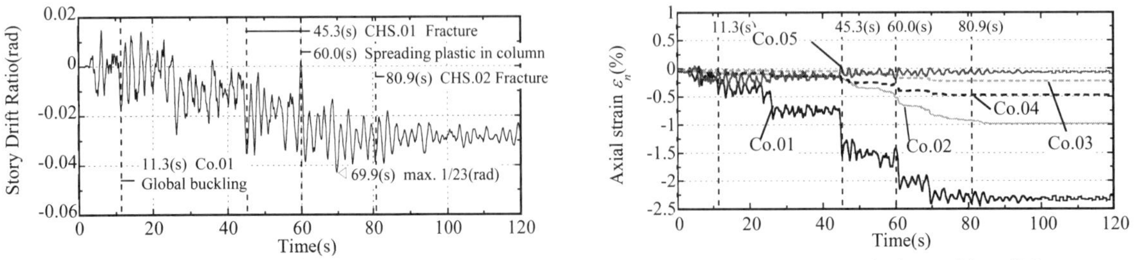

(a) 層変形角　(b) ファイバーの軸ひずみ

図 5. 4. 20 時刻歴応答

径厚比の小さい円形鋼管部材とは異なる座屈挙動を示すことが文献 5.103)で報告されている。本項では，文献 5.103)で示された径厚比の大きい煙突筒身を有する鉄塔支持型煙突の地震応答について紹介する。

検討対象の鉄塔煙突は，図 5.4.21(a)に示す高さ 220 m の四角鉄塔支持型の鋼管構造でダブルワーレン形式の鉄塔と鉄塔中央部に 4 本の煙突と EVS（エレベーターシャフト）を有した煙突筒身部から構成された。各煙突は一体ではなく個別に曲げ挙動する構造であり，図 5.4.21(b)に示すように，煙突筒身部は 4 本の煙突と EVS それぞれの断面積および断面二次モーメントの総和を，等価な 1 本の中空円形部材に集約された。補助材も含めた筒身支持節の水平剛性と等価な軸剛性を有する 4 本の水平構面材を介して，煙突筒身部は主柱材に接合された。主柱材，水平材，斜材には部材破断のアルゴリズムを組み込んだ 5.111)修正－柴田若林モデル SW-M5 5.103)で部材力を構成したトラス要素が採用された。水平構面材は，バイリニア型の弾塑性復元力特性を有するファイバー要素で構成された。煙突筒身部には，水平構面材と同様のバイリニア型，または図 5.4.22 に示す耐力劣化型の履歴則 5.112) が用いられた。主柱材，水平材，斜材では曲げモーメントを材端部で解放するため材端接合形式はピン接合に相当する形式とされた。水平構面材，筒身の部材端部は剛接合とし，部材と基礎との境界条件は固定支持とされた。表 5.4.5 に主柱材と斜材の部材諸元を示す。他の解析条件は文献 5.111)と同様に以下のように設定された。1) 部材の降伏強度は実勢値に近い値である基準強度 F の 1.1 倍とされた。2) 座屈部材の有効座屈長 L_k は節

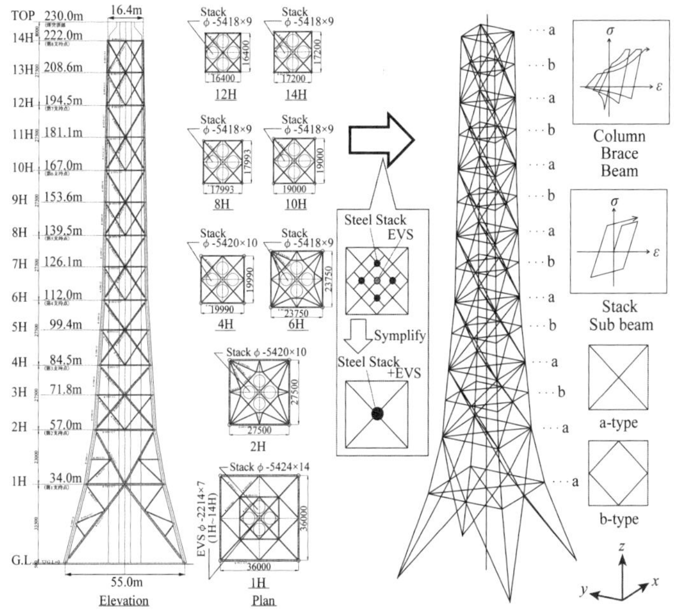

(a) 平面図，立面図　　(b) 解析モデル

図 5.4.21 鉄塔支持型煙突

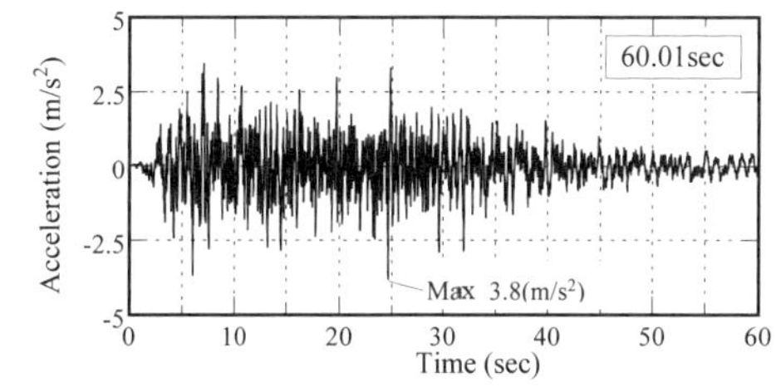

(a) 時刻歴

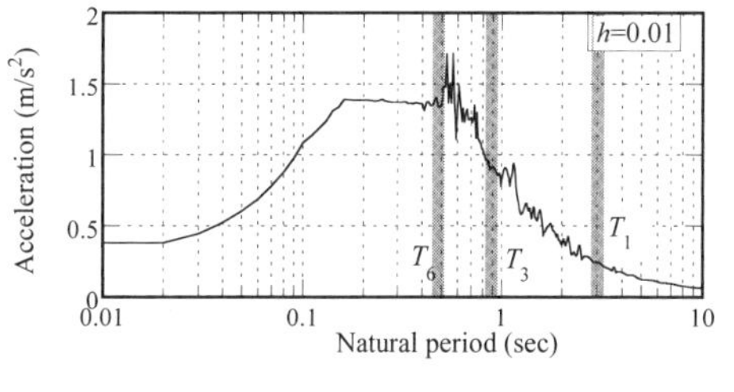

(b) 加速度応答スペクトル

図 5.4.23 入力地震動

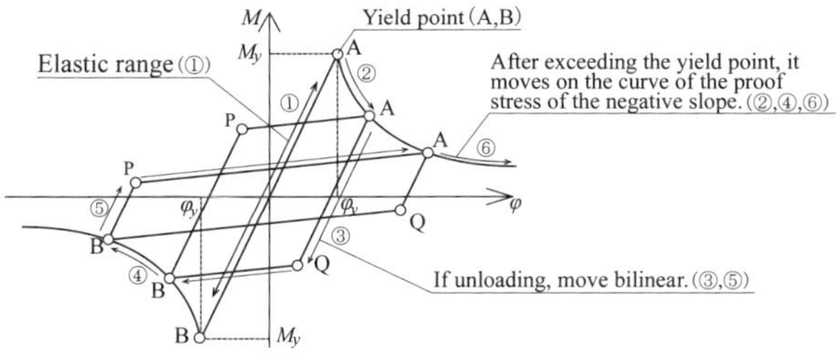

図 5.4.22 筒身の耐力劣化型モデル

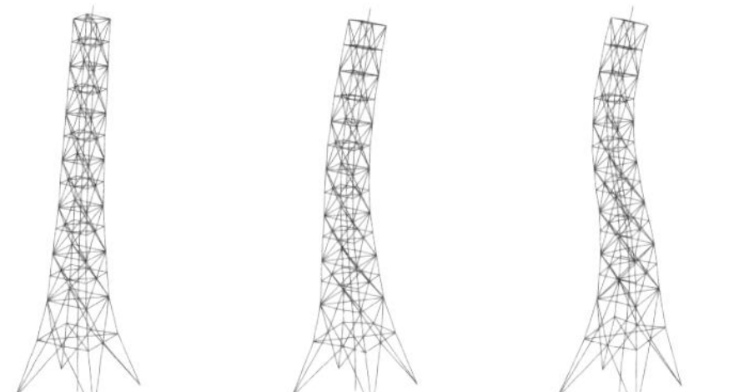

3.09sec: 48.7%　　0.883sec: 27.1%　　0.478sec: 14.9%

(a) 1st mode　　(b) 3rd mode　　(c) 6th mode

図 5.4.24 固有モード図

点間距離 L に対して $L_k = 0.9L$ とした。3) 座屈耐力は鋼構造設計規準式（短期許容圧縮応力度）が用いられ，荷重偏心を考慮し主柱材のみ座屈荷重を 0.9 倍とされた。4) 減衰比 h は $h = 1.0\%$を採用し，一次，二次振動モードを用いた Rayleigh 減衰とされた。

本解析で用いる工学的基盤上の地震動は対象鉄塔煙突の建設地を考慮した，告示の極めて稀に発生する地震動のレベル，乱数位相を原波形とした図 5.4.23 に示す湾岸直下地震とされた。同図に示す入力地震動を入力地震動倍率 SF = 1.0 とし，SF を変化させ対象構造物の応答性状が分析された。図 5.4.24 に幾何学的非線形性を考慮した固有値解析より得られる卓越固有モードと固有周期，有効質量比を示す。図 5.4.23(b)に示した入力地震動の加速度応答スペクトル（$h = 1\%$）の通り，六次モードに相当する 0.5 s 付近で加速度応答は 15m/s^2 程度となる。

煙突筒身部の復元力特性をバイリニア型で構成した場合における，IDA カーブを図 5.4.25 に，損傷図を図 5.4.26 にそれぞれ示す。解析中に構造モデルが不安定となり中断した場合は，その時点までの最大値をプロットしている。入力が大きいと筒身部より鉄塔部の応答が大きい結果となっている。地震動が 0° 方向に入力された場合には，SF = 9.0，45° 方向の場合には SF = 8.0 を超えると鉄塔部が崩壊している。なお，本項では節変形角が 0.1 rad を超えた時点で崩壊とみなした。なお，どちらの入力方向でも，筒身部は SF = 3.0，鉄塔部は SF = 1.0 まで弾性となった。図 5.4.26 に見るように，地震動が 0° 方向に入力された場合，主柱材や水平材が座屈した 10 節で崩壊している。45° 方向の

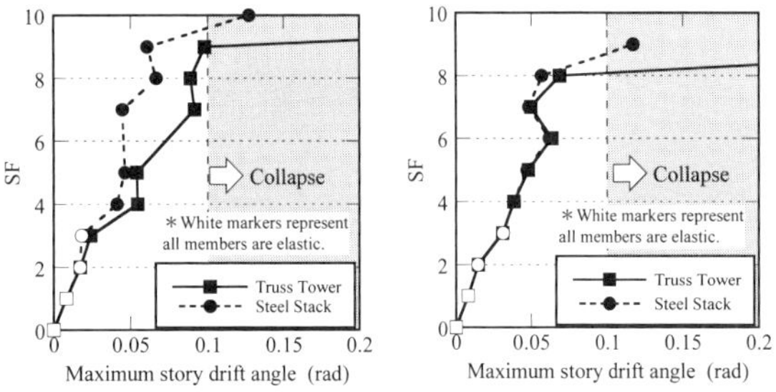

(a) 0°方向入力　(b) 45°方向入

図 5. 4. 25 IDA カーブ(筒身耐力劣化非考慮)

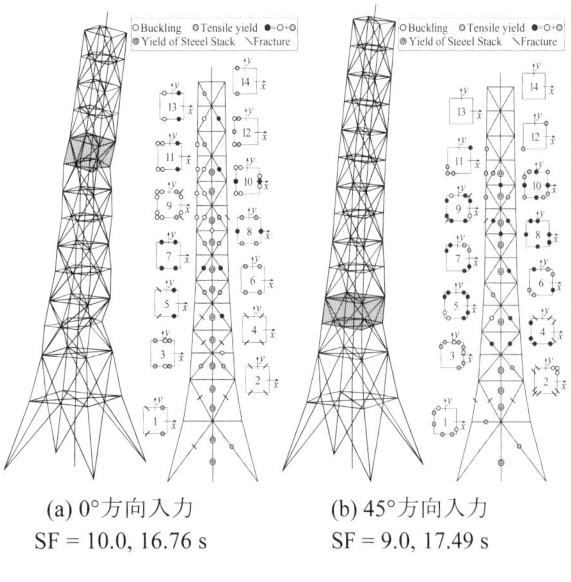

(a) 0°方向入力 SF = 10.0, 16.76 s　(b) 45°方向入力 SF = 9.0, 17.49 s

図 5. 4. 26 変形図(筒身耐力劣化非考慮)

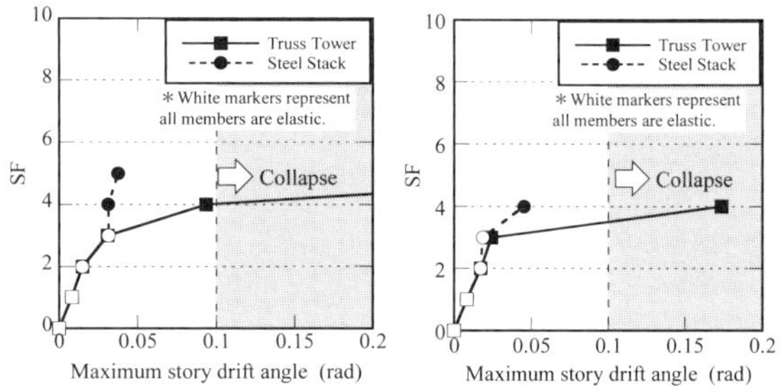

(a) 0°方向入力　(b) 45°方向入力

図 5. 4. 27 IDA カーブ(筒身耐力劣化考慮)

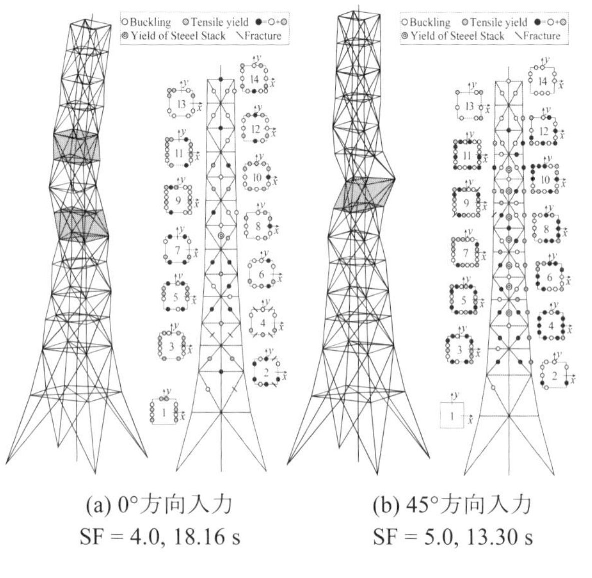

(a) 0°方向入力 SF = 4.0, 18.16 s　(b) 45°方向入力 SF = 5.0, 13.30 s

図 5. 4. 28 変形図(筒身耐力劣化考慮)

場合, 2 節や 3 節の主柱材や水平材の座屈に加え, 複数の斜材が座屈および破断した 4 節で崩壊している。入力方向により崩壊節が異なるものの, 一次モードに近い崩壊モードがみられた。

煙突筒身部の復元力特性を局部座屈による耐力劣化型で構成した場合における, IDA カーブを図 5.4.27 に, 損傷図を図 5.4.28 に示す。耐力劣化が考慮されていない場合と同様に, 入力地震動倍率が大きいと, 筒身部より鉄塔部の応答が大きいことが確認された。地震動が 0° 方向に入力された場合には, SF = 3.0, 45° 方向の場合には SF = 4.0 を超えると鉄塔部が崩壊している。筒身部, 鉄塔部の全部材が弾性となる SF は, 耐力劣化の考慮／非考慮で差異がみられない。図 5.4.28 に見るように, 地震動が 0° 方向に入力された場合では, 8 節の筒身が 7 節と 9 節の間で局部座屈し, 全体的に横へ流れて崩壊している。45° 方向の場合では, 9 節の主柱材 2 本の破断に加えて, 筒身が 7 節と 9 節の間で局部座屈し, 0° 方向と同様に横へ流れて崩壊している。以上より, 局部座屈による筒身の耐力劣化を考慮した場合, 崩壊までの耐震性能の余裕度も半分以下に低下し, 崩壊機構に差異が生じることが確認された。

5.4.5 まとめ

鋼構造骨組の耐力や塑性変形能力を決定づける破断または局部座屈を模擬した数値解析モデルを用い, 地震応答解析により骨組の応答を検証した例を示した。

5.5 地震荷重に対するラチスシェルの座屈耐力

5.5.1 はじめに

単層ラチスドームを対象とした耐震性などに関する研究は数多く行われており, その成果は文献 5.113), 5.114)などにまとめられている。耐震性など動的問題は主に時刻歴地震応答解析を基本とした研究が多く, 文献 5.115), 5.116)では単層の高・低ライズドームの崩壊加速度について分析している。また, 文献 5.117), 5.118)では励起振動モードを並列した多質点モデルによる応答評価を行い, 文献 5.119)では単層ドームの崩壊性状を検討するとともに, 構造物全体の変形と部材の損傷を評価している。文献 5.120)では単層ラチスドームの動座屈の分析, 文献 5.121)では二層立体ラチスドームを対象とした静的耐力と動的耐力の比較が行われている。最近では静的解析のみから地震時の応力を算定するために, 地震荷重の作成に関する研究が行われ, 文献 5.122)では固有振動解析から主要となる 2 つのモードを採用して地震荷重を作成し, 文献 5.123), 5.124)では加速度分布を仮定して簡易な式で作成する方法が提案されている。さらに, 最近では作成した地震荷重を用いて静的弾塑性座屈解析に基づいて, 文献 5.125)では地震時の座屈性状およびその地震時座屈荷重の推定法に関する研究が行われている。この研究は今後の研究の方向性を示し, 極めて有用で応用性の高い研究であるが, 地震時における固定荷重の影響や靱性を考慮した耐力の評価について十分に議論が進められていない。

靱性を考慮した耐震性能評価の手法として, 下部構造のブレース構造が主に降伏し, 上部屋根構造が弾性範囲となる鋼構造体育館の研究では, 動的構造耐震指標 $_dI_S$, 動的靱性指標 $_dF$ が提案されている [5.126)]。$_dF$ 値は弾塑性応答解析に基づき, 初期降伏が発生する地震動強さ（降伏地震動強さ）に対する構造物が限界変形に至る地震動強さ（限界地震動強さ）の比として表され, 動的な耐力上昇を評価する指標である。下部構造が主に降伏する体育館は, 通常の重層構造物と同様な動的挙動をするため, その $_dF$ 値は耐震診断で用いられる靱性指標 F 値と同じような性質となる。

これに対して, 文献 5.127)では, 上部構造の単層ラチスドームに対して $_dF$ 値を用いた靱性および耐震性能評価がなされている。単層ラチスドームの動的挙動の特徴として, 1) 水平地震入力に対して上下逆対称の地震荷重が発生する, 2) 固定荷重による軸力が発生しているために, 塑性ヒンジにおいて塑性回転角が一方向に漸増し, 履歴ループを描かず, エネルギー吸収性能が低い, 3) 2)に関連して塑性後に, 鉛直下方向に変形が漸増することなどが挙げられる。このため, 単層ラチスドームの靭性は通常の重層構造と異なると考えらえる。弾塑性応答解析に基づく $_dF$ 値の評価には，地震荷重を定める必要がなく，地震荷重を設定することがやや難しい単層ラチスドームの靭性を評価する上で有効であると考えられる。一方，$_dF$ 値は時刻歴弾塑性応答解析に基づいて評価するため，静的増分解析を用いた耐震設計にはそのまま適用することができないなどの問題点もある。

保有水平耐力計算における構造特性係数 Ds 値や耐震診断で用いられる靭性指標 F 値は，地震荷重を定めた上で構造物の靭性を評価する指標である。このため，$_dF$ 値をそのまま靭性指標 F 値と読み替えることは困難である。このような背景から，単層ラチスドームに対して，地震荷重を提案し，地震荷重に対する耐力上昇の評価，靭性指標の提案に関する研究を紹介する [5.124]。

本節では，単層ドームは下部構造で支持されることがほとんどであるが，上部構造の耐力に注目するため，ドームがピン支持された場合に限定する。また，ドームの耐震性能は固定荷重に対する安全率に大きく依存することが知られているため，この値をパラメータとする。まず，固定荷重の影響を考慮した単層ラチスドームの線形座屈荷重について，文献 5.125)と同様にシェル理論に基づいて固定荷重と地震荷重を受ける場合の近似線形座屈荷重を示し，近似値と立体骨組モデルの固有値解析による線形座屈荷重の比較を示す。次に，固定荷重と地震荷重を受ける場合について，弾性座屈荷重低減係数の近似式，修正ダンカレー式による座屈耐力の推定値 [5.128), 5.129]を紹介する。最後に靭性を考慮した耐力評価 [5.124]と靭性指標の近似式の一例を紹介する。

5.5.2 固定荷重に対するラチスシェルの座屈

本項では，固定荷重に対するラチスシェル屋根の座屈耐力評価法の概略を説明する。シェル屋根指針における固定荷重に対するラチスシェルの耐力に大きく影響する座屈現象は，個々の部材の座屈（個材座屈），特定の節点のみが荷重方向に大きくたわむ部分座屈（あるいは局部座屈），特定の節点が局部的に回転する節点回転座屈，また，数部材にわたる比較的大きな変形波長で変形が進行する全体座屈（あるいはシェル的座屈）に分類できる。

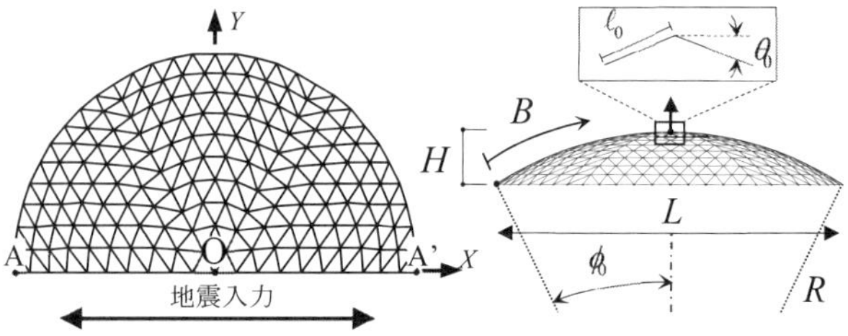

図 5.5.1 解析モデル（N=10）

表 5.5.1 ドームの幾何学的形状（L=100m）

ドームの半開角 ϕ_0[°]	20	30	40	50
曲率半径 R[cm]	14619	10000	7779	6527
ライズ H[cm]	881.6	1339.8	1819.9	2331.5
円弧長さ B[cm]	10206	10472	10861	11392

ラチスシェル屋根構造設計指針 [5.133]では，全体座屈，個材座屈にかかわらず，線形座屈解析（幾何剛性マトリクスを用いた固有値解析）から得られる一次の座屈荷重を線形座屈荷重として座屈耐力の算定に援用する。この線形座屈解析の下で，曲げモーメントを無視できると仮定したときに，最大圧縮軸応力度が生じる部材を特定部材(m)(あるいは代表部材）とし，この部材の線形座屈軸力を $N^{lin}_{cr(m)}$ と記述する。また，弾性範囲の全体座屈に関して，形状初期不整を考慮した弾性座屈解析（座屈前変形を考慮し，幾何学的非線形を考慮した増分解析）による特定部材の弾性座屈軸力を $N^{el}_{cr(m)}$ と記述する。

特定部材に注目して，正規化細長比 $\Lambda_{e(m)}$を次式のように定義する。

$$\Lambda_{e(m)} = \sqrt{\frac{N_{y(m)}}{N^{el}_{cr(m)}}} = \sqrt{\frac{N_{y(m)}}{\alpha_0 N^{lin}_{cr(m)}}} \tag{5.5.1}$$

ここで，$N_{y(m)}$は特定部材の降伏軸力である。α_0 は弾性座屈荷重低減係数と呼ばれる値であり，座屈前変形や初期不整による弾性座屈荷重の低減を表している。α_0 については，既往の研究 [5.128]により構造形式に応じて設計式が提案されている。式(5.5.1)の正規化細長比は一般化細長比と同様の意味を表しており，座屈強度曲線と組み合わせることにより，ラチスシェル屋根の座屈耐力の評価をすることが可能となる。

5.5.3 対象とする単層ラチスシェル

(a) 形状，固定荷重，部材特性

本項では図 5.5.1 に示す円形平面のパラレルラメラドームを対象とする。スパン L は 100m，剛性の高い下部構造に直接に支持される場合を想定し，ドームをピン支持とする。曲率半径 R，ライズ H，円弧長さ B を表 5.5.1 に示す。ドームの単位重量 w_d は 1.5kN/m^2 とし，支配面積に応じて各節点に重量を分配する。全ての部材は等断面とし，部材は節点で剛接合とする。

解析パラメータとして，部材半開角 θ_0 は 1.0°，1.5°，2.0°，2.5°の 4 種類，部材細長比 λ_0 は 40，50，60，70，80 の 5 種類とする。また，耐震性能は固定荷重に対する安全率 v_s にも依存するため，v_s は 1.5，2.0，2.5，3.0 の 4 種類を設定する。

(b) 部材断面の設定方法

ドーム部材は 400N 級の鋼管を想定し，ヤング係数 E_s は 205,000 N/mm^2，降伏応力度 σ_y は 235N/mm^2 とする。部材管径（管厚中心の直径）d_0 は次式で与える。

$$d_0 = 2\sqrt{2} \cdot \ell_0 / \lambda_0 \qquad (5.5.2)$$

ここで，ℓ_0 は稜線材の部材長を表す。

固定荷重に対する安全率 v_s に対して部材管厚 t を定める。固定荷重に対するドームの座屈荷重（弾塑性座屈荷重）P_{cr} は次式に示す修正ダンカレー式 [5.128), 5.129)] より近似的に算出する。

$$P_{cr} = \frac{2}{\sqrt{\Lambda_d^4 + 4} + \Lambda_d^2} \cdot P^{pl} \qquad (5.5.3)$$

$$\Lambda_d = \sqrt{\frac{P^{pl}}{P_{cr}^{el}}} \qquad (5.5.4)$$

ここで，P_{cr}^{el} は弾性座屈荷重，P^{pl} は塑性耐力，Λ_d は固定荷重に対する正規化細長比である。図 5.5.1 のような三角形網目を有する剛接合単層ラチスドームの P_{cr}^{el}，P^{pl} は近似的に次式から求められる。

$$P_{cr}^{el} = \alpha_0(\xi_0) \cdot E_s \cdot A \cdot \theta_0^3 \cdot \xi_0 \qquad (5.5.5)$$

$$P^{pl} = 6 \cdot N_y \cdot \theta_0 \cdot \gamma_m \qquad (5.5.6)$$

ここで，θ_0 は部材半開角（単位は rad），A は断面積，N_y は降伏軸力である。γ_m は調整係数であり，γ_m は 0.7 が提案されている [5.128)]。ξ_0 はドームの無次元化パラメータを表し，次式で与えられる。

$$\xi_0 = 12\sqrt{2} / (\lambda_0 \theta_0) \qquad (5.5.7)$$

$\alpha_0(\xi_0)$ は弾性座屈荷重低減係数を表し，ξ_0 に応じて変化する値であるが，本研究はどのモデルも 0.5 とする。式(5.5.3)から式(5.5.7)を用いると，固定荷重に対する安全率 v_s に対して t を定めることができ，部材管径 d_0 および管厚 t を用いて，断面積 A および断面二次モーメント I を定めることができる。なお，本研究では d_0 を一定とし，t を変化させて断面算定する。本節で示した手法は主に全体座屈が発生する場合を対象としており，個材座屈が主となる場合はここでは対象としない。

(c) 部材モデル

部材モデルは，弾性梁と両端に部材降伏を表現する剛塑性ヒンジから構成される両端ばね梁モデル [5.130), 5.131)] とする。弾性梁は座屈たわみ角法で定式化され，個材の弾性座屈を考慮できる。剛塑性ヒンジは，軸ばねと曲げばねで構成され，塑性後は降伏曲面を流動する。

(d) 固定荷重に対する設定断面の検討

固定荷重に対して断面算定された単層ドームの固定荷重時の弾塑性座屈解析を実施したところ，弾塑性座屈荷重／（固定荷重×安全率 v_s）の値は平均 1.2，変動係数は 0.09 程度となり，設定した安全率 v_s をほぼ満たしていることを確認している。なお，初期不整分布は一次線形座屈モード，不整振幅は等価シェル厚 t_{eq} の 20%とする。t_{eq} は鋼管の断面二次半径の $2\sqrt{2}$ 倍とする [5.128), 5.129)]。

5.5.4 等価静的地震荷重

指針 [5.133)] では，適用範囲として屋根構造のスパンは最大 60m 以下，軒高 30m 以下を適用範囲とするとしている。また，球形ドームのデプス／スパン比率 D/L< 1/50 では簡便な等価静的地震荷重の適用範囲外とされている。等価静的地震荷重を用いた静的解析より，地震応答解析による最大変位，最大軸力，最大曲げモーメントを評価できる。

これに対して対象とする単層ラチスドームの D/L は 1/300 程度であることから，水平および鉛直方向の等価静的地震荷重 $P_H(x,y)$，$P_V(x,y)$ は既往の研究 5.124)を参照し，次式を用いる。

$$P_H = m_i \cdot p_H \cdot A_{\max} \left\{ 1 + \left(\frac{S_{ad0}(T_1,h)}{A_{\max 0}} - 1 \right) \cos \frac{\pi\sqrt{x^2+y^2}}{L} \right\} \tag{5.5.8.a}$$

$$P_v = m_i \cdot p_{V1} \cdot p_{V2} \cdot A_{\max} \cdot \frac{S_{ad0}(T_1,h)}{A_{\max 0}} \cdot \frac{x}{\sqrt{x^2+y^2}} \cdot f \tag{5.5.8.b}$$

ここで，m_i は節点質量，x，y はドーム頂部を原点とする座標を表す。$A_{\max0}$ はドーム下部に作用する入力加速度の最大値，$A_{\max}$ はドーム屋根支承部の応答加速度を表す。下部構造にピン支持されているので，$A_{\max}$ と $A_{\max0}$ は同じ値とする。f は鉛直加速度分布の形状を表し，ドーム頂部とテンションリング位置では $f = 0$，それ以外では $f = 1$ とする。$S_{ad0}(T_1,h)$ は $A_{\max0}$ に対する一次固有周期に対応した絶対加速度応答スペクトルを表す。p_H，p_{V1}，p_{V2} は補正係数を表し，応答解析結果に基づき次式が提案されている 5.124)。

$$p_H = 0.9 \tag{5.5.9}$$

$$p_{V1} = 0.609\sqrt{\phi_0}/(1-1.488\phi_0+1.155\phi_0{}^2) \tag{5.5.10}$$

$$p_{V2} = 1.000\sqrt{\phi_0}/(1+0.750\phi_0-1.090\phi_0{}^2) \tag{5.5.11}$$

例として，ドームの半開角 ϕ_0=30°のドームの地震荷重の加速度分布を図 5.5.2 に示す。

5.5.5 地震荷重時の終局耐力の検討

地震荷重作用時の終局耐力を求めるためには，固定荷重を作用させた後に地震荷重を作用させる非線形解析を実施する必要がある。ここでは固定荷重時の終局耐力を推定する方法に沿って，固定荷重と地震荷重を考慮した場合の終局耐力の検討方法を説明する。

(a) 線形座屈荷重

本解析では固定荷重を載荷させた後，地震荷重を増加させ，線形座屈荷重 ${}_eP_{cr}{}^{lin}$ を求める。線形座屈地震動倍率 ${}_e\lambda_{cr}{}^{lin}$ は次式から求める。

$$\left([K_L]+[K_G(N_d)]+{}_e\lambda_{cr}^{lin}[K_G(N_{e0})]\right)\{u\}=0 \tag{5.5.12}$$

ここで，$[K_L]$ は線形剛性マトリクス，$[K_G(N_d)]$ は固定荷重に対する軸力 N_d から作成した幾何剛性マトリクス，$[K_G(N_{e0})]$ は地震荷重に対する軸力 N_{e0} から作成した幾何剛性マトリクス，$\{u\}$ はモードベクトルを表す。

文献 5.124)では，シェル理論を援用して，固定荷重と地震荷重を受ける単層ラチスドームの線形座屈荷重 ${}_eP_{cr}{}^{lin}$ と線形座屈地震動倍率 ${}_e\lambda_{cr}{}^{lin}$ の近似式が提案されている。

$${}_eP_{cr(a)}^{lin} = \frac{1+\dfrac{P_d}{{}_dP_{cr}^{lin}} \cdot \dfrac{P_{h0}}{P_{v0}} \cdot \sin\phi_0}{1+\dfrac{P_{h0}}{P_{v0}} \cdot \sin\phi_0} \cdot {}_dP_{cr}^{lin} \tag{5.5.13}$$

$${}_e\lambda_{cr(a)}^{lin} = \frac{1}{P_{v0}+P_{h0}\cdot\sin\phi_0} \cdot ({}_dP_{cr}^{lin} - P_d) \tag{5.5.14a}$$

$${}_dP_{cr}^{lin} = \alpha_f E_s \cdot A \cdot \theta_0{}^3 \cdot \xi_0 \tag{5.5.14b}$$

ここで，P_{h0}，P_{v0} は式(5.5.8)から得られる頂点（ただし，$f = 1$）における水平および上下の地震荷重の値である。${}_dP_{cr}{}^{lin}$ は固定荷重 P_d に対する線形座屈荷重であり，式(5.5.15)より評価される。ここで，α_f はFEM解析から得られる線形座屈荷重を正確に算定するための調整係数であり，$\alpha_f = 0.96$ が推奨されている。

(b) 弾性座屈荷重

弾性座屈解析では線形座屈解析と同様に，固定荷重を載荷させた後に地震荷重を増加させる。弾性座屈荷重は次式で与える。

$${}_eP_{cr}^{el} = P_d + {}_e\lambda_{cr}^{el} \cdot P_v \tag{5.5.15}$$

ここで，${}_e\lambda_{cr}{}^{el}$ は弾性座屈地震動倍率を表す。

既往の研究 5.128), 5.129)と同様に弾性座屈荷重低減係数 α_0 を用いて弾性座屈荷重を推定する方法を考える。α_0 の定義として，荷重と軸力で評価した場合の 2 種類の場合が考えられる。そこで，固定荷重+地震荷重時の α_0 は次式で与えるものとする。

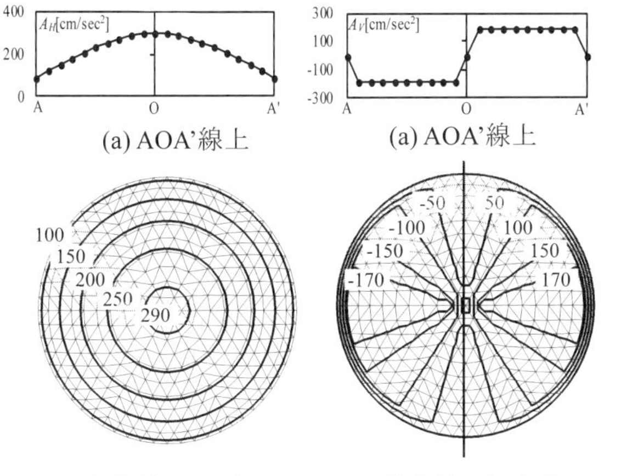

(a) AOA'線上　(a) AOA'線上

(b) 等高線 水平方向　(b) 等高線　鉛直方向

図 5.5.2 加速度分布

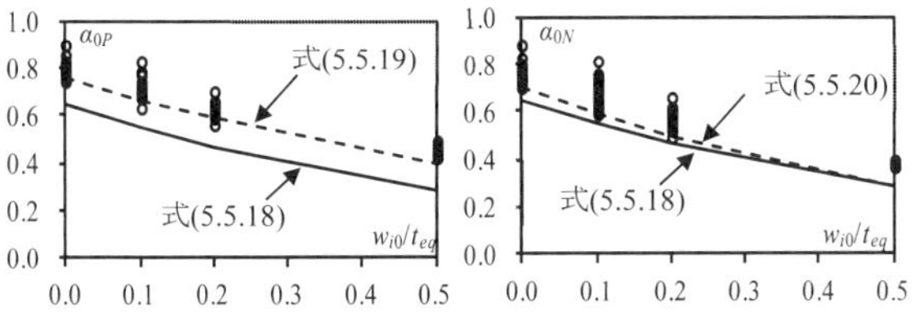

(a) 荷重で評価　(b) 軸力で評価

図 5.5.3 弾性座屈荷重低減係数（v_s=3）

$$\text{荷重で評価：}\ \alpha_{0P}=\frac{{}_eP_{cr}^{el}}{{}_eP_{cr}^{lin}}=\frac{P_d+{}_e\lambda_{cr}^{el}\cdot P_{v0}}{P_d+{}_e\lambda_{cr}^{lin}\cdot P_{v0}} \qquad (5.5.16)$$

$$\text{軸力で評価：}\ \alpha_{0N}=\frac{{}_eN_{cr}^{el}}{{}_eN_{cr}^{lin}}=\frac{N_d+{}_e\lambda_{cr}^{el}\cdot N_{e0}}{N_d+{}_e\lambda_{cr}^{lin}\cdot N_{e0}} \qquad (5.5.17)$$

ここで，N_dは固定荷重時の軸力，N_{e0}は地震荷重時の軸力を表す。

形状初期不整分布は固定荷重+地震荷重を考慮した線形座屈解析から得られた一次モードに比例とし，最大不整振幅 w_{i0} は等価シェル厚 t_{eq} に対して 0%，10%，20%，50%の 4 種類とする。荷重および軸力で評価した α_0 と初期不整量の関係の一例を図 5.5.3 に示す。ここでは，例として，安全率 v_s が 3 の結果を対象とする。図中の○は解析結果を表す。また，参考として，文献 5.132)で示されている固定荷重時の α_0 の近似式も同図に示す。

$$\text{固定荷重時：}\ \alpha_0=0.65\exp(-1.65w_{i0}/t_{eq}) \qquad (5.5.18)$$

図 5.5.3 より，固定荷重と地震荷重が作用した場合の α_0 は固定荷重だけが作用した場合に比べて大きい。また，紙面には示していないが，v_s=2 と 3 の α_0 は同程度の値となり，固定荷重に対する安全率に依存しない。図 5.5.3 の(a)，(b)を比較すると，軸力より荷重で評価した場合の方が α_0 は大きくなる。

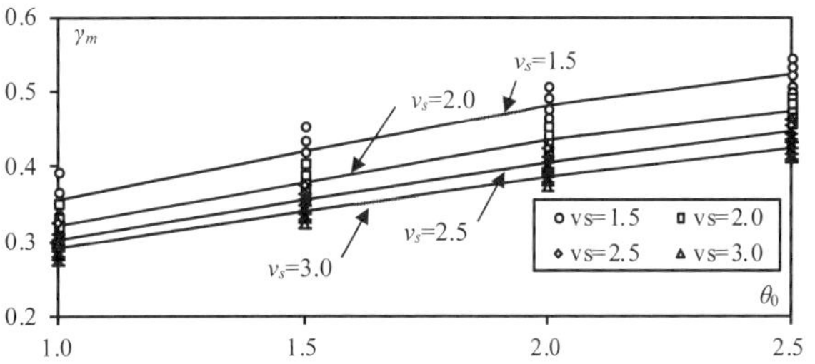

図 5.5.4 調整係数 γ_m

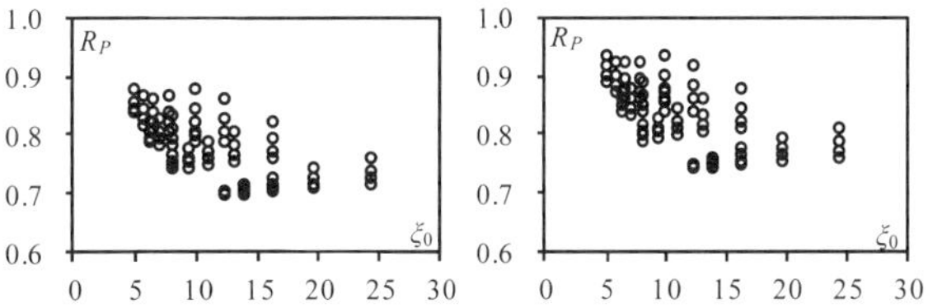

(a) w_{i0}=0.0　(b) w_{i0}=0.1

図 5.5.5 正規化細長比の比率（荷重）

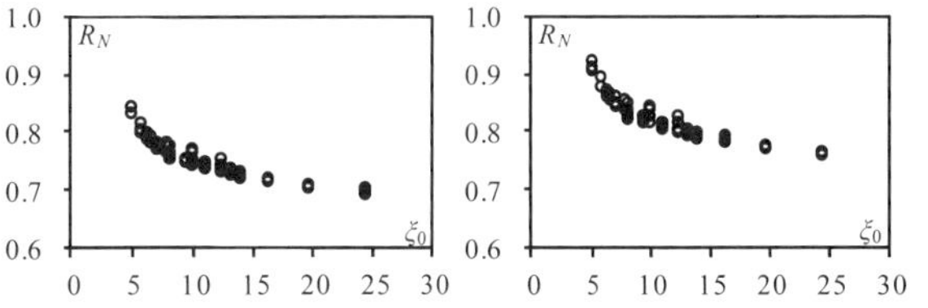

(a) w_{i0}=0.0　(b) w_{i0}=0.1

図 5.5.6 正規化細長比の比率（軸力）

結果に基づいて，本研究では荷重と軸力に対して，次式のように α_0 の推定式が提案されている。

$$\text{荷重で評価：}\ {}^{est}\alpha_{0P}=0.754\exp(-1.286w_{i0}/t_{eq}) \qquad (5.5.19)$$

$$\text{軸力で評価：}\ {}^{est}\alpha_{0N}=0.698\exp(-1.790w_{i0}/t_{eq}) \qquad (5.5.20)$$

式(5.5.19)，(5.5.20)の結果を図 5.5.3 中に破線で示す。解析結果と近似式を比較すると，近似式は下限を概ね推定できていることが確認できる。したがって，式(5.5.13)，(5.5.14)と式(5.5.19)，(5.5.20)を用いれば弾性座屈荷重 ${}_eP_{cr}^{el}$ および弾性座屈軸力 ${}_eN_{cr}^{el}$ の近似値を算出することができる。

(c) 降伏荷重

塑性解析（幾何学的非線形性を考慮せずに部材の降伏のみを考慮した増分解析）から得られる降伏荷重 ${}_eP^{pl}$ について分析する。${}_eP^{pl}$ を次式で想定する。

$${}_eP^{pl}=P_d+{}_e\lambda^{pl}\cdot P_{v0}=6\cdot N_y\cdot\theta_0\cdot\gamma_m \qquad (5.5.21)$$

ここで，${}_e\lambda^{pl}$ は降伏地震動倍率を表す。γ_m は調整係数である。固定荷重作のみが作用した場合の γ_m は

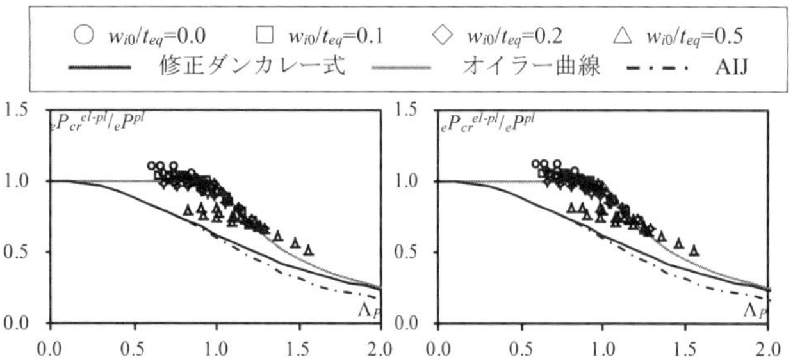

(a) v_s=2.5　(b) v_s=3.0

図 5.5.7 座屈強度曲線（荷重で評価）

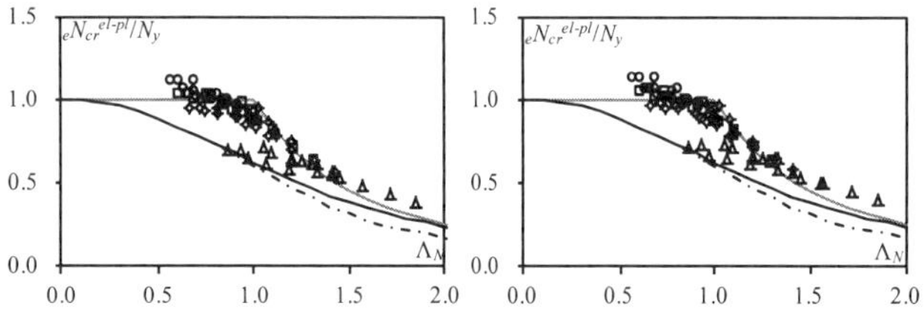

(a) v_s=2.5　(b) v_s=3.0

図 5.5.8 座屈強度曲線（軸力で評価）：
弾塑性座屈解析より得られた地震時の部材の
座屈軸力

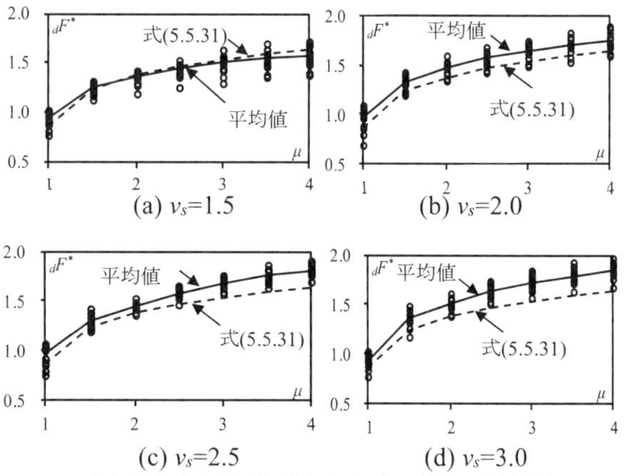

図 5.5.9 動的靭性指標（12 波の平均値）

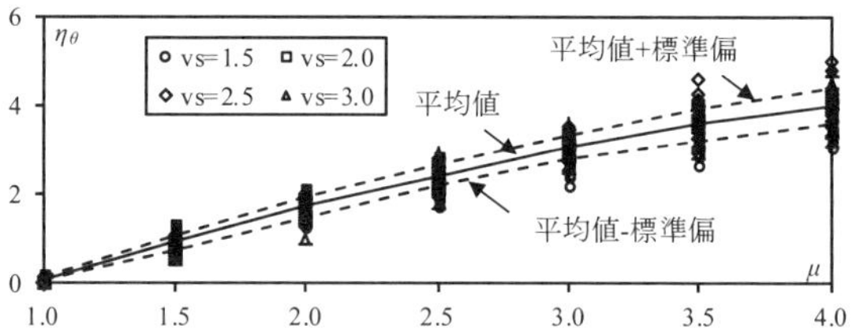

図 5.5.10 構造物と部材の変形
（12 波の平均値）

0.7 が提案されている [5.128), 5.129)]。一方，式(5.5.21)のように固定荷重と地震荷重が作用した場合の γ_m は不明である。そこで，FEM 解析から求めた P^{pl} との比較から γ_m が分析されている。γ_m は 0.7 より小さくなり，また，部材半開角 θ_0，部材細長比 λ_0，安全率 v_s に依存することが確認できる。γ_m と θ_0 の関係を図 5.5.4 に示す。図 5.5.4 より，γ_m は v_s が低いほど大きく，θ_0 の増加に伴い大きくなる。

(d) 正規化細長比

固定荷重と地震荷重が作用した時の正規化細長比を次式で与える。

$$\text{荷重で評価：}\ \Lambda_P=\sqrt{\frac{P^{pl}}{{}^{est}\alpha_{0P}\cdot(P_d+{}_e\lambda_{cr}^{lin}\cdot P_{v0})}} \tag{5.5.22}$$

$$\text{軸力で評価：}\ \Lambda_N=\sqrt{\frac{N_y}{{}^{est}\alpha_{0N}\cdot(N_d+{}_e\lambda_{cr}^{lin}\cdot N_{e0})}} \tag{5.5.23}$$

ここで，${}^{est}\alpha_{0P}$，${}^{est}\alpha_{0N}$ は式(5.5.19)，(5.5.20)から算出する。固定荷重+地震荷重時の正規化細長比 Λ_p, Λ_N と固定荷重時の正規化細長比 Λ_d の比率 R_P(=Λ_P/Λ_d)，R_N（=Λ_N/Λ_d）をそれぞれ図 5.5.5，図 5.5.6 に示す。ここでは，w_{i0}/t_{eq}=0.0 と 0.1 の例を示す。Λ_P は P^{pl} の影響により固定荷重時の安全率により変化するため，比率 R_P は ξ_0 ごとにやや変動するが，比率 R_N はあまり変動しない。また，比率 R_P の方が R_N よりやや大きい。ξ_0>7 の範囲で，R_N は w_{i0}/t_{eq}=0.0 では 0.7 程度，w_{i0}/t_{eq}=0.1 では 0.8 程度となり，1.0 を下回る。ξ_0 の増加とともに漸減する傾向は R_N，R_P とも同じである。したがって，やや過剰評価となるが，等分布固定荷重時の正規化細長比を用いて断面算定すれば，地震荷重に対して安全側となる。

(e) 座屈強度曲線に基づく耐力評価

既往の研究 [5.128), 5.129)] で単層ラチスドームの終局耐力（弾塑性座屈荷重）の評価に用いられている修正ダンカレー式と FEM 弾塑性座屈解析（プッシュオーバー解析）から得られる弾塑性座屈荷重を比較する。弾塑性座屈荷重 ${}_eP_{cr}{}^{el\text{-}pl}$ は次式で与える。

$${}_eP_{cr}^{el-pl}=P_d+{}_e\lambda_{cr}^{el-pl}\cdot P_{v0} \tag{5.5.24}$$

ここで，${}_e\lambda_{cr}{}^{el\text{-}pl}$ は弾塑性座屈地震動倍率を表す。なお，修正ダンカレー式は次式となる。

$$\text{荷重で評価：}\ {}_eP_{cr}^{el-pl}=\frac{2\cdot P^{pl}}{\sqrt{\Lambda_P{}^4+4}+\Lambda_P{}^2} \tag{5.5.25}$$

$$\text{軸力で評価：}\ {}_eN_{cr}^{el-pl}=\frac{2\cdot N_y}{\sqrt{\Lambda_N{}^4+4}+\Lambda_N{}^2} \tag{5.5.26}$$

修正ダンカレー式などの座屈強度曲線と FEM 解析の比較を図 5.5.7，図 5.5.8 に示す。図 5.5.7，図 5.5.8 より，ほとんどのモデルの FEM 解析の結果は修正ダンカレー式より大きくなるが，軸力で評価し，初期不整 w_{i0}/t_{eq} を 0.5 とした場合は修正ダンカレー式より低くなるケースがある。しかしながら，実際の建設では w_{i0}/t_{eq}=0.2 程度以下の初期不整の下で施工されると想定すると，地震時の座屈荷重は修正ダンカレー式から推定できると考えられる。

5.5.6 靭性を考慮した耐力評価

固定荷重と地震荷重を用いた静的増分解析だけでは，座屈耐力時の荷重の大きさは推定できても，それ以降の挙動や耐力を分析できない。文献 5.124)で示されているように地震時の弾塑性時刻歴応答解析によれば，静的解析から求める式(5.5.24)の ${}_eP_{cr}{}^{el\text{-}pl}$ よりさらに大きな地震力に対してもラチスドームは抵抗できると考えられる。本項では，単層ラチスドームに対して，固定荷重と地震荷重による静的増分解析に基づいて評価した座屈耐力と弾塑性応答解析から評価した限界地震動強さの比を動的靭性指標 ${}_dF$ と定義し，その算定例を紹介する。なお，本算定では初期不整は考慮しないものとする。

(a) 動的靭性指標

文献 5.124)では，${}_e\lambda_y$ を固定荷重と地震荷重時の弾塑性座屈解析から得られた初期降伏時の地震動強さ $\lambda_E{}^{cr}(\mu)$を時刻歴地震応答解析から得られた塑性率 μ に対応する地震動強さとするとき，地震動強さを初期降伏後の靭性を表す指標として，動的靭性指標 ${}_dF$ 値を次式で提案している。

$${}_dF = \lambda_E{}^{cr}(\mu)/{}_e\lambda_y \tag{5.5.27}$$

ここで，塑性率 μ は次式で定義されている。

$$\mu = {}_d d_v{}^{\max} / {}_s d_{vy} \tag{5.5.28}$$

ここで，${}_d d_v{}^{\max}$ は弾塑性時刻歴地震応答解析より得られる最大鉛直変位，${}_s d_{vy}$ は静的解析より得られる初期降伏時の鉛直変位を表す。また，数値解析の結果に基づき，${}_dF$ 値は部材細長比 λ_0 の関数として次式が提案されている。

$${}_dF(\mu) = \sqrt{\mu^q - 1} + 1$$
$$;\ q = 1.54\exp[-0.0185\lambda_0] \tag{5.5.29}$$

したがって，塑性率 μ を定めると，式(5.5.28)から得られる ${}_dF$ 値に ${}_e\lambda_y$ を乗じることにより，塑性率 μ を限界変形と考えるときの限界地震動強さ $\lambda_E{}^{cr}(\mu)$を推定することができる。

次に，${}_e\lambda_y$ を求めるには静的非線形増分解析が必要となり，やや手間がかかる。これに対して，式(5.5.24)と式(5.5.25)の修正ダンカレー式を援用して得られる座屈耐力 ${}_eP_{cr}{}^{el\text{-}pl}$ から，${}_e\lambda_{cr}{}^{el\text{-}pl}$ は容易に求めることができる。そこで，${}_e\lambda_y$ の替わりに ${}_e\lambda_{cr}{}^{el\text{-}pl}$ として算出した動的靭性指標を ${}_dF^*$ と再定義する[5.128]。

$${}_dF^* = \lambda_E{}^{cr}(\mu)/{}_e\lambda_{cr}^{el-pl} \tag{5.5.30}$$

したがって，${}_dF^*$が簡単な関数として表すことができれば，式(5.5.24)と式(5.5.25)から得られた ${}_e\lambda_{cr}{}^{el\text{-}pl}$ に ${}_dF^*$を乗じることにより，弾塑性応答解析を行わずに塑性率 μ を限界変形と考えるときの限界地震動強さ $\lambda_E{}^{cr}(\mu)$を推定することができる。

(b) 動的靭性指標の評価式

式(5.5.29)の動的靭性指標 ${}_dF^*$と塑性率 μ の関係を図 5.5.9 に示す。表中の $\lambda_E{}^{cr}$ は塑性率 μ=1.0～4.0 に対応するように線形補完より算出している。図中のプロットは解析結果（12 波の平均値），実線はその平均値を表す。なお，図中の塑性率 μ ごとの各モデルに対する変動係数は安全率 v_s に関係なく 0.04～0.06 程度となる。また，${}_dF^*$値は λ_0 に依存しない。これは，式(5.5.29)の ${}_dF^*$を算出する際に分母に座屈荷重 ${}_e\lambda_{cr}{}^{el\text{-}pl}$ を使用しているために，そこに λ_0 の影響が含まれるためであると考えられる。したがって，${}_dF^*$値は μ の関数として次式が提案されている。

$${}_dF^{*est} = \sqrt{\mu^q - 1} + 0.85\ ;\ q = 0.35 \tag{5.5.31}$$

上式は v_s=2.0 の結果の平均値-標準偏差に対応するように作成している。v_s=1.5 の結果に対してはやや大きめに評価されるが，実際の設計で用いられる v_s=2.0～3.0 の範囲では下限値となっている。したがって，単層ラチスドームの ${}_dF^*$値は式(5.5.31)から推定できる。

${}_{d}F^{*}$値を用いた単層ラチスドームの耐震性能評価の例として，修正ダンカレー式を用いた推定式から ${}_{e}\lambda_{cr}{}^{el\text{-}pl} = 3.8$ が得られたとしよう。限界塑性率は部材の塑性変形能力や変形制限に応じて適切に定める必要があるが，ここでは，限界塑性率を 2 と仮定すると，式(5.3.31)より，${}_{d}F^{*} = 1.37$ となり，式(5.5.30)より，${}_{e}\lambda_{E}{}^{cr}(\mu=2) = 3.8\times1.37 = 5.2$ と推定される。${}_{e}\lambda_{E}{}^{cr}$ が 5 以上であることは，安全限界レベルの地震入力に対して塑性率が 2 以下となることを表している。

5.5.7 塑性回転角

最後に，限界塑性率の設定方法について考察する。対象ドームは地震荷重を受けると，まず，フープ材（周方向材）が降伏し，その後，稜線材の節点が鉛直下方に大きく変形する。そのため，稜線材の塑性回転角が損傷に寄与すると考えられる。そこで，最大変位が発生する節点の鉛直変位と稜線材の材端ばねの塑性回転角についても分析する。塑性回転角の塑性変形倍率 η_θは次式で与える。

$$\eta_\theta = \frac{\theta_p{}^{\max}}{\theta_e}\ ;\ \theta_e = \frac{M_p\cdot\ell_0}{3\cdot E_s\cdot I} = \frac{2\sqrt{2}}{3\pi}\cdot\varepsilon_y\cdot\lambda_0 \qquad (5.5.32)$$

ここで，$\theta_p{}^{\max}$ は時刻歴地震応答解析から得られる稜線材の材端ばねの最大塑性回転角，l_0 は部材長，θ_e は弾性回転角を表す。η_θ と μ の関係を図 5.5.10 に示す。図中の○は v_s=1.5 の結果，□は v_s=2.0 の結果，◇は v_s=2.5 の結果，△は v_s=3.0 の結果，実線は各モデルの平均値，破線は平均値±標準偏差を表す。鋼管の塑性変形能力の提案式については様々な提案がなされており，応力上昇率，軸力比，細長比，径厚比，降伏応力度の関数として与えられている。したがって，対象とする部材の限界塑性変形倍率を求め，図 5.5.10 から対応する限界塑性率を求めることができる。例えば，限界塑性変形倍率 $\eta_\theta = 2$ に対応する限界塑性率は 2 に相当する。一方，スパンに対する変形の比率から限界変形を考えると，対象ドームの ${}_{s}d_{vy}$ はおおよそ 11～15cm の範囲となり，スパン L に対して 1/300 の変形（${}_{d}d_{v}{}^{\max}=L/300$）に対応する塑性率 μ は 2～3 程度の範囲となる。

5.5.8 まとめ

固定荷重に対する安全率 v_s，部材半開角 θ_0 および部材細長比 λ_0 をパラメータとして，単層ラチスドームについて，固定荷重時ならびに地震荷重時の線形座屈荷重，弾性座屈荷重，弾塑性座屈荷重を分析し，修正ダンカレー式による弾塑性座屈地震動倍率 ${}_{e}\lambda_{cr}{}^{el\text{-}pl}$ の近似的な算定法を紹介した。また，弾塑性地震応答解析の結果に基づき，ドームの塑性率に応じた限界地震動強さ $\lambda_E{}^{cr}$ が評価され，$\lambda_E{}^{cr}$ と ${}_{e}\lambda_{cr}{}^{el\text{-}pl}$ は動的靱性指標 ${}_{d}F^{*}$によって関連付けられる。また，${}_{d}F^{*}$の簡便な推定式を紹介した。

本節では単層ラチスドームの耐震性能の評価方法の一例を紹介した。しかし，下部構造の剛性や強度を考慮した場合や他の構造形式のラチスシェルの耐震性能については未検討であり，これらについては今後の検討としたい。

5.6 おわりに

本章では，骨組としての特徴的な挙動や評価方法について紹介した。

骨組における柱材の座屈長さ係数について，既往の研究およびエネルギー法を用いた座屈長さ係数評価法，$P\Delta$効果の評価法について示した。

梁の横座屈が骨組耐力に与える影響は小さく，補剛材の剛性を上げても面外変形を完全には拘束できないこと，補剛材の曲げ剛性の検討が必要であることを示した。

部材の破断または局部座屈による耐力劣化を考慮すると，地震動を受けるブレース付骨組や鉄塔構造物の変位応答や損傷が，考慮していない場合よりも大きく計算されることを数値解析により示した。

単層ラチスドームの固定荷重時・地震荷重時の線形座屈荷重，弾性座屈荷重，弾塑性座屈荷重の近似的算定法を示した。また，動的靭性指標による耐震性能評価法を提案した。

参考文献

5.1)　日本建築学会：鋼構造の座屈に関する諸問題 2013，2013.6

5.2)　日本建築学会：鋼構造座屈設計指針，2018.2

5.3)　吹田啓一郎，松岡祐一，山田哲，島田侑子，多田元英，笠井和彦：震動台実験の概要と弾性応答特性：実大 4 層鉄骨造建物の完全崩壊実験 その1，日本建築学会構造系論文集，Vol. 74，No. 635，pp.157-166，2009.1

5.4)　久保田淳，高橋元美，鈴木芳隆，澤本佳和，聲高裕治，伊山潤，長江拓也：鉄骨造 18 層骨組を対象とした振動台実験における長周期地震動による骨組崩壊挙動，日本建築学会構造系論文集，Vol. 83，No. 746，pp.625-635，2018.4

5.5)　Suita, K., Yamada, S., Tada, M., Kasai, K., Matsuoka, Y., Shimada, Y. "Collapse experiment on 4-story steel moment frame: part 2 detail of collapse behavior."，Proceedings of 14th World Conference on Earthquake Engineering, Beijing, China, 2008

5.6)　Lignos, D. G., Krawinkler, H. : Sidesway Collapse of Deteriorating Structural Systems Under Seismic Excitations, John A. Blume Earthquake Engineering Center Technical Report 177, Stanford Digital Repository, 2013

5.7)　FEMA : Qualification of building seismic performance factors. FEMA-P695. Washington, DC, 2009

5.8)　ASCE :"Minimum design loads for buildings and other structures." ASCE/SEI-7. Reston, VA., 2016

5.9)　日本建築学会近畿支部鉄骨構造部会：1995 年兵庫県南部地震鉄骨造建物被害調査報告書，1995.5

5.10)　竹内徹，西牧誠，松井良太，小河利行：山形鋼ブレースを有する鉄骨造体育館の地震被害分析および制振補強効果の検証，日本建築学会構造系論文集，No. 690，pp.1503-1512，2013.8

5.11)　LATBSDC : An alternative procedure for seismic analysis and design of tall buildings located in the Los Angeles, Los Angeles Tall Buildings Structural Design Council, LA., 2017

5.12)　Ikeda, K., Mahin, S. A.: Cyclic response of steel braces, J. Struct. Eng., 112(2), 342-361, 1986

5.13)　津田惠吾：節点移動のある均等な骨組の柱材の実用座屈長さ評価式，日本建築学会構造系論文集，No.545，pp.151-155，2001.7

5.14)　津田惠吾：節点移動のない均等な骨組の柱材の実用座屈長さ評価式，日本建築学会構造系論文集，No.553，pp.129-134，2002.3

5.15)　城戸將江，津田惠吾：均等なブレース付き骨組の柱材の実用座屈長さ評価式，日本建築学会構造系論文集，No.611，pp.141-147，2007.1

5.16)　城戸將江，津田惠吾: 指定した座屈長さを与えるためのブレースの必要水平剛性 －ブレース付き均等骨組の場合－，日本建築学会構造系論文集，No. 619，pp.165－170，2007.9

5.17)　宇佐美徹，金子洋文，山﨑賢二，中山信雄，片山丈士：スラブ付鉄骨梁の塑性変形性能　上フランジ回転拘束の影響，日本建築学会構造系論文集，Vol.76，No. 668，pp.1847-1857，2011.10

5.18)　宇佐美徹，金子洋文，山﨑賢二: スタッドがスラブ付鉄骨梁の横座屈挙動に及ぼす影響，日本建築学会構造系論文集，Vol.77，No. 681，pp.1773-1779，2012.11

5.19)　木村祥裕，杉田弥生，吉野裕貴：等曲げモーメントと圧縮軸力を受ける上フランジ連続補剛 H 形鋼梁の横座屈荷重と連続補剛材の水平・回転拘束効果，日本建築学会構造系論文集，Vol. 81，No. 726，pp.1321-1331，2016.8

5.20)　木村祥裕，杉田弥生：勾配曲げモーメントと圧縮軸力を受ける上フランジ連続補剛 H 形鋼梁の横座屈荷重と連続補剛材の水平・回転拘束効果，日本建築学会構造系論文集，Vol. 82，No. 741，pp.1799-1809，2017.11

5.21)　American Institute of Steel Construction (AISC): Specification for Structural Steel Buildings, 2016

5.22)　藤本盛久，岡田久史：鋼構造骨組の三次元弾塑性挙動に関する研究－その 1 三次元鋼構造骨組の模型実験－，日本建築学会論文報告集，No. 244，pp.41-49，1976.6

5.23)　井上一朗，辻岡静雄，山本和伸：はり降伏型鋼構造偏心立体骨組の塑性崩壊荷重に関する実験的研究，日本建築学会構造系論文報告集，No. 361，pp.79-86，1986.3

5.24)　鈴木敏郎，玉松健一郎，久保寺勲：4 本柱立体骨組の弾塑性挙動に関する実験的研究－低層鉄骨

造骨組の耐震性に関する研究・その 2－，日本建築学会論文報告集，No. 265 号，pp.33-43，1978.3

5.25) 島田侑子，赤澤資貴，伊藤陽介，松岡祐一，山田哲，吹田啓一郎：鋼構造小型立体骨組の崩壊挙動に関する振動台実験，日本建築学会構造系論文集，No. 620，pp.125-132，2007.10

5.26) 吹田啓一郎，松岡祐一，山田哲，島田侑子，赤澤資貴：実大 4 層鉄骨造建物の完全崩壊実験－その 1 実験方法及び応答の概要－，日本建築学会近畿支部研究報告集・構造系，第 48 号，pp.437-440，2008.5

5.27) 松宮智央，中島正愛，吹田啓一郎，劉大偉：鋼構造骨組の崩壊に至る挙動と非線形骨組解析－実大 3 層鋼構造骨組を用いた耐震性能実証実験－，日本建築学会構造系論文集, No. 606, pp.203-208, 2006.8

5.28) 島田侑子，吹田啓一郎，山田哲，松岡祐一，多田元英，大崎純，笠井和彦：震動台実験における倒壊挙動 -実大４層鉄骨造建物の完全崩壊実験その３，日本建築学会構造系論文集，No. 653，pp.1351-1360，2010.7

5.29) 向出静司，元木洸介，北川智也，多田元英：局部座屈による耐力劣化を考慮した多層鋼構造ラーメン骨組の倒壊解析，日本建築学会構造系論文集，No. 685，pp.579-588，2013.3

5.30) 金尾(奥田)伊織，森迫清貴，中村武：一軸材料線要素からなる梁-柱有限要素を用いた鋼立体ラーメンの弾塑性挙動の解析,日本建築学会構造系論文集, No. 533，pp.99-106，2000.7

5.31) 門藤芳樹，金尾伊織，森迫清貴：梁-柱有限要素法による立体弾塑性骨組の動的大たわみ解析，日本建築学会構造系論文集，No. 572, pp.105-110, 2003.10

5.32) Ibarra, L. F., Medina, R. A., Krawinkler, H. : Hysteretic models that incorporate strength and stiffness deterioration, Earthq. Engng. Struct. Dyn., 34, 1489-1511, 2019

5.33) Lignos, D. G., Krawinkler, H. : Development and utilization of structural component database for performance-based earthquake engineering., J. Struct. Eng., 139(8), 1382-1394, 2013

5.34) 井戸田秀樹，中田寛二，吉田卓矢，小野徹郎：横座屈で耐力が決まるH形鋼梁の繰返し履歴モデル，日本建築学会構造系論文集，Vol. 80，No. 711，pp.819-829，2015.5

5.35) 大谷由香，井戸田秀樹：局部座屈と横座屈を考慮したＨ形鋼梁の繰返し履歴モデル, 日本建築学会構造系論文集，Vol. 84，No. 765，pp.1475-1484，2019.11

5.36) 桑村仁，伊山潤，朱大立：局部座屈劣化系の地震による倒壊および残留変形，日本建築学会構造系論文集，No. 526，pp.169-176，1999.12

5.37) 山田哲，島田侑子：水平二方向入力を受ける層崩壊型鋼構造多層骨組の倒壊挙動と終局耐震性能，日本建築学会構造系論文集, No. 662, pp.837-844, 2011.4

5.38) Ikeda, K., Mahin, S. A. : Cyclic response of steel braces, J. Struct. Eng., 112(2), 342-361, 1986

5.39) 松井良太，廣山剛士，竹内徹：梁端部破断を考慮したブレース付ラーメン骨組のエネルギー吸収性能，日本鋼構造協会鋼構造論文集，日本鋼構造協会，Vol. 20，No. 79，pp.11-18，2013.9

5.40) 日本建築学会：鋼構造塑性設計指針（第 3 版），2017.2

5.41) 三谷勲，片平崇，大谷恭弘，林原光司郎：長柱が混在する純ラーメンの座屈荷重，日本建築学会構造系論文集，No.557，pp.161-166，2002.7

5.42) 三谷勲，片平崇，大谷恭弘：柱の単独座屈に支配される純ラーメンの非弾性座屈荷重，日本建築学会構造系論文集，No.562，pp.167-173，2002.12

5.43) 片平崇，三谷勲：不均等純ラーメン骨組の座屈荷重及び座屈モード判別法，日本建築学会構造系論文集，No.585，pp.163-167，2004.11

5.44) 鈴木博子，森野捷輔，川口淳：不均等長方形骨組の弾性座屈荷重略算法，鋼構造年次論文報告集，第 1 巻，pp.257-264，1993.7

5.45) 柴田道生：吹き抜け柱の座屈長さ，日本建築学会構造系論文集，No.567，pp.133-139，2003.5

5.46) 五十嵐規矩夫，佐藤圭一：水平補剛剛性を考慮した骨組内柱材の座屈解析，日本建築学会構造系論文集，Vol. 73，No. 633，pp.2009-2017，2008.11
5.47) 高田明伸，多田元英，向出静司，荒木慶一：水平荷重による逆対称柱軸力を考慮した鋼構造ラーメン骨組中の柱の弾性座屈荷重算定式の提案，日本建築学会構造系論文集，Vol. 75，No. 657，pp. 2045-2054，2010.11
5.48) 高田明伸，多田元英，向出静司：水平荷重を受ける多層多スパン平面骨組の弾性座屈性状の考察と柱の座屈長さ算定手法の提案，鋼構造論文集，Vol. 22，No. 88，pp.11-22，2015.12
5.49) American Institute of Steel Construction (AISC): Specification for Structural Steel Buildings, 2016
5.50) 荒木慶一，高木次郎，上谷宏二：線形座屈解析を用いた鋼構造平面骨組の座屈設計　その1基本的枠組と純ラーメン骨組への適用，日本建築学会構造系論文集，No. 586，pp.211-218，2004.12
5.51) 城戸將江，津田惠吾，原口将行，宇津宮　遥奈：均等な骨組として算定した柱の座屈長さ係数の妥当性の検討，鋼構造年次論文報告集，第 25 号，pp.766-773，2017.11
5.52) 城戸將江，津田惠吾：節点の横移動が拘束されている骨組の均等な骨組として算定した柱の座屈長さ係数の妥当性の検討，構造工学論文集，Vol.66B，pp. 187-194，2020.3
5.53) 城戸將江，津田惠吾：均等な骨組における柱材のPΔモーメントの評価と変形に及ぼす影響，日本建築学会構造系論文集，Vol. 85，No. 767，pp.151-157，2020.1
5.54) 城戸將江，津田惠吾：ブレース付き均等骨組における柱材のPΔ効果の評価，日本建築学会構造系論文集，Vol.85，No. 771 号，pp.771-778，2020.5
5.55) 城戸將江，津田恵吾：PΔ効果と座屈長さ係数―安定性指標を用いた座屈長さ係数の算定―，日本建築学会構造系論文集，Vol. 85，No. 776，pp.1325-1333，2020.10
5.56) 松井千秋：ラーメンの座屈補剛について，日本建築学会大会学術講演梗概集，構造系，pp.1409-1410，1980.9
5.57) 井上一朗，吹田啓一郎: PΔ効果による柱の付加曲げモーメント，日本建築学会大会学術講演梗概集，構造Ⅲ, pp. 759-760, 2008.7
5.58) Stephen P. Timoshenko：Theory of Elastic Stability, McGraw hill, 1961
5.59) 日本建築学会：鋼構造限界状態設計指針・同解説 第 1 版,1998.10，第 2 版, 2010.2
5.60) American Institute of Steel Construction (AISC): Stability Design of Steel Buildings, 2013
5.61) European Committee for Standardization: Eurocode 3 Design of Steel Structures Part 1-1 General Rules and Rules for Buildings (BS EN 1993-1-1:2005), 1992
5.62) 日本建築学会：鋼構造座屈設計指針(第 1 版)，1980.9
5.63) 鈴木敏郎, 小野徹郎:塑性設計梁の補剛材剛性について(その 1), 塑性設計梁に関する実験的研究(4), 日本建築学会論文報告集，No. 202，pp.31-39，1972.12.
5.64) 鈴木敏郎，久保寺勲，金子洋文:母屋・スラブ等の拘束を受ける鉄骨H形梁の横座屈挙動，日本建築学会大会学術講演梗概集，pp.1053-1054，1976
5.65) 井上哲郎:H型断面鋼梁の弾塑性横座屈後挙動, 日本建築学会論文報告集，No. 278，pp.37-44，1979.4
5.66) 若林實,中村武,岡村信也:鉄骨H形断面はりの横座屈耐力に関する実験的研究(その２)，日本建築学会近畿支部研究報告集，pp.385-388，1981.6
5.67) 若林實,中村武,大橋直也,中井政義:鉄骨H形断面はりの横座屈耐力に関する実験的研究(その３)，日本建築学会近畿支部研究報告集，pp.205-208，1982.6
5.68) 若林實,中村武,中井政義,柴田恭幸:鉄骨H形断面はりの横座屈耐力に関する実験的研究(その４)，日本建築学会近畿支部研究報告集，pp.333-336，1984.6
5.69) 最相元雄，田中尚，高梨晃一，宇田川邦明：圧縮材の横方向補剛について，日本建築学会論文報告集，No. 184，pp.73-79，1971.6
5.70) 小野徹郎，石田交広，土方和己：連成座屈を考慮した鋼構造梁部材の横座屈補剛に関する研究，日本建築学会構造系論文集，No. 533，pp.159-166，

2000.7

5.71) 小野徹郎，石田交広，下野耕一：限界状態を考慮した鋼構造圧縮材および曲げ材の補剛に関する研究，日本建築学会構造系論文集，No. 469, pp.117-125，1995.3

5.72) 木村祥裕，小河利行，正岡典夫，山下哲郎：偏心補剛された H 形鋼圧縮部材の必要補剛剛性と必要補剛耐力，日本建築学会構造系論文集，No. 585, pp.207-213，2004.11

5.73) 日本建築学会：鋼構造許容応力度設計規準，2019.10

5.74) 日本建築学会：鋼構造限界状態設計指針・同解説，2010.10

5.75) 日本建築学会：鋼構造塑性設計指針，2017.2

5.76) 国土交通省ほか監修：2015 年版　建築物の構造関係技術基準解説書，2015.6

5.77) 宇佐美徹，金子洋文，山﨑賢二，中山信雄，片山丈士：スラブ付鉄骨梁の塑性変形性能　上フランジ回転拘束の影響，日本建築学会構造系論文集，Vol. 76，No. 668，pp.1847-1857，2011.10

5.78) 宇佐美徹，金子洋文，山﨑賢二: スタッドがスラブ付鉄骨梁の横座屈挙動に及ぼす影響，日本建築学会構造系論文集，Vol. 77, No. 681, pp.1773-1779, 2012.11

5.79) 宇佐美徹，山﨑賢二，稲葉澄: 合成梁の変形性能の簡易評価手法，日本建築学会構造系論文集，Vol. 82，No.734，pp.589-596，2017.4

5.80) 安田聡，成原弘之，有山伸之，澤本佳和，岡安隆史，佐野公俊：合成梁の横座屈性状に関する研究　その 1-2，日本建築学会大会学術講演梗概集，構造Ⅲ，pp.847-850，2012.9

5.81) 成原弘之，安田聡，氏家大介，松本修一：小梁付き合成梁の横座屈性状に関する研究　その 1-3，日本建築学会大会学術講演梗概集，構造Ⅲ，pp.917-922，2015.9

5.82) 木村祥裕，天本朱美：H 形鋼圧縮部材の座屈応力度に及ぼす連続偏心補剛材の水平及び回転拘束効果と補剛耐力，日本建築学会構造系論文集，Vol. 75，No. 648，pp.435-442，2010.2

5.83) 木村祥裕，宮夢積：等曲げモーメントを受ける連続補剛 H 形鋼梁の弾塑性横座屈に及ぼす横曲げ拘束効果，日本建築学会構造系論文集，Vol. 84，No. 766，pp.1601-1611，2019.12

5.84) 木村祥裕，佐藤唯：等曲げモーメントを受ける連続補剛 H 形鋼梁の弾塑性横座屈に及ぼす横曲げ拘束効果，日本建築学会構造系論文集，Vol. 86，No. 779，pp.145-155，2021.1

5.85) 五十嵐規矩夫，佐野達：H 形断面梁の横座屈性状に及ぼす上フランジ拘束条件の影響，日本建築学会構造系論文集，Vol. 83, No. 749，pp.1063-1073，2018.7

5.86) 五十嵐規矩夫，大西佑樹，佐野達彦：上フランジを連続拘束された H 形断面梁の崩壊形式と塑性変形性能，日本建築学会構造系論文集，Vol. 83, No. 745，pp.495-501，2018.3

5.87) 篠原大貴，五十嵐規矩夫：端モーメントおよび等分布荷重を受ける H 形断面梁の弾性横座屈耐力，日本建築学会構造系論文集，Vol. 83, No. 745，pp.495-501，2018.3

5.88) 竹屋壮修，井戸田秀樹：任意の境界条件における H 形鋼梁の弾性横座屈耐力，日本建築学会構造系論文集，Vol. 84, No. 755，pp.73-83，2019.1

5.89) 松野巧，井戸田秀樹，小野徹郎：横座屈で耐力が決まる一端曲げ H 形鋼梁の繰返し履歴モデル，日本建築学会構造系論文集，Vol. 76, No. 669，pp.1981-1988，2011.11

5.90) 金尾伊織，森迫清貴，村本真：水平力を受ける鋼 1 層ラーメンの梁横座屈発生後挙動に関する基礎的考察，日本建築学会構造系論文集，Vol. 75，No. 649，pp.643-649，2010.3

5.91) 龍田祐貴，金尾伊織：梁の横座屈挙動と骨組挙動，日本建築学会近畿支部研究報告集・構造系，第 52 号，pp.389-392，2012.6

5.92) 若林實，中村武，井上明：水平力を受ける鉄骨立体骨組の弾塑性性状に関する実験的研究，京都大学防災研究所年報，第 19 号 B, pp.105-128, 1976.4.

5.93) 金尾伊織，村本真，河合柳之介，市田侑平，武内大輝，森迫清貴：横補剛を有する小型立体鋼骨組の繰り返し載荷実験と数値解析，構造工学論文集，Vol.61B，pp.199-208，2015.3

5.94) 金尾（奥田）伊織，森迫清貴，中村美保，石田修三：弾性立体ラーメンの大たわみ挙動の解析とその検証実験，日本建築学会構造系論文集，No. 510，pp.115-121，1998.8

5.95) 鈴木敏郎，木村祥裕：ラーメン架構における H 形鋼梁の横座屈長さ，日本建築学会構造系論文集，No. 521，pp.127-132，1999.7

5.96) 金尾（奥田）伊織，森迫清貴，中村 武：一軸材料線要素からなる梁-柱有限要素を用いた H 形鋼梁の弾塑性横座屈挙動の解析，日本建築学会構造系論文集，第 527 号，pp.95-101，2000.2

5.97) 中尾浩之，金尾伊織：鋼構造ラーメン骨組内の梁耐力と変形性能に関する基礎的考察，構造工学論文集，Vol.60B，pp.257-264，2014.3

5.98) 小橋資子，尾下誠，金尾伊織，戸高太郎：横補剛材で繋いだ並列する梁の立体的挙動に関する実験的検討，構造工学論文集，Vol.65B，pp.401-407，2019.3

5.99) 何天蕊，金尾伊織：骨組内の梁の横補剛が挙動に与える影響，日本建築学会，日本建築学会近畿支部研究報告集，第 58 号，pp. 449-452，2018.6

5.100) 松井良太，潤井駿司，得能将紀，竹内 徹：ブレースおよび梁端部破断を考慮した鋼構造骨組の耐震性能評価，日本建築学会構造系論文集，Vol. 80，No. 717，pp.1745-1754，2015.11

5.101) 松井良太，稲葉祐介，竹内徹：長周期地震動に対する中規模ブレース付鋼構造骨組の梁端部損傷度評価，日本建築学会構造系論文集，Vol. 82，No. 731，pp.115-122，2017.1

5.102) 松井良太，有賀惇，森下邦宏，加藤基規，竹内徹：H 形断面鋼柱に一次元数値解析モデルを用いた平面架構の崩壊解析，日本建築学会構造系論文集，Vol.84，No. 761，pp.973-982，2019.7

5.103) 松井良太，中村毅，今村晃，竹内徹：径厚比の大きな円形鋼管部材で構成された鉄塔支持型煙突の崩壊機構，日本建築学会構造系論文集，Vol. 83，No.750，pp.1171-1181，2018.8

5.104) 建築研究所：超高層建築物等における南海トラフ沿いの巨大地震による長周期地震動対策における設計長周期地震動の作成方法について，2019.11

5.105) 武田正紀：フラジリティモデルによる被害関数の理解と活用，日本建築学会技術報告集，第 17 号，pp.559-562，2003.6

5.106) 国土交通省住宅局建築指導課：震災建築物の被災度区分判定基準および復旧技術指針，2005.12

5.107) 国土交通省：超高層建築物等における南海トラフ沿いの巨大地震による長周期地震動対策について（技術的助言），2016.8

5.108) 長谷川隆，福元敏之，田上淳，澤本佳和ほか：長周期地震動に対する超高層鉄骨造建築物の耐震安全性に関する検討，建築研究所資料 No.160，(独) 建築研究所，2014.7

5.109) 竹内徹，近藤佑樹，松井良太，今村晃：局部座屈を伴う組立材ブレースの座屈後履歴性状，日本建築学会構造系論文集，Vol. 77，No. 681，pp.1781-1790，2012.11

5.110) Toru Takeuchi, Ryota Matsui : Cumulative deformation capacity of steel braces under various cyclic loading histories, Journal of Structural Engineering, ASCE, Vol. 141, Issue 7, 2015.7

5.111) 竹内徹，堀内健太郎，松井良太，小河利行，今村晃：鋼管部材の座屈および破断を考慮したトラス鉄塔の崩壊機構，日本建築学会構造系論文集，Vol. 79，No. 703，pp.1309-1319，2014.9

5.112) 今村晃，竹内徹，松井良太，色摩康弘，真栄城玄一，廣谷直也：鉄塔支持型鋼製煙突の耐震評価法に関する研究 その 5 3 次元フレームモデルに適用する筒身の復元力特性の定式化，日本建築学会大会学術講演梗概集，構造 I，pp.843-844，2017.8

5.113) 日本建築学会：空間構造の動的挙動と耐震設計，2006.3

5.114) S.Nakazawa, S.Kato, S. D. XUE and C.Lazaro : State-of-the-Art of Seismic Response Evaluation Methods for Metal Roof Spatial Structures, Vol.53, No.2, pp.117-130, 2012.6

5.115) 加藤史郎，向山洋一，植木隆司：高ライズの単層ラチスドームの地震応答性状，日本建築学会構造系論文報告集，No. 442，pp.101-109，1992.12

5.116) 加藤史郎，向山洋一：低ライズの単層ラチスドー

ムの地震応答性状，日本建築学会構造系論文報告集，No. 488，pp.87-96，1996.10

5.117) 小西克尚，加藤史郎，中澤祥二，倉本洋：ラチスドームのPush-over analysisに基づく地震応答推定に関する一考察　2つのモードが支配的な空間構造物に対する検討，日本建築学会構造系論文集，No. 569，pp.89-96，2003.7

5.118) 加藤史郎，小西克尚，中澤祥二，向山洋一，打越瑞昌：下部構造に支持された空間構造の振動解析用質点簡易モデル，日本建築学会構造工学論文集，Vol.48B，pp.37-47，2002.3

5.119) Xu-Dong Zhi, Feng Fan, Shi-Zhao : Failure Mechanisms of Single-Layer Reticulated Domes Subjected to Earthquakes, Vol.48, Journal of the IASS, pp.29-44, 2007.4

5.120) 加藤史郎，村田賢，佐藤俊樹，庄村昌明：ステップ荷重を受ける単層ラチスドームの動座屈，日本建築学会構造系論文集，No. 494，pp.67-74，1997.4

5.121) 熊谷知彦，谷口与史也，小河利行，増山真紀子：網目形状の異なる二層立体ラチスドームの静的および動的弾塑性座屈性状，日本建築学会構造系論文集，No. 610，pp.107-114，2006.12

5.122) S.Kato, S.Nakazawa, K.Saito : Two-mode Based Estimation of Equivalent Seismic Loads and Static Estimation of Dynamic Response of Reticular Domes supported by Ductile Substructures, Vol. 47, Journal of the IASS, p.35-52, 2006.4

5.123) 竹内徹，小河利行，中川美香，熊谷知彦：応答スペクトル法による中規模ラチスドームの地震応答評価，日本建築学会構造系論文集，No. 579，pp.71-78，2004.5

5.124) 中澤祥二，柳澤利昌，加藤史郎：単層ラチスドームを対象とした地震荷重と耐震性能評価法の提案，日本建築学会構造系論文集，No. 703，pp.1287-1297，2014.9

5.125) 小河利行，山岡幸介，箕輪健一，竹内徹：静的地震荷重に対する単層ラチスドームの座屈耐力，日本建築学会構造系論文集，No. 704，pp.1523-1533，2014.10

5.126) 加藤史郎，中澤祥二，大家貴徳，柏井恭平：弾塑性地震応答解析に基づく体育館等のブレースの動的靭性指標の検討，日本建築学会構造系論文集，No. 647，pp.129-135，2010.1

5.127) 中澤祥二，高橋直生，加藤史郎：下部構造を有する単層ラチスドームの耐震性能評価に関する研究，日本建築学会構造系論文集，Vol. 78，No. 686，pp. 799-807，2013.4

5.128) 柳澤利昌，加藤史郎，中澤祥二：単層ラチスドームの地震時の座屈耐力と耐震性能評価に関する研究，日本建築学会構造系論文集，Vol. 80，No. 718，pp. 1911-1921，2015.12

5.129) 日本建築学会：ラチスシェルの座屈と耐力，2010

5.130) IASS WG8 for Metal Spatial Structures : (Draft) Guide to Buckling Load Evaluation of Metal Reticulated Roof Structures, IASS, 2014.10

5.131) 植木隆司，加藤史郎，向山洋一，松栄泰男：両端に回転ばねのある部材で構成される単層ラチスドームの弾塑性座屈荷重，日本建築学会構造系論文報告集，No. 448，pp.47-58，1993.6

5.132) S.Kato, S.Nakazawa, T.Yoshino, T.Yanagisawa : Load Factors in Buckling Load Evaluation for Metal Reticulated Spherical Domes considering Reliability of Strength, Proceedings of the IASS Symposium 2014, Brasilia, 2014

5.133) 日本建築学会：ラチスシェル屋根構造設計指針，2016.11

6. 液状化地盤における鋼管杭の曲げ座屈

6.1 はじめに

地震時に地盤が液状化した場合，地盤による杭基礎への水平変形拘束は急激に低下する。このような地盤の水平変形拘束の低減は，上部構造物に対して基礎構造部材の相対的な保有性能の低下を招き，設計時とは異なる損傷メカニズムを形成する可能性がある。液状化地盤における過去の地震被害では，杭頭および杭地中部での損傷が数多くみられたことから，建築学会などでは液状化地盤における基礎構造の力学性能を把握し，その設計法について提言している [6.1]。これらは RC 系杭を対象とし，水平外力もしくは地盤による強制変形を受ける場合の杭頭などの局所的な損傷に対する終局耐力評価である。

鋼管杭はコンクリート杭に比べて高い靭性を有するため，地震外力に対して大変形時まで耐力を保持できると考えられている。これまでの大地震後の被害調査では，鋼管杭の曲げ座屈による被害事例は報告されておらず [6.2)6.3)]，液状化地盤における鋼管杭の曲げ座屈に対する検討はされてこなかった。しかし，近年，液状化の発生確率の高い埋立地で事務所ビルや校舎，倉庫，店舗など，低層のみならず中層建築物にも鋼管杭を適用する事例が増えている。高支持力の鋼管杭が増え，圧縮軸力比は従来よりもさらに大きくなっており，設計時には上部構造物の自重により降伏軸力の50%以上程度，地震時には上部構造物転倒モーメントに伴う偶力により70~80%程度に達することもある。その一方で，地盤の液状化時は杭への水平変形拘束が液状化前の 1/10 程度まで低下することから，文献 6.4)~6.6)では，液状化層厚が 10~20 m, 杭細長比が 60~120 の場合に，鋼管杭は曲げ座屈を生じる可能性があることが指摘されてきた。

さらに従来は，鋼管杭には終局時であっても塑性ヒンジを形成させないよう，極めて安全側の設計がなされてきた。しかし，2019 年に改定された建築基礎構造設計指針 [6.1)]では，杭が終局時に鉛直支持力を喪失しない前提で，杭の塑性変形が許容されている。このため，大地震時に鋼管杭は大きな損傷を生じる可能性がある。既往の研究 [6.7)など]では液状化地盤における杭の応答性状が検討されているものの，鋼管杭が曲げ座屈を生じ鉛直支持力を喪失するまでを対象とした実験および解析による知見はほとんどみられない。

本章では，液状化地盤における鋼管杭の曲げ座屈を考慮した終局耐力評価法を紹介する。まず 6.2 節では，エネルギー法による液状化地盤での鋼管杭の弾性曲げ座屈荷重式の導出過程を示し，これより求められる杭の修正一般化細長比を用いた弾塑性曲げ座屈耐力評価法を説明する。次に 6.3 節では，縮小模型試験体を用いた遠心載荷実験結果をもとに，上部構造物の自重および地震時の転倒モーメントによる変動軸力のみを受けて鋼管杭が曲げ座屈を生じる可能性を示している。さらに 6.4 節では，上部構造物の応答による変動軸力と水平力を同時に受ける杭を対象とし，遠心載荷実験と有限要素解析の結果を踏まえて，液状化地盤における鋼管杭の曲げ座屈耐力を考慮した杭の終局耐力評価法について言及する。

6.2 液状化地盤における鋼管杭の曲げ座屈耐力評価

本節では，エネルギー法に基づく液状化地盤における鋼管杭の弾性曲げ座屈荷重式の導出過程 [6.4)-6.6)]と，設計指針 [6.8)]や設計規準 [6.9)]の座屈曲線を用いた鋼管杭の曲げ座屈耐力評価法を紹介する。

6.2.1 項~6.2.2 項では，境界条件の異なる鋼管杭について，液状化地盤の水平抵抗を考慮した鋼管杭の弾性曲げ座屈荷重式を導出し，有限要素解析によりその妥当性を検証している。6.2.3 項では，弾性曲げ座屈荷重式から杭の修正一般化細長比を算定し，これに基づいて杭の弾塑性曲げ座屈耐力を評価する手法を述べている。さらに 6.2.4 項

~6.2.5 項では，杭頭部が中詰めされた杭（杭頭補強杭）の曲げ座屈耐力評価手法について掲載している。実構造物における杭頭コンクリート充填部は，基礎スラブのコンクリートとの一体性を高めるために施工されるものであるが，杭頭部の曲げ剛性が局所的に大きくなることで，杭の座屈長さが低減し，曲げ座屈耐力の上昇効果を期待できると考えられる。本章ではその定量的な評価手法を示す。

6.2.1 地盤の水平抵抗を考慮した鋼管杭の弾性曲げ座屈荷重式

文献 6.4)~6.6)では，エネルギー法により，鋼管杭が地盤の水平変形拘束を受けるときの弾性曲げ座屈荷重式の導出過程を次のように示している。

（1）鋼管杭の曲げ座屈に関する仮定条件

液状化地盤における鋼管杭の弾性曲げ座屈荷重式の誘導および後述の弾性固有値解析に際し，以下の仮定を用いる [6.4)~6.6)]。

1) 杭は単杭とする。
2) 杭に作用する荷重は鉛直荷重のみとする。
3) 液状化層は表層（基礎部直下）から下部の非液状化層までとし，杭長 l に等しいものとする。ただし，非液状化層への根入れ部分については杭下端の支持条件として，下記 5)のように仮定する。そして，地盤の水平抵抗を図 6.2.1 のような水平変位に比例した反力をもつ弾性ばねに置換する。杭中央に作用する単位長さあたりの水平地盤ばね定数 K_c を次式で与える。

$$K_c = k_{h0} B \tag{6.2.1}$$

$$k_{h0} = 80 E_0 \overline{B}^{-\frac{3}{4}} \tag{6.2.2}$$

ここで，k_{h0}：文献 6.1)に示される水平地盤反力係数，B：杭径，$\overline{B}$：文献 6.1)の無次元化杭径（杭径を cm で表した無次元化数値）であり，E_0：変形係数である。後述の数値解析で用いる K_c の値は，0.01~1.0 MN/m^2 とする。K_c=0.01 MN/m^2 が地盤の有効応力がほとんどない状態，K_c=1.0 MN/m^2 が杭の曲げ座屈を生じる上限の水平地盤ばね定数に相当する。

4) 地盤反力係数分布は図 6.2.1(a), (b)に示すように，深度方向に（i）等地盤反力係数分布，（ii）三角形地盤反力係数分布とする。液状化地盤では地盤が杭に対して水平抵抗側となる場合と水平荷重側となる場合があるが，ここでは抵抗側になるものと仮定する。これは 6.4.2 項で述べるように，文献 6.10)において液状化地盤にて鋼管杭が終局状態となる際，地盤が杭に対して抵抗側に作用することが確認されたことに基づく。
5) 杭の材端支持条件は，図 6.2.2(a), (b)に示すように杭頭をピンまたは固定，任意のばね剛性を有する回転ばねとし，杭下端では(a)ピン支持，(b)固定支持とする。なお，いずれも杭頭の水平移動についての条件はローラとする。
6) 弾性固有値解析では，杭を材長方向に長さ 0.1 m ずつ分割したはり要素でモデル化する。また杭の各節点にトラス要素を配置することで地盤ばねをモデル化する。トラス要素は水平方向の地盤反力のみ伝達するものとする。地盤ばねの軸剛性 K は，(6.2.2)式の地盤反力係数 k_{h0} に鋼管径 B およびばね要素間の距離 d を乗じたものとする。

（2）理想的な材端支持条件下における鋼管杭の弾性曲げ座屈荷重式の導出

文献 6.4)では，地盤の水平変形拘束を受ける杭

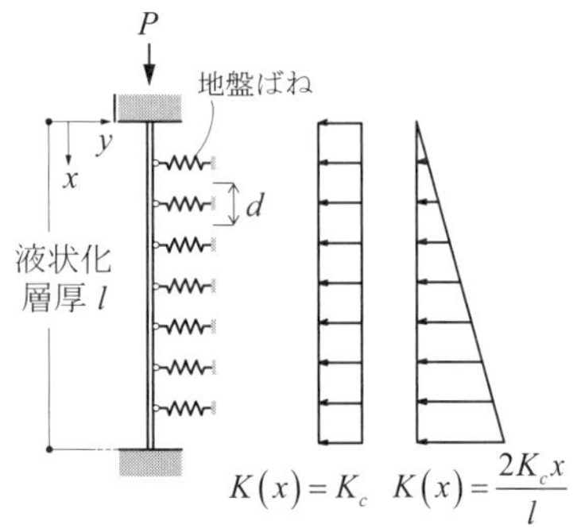

(a) 等分布 (b) 三角形分布

図 6.2.1 杭・地盤反力係数分布モデル

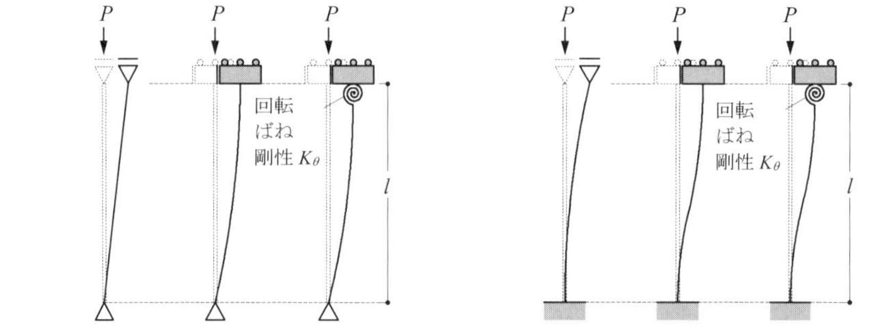

(A-1) 杭頭ピン (B-1) 杭頭固定 (C) 杭頭回転ばね

(a) 下端ピン支持

(A-2) 杭頭ピン (B-2) 杭頭固定 (D) 杭頭回転ばね

(b) 下端固定支持

図 6.2.2 材端支持条件（杭頭の水平移動を許容しローラとする場合）

が曲げ座屈するときの全ポテンシャルエネルギー式は次式となることが示されている。

$$U=\frac{1}{2}\int_0^l\left(E_sI_su''^2-Pu'^2+K\left(x\right)u^2\right)dx \qquad (6.2.3)$$

ここで，E_sI_s：杭の曲げ剛性，P：鉛直荷重，$K(x)$：水平地盤ばね定数の深度方向の関数である。また，u は座屈変形であり，曲げ座屈時のポテンシャルエネルギーが最小で材端支持条件を満たす簡略的な関数である。なお，u の変位関数に 3 つ以上の未定係数を有する sine 関数を用いることで高次モードまで対応した座屈荷重を定式化できるが，3×3 以上の行列式が 0 となる条件を適用することになり，陽な形で表せないことから，1 つもしくは 2 つの未定係数を有する sine 関数が採用されている。

杭頭回転拘束を受ける杭の場合は，(6.2.3)式にさらに回転ばね抵抗の項を加えたものとなり，座屈荷重式の誘導は煩雑となる。そこで文献 6.4)，6.5)では，ピンもしくは固定支持での杭の弾性曲げ座屈荷重式に，回転ばね剛性による座屈荷重の変化分を考慮することで，杭頭回転拘束を受ける杭の座屈荷重式が導出されている。以下，図 6.2.1(b)三角形地盤反力係数分布の場合の導出過程を掲載する。図 6.2.1(a)の等地盤反力係数分布の場合については，文献 6.4)，6.5)を参照されたい。

図 6.2.2(a)の材端支持条件に関して，(A－1) 杭頭ピンローラ，(B－1) 杭頭固定ローラで下端ピン支持の場合の弾性曲げ座屈荷重式は，次のように求められる。

(A－1)　杭頭ピンローラ－下端ピン支持の場合

境界条件が杭頭ピンローラ－下端ピン支持の場合，(6.2.3)式の座屈変形 u は次式で仮定される。

$$u=a\left(1-\frac{x}{l}\right)+b\left(\cos\frac{\pi x}{2l}\right) \qquad (6.2.4)$$

(6.2.4)式の第 1 項は水平地盤ばね定数が K_c=0 MN/m^2 の場合の杭の剛体変形を示す。(6.2.4)式を(6.2.3)式に代入して得られる式を，未定係数 a，b でそれぞれ偏微分した後，全ポテンシャルエネルギーが最小となる条件（dU/da=0，dU/db=0）を適用して釣合方程式を求める。これにより得られる弾性曲げ座屈荷重 P_{cr} は，下式のようになる。

$$P_{cr-pin}=\left(\frac{\pi}{l}\right)^2\frac{E_sI_s}{2}+\left(\frac{1}{6}+\frac{1}{\pi^2}\right)\frac{K_cl^2}{2}$$
$$-\frac{1}{2}\sqrt{\left[\left(\frac{\pi}{l}\right)^2E_sI_s+\left(\frac{1}{6}+\frac{1}{\pi^2}\right)K_cl^2\right]^2-4X_1}$$
$$\left(l<1.45\pi\sqrt[4]{E_sI_s/K_c}\right) \qquad (6.2.5a)$$

$$X_1=\frac{K_cl^2}{6}\left(\frac{\pi}{l}\right)^2E_sI_s+\left(K_cl\right)^2\left(\frac{l}{\pi}\right)^2\left(\frac{1}{6}-\frac{128}{\pi^6}\right) \qquad (6.2.5b)$$

(6.2.5a)式中の杭長 l の不等式は，式の適用範囲を示している。(6.2.5)式の適用範囲外では，K_c が大きい場合，杭長 l（細長比 λ）が大きくなるに従い，座屈荷重 P_{cr} が単調に小さくならず，P_{cr} が極小値となる $l\left(=1.45\pi\sqrt[4]{E_sI_s/K_c}\right)$ 以上では大きくなっていくことが文献 6.4)，6.5)にて確認されている。これは(6.2.4)式において剛体変形を含めた 2 つの波形で座屈モードを仮定したためである。以上は実際の弾塑性座屈とは異なる傾向であるため，高次モードが卓越する場合の P_{cr} について，簡便で実用的な近似式が次のように提示されている。

杭長が座屈荷重 P_{cr} の極小値となる l 以上の場合，l が無限大になるとき単純支持の場合 6.4)の杭の弾性曲げ座屈荷重に収束する次式により，座屈荷重が近似される。

$$P_{cr-pin}=\left(\frac{\pi}{l}\right)^2E_sI_s\left[\frac{2}{3}+\left(\frac{l}{2\pi}\right)^2\sqrt{K_c/E_sI_s}\right]$$
$$\left(1.45\pi\sqrt[4]{E_sI_s/K_c}\le l\right) \qquad (6.2.6)$$

(B－1)　杭頭固定ローラ－下端ピン支持の場合

境界条件が杭頭固定ローラ－下端ピン支持の場合，(6.2.3)式の座屈変形 u を sine 1/4 波を一次モードとし，座屈波数 m を用いて次式で仮定される。

$$u=a\cos\frac{(2m-1)\pi}{2l}x \qquad (6.2.7)$$

(A－1)と同様にして，(6.2.7)式を代入した(6.2.3)式を偏微分し釣合方程式を求めると，m=1 のとき座屈荷重式は次式となる。

$$P_{cr-fix}=E_sI_s\left(\frac{\pi}{2l}\right)^2+\left(\frac{2l}{\pi}\right)^2K_c\left(1-\frac{4}{\pi^2}\right)$$
$$\left(l<0.57\pi\sqrt[4]{E_sI_s/K_c}\right) \qquad (6.2.8)$$

上記の適用範囲外については，(A－1)と同様の方法により，実用的な近似式が提示されている。座屈荷重が極小値となる l 以上の内，次の(6.2.9)式の適用範囲内では，(6.2.8)式の座屈荷重の極小値である次式が用いられている。

$$P_{cr-fix}=\frac{\pi}{2}\sqrt{E_sI_sK_c}$$

$$\left(0.57\pi\sqrt[4]{E_sI_s/K_c}\le l<1.32\pi\sqrt[4]{E_sI_s/K_c}\right)\quad(6.2.9)$$

さらに上記の範囲以外では，次式により座屈荷重が近似されている。

$$P_{cr-fix}=E_sI_s\left(\frac{\pi}{l}\right)^2\left\{1+\left(\frac{l}{\pi}\right)^2\sqrt{\frac{K_c}{E_sI_s}}\right\}$$

$$\left(1.32\pi\sqrt[4]{E_sI_s/K_c}\le l\right)\quad(6.2.10)$$

一方，図 6.2.2(b)の材端支持条件に関して，(A－2) 杭頭ピンローラ，(B－2) 杭頭固定ローラで下端固定支持の場合の弾性曲げ座屈荷重式は，次のように求められる。

(A－2)　杭頭ピンローラ－下端固定支持の場合

境界条件が杭頭ピンローラ－下端固定支持の場合，座屈変形 u は近似的に次式で仮定される。

$$u=a\left(2\sin\frac{\pi x}{l}+\sin\frac{2\pi x}{l}\right)+b\left(1-\sin\frac{\pi x}{2l}\right)\quad(6.2.11)$$

(A－1)と同様にして，(6.2.11)式を代入した(6.2.3)式を偏微分し釣合方程式を求めると，座屈荷重式は次式となる。

$$P_{cr-pin}=\frac{1}{\left(1-\dfrac{128}{225\pi^2}\right)}\left\{X_3-\sqrt{X_3{}^2-\left(2-\frac{256}{225\pi^2}\right)X_4}\right\}$$

$$\left(1.96\pi\sqrt[4]{E_sI_s/K_c}\le l\right)\quad(6.2.12a)$$

$$X_3=\left(\frac{11}{8}-\frac{32}{225\pi^2}\right)E_sI_s\left(\frac{\pi}{l}\right)^2+K_c\left(\frac{l}{\pi}\right)^2\left(\frac{101}{16}-\frac{1456}{25\pi^2}+\frac{26624}{3375\pi^3}\right)\quad(6.2.12b)$$

$$X_4=\left(\frac{5}{16}-\frac{4}{225\pi^2}\right)E_s{}^2I_s{}^2\left(\frac{\pi}{l}\right)^4+E_sI_sK_c\left(\frac{l}{l}\right)\left\{\frac{965}{64}-\frac{3514}{25\pi^2}+\frac{6656}{3775\pi^3}\right\}+K_c{}^2\left(\frac{l}{\pi}\right)^4\left(\frac{15}{4}-\frac{10636}{225\pi^2}+\frac{63232}{3375\pi^3}+\frac{2271104}{50625\pi^4}\right)\quad(6.2.12c)$$

上記の適用範囲外については，(A－1)と同様の方法により，実用的な近似式が提示されている。

$$P_{cr-pin}=E_sI_s\left(\frac{\pi}{l}\right)^2\left\{\frac{4}{5}+\frac{3}{10}\left(\frac{l}{\pi}\right)^2\sqrt{\frac{K_c}{E_sI_s}}\right\}$$

$$\left(1.96\pi\sqrt[4]{E_sI_s/K_c}\le l\right)\quad(6.2.13)$$

(B－2)　杭頭固定ローラ－下端固定支持の場合

境界条件が杭頭固定ローラ－下端固定の場合，(6.2.3)式の座屈変形 u は次のように仮定される。

$$u=a\left(1+\cos\frac{\pi x}{l}\right)+b\left(1-\cos\frac{2\pi x}{l}\right)\quad(6.2.14)$$

(A－1)と同様にして，(6.2.14)式を代入した(6.2.3)式を偏微分し釣合方程式を求めると，座屈荷重式は次式となる。

$$P_{cr-fix}=\frac{1}{8}\left[20E_sI_s\left(\frac{\pi}{l}\right)^2+K_c\left(\frac{l}{\pi}\right)^2\left(15-\frac{64}{\pi^2}\right)\right]-\frac{1}{8}\sqrt{\left\{20E_sI_s\left(\frac{\pi}{l}\right)^2+K_c\left(\frac{l}{\pi}\right)^2\left(15-\frac{64}{\pi^2}\right)\right\}^2-16X_2}$$

$$\left(l<1.96\pi\sqrt[4]{E_sI_s/K_c}\right)\quad(6.2.15a)$$

$$X_2=16E_s{}^2I_s{}^2\left(\frac{\pi}{l}\right)^4+E_sI_sK_c\left\{51-\frac{256}{\pi^2}\right\}+K_c{}^2\left(\frac{l}{\pi}\right)^4\left(5-\frac{304}{9\pi^2}-\frac{1024}{81\pi^4}\right)\quad(6.2.15b)$$

(A－1)と同様，上式の適用範囲外では，(6.2.15)式の極小値を通る，簡便で実用的な近似式が提示されている。

$$P_{cr-fix}=E_sI_s\left(\frac{\pi}{l}\right)^2\left[\frac{6}{5}+\frac{7}{6}\left(\frac{l}{\pi}\right)^2\sqrt{\frac{K_c}{E_sI_s}}\right]$$

$$\left(1.96\pi\sqrt[4]{E_sI_s/K_c}\le l\right)\quad(6.2.16)$$

（３）杭頭回転拘束を受ける鋼管杭の弾性曲げ座屈荷重式の誘導

上述の（１），（２）の知見を踏まえ，文献 6.6)では，基礎梁などにより杭頭で任意の回転拘束を受ける鋼管杭の弾性曲げ座屈荷重式を以下のように導出している。

上端回転拘束を受ける部材が曲げ座屈するときのエネルギー式は次のように表される。

$$U=\frac{1}{2}\int_0^l\left(E_sI_su''^2-Pu'^2\right)dx+\frac{1}{2}K_\theta u'^2\Big|_{x=0}\quad(6.2.17)$$

ここで，K_θ：杭頭回転ばね剛性である。

図 6.2.2(a), (b)の材端支持条件に関して，まず地盤による水平変形拘束を無視したときの，(C) 杭頭回転ばねローラ－下端ピン，(D) 杭頭回転ばねローラ－下端固定支持条件における部材の弾性曲げ座屈荷重式は，以下のように求められる。

(C)　上端回転ばねローラ－下端ピン支持の場合

回転ばね剛性により上端の支持条件がピンから固定となるとき，座屈変形 u は次式のように仮定される。

$$u=a\left(1-\frac{x}{l}\right)+b\left(\cos\frac{\pi x}{2l}\right)\quad(6.2.18)$$

(6.2.18)式の第 1 項は(6.2.4)式と同様，水平地盤ばね定数 K_c=0 MN/m^2 の場合の杭の剛体変形を示す。

(A－1)と同様にして，(6.2.18)式を代入した(6.2.17)式を未定係数 a, b で偏微分し，釣合方程式を求めると，座屈荷重式は次式のようになる。

$$P_{cr-rot[K_c=0]}=\frac{E_sI_s}{4}\left(\frac{\pi}{l}\right)^2\frac{X_5}{2l\left(1-\dfrac{8}{\pi^2}\right)} \tag{6.2.19a}$$

$$X_5=\frac{4K_\theta}{E_sI_s}\left(\frac{l}{\pi}\right)^2+1-\sqrt{16\left(\frac{K_\theta}{E_sI_s}\left(\frac{l}{\pi}\right)^2+\frac{l}{4}\right)^2-\frac{16K_\theta l}{E_sI_s}\left(\frac{l}{\pi}\right)^2\left(1-\frac{8}{\pi^2}\right)} \tag{6.2.19b}$$

(D)　上端回転ばねローラ－下端固定支持の場合

(C)と同様に，回転ばね剛性により上端の支持条件がピンから固定となるとき，座屈変形 u は次式のように仮定される。

$$u=a\left(1-\sin\frac{\pi x}{2l}\right)+b\left(1+\cos\frac{\pi x}{l}\right) \tag{6.2.20}$$

(A－1)と同様にして，(6.2.20)式を代入した(6.2.17)式を未定係数 a, b で偏微分し，釣合方程式を求めると，座屈荷重式は次式のようになる。

$$P_{cr-rot[K_c=0]}=E_sI_s\left(\frac{\pi}{l}\right)^2\frac{X_6-\sqrt{X_6{}^2-4l\left(\dfrac{1}{2}-\dfrac{32}{9\pi^2}\right)X_7}}{2l\left(\dfrac{1}{2}-\dfrac{32}{9\pi^2}\right)} \tag{6.2.21a}$$

$$X_6=\frac{K_\theta}{E_sI_s}\left(\frac{l}{\pi}\right)^2+\frac{5l}{8}-\frac{16l}{9\pi^2} \tag{6.2.21b}$$

$$X_7=\frac{K_\theta}{E_sI_s}\left(\frac{l}{\pi}\right)^2+\frac{l}{8}-\frac{2l}{9\pi^2} \tag{6.2.21c}$$

6.2.2 鋼管杭の弾性曲げ座屈荷重に及ぼす杭頭回転ばね剛性の影響

文献 6.4)~6.6)では，上述の杭の弾性曲げ座屈荷重式の妥当性について，弾性固有値解析により検証されている。

図 6.2.3 に弾性曲げ座屈荷重上昇率τと杭頭回転ばね剛性関係を示す。縦軸は弾性曲げ座屈荷重上昇率τ，横軸は回転ばね剛性 K_θと材長に対する曲げ剛性 $E_sI_s\,/\,l$ の比率であり，回転ばね剛性比である。弾性曲げ座屈荷重上昇率τは，上端回転ばね拘束を受ける部材の弾性座屈荷重（下端ピンの場合(6.2.19)式，下端固定の場合(6.2.21)式）と，先述の各理想材端支持条件における弾性曲げ座屈荷重をもとに，以下のように定義される。

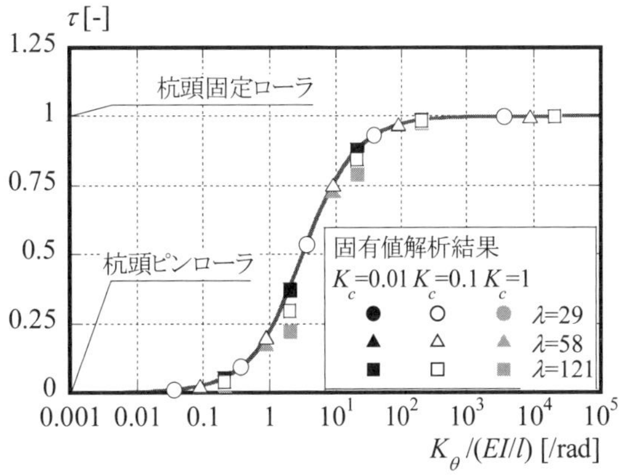

図 6.2.3 弾性曲げ座屈荷重上昇率－回転ばね剛性関係（杭頭回転ばねローラ－下端固定支持）

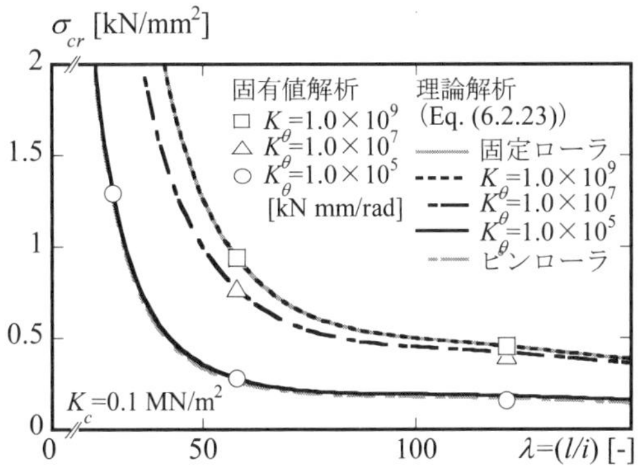

図 6.2.4 杭頭に任意の異なる回転ばね剛性を有する杭の弾性座屈応力度（杭頭回転ばねローラ－下端固定支持）

$$\tau=\frac{P_{cr-rot[K_c=0]}-P_{cr-pin[K_c=0]}}{P_{cr-fix[K_c=0]}-P_{cr-pin[K_c=0]}} \tag{6.2.22}$$

ここで，$P_{cr\text{-}pin[Kc=0]}$：上端がピンローラ，$P_{cr\text{-}fix[Kc=0]}$：上端が固定ローラの場合で，いずれも地盤による水平変形拘束効果がない（K_c=0 MN/m²）ときを想定した弾性曲げ座屈荷重である。つまり，(6.2.22)式には，下端ピン（図 6.2.2(a)）の場合，$P_{cr0\text{-}pin[Kc=0]}$に(6.2.5)~(6.2.6)式，$P_{cr\text{-}fix[Kc=0]}$に(6.2.8)~(6.2.10)式，下端固定（図 6.2.2(b)）の場合，$P_{cr\text{-}pin[Kc=0]}$に(6.2.12)~(6.2.13)式，$P_{cr\text{-}fix[Kc=0]}$に(6.2.15)~(6.2.16)式の，K_c=0 MN/m² としたときの値が適用される。また，$P_{cr\text{-}rot[Kc=0]}$：(6.2.19)式もしくは(6.2.21)式の弾性曲げ座屈荷重である。K_θ=0 kN・cm/rad のときは上端がピンローラの弾性曲げ座屈荷重と同式（$P_{cr\text{-}rot[Kc=0]}=P_{cr\text{-}pin[Kc=0]}$）となり，$K_\theta$=∞のときは上端が固定ローラの弾性曲げ座屈荷重と同式（$P_{cr\text{-}rot[Kc=0]}=P_{cr\text{-}fix[Kc=0]}$）となる。したがって，$\tau$は，上端ピンローラの場合に対する上端回転ばね拘束を受ける

部材の座屈荷重上昇率といえる。

図 6.2.3 の実線は，杭頭回転ばねローラー下端固定支持条件（図 6.2.2(b)の(D)）での，(6.2.22)式による杭の弾性曲げ座屈荷重上昇率τを示している。また，$\tau=0$ は杭頭ピンローラ，$\tau=1$ は杭頭固定ローラの場合での座屈荷重上昇率を示す。

各プロットは三角形地盤反力係数分布（図 6.2.1(b)），K_c=0.01，0.1，1 MN/m^2 における弾性固有値解析結果である。具体的には，各地盤反力係数 K_c に対して得られた $P_{cr0\text{-}pin}$，$P_{cr0\text{-}fix}$，$P_{cr0\text{-}rot}$ の各数値解析結果を，(6.2.22)式と同様の関係式に適用することでτを算定した。

図 6.2.3 より，地盤反力係数 K_c および細長比λの違いによらず，(6.2.22)式の弾性曲げ座屈荷重上昇率と固有値解析結果は概ね対応している。これを踏まえ文献6.6)では，より簡便で実用的な座屈荷重評価のため，地盤による水平変形拘束を無視した場合（K_c=0 MN/m^2）の弾性曲げ座屈荷重上昇率τを，杭頭回転拘束効果の指標として用いている。

次に，杭の水平変形に対する地盤の拘束効果を考慮する手法について述べる。図 6.2.4 は，杭頭回転ばね剛性が異なる杭の弾性曲げ座屈応力度と細長比の関係を示す。縦軸は杭の弾性曲げ座屈荷重 P_{cr} を杭の断面積 A で除した弾性曲げ座屈応力度 σ_{cr}，横軸は杭の細長比λを示す。なお，i : 杭の断面二次半径である。図中の各線は，地盤の水平抵抗を考慮した，杭頭回転拘束を受ける杭の弾性曲げ座屈荷重式である。文献6.6)では図 6.2.3 の結果を踏まえ，杭頭回転拘束を受ける杭の弾性座屈荷重 $P_{cr\text{-}rot}$ を，(6.2.22)式の弾性曲げ座屈荷重上昇率τを用いて以下のように求めている。

$$P_{cr-rot} = \left(P_{cr-fix} - P_{cr-pin}\right)\tau + P_{cr-pin} \qquad (6.2.23)$$

ここで，$P_{cr\text{-}pin}$: 上端がピンローラ，$P_{cr\text{-}fix}$: 上端が固定ローラの場合で，いずれも液状化地盤における地盤の水平抵抗を考慮した弾性曲げ座屈荷重である。すなわち(6.2.23)式には，下端ピン（図 6.2.2(a)）の場合，$P_{cr\text{-}pin}$ に (6.2.5)~(6.2.6) 式，$P_{cr\text{-}fix}$ に (6.2.8)~(6.2.10)式が適用され，下端固定（図 6.2.2(b)）の場合，$P_{cr\text{-}pin}$ に (6.2.12)~(6.2.13) 式，$P_{cr\text{-}fix}$ に (6.2.15)~(6.2.16)式が適用されている。

図中の固有値解析結果は，下端固定支持条件で，地盤水平ばね定数 K_c=0.1 MN/m^2 の場合である。(6.2.23)式による弾性曲げ座屈荷重の近似式と固有値解析結果は概ね対応しており，杭頭に任意の回転ばね剛性を有する液状化地盤における杭の弾性曲げ座屈応力度は，(6.2.23)式で概ね評価できることが示された。

6.2.3 液状化地盤における鋼管杭の弾塑性曲げ座屈耐力評価

本項では，6.2.1 項で誘導した弾性曲げ座屈荷重により求められる修正一般化細長比を適用し，設計指針 6.8)および設計規準 6.9)の座屈曲線により液状化地盤における鋼管杭の曲げ座屈耐力を評価する手法 6.4)~6.6)について紹介する。

文献 6.4)~6.6)では，図 6.2.1，図 6.2.2 の解析モデルを用いた鋼管杭の弾塑性大変形解析が行われている。ここでは，6.2.1 項で掲載した仮定 1)~6)に，さらに次の仮定 7)~10)が加えられている。

7) 杭の幾何学的および材料非線形性と地盤の非線形性を考慮する。
8) 杭の初期不整は，弾性固有値解析により得られた一次，二次モードを sine 関数で表し，最大値を JIS で規定されている上限値として杭長の 0.1%およびその半分の 0.05%として与える。
9) 杭材（鋼）の材料特性は，文献 6.11)の引張試験結果に基づきモデル化した図 6.2.5 の Round House 型モデルとする。
10) 地盤は，建築基礎構造設計指針 6.1)の設計式で示される非弾性地盤とする。図 6.2.6 に水平地盤反力–水平変位関係を示す。横軸は杭と地盤の相対変位 y，縦軸は地盤反力 p であり，それぞれ基準変位 y_0（=0.01 m）および基準地盤反力 p_0 で無次元化している。また，地盤反力の非線形性による影響を考慮するため，弾性地盤についても検討を行う。弾性地盤の場合，原点と$(y/y_0, p/p_0)=(1,1)$とを結んだ割線剛性 k_h/k_{h0}(=1)（図 6.2.6 中の灰色線）を用いる。

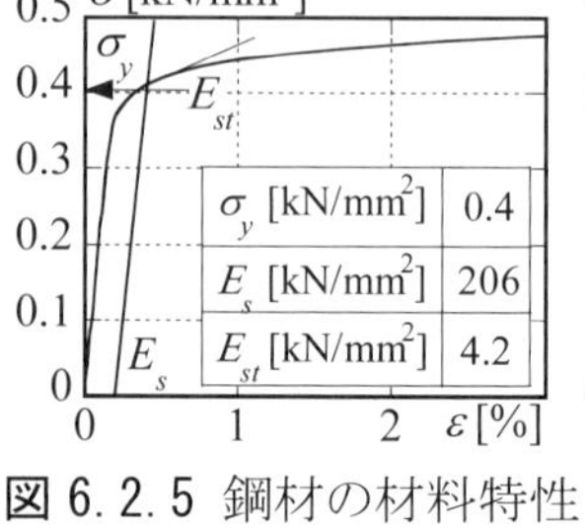

図 6.2.5 鋼材の材料特性

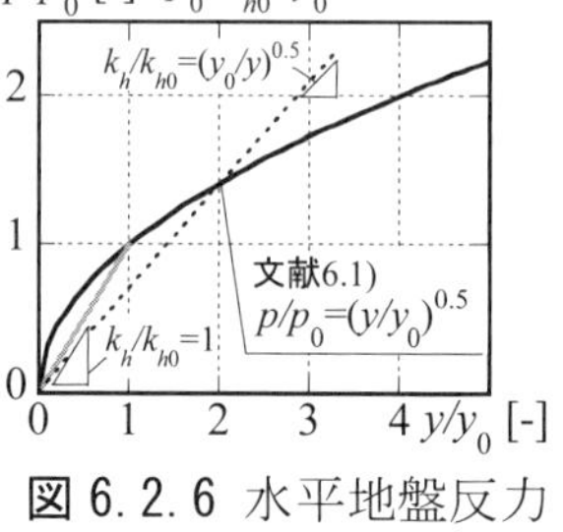

図 6.2.6 水平地盤反力－水平変位関係

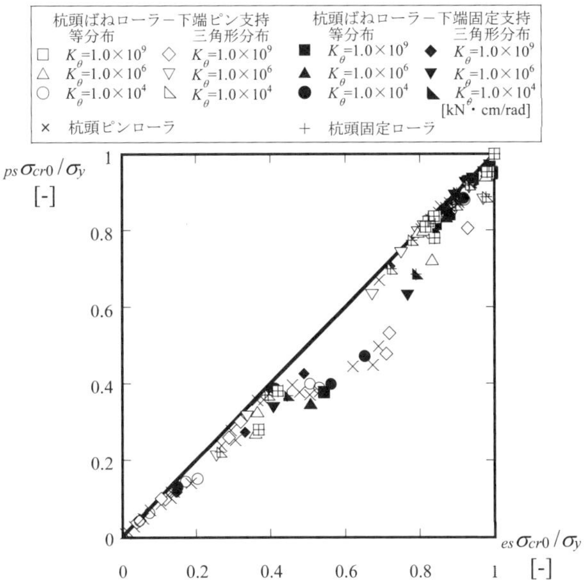

図 6. 2. 7 杭頭回転剛性および地盤反力係数分布の違いが弾塑性曲げ座屈応力度に及ぼす影響

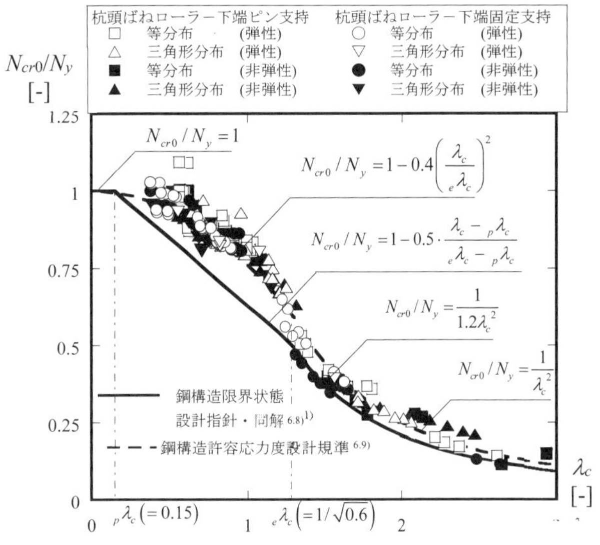

図 6. 2. 8 液状化地盤における鋼管杭の弾塑性曲げ座屈耐力と設計式との比較

図 6.2.7 に，文献 6.4)~6.6)の弾塑性大変形解析に基づく杭の弾塑性曲げ座屈応力度の比較を示す。各軸は，いずれも杭材の非線形性を考慮した弾塑性曲げ座屈応力度σ_{cr0}を杭の降伏応力度σ_yで除した値であり，縦軸は非弾性地盤における杭の弾塑性曲げ座屈応力度${}_{ps}\sigma_{cr0}$の割合，横軸は弾性地盤における杭の弾塑性曲げ座屈応力度${}_{es}\sigma_{cr0}$の割合を示す。解析パラメータは，杭細長比λ=30~120，水平地盤ばね定数K_c=0.01~1.0 MN/m^{2}である。

非弾性地盤における杭の曲げ座屈応力度（${}_{ps}\sigma_{cr0}/\sigma_y$）は，${}_{es}\sigma_{cr0}/\sigma_y$=0.1~0.9 の広い範囲で，弾性地盤の場合（${}_{es}\sigma_{cr0}/\sigma_y$）に比べて低下している。杭の材端支持条件や地盤反力係数分布によらず，地盤反力－水平変位関係の非線形性により，杭の弾塑性曲げ座屈応力度が低下することが示されている。図 6.2.6 の水平地盤反力－水平変位関係では，点線で示すように，杭の水平変位yの増加とともに割線剛性k_h/k_{h0}が低下する。杭の曲げ座屈発生時の水平変位yが基準値y_0（=0.01 m）よりも大きくなる場合，非弾性地盤の水平地盤反力係数k_hが弾性地盤の場合 k_h (=k_{h0})よりも相対的に小さくなることが示唆される。これについて文献 6.4)，6.5)では，鋼管杭が曲げ座屈するときの最大水平変位yは杭長lの 0.2~0.3%（y =0.002l~0.003l）となることを示している。同文献では，図 6.2.6 の非弾性地盤において，杭曲げ座屈発生時の最大水平変位を杭長の 0.2%（y =0.002l）と仮定し，そのときの杭水平変位y/y_0（y_0=0.01 m）における割線剛性k_hをk_{h0}'としている。そして，k_{h0}'に対するk_{h0}の比，すなわち水平地盤反力係数の見かけ上の低下率χを，次のように定義している。

$$\chi = k'_{h0}/k_{h0} \qquad (6.2.24)$$

ここで，図 6.2.6 の地盤反力－水平変位関係の割線剛性は，$0.1y_0<y$のとき以下のように表される[6.1)]。

$$k_h/k_{h0} = (y_0/y)^{0.5} \qquad (6.2.25)$$

(6.2.24)式および(6.2.25)式より，水平地盤反力係数の見かけ上の低下率χは次のように近似できる。

$$\chi = \sqrt{l_0/l} \qquad (6.2.26)$$

l_0：曲げ座屈時の水平変位の仮定（y=0.002l）から算定される基準長さl_0(=5 m)である。文献 6.4)~6.6)では，水平変位の増加に伴う水平地盤反力係数の低下を考慮する際には，k_{h0}に(6.2.26)式の低下率χを乗じた修正値k_{h0}'を用いている。χを乗じたk_{h0}'を，6.2.1 項の弾性曲げ座屈荷重式P_{cr}中の$k_{h0}(K_c)$に代入することで，非弾性地盤における杭の曲げ座屈荷重を求めている。

図 6.2.8 に，液状化地盤における杭の弾塑性曲げ座屈耐力と，設計指針[6.8)]および設計規準[6.9)]における座屈曲線の比較を示す。縦軸は杭の弾塑性曲げ座屈耐力N_{cr0}を降伏耐力N_yで除したもの，横軸は杭の修正一般化細長比λ_cである。λ_cは，地盤の水平剛性を考慮した杭の弾性曲げ座屈荷重P_{cr}に対する降伏耐力N_yの割合として次式で表される。

$$\lambda_c = \sqrt{N_y / P_{cr}} \quad (6.2.27)$$

杭の弾性曲げ座屈荷重 P_{cr} を算出する際，非弾性地盤の場合は，先述したように式中の水平地盤反力係数 k_{h0} を(6.2.26)式により低減している。

図中の各線は，実線が鋼構造限界状態設計指針[6.8)]，破線が鋼構造許容応力度設計規準[6.9)]の設計式における座屈曲線を示す。以下に各設計式を示す。

・鋼構造限界状態設計指針[6.8)]：

$$\frac{N_{cr0}}{N_y} = 1 \qquad \left(\lambda_c < {}_p\lambda_c = 0.15\right) \quad (6.2.28a)$$

$$\frac{N_{cr0}}{N_y} = 1 - 0.5\frac{\lambda_c - {}_p\lambda_c}{{}_e\lambda_c - {}_p\lambda_c}$$

$$\left({}_p\lambda_c < \lambda_c \leq {}_e\lambda_c = 1/\sqrt{0.6}\right) \quad (6.2.28b)$$

$$\frac{N_{cr0}}{N_y} = \frac{1}{1.2\lambda_c^2} \qquad \left({}_e\lambda_c \leq \lambda_c\right) \quad (6.2.28c)$$

・鋼構造許容応力度設計規準[6.9)]：

$$\frac{N_{cr0}}{N_y} = 1 - 0.4\left(\frac{\lambda_c}{{}_e\lambda_c}\right) \qquad \left(\lambda_c < {}_e\lambda_c\right) \quad (6.2.29a)$$

$$\frac{N_{cr0}}{N_y} = \frac{1}{\lambda_c^2} \qquad \left({}_e\lambda_c \leq \lambda_c\right) \quad (6.2.29b)$$

ここで ${}_e\lambda_c$ は弾性限界細長比（$=1/\sqrt{0.6}$），${}_p\lambda_c$ は塑性限界細長比（=0.15）である。

図 6.2.8 の各プロットは，文献 6.4)~6.6)の弾塑性大変形解析結果である。地盤条件は図 6.2.1(a)，(b)の等地盤および三角形地盤反力係数分布，水平地盤ばね剛性 K_c は 0.01~1.0 MN/m^2，杭の材端支持条件は図 6.2.2(a)，(b)の杭頭ばねローラー下端ピン，杭頭ばねローラー下端固定支持としたときの結果である。図中には，弾性地盤もしくは非弾性地盤とした場合を掲載している。数値解析結果は，概ね鋼構造限界状態設計指針[6.8)]の設計式を下限値として上回っており，鋼構造許容応力度設計規準[6.9)]の設計式に対応することが示されている。

以上の結果より，文献 6.4)~6.6)では，(6.2.27)式の修正一般化細長比 λ_c を用いることで，通常の圧縮材と同様，曲げ座屈耐力の下限値として鋼構造限界状態設計指針[6.8)]の設計式を準用し，液状化地盤における鋼管杭の曲げ座屈耐力を評価できるという知見が得られている。

これを踏まえ，6.4 節（軸力と水平力を受ける杭の終局耐力評価）においては，杭の曲げ座屈耐力を考慮する際，杭の弾塑性曲げ座屈耐力 N_{cr0} を安全側に評価するために鋼構造限界状態設計指針[6.8)]の座屈曲線を用いている。

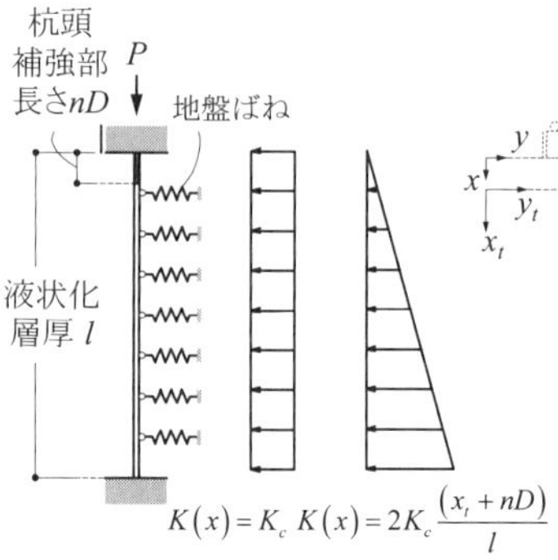

(a) 等分布 (b) 三角形分布

図 6.2.9 杭頭補強杭ー地盤反力係数分布モデル

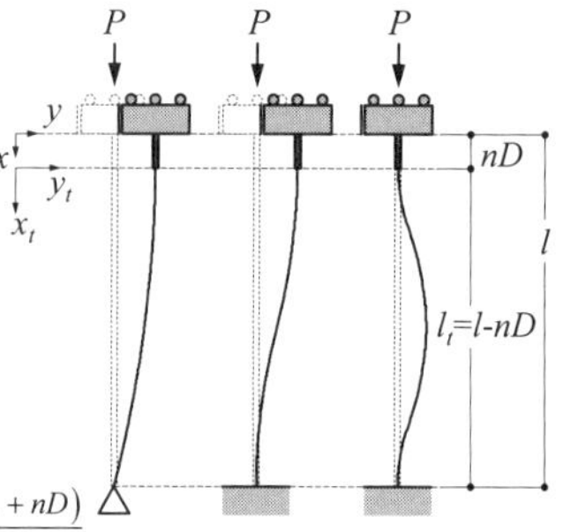

(a) (E-1) 杭頭固定ローラー下端ピン (b) (E-2) 杭頭固定ローラー下端固定 (c) (E-3) 両端固定

図 6.2.10 杭頭補強杭材端支持条件

6.2.4 杭頭補強鋼管杭の弾性曲げ座屈荷重式

杭頭部にコンクリートを充填する場合，杭頭中詰領域の曲げ剛性が局所的に大きくなるため，鋼管杭の座屈長さを低減するものと考えられる（以降，鋼管杭頭部へのコンクリート充填を杭頭補強と呼ぶ）。本項以降では，文献 6.12)の杭頭補強鋼管杭の曲げ座屈耐力評価方法を紹介する。

文献 6.12)では，液状化地盤における杭頭補強鋼管杭の弾性座屈荷重式を誘導し，弾性固有値解析により妥当性を検証している。座屈荷重式の誘導と弾性固有値解析では，6.2.1 項の仮定 1)~4)，6)を準用するとともに，次の仮定 11)~12)を加えている。

11)杭頭補強部長さは図 6.2.9 のように長さ nD とし，この範囲を剛域と仮定する。ただし，nD の範囲は実務において施工可能とされる最大杭頭補強部長さ（=3D）以下とする。弾性座屈荷重式の誘導に際し，剛域と仮定した範囲外で座屈変形を生じるものとし，図 6.2.9 に示す杭頭補強部下端を原点とした x_t-y_t 座標により杭の変位関数を設定する。図中の l_t は杭頭補強部の範囲が剛域となるときの杭の座屈長さ(=l-nD)である。

12)杭の境界条件は，理想的な境界条件として図 6.2.10(a)の(E－1) 杭頭固定ローラー下端ピン支持，6.4 節の遠心載荷実験の支持条件を再現するものとして(E－2) 杭頭固定ローラー下端固定支持，さらに 6.3 節の実験の支持条件を再現するものとして(E－3) 両端固定支持とする。

地盤の水平変形拘束を受けるときの，杭頭補強鋼管杭の弾性曲げ座屈荷重式は，文献 6.12)において，以下のように求められている。

地盤の水平変形拘束を受ける杭頭補強鋼管杭が曲げ座屈するときの全ポテンシャルエネルギー式は，次のように表される。

$$U=\frac{1}{2}\int_0^{l_t}\left(E_sI_su''^2-Pu'^2+K\left(x\right)u^2\right)dx_t \qquad (6.2.30)$$

図 6.2.10(a)~(c)の材端支持条件に関して，(E−1) 杭頭固定ローラー下端ピン，(E−2) 杭頭固定ローラー下端固定，(E−3) 両端固定の弾性曲げ座屈荷重式は，それぞれ以下のように導出されている。

(E−1) 杭頭固定ローラー下端ピン支持の場合

(B−1)の(6.2.7)式と同様，図 6.2.9(a)，(b)の各地盤反力係数分布における座屈変形 u は，座屈波数 m を用いて次のように仮定されている。

$$u=a\cos\frac{(2m-1)\pi}{2l_t}x_t \qquad (6.2.31)$$

(A−1)と同様にして，(6.2.31)式を代入した(6.2.30)式を未定係数 a で微分し，釣合方程式を求めると，座屈荷重式は次のようになる。

(ⅰ) 等地盤反力係数分布の場合

$$P_{cr}=E_sI_s\left\{\frac{(2m-1)\pi}{2l_t}\right\}^2+\left\{\frac{2l_t}{(2m-1)\pi}\right\}^2K_c$$

$$\left(l_t<\frac{\pi}{2}\sqrt[4]{E_sI_s/K_c}\right) \qquad (6.2.32)$$

(ⅱ) 三角形地盤反力係数分布の場合

$$P_{cr}=E_sI_s\left\{\frac{(2m-1)\pi}{2l_t}\right\}^2+\left\{\frac{2l_t}{(2m-1)\pi}\right\}^2K_cX_8$$

$$\left(l_t<0.57\pi\sqrt[4]{E_sI_s/K_c}\right) \qquad (6.2.33a)$$

$$X_8=1-\frac{4}{(2m-1)^2\pi^2}+\frac{nD}{l}\left\{1+\frac{4}{(2m-1)^2\pi^2}\right\} \qquad (6.2.33b)$$

上記の適用範囲外については，(B−1)と同様の方法で，実用的な近似式が提示されている。

(ⅰ) 等地盤反力係数分布

$$P_{cr}=2\sqrt{E_sI_sK_c} \qquad \left(\frac{\pi}{2}\sqrt[4]{E_sI_s/K_c}\le l_t\right) \qquad (6.2.34)$$

(ⅱ) 三角形地盤反力係数分布

$$P_{cr}=\frac{\pi}{2}\sqrt{E_sI_sK_c}+nD\sqrt{\frac{K_c}{2}}\sqrt[4]{E_sI_sK_c}$$

$$\left(0.57\pi\sqrt[4]{E_sI_s/K_c}\le l_t<1.32\pi\sqrt[4]{E_sI_s/K_c}\right) \qquad (6.2.35)$$

$$P_{cr}=E_sI_s\left(\frac{\pi}{l_t}\right)^2\left[1+\left(1+\frac{7}{2}\cdot\frac{nD}{l}\right)\left(\frac{l_t}{\pi}\right)^2\sqrt{\frac{K_c}{E_sI_s}}\right]$$

$$\left(1.32\pi\sqrt[4]{E_sI_s/K_c}\le l_t\right) \qquad (6.2.36)$$

なお，上記の(6.2.33)式，(6.2.35)式~(6.2.36)式は，杭頭補強部長さ nD が 0 (n=0) の場合，(B−1) に示した(6.2.8)式~(6.2.10)式と同式となる。

(E−2) 杭頭固定ローラー下端固定支持の場合

(B−2)の(6.2.14)式と同様，(6.2.30)式の座屈変形 u は次のように仮定されている。

$$u=a\left(1+\cos\frac{\pi x_t}{l_t}\right)+b\left(1-\cos\frac{2\pi x_t}{l_t}\right) \qquad (6.2.37)$$

(A−1)と同様にして，(6.2.37)式を代入した(6.2.30)式を未定係数 a，b で偏微分し，釣合方程式を求めると，座屈荷重式は次のようになる。

(ⅰ) 等地盤反力係数分布

$$P_{cr}=\frac{5}{8}\left[4E_sI_s\left(\frac{\pi}{l_t}\right)^2+3K_c\left(\frac{l_t}{\pi}\right)^2\right]-\frac{1}{8}\sqrt{25\left\{4E_sI_s\left(\frac{\pi}{l_t}\right)^2+3K_c\left(\frac{l_t}{\pi}\right)^2\right\}^2-16X_9}$$

$$\left(l_t<1.75\pi\sqrt[4]{E_sI_s/K_c}\right) \qquad (6.2.38a)$$

$$X_9=16{E_s}^2{I_s}^2\left(\frac{\pi}{l_t}\right)^4+51E_sI_sK_c+5{K_c}^2\left(\frac{l_t}{\pi}\right)^4 \qquad (6.2.38b)$$

(ⅱ) 三角形地盤反力係数分布

$$P_{cr}=\frac{1}{8}\left[20E_sI_s\left(\frac{\pi}{l_t}\right)^2+K_c\left(\frac{l_t}{\pi}\right)^2X_{10}\right]-\frac{1}{8}\sqrt{\left\{20E_sI_s\left(\frac{\pi}{l_t}\right)^2+K_c\left(\frac{l_t}{\pi}\right)^2X_{10}\right\}^2-16X_{11}}$$

$$\left(l_t<1.96\pi\sqrt[4]{E_sI_s/K_c}\right) \qquad (6.2.39a)$$

$$X_{10}=15\frac{(l+nD)}{l}-\frac{64}{\pi^2}\left(\frac{l_t}{l}\right) \qquad (6.2.39b)$$

$$X_{11}=16{E_s}^2{I_s}^2\left(\frac{\pi}{l_t}\right)^4+E_sI_sK_c\left\{51\left(\frac{l+nD}{l}\right)-\frac{256}{\pi^2}\left(\frac{l_t}{l}\right)\right\}+{K_c}^2\left(\frac{l_t}{\pi}\right)^4\left\{5\left(\frac{l+nD}{l}\right)^2-\frac{304}{9\pi^2}\frac{(l^2-n^2D^2)}{l^2}-\frac{1024}{81\pi^4}\left(\frac{l_t}{l}\right)^2\right\}$$

$$(6.2.39c)$$

上記の適用範囲外については，(B−2)と同様の方法により，実用的な近似式が提示されている。

(ⅰ) 等地盤反力係数分布

$$P_{cr}=\sqrt{5E_sI_sK_c\left(1+\frac{nD}{l}\right)}$$

$$\left(1.75\pi\sqrt[4]{E_sI_s/K_c}\le l_t\right) \qquad (6.2.40)$$

(ⅱ) 三角形地盤反力係数分布

$$P_{cr}=E_sI_s\left(\frac{\pi}{l_t}\right)^2\left[\frac{6}{5}+\frac{7}{6}\left(\frac{l_t}{\pi}\right)^2\sqrt{\frac{K_c}{E_sI_s}}\left(1+3\frac{nD}{l}\right)\right]$$

$$\left(1.96\pi\sqrt[4]{E_sI_s/K_c}\le l_t\right) \qquad (6.2.41)$$

なお，上記の(6.2.39)式，(6.2.41)式は，杭頭補強部長さ nD が 0 (n=0) の場合，(B−2) に示した(6.2.15)

式，(6.2.16)式とそれぞれ同式となる。

(E－3) 両端固定支持の場合

文献 6.12)では，両端固定支持条件の場合，図 6.2.9(a)，(b)の地盤反力係数分布における座屈変形 u を簡便な関数として次のように仮定している。

$$u = a\left(1 - \cos\frac{2\pi x_t}{l_t}\right) \tag{6.2.42}$$

(A－1)と同様にして，(6.2.42)式を代入した(6.2.30)式を未定係数 a で微分し，釣合方程式を求めると，座屈荷重式は次のようになる。

(ⅰ) 等地盤反力係数分布

$$P_{cr} = E_s I_s\left(\frac{\pi}{l_t}\right)^2\left[4 + \frac{3}{4}\left(\frac{l_t}{\pi}\right)^4\frac{K_c}{E_s I_s}\right]$$

$$\left(l_t < 2\pi\sqrt[4]{E_s I_s/3K_c}\right) \tag{6.2.43}$$

(ⅱ) 三角形地盤反力係数分布

$$P_{cr} = E_s I_s\left(\frac{\pi}{l_t}\right)^2\left[4 + \frac{3}{4}\left(\frac{l+nD}{l}\right)\left(\frac{l_t}{\pi}\right)^4\frac{K_c}{E_s I_s}\right]$$

$$\left(l_t < 2\pi\sqrt[4]{E_s I_s/3K_c}\right) \tag{6.2.44}$$

上記の適用範囲外については，(A－1)と同様の方法により，実用的な近似式が提示されている。

(ⅰ) 等地盤反力係数分布

$$P_{cr} = E_s I_s\left(\frac{\pi}{l_t}\right)^2\left[8\left(1 - \frac{1}{\sqrt{3}}\right) + 2\left(\frac{l_t}{\pi}\right)^2\sqrt{\frac{K_c}{E_s I_s}}\right]$$

$$\left(2\pi\sqrt[4]{E_s I_s/3K_c} \le l_t\right) \tag{6.2.45}$$

(ⅱ) 三角形地盤反力係数分布

$$P_{cr} = E_s I_s\left(\frac{\pi}{l_t}\right)^2\left[8\left(1 - \frac{1}{\sqrt{3}}\right) + 2\left(\frac{l_t}{\pi}\right)^2\sqrt{\frac{K_c}{E_s I_s}}\right]X_{12}$$

$$\left(2\pi\sqrt[4]{E_s I_s/3K_c} \le l_t\right) \tag{6.2.46a}$$

$$X_{12} = \left[\frac{3}{4} + \frac{1}{2}\left(\frac{\pi}{l_t}\right)^2\sqrt{\frac{E_s I_s}{K_c}}\right]\left(\frac{l+nD}{l}\right) \tag{6.2.46b}$$

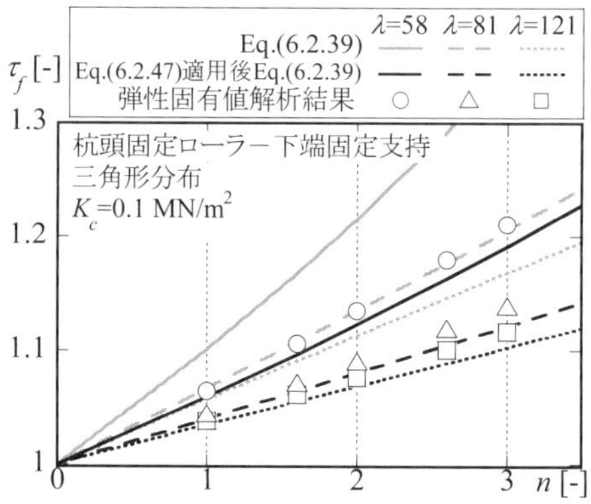

図 6.2.11 弾性座屈荷重上昇度－補強部長さ係数関係

また文献 6.12)では，弾性固有値解析により，上述の弾性曲げ座屈荷重式の妥当性を検証している。

図 6.2.11 に杭頭補強部長さ係数 n と杭頭補強による弾性曲げ座屈荷重上昇率 τ_f の関係を示す。プロットは文献 6.12)の数値解析結果であり，杭頭固定ローラー下端固定支持，三角形地盤反力係数分布，K_c=0.1 MN/m²，細長比 λ=58~179(l=10~31m)における弾性固有値解析結果である。灰色で示す各線は(6.2.39)式の杭頭補強杭の弾性曲げ座屈荷重式から算出される，補強部なし（n=0）の場合に対する座屈荷重上昇率 τ_f である。

(6.2.39)式による弾性座屈荷重上昇率（灰色線）はいずれも固有値解析結果を上回っている。文献 6.12)では，細長比 λ の大きい範囲(λ=120~180)において，固有値解析結果は概ね(6.2.39)式の座屈荷重上昇率と概ね対応するものの，λ の小さい範囲(λ=60~105)では小さくなる傾向が確認されており，これは細長比が小さくなると，剛域と仮定した補強部の曲げ抵抗$(E_aI_a+E_sI_s)/nD$（E_aI_a:中詰部材の曲

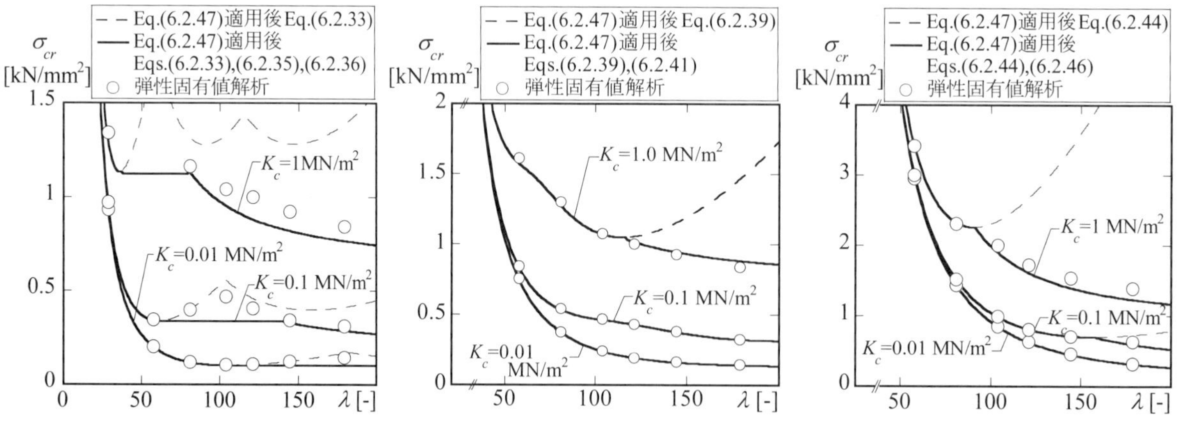

(a) 杭頭固定ローラー下端ピン支持 (b) 杭頭固定ローラー下端固定支持 (c) 両端固定支持

図 6.2.12 材端支持条件の異なる杭頭補強鋼管杭の弾性曲げ座屈応力度（補強部長さ 3D）

げ剛性）が鋼管部の曲げ抵抗 E_sI_s/l に対して相対的に小さくなるためであると指摘されている。そこで同文献では，本来有限な曲げ剛性を有する杭頭補強部の拘束効果を，長さ $n'D$ の剛域として等価に置き換えるため，鋼管部の曲げ剛性に対する中詰部材の曲げ剛性の比を用いた，以下のような等価補強部長さ係数 n' を提示している。

$$n'=\sqrt{\frac{1}{5}\cdot\frac{E_aI_a}{E_sI_s}}\cdot n \qquad \left(E_aI_a<5E_sI_s\right) \quad (6.2.47a)$$

$$n'=n \qquad \left(5E_sI_s\le E_aI_a\right) \quad (6.2.47b)$$

(6.2.47)式により得られた等価補強部長さ n' は，具体的には前述した杭頭補強杭の弾性曲げ座屈荷重式（(6.2.32)式など）中の n に適用される。なお，杭頭補強されていない（E_aI_a=0）場合は，n'=0 とする。また，E_aI_a=5E_sI_s の場合 n'=n となることから，$5E_sI_s \leqq E_aI_a$ では補強部全長を剛域とみなしている。

図 6.2.11 の各黒線は，(6.2.47)式の n' を適用した (6.2.39)式による座屈荷重上昇率を示す。各黒線は n に対して固有値解析結果と概ね対応している。

図 6.2.12(a)~(c)に，図 6.2.10(a)~(c)の各材端支持条件における杭頭補強杭の弾性曲げ座屈応力度と細長比の関係を示す。(a)は杭頭固定ローラー下端ピン，(b)は杭頭固定ローラー下端固定，(c)は両端固定支持の場合である。各図の縦軸は杭頭補強杭の弾性曲げ座屈応力度 σ_{cr}，横軸は杭の細長比 $\lambda(=l/i)$ を示す。杭頭補強部長さ 3D，三角形地盤反力係数分布，水平地盤ばね定数 K_c=0.01，0.1，1.0 MN/m^2 において，点線は(6.2.47)式の n' 適用後の弾性曲げ座屈応力度の理論式（(a)は(6.2.33)式，(b)は(6.2.39)式，(c)は(6.2.44)式）を示し，実線は(6.2.47)式の n' 適用後の弾性曲げ座屈応力度の近似式（(a)は(6.2.33)式と(6.2.35)~(6.2.36)式，(b)は(6.2.39)式と(6.2.41)式，(c)は(6.2.44)式と(6.2.46)式）を示す。各材端支持条件において，(6.2.47)式の n' を適用した弾性曲げ座屈応力度の近似式（実線）は，固有値解析結果と概ね対応することが分かる。

6.2.5 杭頭補強鋼管杭の弾塑性曲げ座屈耐力評価

本項では，前項で誘導した杭頭補強杭の弾性曲げ座屈荷重を基に修正一般化細長比を算定し，これを適用した設計指針 6.8)および設計規準 6.9)の座屈曲線による，杭頭補強鋼管杭の弾塑性曲げ座屈耐力の評価法について紹介する。

文献 6.12)では，図 6.2.9 の解析モデルを用いた杭頭補強杭の鋼管杭の弾塑性大変形解析が行われている。同文献では，6.2.1 項，6.2.3 項の仮定 1)~4)，6)~10)を準用した上で，次の仮定 13)を加えている。

13) 中詰部材について，実設計ではコンクリートが用いられるが，6.3 節に示すように，文献 6.12)の縮小模型実験では再現が困難であることから，図 6.3.2 のアルミ材を用いている。本項では，中詰部材により杭頭の曲げ剛性が局所的に大きくなることで杭の曲げ座屈長さが低減し，座屈耐力が上昇する効果を考慮する。

数値解析パラメータは補強部長さ係数 n=0~3，水平地盤ばね定数 K_c=0.01~1.0 MN/m^2 であり，材端支持条件は図 6.2.10(a)~(c)と同一としている。図 6.2.13 に文献 6.12)の数値解析結果の一例を示す。実設計における最大杭頭補強部長さ（=3D）において，杭の曲げ座屈耐力は補強なしの場合よりも最大 12%程度上昇することが示されている。

図 6.2.14 に，杭頭補強杭の弾塑性曲げ座屈耐力

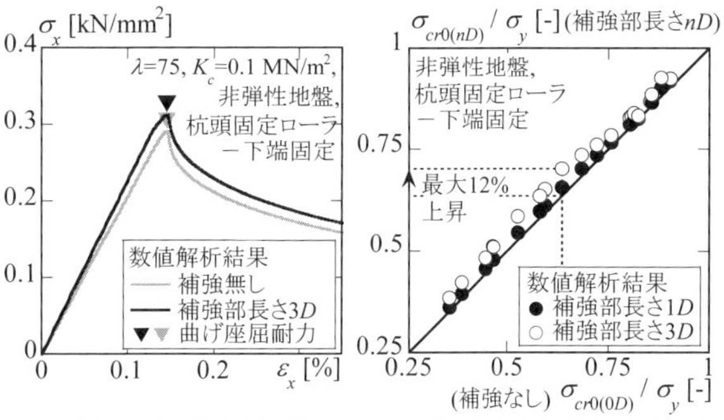

(a) 杭の曲げ座屈耐力　(b) 曲げ座屈耐力上昇率

図 6.2.13 杭頭補強による曲げ座屈耐力上昇効果

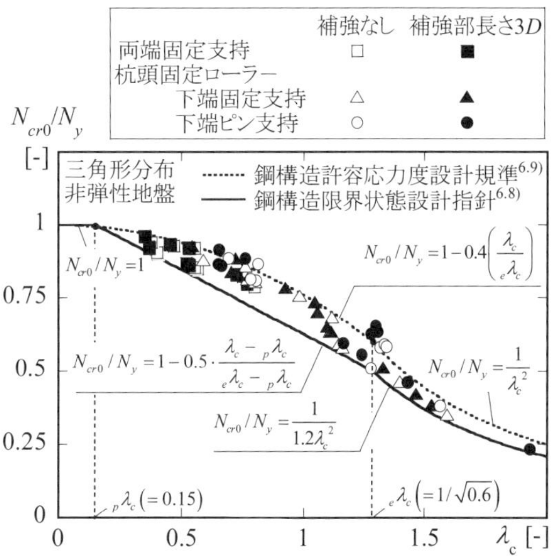

図 6.2.14 液状化地盤において鉛直荷重を受ける杭頭補強鋼管杭の弾塑性曲げ座屈耐力と設計式との比較

と，鋼構造許容応力度設計規準[6.9)]および鋼構造限界状態設計指針[6.8)]の設計式における座屈曲線との比較を示す。プロットは，文献 6.12)の杭頭補強鋼管杭の弾塑性大変形解析結果である。縦軸は杭頭補強杭の弾塑性曲げ座屈耐力 N_{cr0} を降伏耐力 N_y で無次元化した値，横軸は杭頭補強杭の修正一般化細長比 λ_c である。λ_c の算定式（(6.2.27)式）中の P_{cr} には，前項に示した，(6.2.47)式の等価補強部長さ係数 n' を適用した杭頭補強杭の弾性曲げ座屈荷重 P_{cr}（(6.2.33)式，(6.2.35)~(6.2.36)式，(6.2.39)式，(6.2.41)式，(6.2.44)式，(6.2.46)式）が適用されている。また，6.2.3 項に示したように，非弾性地盤の場合は弾性曲げ座屈荷重 P_{cr} 中の水平地盤反力係数 k_{h0} を低下率 χ により再評価している。

文献 6.12)の数値解析結果は，いずれも概ね鋼構造限界状態設計指針[6.8)]の座屈曲線を下限値として上回り，鋼構造許容応力度設計規準[6.9)]の座屈曲線に対応していることが分かる。以上より，(6.2.27)式の修正一般化細長比を用いることで，通常の圧縮材と同様，座屈耐力の下限値として限界状態設計指針[6.8)]の設計式を準用し，液状化地盤における杭頭補強鋼管杭の曲げ座屈耐力を評価できることが示される。

6.3　遠心載荷実験装置を用いた鋼管杭の曲げ座屈メカニズムの把握と曲げ座屈耐力評価

本節では，上部構造物の変動圧縮軸力を受ける鋼管杭が，液状化地盤において曲げ座屈を生じる際の挙動について，文献 6.12)，6.13)にて行われた遠心載荷実験装置を用いた上部構造物・鋼管杭基礎－地盤系の縮小模型実験による知見を紹介する。6.3.1 項では液状化地盤において軸力のみを受ける鋼管杭の曲げ座屈挙動，6.3.2 項では前節の杭の修正一般化細長比を適用した設計指針・設計規準の座屈曲線[6.8)6.9)]による，鋼管杭の曲げ座屈耐力評価について示す。

6.3.1　液状化地盤において変動圧縮軸力を受ける鋼管杭の遠心載荷実験

文献 6.12)，6.13)では，上部構造物の自重と転倒モーメントによる変動圧縮軸力のみを受ける鋼管杭が，液状化地盤において曲げ座屈を生じる過程を明らかにするため，以下に示す上部構造物・鋼管杭基礎－地盤系の縮小模型を用いた遠心載荷実験が行われている。文献 6.13)では，杭頭補強なしの場合のみを対象として，地盤なしの場合の杭の基本的な曲げ座屈現象の確認，および地盤を付与した場合の曲げ座屈の挙動の検討が行われている。文献 6.12)では，杭頭補強杭を対象とした実験により，補強部を有する鋼管杭の曲げ座屈耐力上昇効果について検討されている。

（１）上部構造物・鋼管杭基礎－液状化地盤系の遠心載荷実験概要

図 6.3.1 に実験試験体および計測位置を示す。試験体は上部構造物・鋼管杭基礎－飽和地盤系の 40 分の 1 の縮小模型である。文献 6.12)，6.13)の実験では，基礎部の水平移動を拘束し，上部構造物の自重による初期軸圧縮力と転倒モーメントにより生じる偶力による変動軸力のみを杭に作用させている。そのため，この実験は，実現象と一対一に整合するシミュレーションではなく，限定的な条件下での，液状化地盤における鋼管杭の曲げ座屈挙動の再現を目的とした実験となっている。

上部構造物の形状は 2 種類（I, II）あり，図 6.3.1(a)，(b)に示す上部構造物（I）の形状は幅 110 mm，奥行 80 mm，高さ 60 mm，上部構造物（II）の形状は幅 120 mm，奥行 80 mm，高さ 90 mm である。基礎部の形状は全試験体で幅 110 mm，奥行き 80 mm，高さ 20 mm である。せん断土槽の形状は図中に示

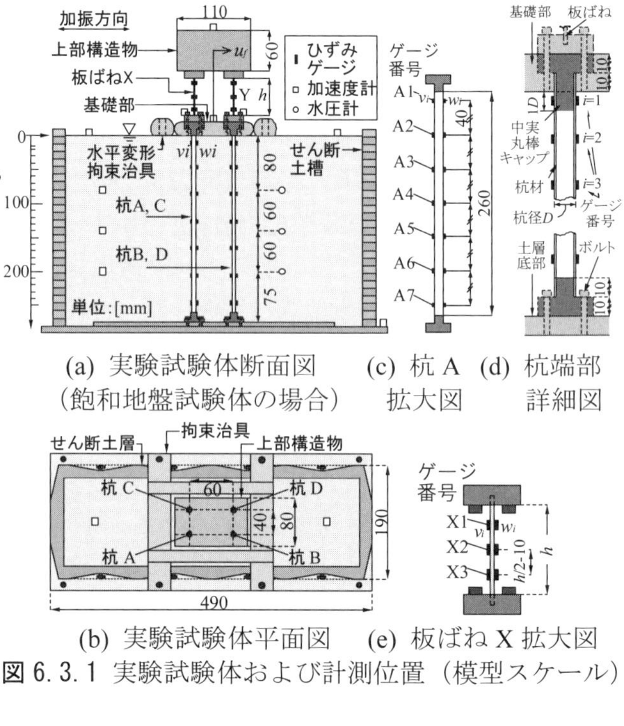

図 6.3.1　実験試験体および計測位置（模型スケール）

す通りである。飽和地盤については、空中落下法により乾燥豊浦硅砂を堆積させ、真空槽内で粘性を水の約 40 倍に調整したメトローズ溶液を間隙水として注入することで作成している。水位は基礎部の直下（G.L. -0 m）である。杭は 4 本杭とし、配置については図 6.3.1(b)のように、手前側 2 本の杭のうち左側を A，右側を B とし，それぞれの奥の杭を C，D とする。杭頭および杭下端部の接合方法は図 6.3.1(d)に示す通りとなっており、杭頭部では杭を基礎部に貫通させ、機械切削により杭内径に対して誤差-0.01 mm 未満の径を有する中実丸棒のキャップを杭に差し込むことで固定している。下端部は、せん断土槽上の鋼板にボルト接合された中実丸棒のキャップを、杭に挿入し固定する。これにより、模型杭の境界条件は両端固定と見なせる[6.13]。さらに文献 6.12)では、杭頭補強部を杭頭部の丸棒キャップの長さを調節し再現している。

ひずみゲージについて、図 6.3.1(c), (e)のように杭と板ばねに貼付し、ゲージ番号は杭および板ばねの両面をそれぞれ v_i，w_i として、杭については上端から $i=1\sim7$，板ばねについては $i=1\sim3$ としている。杭頭補強杭の場合、ひずみゲージ位置は $i=1$ が中詰部材充填部、$i=2\sim7$ が非充填部（非補強部）となる。また、加速度計、水圧計の配置については、図 6.3.1(a)に示すように、加速度計を土槽底部（杭下端）、基礎部、上部構造物頂部に設置し、飽和地盤試験体についてはさらに地盤中に間隙水圧計と加速度計を、地表面から 80，140，200 mm の位置にそれぞれ設置している。文献 6.12), 6.13)の遠心載荷実験は、いずれも京都大学防災研究所の遠心載荷装置を用いて 40g 場で行われている。以下、実大スケール値に換算して示す。

表 6.3.1 に模型および実大スケールでの試験体の諸元を示す。杭材には真鍮 C2680 またはアルミ A1050 を用いている。図 6.3.2(a), (b)に杭材の各材料引張試験結果を示す。なお、材料試験には JIS 11 号試験片を用いた。応力−ひずみ関係は、いずれも明確な降伏点をもたない Round House 型であることから、弾性時の最大応力度として弾性比例限界応力度 σ_l を定め、また、0.2％オフセット法により降伏応力度 σ_y を求めている。引張強度 σ_u は引張試験時に荷重計により計測された最大荷重を、試験前に計測した断面積で除した値としている。σ_l,

表 6.3.1 試験体諸元

項目			模型スケール	実大スケール
上部構造物	I	重量 m_1g [N]	30.5	1.95×10^6
	II		66.7	4.27×10^6
板ばね		板厚 t_{bp} [mm]	2	80
		奥行 [mm]	60	2400
基礎部		重量 m_2g [N]	13.0	8.3×10^5
杭材	真鍮 (C2680) i	外径 D [mm]	6	240
		板厚 t_{pl} [mm]	0.5	20
	ii	外径 D [mm]	10	400
		板厚 t_{pl} [mm]	0.2	8
	アルミ (A1050)	外径 D [mm]	6	240
		板厚 t_{pl} [mm]	0.5	20
中詰部材	アルミ (A1050)	補強部長さ nD [mm]	$10n$	$400n$
		外径 [mm]	9.6	384
		曲げ剛性 E_aI_a [Nmm²]	2.74×10^7	7.02×10^{13}

σ_l [N/mm²]	275
σ_y [N/mm²]	398
σ_u [N/mm²]	498
E_{pl} [N/mm²]	1.03×10^5
$E_{pl,st}$ [N/mm²]	1.72×10^4

σ_l [N/mm²]	119
σ_y [N/mm²]	136
σ_u [N/mm²]	145
E_{pl} [N/mm²]	6.85×10^4
$E_{pl,st}$ [N/mm²]	727

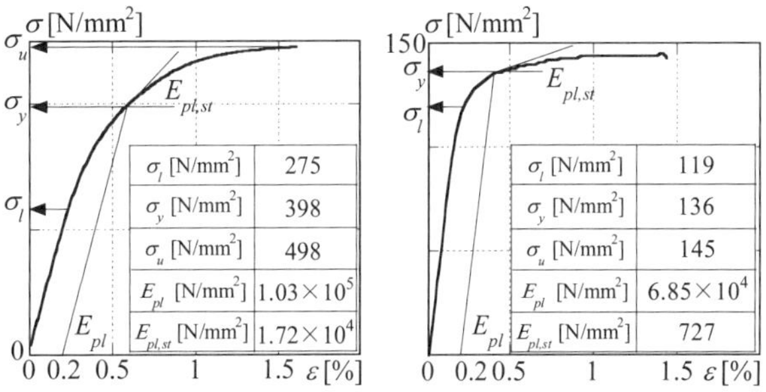

(a) 真鍮管材　　　　　(b) アルミ管材

図 6.3.2 杭材の引張試験結果

σ_y，σ_u，ヤング係数 E_{pl}，ひずみ硬化勾配 $E_{pl,st}$ の各値は図中の表に示す通りである。杭頭補強杭模型について、実設計では杭頭部の中詰部材としてコンクリートが用いられるが、縮小模型杭では再現が困難であるため、文献 6.12)ではアルミ A1050 を用いている。また、板ばねはアルミ A5052，その他の部材は SS400 で製作されている。

表 6.3.2 に試験体一覧を示す。Case 1-1~Case 1-7，Case 2-1~Case 2-5 は文献 6.13)の試験体，Case 1-8~Case 1-10，Case 2-6~Case 2-7 は文献 6.12)の試験体である。実験パラメータは、地盤相対密度 Dr，初期軸力比 N_0/N_y，杭長 l（細長比λ），杭頭補強部長さ nD，板ばね長さ（上部構造物の塔状比）である。本節の Case 1 シリーズは地盤なしの場合であり、地盤水平抵抗を受けない場合における鋼管単杭の基本的な曲げ座屈性状、および曲げ座屈耐力を確認する。Case 2 シリーズでは全層飽和地盤を対象とし、液状化地盤の水平抵抗を有する鋼管杭

表 6.3.2 試験体パラメータ(板ばね長さのみ模型スケール)

試験体	杭材	杭径 D [mm] (径厚比) (D/t [-])	曲げ剛性 E_aI_a [Nmm^2]	初期軸力比 N_0/N_y [-]	杭長 l [mm] (細長比) (λ [-])	地盤相対密度 Dr [%]	板ばね長さ h [mm]	補強部長さ nD [mm]	入力波	入力最大加速度 [m/s^2]	加振後の杭の性状
Case 1-1*1	アルミ	240 (12)	5.55×10^{12}	0.37	6000 (77)	0 (地盤無)	45	0 (補強無)	sweep	2.5	崩壊
Case 1-2*1										4.5	崩壊
Case 1-3*1							35			2.5	崩壊
Case 1-4*1										3.0	崩壊
Case 1-5*1					9600 (123)		45			1.8	崩壊
Case 1-6*1							35			1.0	弾性
Case 1-7*1	真鍮	240 (12)	8.69×10^{12}	0.13	10400 (133)	0 (地盤無)	35	0 (補強無)	sweep	5.6	崩壊
Case 1-8*2		400 (50)	1.95×10^{13}	0.33	10400 (75)					2.5	崩壊
Case 1-9*2								1D			崩壊
Case 1-10*2								3D			崩壊
Case 2-1*1	アルミ	240 (12)	5.55×10^{12}	0.37	10400 (133)	30	35	0 (補強無)	sweep	3.0	崩壊
Case 2-2*1							45				崩壊
Case 2-3*1						60	35				崩壊
Case 2-4*1						30			臨海波	6.9	崩壊
Case 2-5*1	真鍮	240 (12)	8.69×10^{12}	0.13	10400 (133)	30	35	0 (補強無)	sweep	3.0	弾性
Case 2-6*2		400 (50)	1.95×10^{13}	0.33	10400 (75)						崩壊
Case 2-7*2								1D			崩壊

*1 は文献 6.13)，*2 は文献 6.12)の試験体

の曲げ座屈耐力を明らかにする。地盤相対密度 Dr は比較的水平剛性の小さい 30%，水平剛性の大きい 60%とする。

杭の初期圧縮軸力比 N_0/N_y（初期軸力 $N_0=(m_1+m_2)g$，m_1：上部構造物質量，m_2：基礎部質量）については，実構造物における鋼管杭の設計軸力を参考として，降伏応力度が高い真鍮杭においては Case 1-7，Case 2-5（断面 i）では 0.13，Case 1-8~Case 1-10, Case 2-6~Case 2-7（断面 ii）では 0.33，降伏応力度が低いアルミ杭では 0.37 としている。なお，杭の降伏軸耐力 N_y（$=\sigma_y A_{pl}$，A_{pl}：杭断面積）は，真鍮材で D=240 mm（断面 i）のとき 5502 kN，D=400 mm（断面 ii）のとき 3921 kN，アルミ材で 1879 kN である。杭の初期軸力を再現するため，上部構造物の重量を Case 1-1~Case 1-7, Case 2-1~Case 2-5 では表 6.3.1 の I，Case 1-8~Case 1-10，Case 2-6~Case 2-7 では II としている。

杭長 l は，Case 1 シリーズ（地盤なし）では 6000 mm，9600 mm，10400 mm，Case 2 シリーズ（全層飽和地盤）では 10400 mm としている。杭頭補強部長さは，実構造物の中詰長さを参考に設定されており，一般的に用いられる 1D および最大長さ 3D（D：杭径）としている。

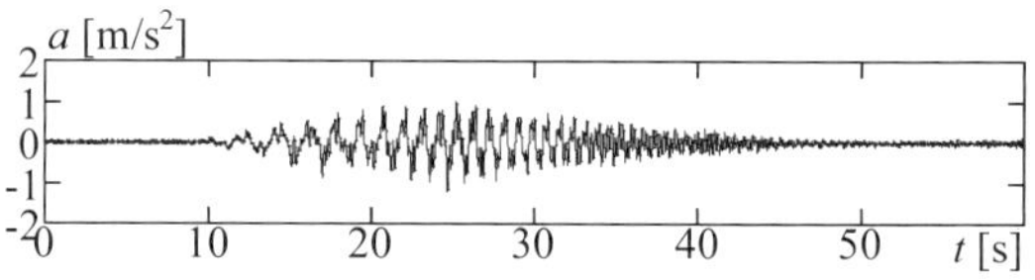

図 6.3.3 振動台で計測された sweep 波加速度応答時刻歴（Case 1-6）

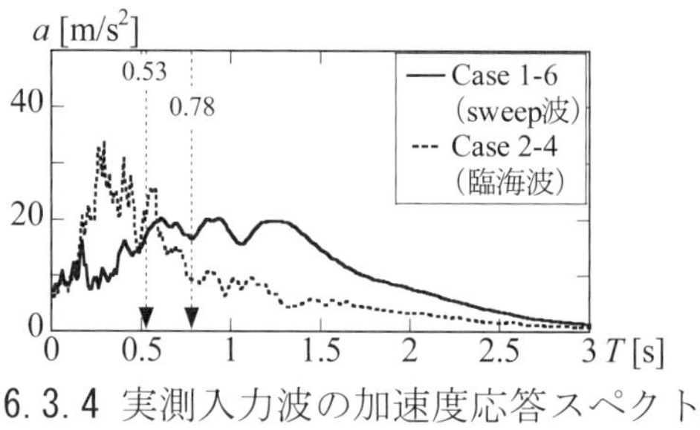

図 6.3.4 実測入力波の加速度応答スペクトル

入力波形について，図 6.3.3 に土槽底面に設置した加速度計から得た実測入力波（sweep 波）の一例を示す。ここでは，加振時の杭の曲げ座屈現象を確認するため，試験体の固有周期を含む sweep 波と臨海波を用いている。sweep 波については，加振開始から 50 秒間で周期を 2.0 秒から 0.3 秒まで変化させている。入力時の最大加速度は，杭が曲げ座屈により鉛直支持力を喪失するレベルを想定し，sweep 波については 1.0~5.6 m/s^2 としている。図 6.3.4 に各入力波に関する実測加速度応答スペクト

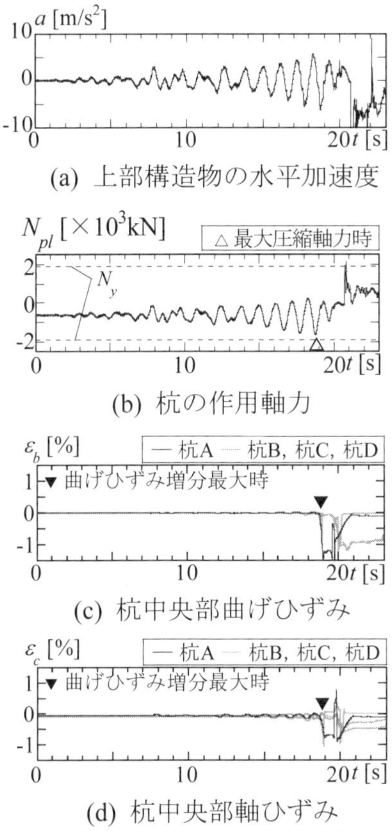

(a) 上部構造物の水平加速度
(b) 杭の作用軸力
(c) 杭中央部曲げひずみ
(d) 杭中央部軸ひずみ

図 6. 3. 5 Case 1-1 応答時刻歴

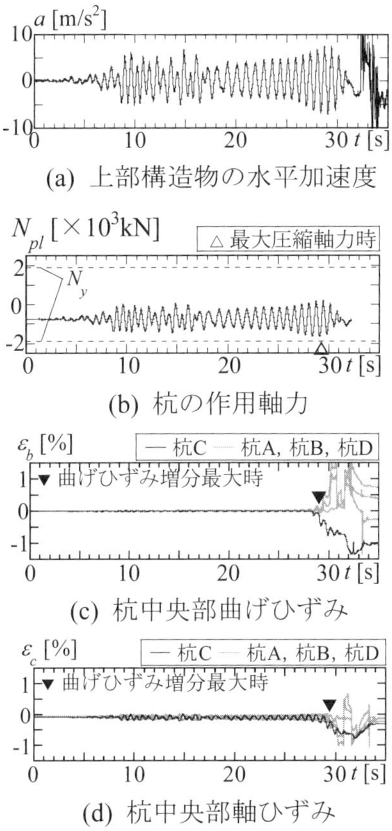

(a) 上部構造物の水平加速度
(b) 杭の作用軸力
(c) 杭中央部曲げひずみ
(d) 杭中央部軸ひずみ

図 6. 3. 6 Case 1-3 応答時刻歴

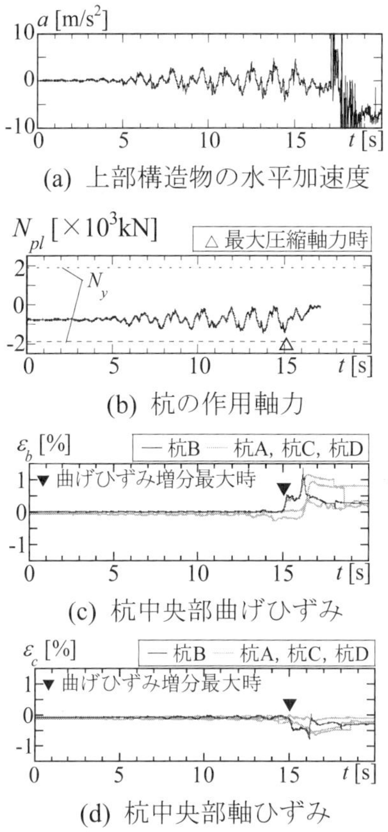

(a) 上部構造物の水平加速度
(b) 杭の作用軸力
(c) 杭中央部曲げひずみ
(d) 杭中央部軸ひずみ

図 6. 3. 7 Case 1-5 応答時刻歴

ルを示す。図中の▼は，各試験体の上部構造物の固有周期を示す。なお，上部構造物の固有周期を試験体の質量と板ばねの曲げ剛性からなる一質点系として理論的に算定すると，板ばね長さ（模型スケール）35 mm，45 mm の場合，それぞれ実大スケールで T_s=0.53 s，0.78 s となる。

（２）変動軸力を受ける鋼管杭の曲げ座屈挙動

ここでは，文献 6.13)の実験結果を基に液状化地盤における杭の曲げ座屈挙動について紹介する。

図 6.3.5~図 6.3.7 に Case 1 シリーズの代表的な応答時刻歴として，Case 1-1，Case 1-3，Case 1-5 の結果を示す。これらの試験体は，いずれも地盤なし条件で実施されている。後述する地盤付与の場合の予備実験として，本節の実験における鋼管杭の曲げ座屈発生時の定義と，曲げ座屈時の杭の作用軸力の算定手法を提示していく。Case 1-1 を基準とすると，Case 1-3 は板ばね長さ，Case 1-5 は杭長および入力波最大加速度が異なる。杭材はいずれもアルミ，初期軸力比 N_0/N_y は 0.37 である。

図 6.3.5~図 6.3.7 の(a)は各試験体の上部構造物の水平加速度，(b)は杭の作用軸力，(c)は杭中央部の曲げひずみ，(d)は杭中央部の軸ひずみの応答時刻歴を示す。図 6.3.5~図 6.3.7 の(b)の杭の作用軸力 N_{pl} は，最初に曲げ座屈を生じた杭の結果である。基礎部の自重（杭 1 本あたり）と，板ばねの軸ひずみから求められる上部構造物の変動軸力 N_{bp} の和として算出されている。ここでは，上部構造物の応答により生じた変動軸力，すなわち上部構造物の転倒モーメントによる偶力は，各板ばね X，Y をそれぞれ支持する 2 本の杭が変動軸力を均等に負担すると仮定する。以下に N_{pl} の算定式を示す。

$$N_{pl} = N_{bp} + \frac{m_2 g}{4} \tag{6.3.1a}$$

$$N_{bp} = \frac{1}{2}\left(\frac{\varepsilon_{bp,vi} + \varepsilon_{bp,wi}}{2}\right) E_{bp} A_{bp} \tag{6.3.1b}$$

ここで，m_2：基礎部の質量，E_{bp}：板ばねのヤング係数，A_{bp}：板ばねの断面積，$\varepsilon_{bp,vi}$，$\varepsilon_{bp,wi}$：図 6.3.1(e)の板ばね X，Y の各両面（v_i，w_i）に貼付したひずみゲージ値である。板ばねの軸ひずみは，上部構造物が最終的に倒壊した側で，基礎部に近いひずみゲージ（図 6.3.1(e)中の X3 もしくは Y3）から算出する。図 6.3.5~図 6.3.7 の(b)では，変動軸力が圧縮側となるときを負，引張側となるときを正として表す。また，図中には横点線で各杭の降伏軸耐力 N_y（$=\sigma_y A_{pl}$），△で杭全体の崩壊前の最大作用圧縮軸力を示す。なお，ひずみゲージより，いずれの試験体でも杭全体の崩壊以前では，板ばねの軸ひずみは最大 0.02%以下，曲げ座屈発生後でも0.05%程度であり，板ばねは弾性であることを確認している。また本試験体では，板ばねの曲げ剛性に比べて基礎部（梁）の曲げ剛性が非常に大きいため，基礎部（梁）に曲げ変形は生じず，また，杭の曲げ座屈発生までは高い軸剛性を有する杭が基礎部のロッキング振動を抑えていることを確認している。したがって，杭の作用軸力は，上部構造物と基礎部の自重および上部構造物の転倒モーメントによる変動分の和と考えられる。

図 6.3.5~図 6.3.7 の(c)，(d)の杭の曲げひずみ，軸ひずみは，図 6.3.1(c)の加振方向の杭両面（v_i，w_i）に貼付したひずみゲージ値の差の半分 $\varepsilon_{bi}=(\varepsilon_{pl,vi}-\varepsilon_{pl,wi})/2$，または平均 $\varepsilon_{ci}=(\varepsilon_{pl,vi}+\varepsilon_{pl,wi})/2$ として算出する。i=4 の値を杭中央部の曲げひずみ，軸ひずみと定義する。一方，杭頭部の曲げひずみ，軸ひずみは i=1 の値である。図中の▼は曲げひずみ増分が最大となる時刻を示す。ここで曲げひずみ増分とは，曲げひずみ応答時刻歴における計測間隔（Δt=0.008 s）のひずみ値の差分である。図中の黒線は最初に曲げ座屈を生じた杭，灰色線はその他の杭のひずみ応答を示す。文献 6.13)の遠心載荷実験では，曲げひずみ増分が最大となる時刻と杭の最大作用軸力時刻は概ね対応することが確認されており，本節でもこの時刻を曲げ座屈発生時と考える。

図 6.3.5~図 6.3.7 の(a)より，加振開始後に上部構造物の水平加速度応答が徐々に増加し，Case 1-1 では 21 s，Case 1-3 では 32 s，Case 1-5 では 17 s 付近で加速度振幅が急激に増大する。これは，杭 4 本全てが曲げ座屈を生じて，上部構造物が倒壊した際の衝撃によるものと考えられる。応答の急激な変動以前において，Case1-1 では 19 s（sweep 波の振動数 1.06 Hz），Case1-3 では 29 s（1.61 Hz），Case1-5 では 15 s（0.91 Hz）で加速度応答値が最大となる。

図 6.3.5~図 6.3.7 の(b)より，上部構造物の倒壊以前での各試験体の最大圧縮軸力時刻は Case 1-1 で 19 s, Case 1-3 で 29 s, Case 1-5 で 15 s 付近であり，

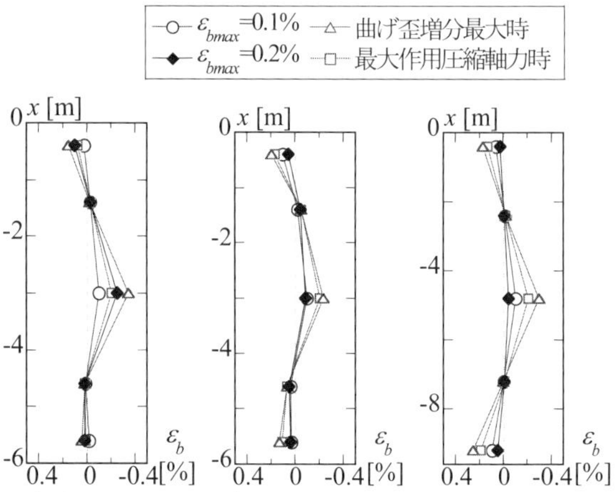

(a) Case1-1　(b) Case1-3　(c) Case1-5

図 6. 3. 8 Case 1 シリーズ（地盤なし）の曲げ座屈発生時の杭の曲げひずみ分布

上部構造物の加速度応答値が最大となる時刻と概ね等しい。また，最大圧縮軸力（図中の△）は，いずれも降伏軸耐力 N_y 以下となる。

図 6.3.5~図 6.3.7 の(c)より，各試験体の杭の曲げひずみ増分が最大となる時刻（図中の▼）は，Case 1-1 の杭 A では 19 s，Case 1-3 の杭 C では 29 s，Case 1-5 の杭 B では 15 s 付近であり，図 6.3.5~図 6.3.7 の(b)の最大圧縮軸力時とほぼ同時刻であることが確認される。これより，Case1-1 では杭 A，Case1-3 では杭 C，Case1-5 では杭 B が最初に曲げ座屈を生じたと考えられる。

図 6.3.5~図 6.3.7 の(d)より，加振開始から曲げひずみ増分が最大となる時刻（▼）以前では，各試験体の軸ひずみ応答の位相は，杭直上の板ばねの軸力応答と一致し，板ばね X の直下にある杭 A，C と板ばね Y の直下にある杭 B，D では，軸ひずみ応答の位相が 180° ずれている。図中黒線で示す杭の軸ひずみ応答は，曲げひずみ増分最大時刻以降，すなわち杭の曲げ座屈発生後急激に増加し，最大値をとった後低下している。

図 6.3.8(a)~(c)に，図 6.3.5~図 6.3.7 に掲載した Case 1-1，Case 1-3，Case 1-5 の各曲げひずみ応答時刻歴のうち，最初に曲げ座屈した杭の曲げひずみ分布を示す。各プロットは曲げひずみ最大位置の曲げひずみ値 ε_{bmax} が 0.1%，0.2%となるとき，曲げひずみの増分が最大となるとき，杭の作用圧縮軸力が最大となるときの結果である。いずれも曲げひずみ増分が最大となるときの中央部の曲げひずみが最も大きくなる。また，図 6.3.1(d)に示した

ようにCase 1シリーズの杭頭および杭下端部の回転は拘束されているため，杭頭および杭下端部も曲げひずみを生じている。

図6.3.9~図6.3.12にCase 2シリーズの代表的な応答時刻歴として，Case 2-1~Case 2-4の結果を示す。これらの試験体はいずれも全層飽和地盤条件であり，杭材はアルミ，初期軸力比 N_0/N_y は0.37である。Case 2-1を基準とすると，Case 2-2は板ばね長さ，Case 2-3は地盤相対密度，Case 2-4は入力波が異なる。図6.3.9~図6.3.12の(a)は，各試験体の過剰間隙水圧比応答を示す。図6.3.1(a)の地盤中に配置した3か所の水圧計のうち，地表から3.2 mと5.6 m（模型スケールで80 mm，140 mm）の位置にある水圧計の結果を掲載する。ここで過剰間隙水圧比 r_u は，過剰間隙水圧（間隙水圧と静水圧の差）と初期有効応力（初期全応力と静水圧の差）の比である。本節では，r_u が急激に増大し r_u=1となったときを液状化発生時刻と定義する。図6.3.9~図6.3.12の(a)中の▽および(a)~(e)の縦破線は，液状化発生時刻を示す。図6.3.9~図6.3.12の(b)は各試験体の上部構造物の水平加速度，(c)は杭の作用軸力 N_{pl}，(d)は各杭の曲げひずみ，(e)は各杭の軸ひずみの応答時刻歴を示す。(b)~(e)の各応答は図6.3.5~図6.3.7の(a)~(d)と同様の方法で求める。(c)は，最初に曲げ座屈を生じた杭の結果である。また，(d)，(e)中の▼は，(b)で過剰間隙水圧比 r_u が1に達した後，すなわち液状化発生後における杭の曲げひずみの増分が最大となる時刻を示す。

地盤相対密度 Dr=30%，板ばね35 mmで，sweep波（最大加速度3.0 m/s²）を入力したCase 2-1について，図6.3.9(a)より，r_u は16.5 s付近で1に達し，地盤の液状化を生じる。図6.3.9(c)より，液状化発生後の18.5 s付近（図中の△）で杭の作用圧縮軸力が最大となるが，その値は降伏軸耐力 N_y 以下で

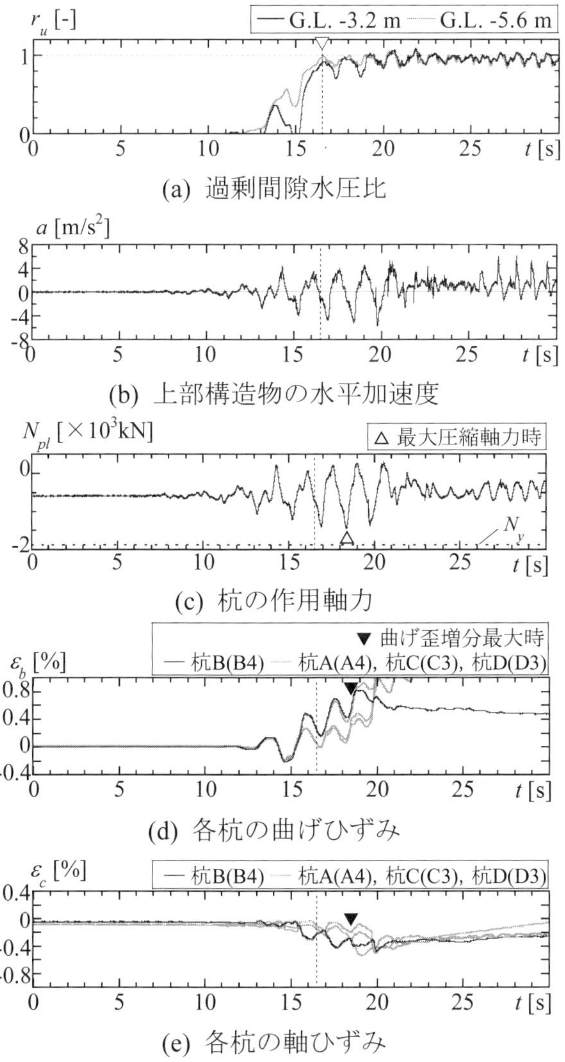

(a) 過剰間隙水圧比
(b) 上部構造物の水平加速度
(c) 杭の作用軸力
(d) 各杭の曲げひずみ
(e) 各杭の軸ひずみ

図6.3.9 Case 2-1の応答時刻歴

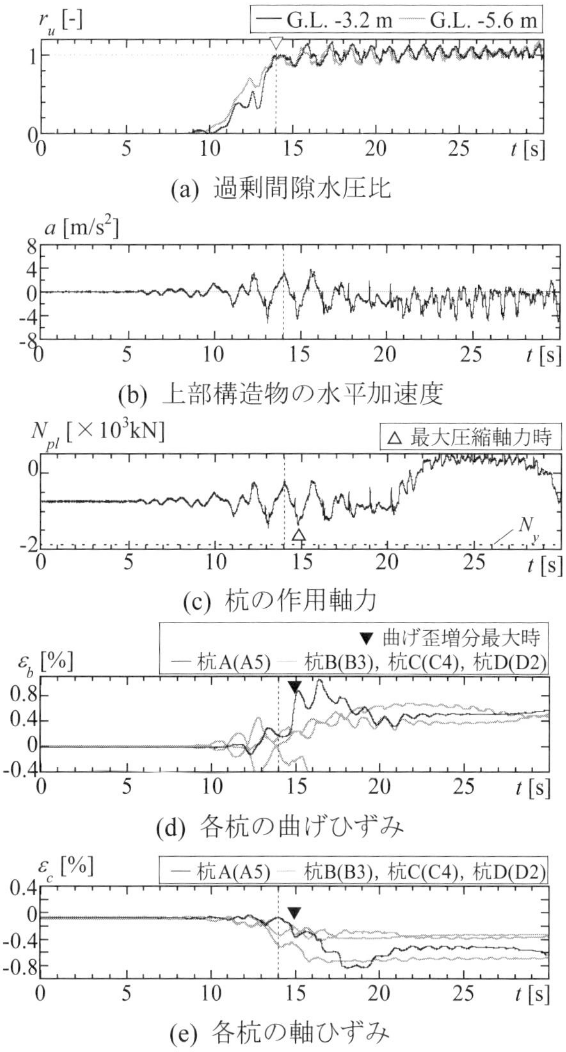

(a) 過剰間隙水圧比
(b) 上部構造物の水平加速度
(c) 杭の作用軸力
(d) 各杭の曲げひずみ
(e) 各杭の軸ひずみ

図6.3.10 Case 2-2の応答時刻歴

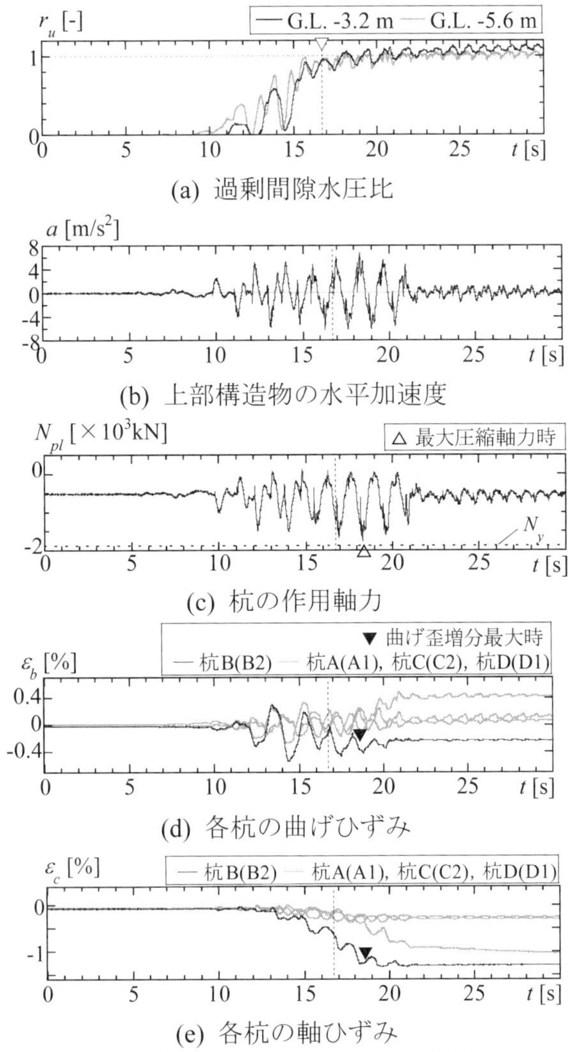

図 6. 3. 11 Case 2-3 の応答時刻歴

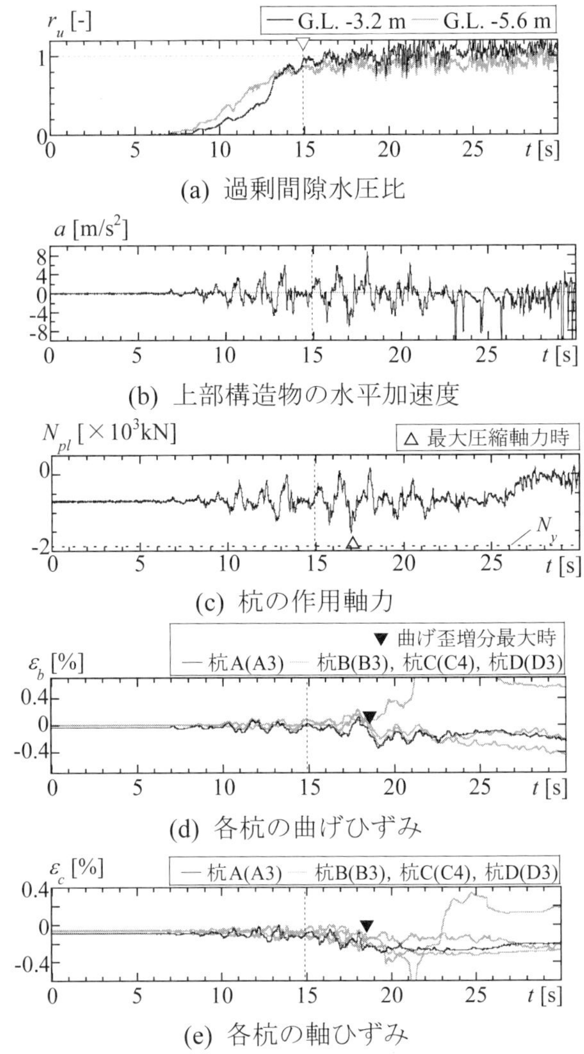

図 6. 3. 12 Case 2-4 の応答時刻歴

ある。図 6.3.9 (d), (e)より，18.5 s 付近（図中の▼）から杭の曲げひずみと軸ひずみが一方向に増大する。Case 2-1 では最大作用圧縮軸力時と曲げひずみ増分が最大となる時刻はほぼ同時刻となる。

板ばね長さを 45 mm とした Case 2-2，地盤相対密度 *Dr* を 60%とした Case 2-3 について，図 6.3.10~図 6.3.11 の(a)より，r_u はそれぞれ 14 s，17 s 付近で 1 に達し，地盤の液状化を生じる。図 6.3.10~図 6.3.11 の(c)より，液状化発生直後の 15 s，18 s 付近（図中の△）で杭の作用圧縮軸力が最大となり，その値はいずれも降伏軸耐力 N_y 以下である。図 6.3.10~図 6.3.11 の(d)，(e)より，15 s，18 s 付近（図中の▼）から杭の曲げひずみと軸ひずみが一方向に増大する。Case 2-2，Case2-3 の最大作用圧縮軸力時と曲げひずみ増分が最大となる時刻は，Case 2-1 と同様，それぞれほぼ同時刻となる。臨海波（最大加速度 6.9 m/s²）を入力した Case 2-4 について，

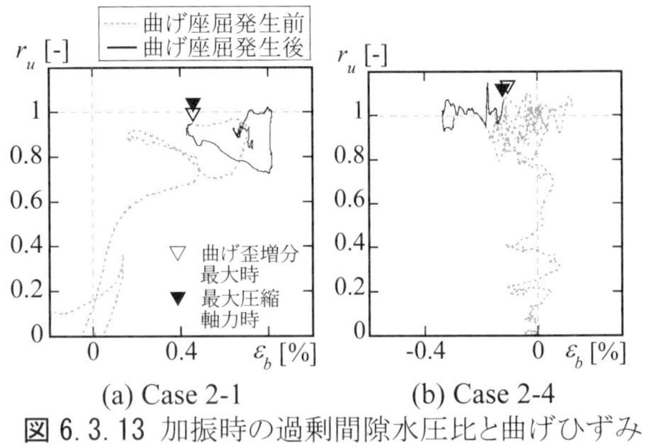

図 6. 3. 13 加振時の過剰間隙水圧比と曲げひずみ

図 6.3.12(a)より，r_u は 15 s 付近で 1 に達し，地盤の液状化を生じる。図 6.3.12(c)より，液状化発生後の 17 s 付近（図中の△）で杭の作用圧縮軸力が最大となる。最大作用圧縮軸力は降伏軸耐力 N_y 以下である。図 6.3.12(d)，(e)より，18 s 付近（図中の▼）から杭の曲げひずみと軸ひずみが徐々に増大する。杭の曲げひずみ，軸ひずみは，他の試験体と同様，地盤の液状化後の最大圧縮軸力時以降，

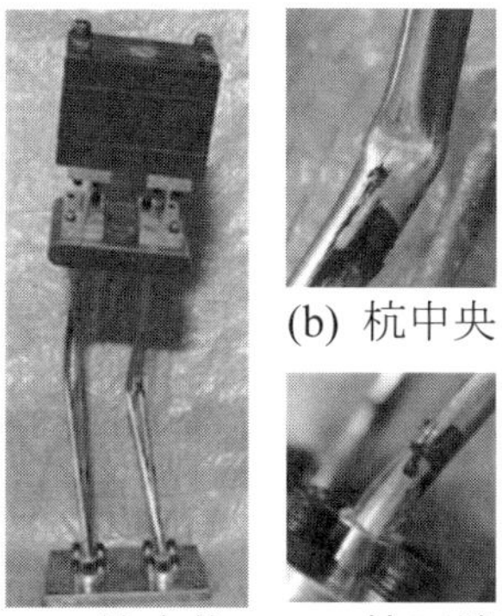

(a) 杭全体 (b) 杭中央 (c) 杭下端

図 6. 3. 14 Case 1-7 の最終変形状態

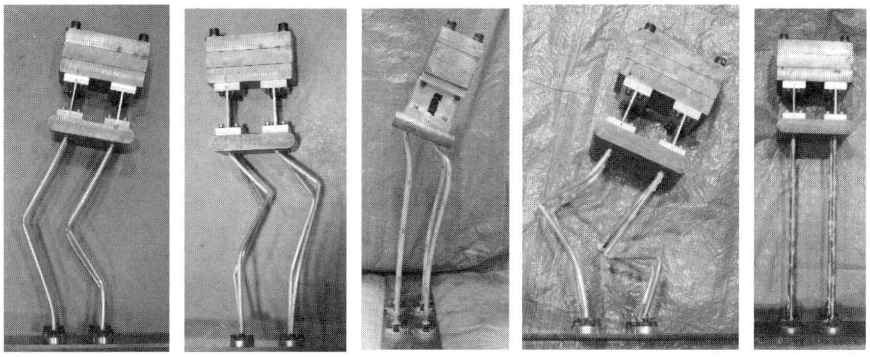

(a) Case 2-1 (b) Case 2-2 (c) Case 2-3 (d) Case 2-4 (e) Case 2-5

図 6. 3. 15 Case 2 シリーズ（全層飽和地盤）の最終変形状態（Case 2-1～Case 2-5）

一方向に増大しており，杭の応答座屈性状に対する入力波の違いはほとんどみられない。

図 6.3.13(a)，(b)に Case 2-1 と Case 2-4 の加振時の過剰間隙水圧比と杭の曲げひずみの関係を示す。縦軸は，地表から 3.2 m の位置にある水圧計から得た過剰間隙水圧比 r_u，横軸は Case 2-1 では杭 B，Case 2-4 では杭 A の中央部付近の曲げひずみ ε_b である。灰色点線と黒色実線はそれぞれ杭曲げ座屈発生前（曲げひずみ増分最大時前）と後の履歴を示す。図中の▽，▼は，液状化後で曲げひずみ増分が最大となるときおよび杭の作用圧縮軸力が最大となるときの値を指す。Case 2-1 では，r_u の上昇に伴い曲げひずみが徐々に増加し，最大圧縮軸力時以降著しく増大する。Case 2-4 では，r_u=1 に達する前では，曲げひずみは 0.2%以下でありほとんど増加していない。いずれも r_u=1 に達した後，すなわち液状化発生後に上部構造物からの変動軸力による圧縮軸力の増加に伴い，杭が曲げ座屈を生じたといえる。

図 6.3.14 と図 6.3.15 に，Case 1 シリーズと Case 2 シリーズの加振後の杭の最終変形状態の一例を示す。図 6.3.14 より，地盤なしの試験体である Case 1-7 では，加振終了後，杭中央部で局部変形を生じ，最終的に上部構造物が傾斜した。Case 1-1~Case 1-6 の杭についても，杭中央部で局部変形を生じ，図 6.3.8 に示した杭の曲げひずみ分布の傾向と対応することを確認している。図 6.3.15(a), (b), (d)より，地盤相対密度 Dr=30%の Case2-1，Case2-2，Case2-4 では，全杭の杭中央部で局部変形を生じている。加振により地盤が液状化した後，作用変動軸力により曲げ座屈を生じ，杭が鉛直支持力を喪失したため，最終的に上部構造物が傾斜し，地盤中に沈み込む現象がみられた。図 6.3.15(c)より，地盤相対密度 Dr=60%の Case2-3 では，加振方向と直交方向に座屈変形を生じている。図 6.3.15(e)より，Case 2-5 では杭体に明確な座屈変形はみられない。初期軸力比が小さい（N_0/N_y=0.13）試験体である Case 2-5 では，地盤の液状化発生後，上部構造物の転倒モーメントによる変動軸力により，曲げひずみが瞬間的に 0.2%を超え，杭が塑性化したものの，加振終了後の残留ひずみをほとんど生じず，杭体は鉛直支持力を喪失しなかった。

6. 3. 2 液状化地盤において変動圧縮軸力を受ける鋼管杭の曲げ座屈耐力

文献 6.12), 6.13)では，遠心載荷実験（本節の Case 1，Case 2）により得られた鋼管杭の曲げ座屈耐力について，前節の手法に基づき，設計指針 [6.8)]・設計規準 [6.9)]の座屈曲線による評価が行われている。本項ではその具体的な手法について紹介する。

図 6.3.16 に Case 1，Case 2 の曲げ座屈耐力と修正一般化細長比の関係と，設計指針 [6.8)]・設計規準 [6.9)]の座屈曲線の比較を示す。縦軸は，遠心載荷実験による鋼管杭，または杭頭補強鋼管杭の最大作用軸力 $N_{pl,max}$ を，鋼管部の降伏軸耐力 ${}_sN_y$ (=$\sigma_y A_{pl}$) で除した値，横軸は前節で掲載した地盤の水平剛性を考慮した杭の修正一般化細長比 λ_c ((6.2.27)式) である。以下に(6.2.27)式を再掲する。

$$\lambda_c = \sqrt{N_y / P_{cr}} \qquad \text{(6.2.27)再掲}$$

ここで，P_{cr}：地盤の水平剛性を考慮した杭の弾性曲げ座屈荷重である。P_{cr} を算出する際，液状化層厚と杭長は等しいものの，杭の材端支持条件は両端固定支持条件としている。また地盤反力について，地震時に液状化地盤は杭に対して水平抵抗と

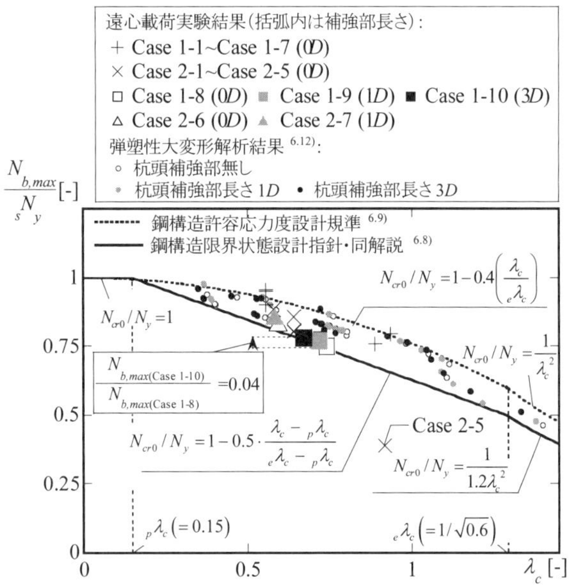

図 6.3.16 遠心載荷実験による鋼管杭の曲げ座屈耐力と設計指針の座屈曲線の比較

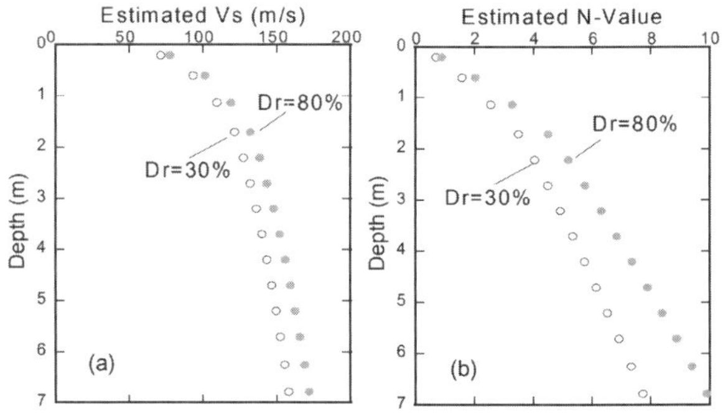

図 6.3.17 地盤の固有周期から推定されたS波速度およびN値の深度分布 6.14)

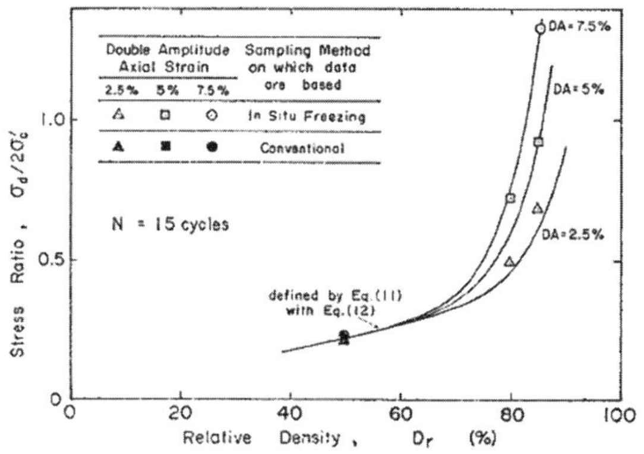

図 6.3.18 Relationship between dynamic stress ratio and relative density in terms of double amplitude of axial strain at the end of 15 cycles in cyclic triaxial test
（三軸試験における繰返し 15 回終了時の両軸ひずみ振幅に対する液状化抵抗比と地盤相対密度の関係）6.15)

して作用する場合と，水平荷重として作用する場合があるが，文献 6.12)，6.13)では鋼管杭の曲げ座屈時には地盤は抵抗側に作用するものと仮定している。遠心載荷実験における水平地盤ばね定数 K_c の具体的な算出過程について，文献 6.14)の知見である図 6.3.17 に基づき，遠心載荷実験の変形係数 E_0 を Dr=30%で 3.50 MN/m²，60%で 3.85 MN/m² と求め，前節の(6.2.2)式に適用し水平地盤反力係数 k_{h0} を算出する。(6.2.1)式より液状化前の K_c を求めた上で，その値に液状化による低減係数 6.1)を Dr=30%ではβ=0.1，60%では 0.2 として乗じることで，液状化時の K_c を算定する。なお，文献 6.15)の知見である図 6.3.18 より，Dr=30，60%では，大ひずみ領域での剛性回復効果は小さいと考えられることから，$\varepsilon_{b,max}$ 時までβ=0.1, 0.2 を適用している。また，地盤反力－水平変位関係の非線形性を考慮するために，k_{h0} を低下率χ（(6.2.26)式）により再評価する。以上の手法により算定される修正一般化細長比λ_c は，Case 2-1~Case 2-4 の場合，Dr=30%（液状化による低減率β=0.1）のときλ_c=0.64，Dr=60%（β=0.2）のときλ_c=0.58 となる。Case 2-1~Case 2-4 を地盤なしとして算定したときはλ_c=0.96 であることから，地盤の水平拘束効果により，λ_c がそれぞれ 33%，40%程度小さくなっている。

杭頭補強杭の場合，前節と同様，λ_c の算定式(6.2.27)式中の P_{cr} には，(6.2.47)式の等価補強部長さ係数 n'を適用した杭頭補強杭の弾性曲げ座屈荷重 P_{cr} を用いる。これにより具体的に算定されるλ_c は，Case 1-8~Case 1-10 の場合，杭頭補強部長さ 1D（Case 1-9）のときλ_c=0.72，3D のとき（Case 1-10）λ_c=0.67 となり，杭頭補強なし（Case 1-8）のときはλ_c=0.74 であることから，杭頭補強部による座屈長さ低減効果によりλ_c がそれぞれ 2%，9%程度小さくなる。

図 6.3.16 中の各線は，実線が鋼構造限界状態設計指針 6.8)，破線が鋼構造許容応力度設計規準 6.9)の座屈曲線を示している。具体的な式は前節に掲載している。図中の○プロットは，文献 6.12)の弾塑性大変形解析から得られた鋼管杭の曲げ座屈耐力を示す。先述したように Case 1，Case 2 では，上部構造物の応答による変動軸力が杭に作用することで，Case 2-5 を除き圧縮軸力のみで杭が曲げ座屈を生じた。Case2-5 以外の全ての試験体の杭の曲げ座屈耐力は，鋼構造限界状態設計指針 6.8)と鋼構造許容応力度設計規準 6.9)の座屈耐力曲線の間に

収まっている。なお，Case 2-5 については最大作用圧縮軸力時の結果を参考値として掲載している。Case 2-5 の圧縮軸力比は座屈曲線を大幅に下回っているが，これは加振時に瞬間的に塑性化したものの，杭は曲げ座屈を生じなかったためである。

杭頭補強鋼管杭の最大作用圧縮軸力 $N_{b,max}/{}_sN_y$ は，Case 1-8 で 0.75, Case 1-9 で 0.77, Case 1-10 で 0.78, Case 2-6 で 0.83，Case 2-7 で 0.86 である。地盤の有無によらず，最大圧縮軸力は杭頭補強部が長いほど上昇しており，Case 1-10（補強部長さ 3*D*）では，Case 1-8（補強なし）よりも 4%程度上昇している。

以上より，液状化地盤における鋼管杭および杭頭補強鋼管杭の曲げ座屈耐力は，液状化地盤剛性を考慮した修正一般化細長比を適用することにより，通常の圧縮材と同様，座屈耐力の下限値として鋼構造限界状態設計指針 6.8)の設計式を準用して評価できるという知見が得られている。

6.4 液状化地盤における鋼管杭の終局メカニズムと終局耐力の評価

本節では，上部構造物の自重および転倒モーメントによる変動軸力に加えて，慣性力による水平力を受ける鋼管杭が，液状化地盤において終局状態となるまでの挙動について，文献 6.10)，6.12)，6.16)の上部構造物・鋼管杭基礎－地盤系の遠心載荷実験による知見を紹介する。6.4.1 項では液状化地盤における鋼管杭の終局挙動，6.4.2 項では 6.2 節の液状化地盤における鋼管杭の曲げ座屈耐力を考慮した M-N 設計耐力曲線 6.1)6.8)6.17)による，鋼管杭の終局耐力評価について示す。

6.4.1 液状化地盤において変動圧縮軸力と水平力を受ける鋼管杭の遠心載荷実験

文献 6.10)，6.12)，6.16)では，上部構造物の自重と転倒モーメントによる変動圧縮軸力に加えて，上部構造物の慣性力による水平力を受ける鋼管杭が，液状化地盤において終局状態となるまでの過程を明らかにするため，以下に示す上部構造物・鋼管杭基礎－地盤系の遠心載荷実験が行われている。文献 6.10)，6.16)では，上部構造物の固有周期 0.4~2.2 秒程度を想定した中低層～高層建築物下の鋼管杭を対象として，文献 6.12)では，杭頭補強杭を対象として杭の終局メカニズムの検討と終局耐力の評価が行われている。

（1）上部構造物・鋼管杭－液状化地盤系の遠心載荷実験概要

図 6.4.1 に実験試験体および計測位置を示す。6.3 節と同様，試験体は上部構造物・鋼管杭基礎－飽和地盤系とする。文献 6.10)，6.12)，6.16)の実験では，基礎部の水平移動を許容し，上部構造物の転倒モーメントに伴う変動軸力と構造物慣性力による水平力を杭に作用させている。上部構造物の形状について，図 6.4.1(a)，(b)に示すように高さ 90 mm，幅 120 mm，奥行 80 mm である。基礎部，せ

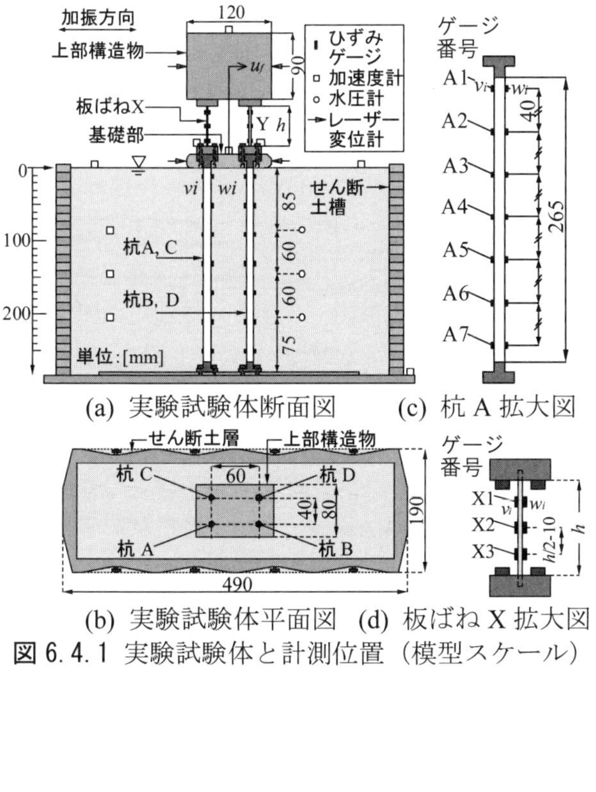

(a) 実験試験体断面図　(c) 杭 A 拡大図
(b) 実験試験体平面図　(d) 板ばね X 拡大図

図 6.4.1 実験試験体と計測位置（模型スケール）

表 6.4.1 試験体諸元

		項目	模型スケール	実大スケール
上部構造物		重量 m_1g [N]	66.7	4.27×10^6
板ばね		板厚 t_{bp} [mm]	2	80
板ばね		奥行 [mm]	60	2400
基礎部		重量 m_2g [N]	13.0	8.3×10^5
杭材	真鍮 (C2680)	外径 D [mm]	10	400
杭材	真鍮 (C2680)	板厚 t_p [mm]	0.2	8
杭材	真鍮 (C2680)	曲げ剛性 $E_{pl}I_{pl}$ [Nmm^2]	7.62×10^6	1.95×10^{13}
杭材	アルミ (A1050)	外径 D [mm]	10	400
杭材	アルミ (A1050)	板厚 t_p [mm]	0.4	16
杭材	アルミ (A1050)	曲げ剛性 $E_{pl}I_{pl}$ [Nmm^2]	9.16×10^6	2.35×10^{13}
中詰部材	アルミ (A1050)	外径 [mm]	9.6	384
中詰部材	アルミ (A1050)	曲げ剛性 E_aI_a [Nmm^2]	2.74×10^7	7.02×10^{13}

表 6.4.2 試験体パラメータ(板ばね長さのみ模型スケール)

試験体	杭材	杭長 l [mm] (細長比) (λ [−])	初期軸力比 N_0/N_y [-]	地盤相対密度 Dr [%]	板ばね長さ h [mm]	上部構造固有周期 T_s [s]	塔状比 [-]	杭頭補強部長さ nD [mm]	入力波	入力最大加速度 [m/s²]	加振後の杭の性状
Case 3-1[*1]	真鍮	10600 (76)	0.33	30	35	0.53	2.4	0 (補強無)	臨海波	7.5	崩壊
Case 3-2[*1]				60							崩壊
Case 3-3[*1*2]				30	55	1.08	2.8	0 (補強無)	臨海波	5.0	崩壊
Case 3-4[*2]								1D			崩壊
Case 3-5[*2]								3D			崩壊
Case 3-6[*2]				60				0 (補強無)			非弾性
Case 3-7[*2]								1D			非弾性
Case 3-8[*1]	アルミ	10600 (78)	0.33	30	35	0.42	1.9	0 (補強無)	臨海波	7.5	崩壊
Case 3-9[*1]			0.49			0.53	2.4			5.0	崩壊
Case 3-10[*1]									浦安波	6.0	崩壊
Case 3-11[*1]					45	0.78	2.6		臨海波	5.0	崩壊
Case 3-12[*1]				45	35	0.53	2.4				崩壊
Case 4-1[*3]	真鍮	10600 (76)	0.33	30	70	1.51	3.0	0 (補強無)	臨海波	5.0	崩壊
Case 4-2[*3]				60							崩壊
Case 4-3[*3]				30	90	2.20	3.3				崩壊
Case 4-4[*3]				60							崩壊

*1, *2, *3 はそれぞれ文献 6.16), 文献 6.12), 文献 6.10)の試験体

ん断土槽の形状，および飽和地盤の作製方法は前節と同一である。杭頭および杭下端部の接合方法，杭頭補強部の再現方法についても，前節の図 6.3.1(d)と同様としている。ただし，基礎部の水平移動を許容しているため，杭の境界条件は杭頭固定ローラー下端固定支持が想定されている。

ひずみゲージについて，図 6.4.1(c), (d)のように杭と板ばねに貼付し，ゲージ番号は杭および板ばねの両面をそれぞれ v_i, w_i として，杭については上端から i=1~7, 板ばねについては i=1~3 としている。杭頭補強杭の場合，ひずみゲージ位置は i=1 が中詰部材充填部，i=2~7 が非充填部（非補強部）となる。また，加速度計，水圧計の配置については，図 6.4.1(a)に示すように，加速度計を土槽底部（杭下端），基礎部，上部構造物頂部に設置し，地盤中に間隙水圧計，加速度計を地表面から 85, 145, 205 mm の位置に設置している。レーザー変位計により上部構造物および基礎部の水平変形量を計測する。遠心載荷実験は，全て京都大学防災研究所の遠心載荷装置を用いて 40g 場で行われている。以下，実大スケールで示す。

表 6.4.1 に模型および実大スケールでの試験体の諸元を示す。杭材の外径 400 mm とする。前節と同様，杭材には真鍮 C2680 またはアルミ A1050, 中詰部材にはアルミ A1050, 板ばねにはアルミ A5052 を用い，その他の部材には SS400 を用いている。杭材の各材料引張試験結果（応力－ひずみ関係）は図 6.3.2 と同一であり，弾性比例限界応力度σ_l, 降伏応力度（0.2%オフセット耐力）σ_y, 引張強度σ_u, ヤング係数 E_{pl}, ひずみ硬化勾配 $E_{pl,st}$ の各値は図 6.3.2(a), (b)に示した通りである。

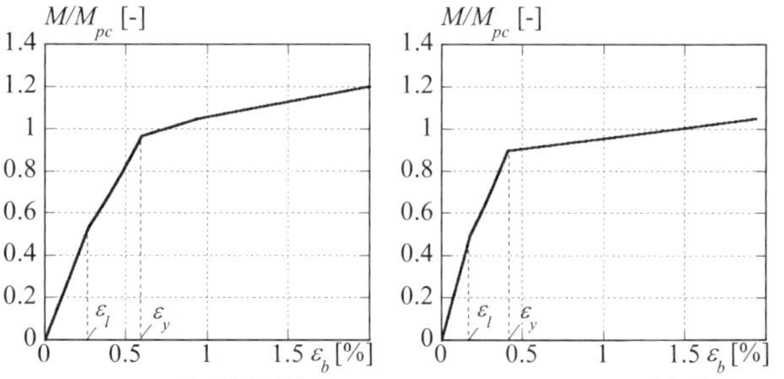

(a) 真鍮管材　(b) アルミ管材

図 6.4.2 無次元化曲げモーメント－曲げひずみ関係

本節では，杭の作用曲げモーメントの算出方法について，図 6.4.2(a), (b)に示す各杭材の無次元化曲げモーメント－曲げひずみ関係を用いて，杭の曲げひずみより曲げモーメントを推定している。図 6.4.2(a), (b)の縦軸は，杭の作用曲げモーメント

M を，軸力を考慮した杭の全塑性曲げモーメント M_{pc} で無次元化した値，横軸は杭の曲げひずみ ε_b を表している。文献 6.16)では，図 6.4.2 の各無次元化曲げモーメント－曲げひずみ関係の作成過程において，図 6.3.2 の材料引張試験結果に基づき，以下のトリリニア型の応力－ひずみ関係モデルを設定している。

$$\sigma = E_{pl}\varepsilon \qquad (\sigma \le \sigma_l) \quad (6.4.1\ \text{a})$$

$$\sigma = \left\{1 + e_{t1}\left(\frac{\varepsilon}{\varepsilon_l} - 1\right)\right\}\sigma_l \qquad (\sigma_l < \sigma \le \sigma_y) \quad (6.4.1\text{b})$$

$$e_{t1} = \left(\frac{\sigma_y - \sigma_l}{\varepsilon_y - \varepsilon_l}\right)\frac{1}{E_{pl}} \quad (6.4.1\text{c})$$

$$\sigma = \left\{1 + e_{t2}\left(\frac{\varepsilon}{\varepsilon_y} - 1\right)\right\}\sigma_y \qquad (\sigma_y < \sigma) \quad (6.4.1\text{d})$$

$$e_{t2} = \left(\frac{\sigma_u - \sigma_y}{\varepsilon_u - \varepsilon_y}\right)\frac{1}{E_{pl}} \quad (6.4.1\text{e})$$

弾性比例限界応力度 σ_l 以下ではヤング係数 E_{pl}，弾性比例限界応力度 σ_l 以降，降伏応力度 σ_y 以下ではひずみ硬化勾配 $e_{t1}E$，降伏応力度 σ_y 以降はひずみ硬化勾配 $e_{t2}E$ を適用する。ここで，ε_l，ε_y，ε_u はそれぞれ弾性比例限界応力度 σ_l 時，降伏応力時 σ_y および引張強度 σ_u 時のひずみである。

文献 6.16)では，曲げモーメント M（$=\sigma Z$）の算定時の断面係数について，部材端部の作用応力が $\sigma \leqq \sigma_l$ では断面係数 Z, $1.05\sigma_y < \sigma$ では塑性断面係数 Z_p，$\sigma_l < \sigma \leqq 1.05\sigma_y$ 以下となる非弾性時の応力状態では，作用応力に応じて，断面係数 Z と塑性断面係数 Z_p の間を直線補間することにより算出した Z_{ep} が用いられている。

$$Z_{ep} = Z + \frac{\sigma - \sigma_l}{1.05\sigma_y - \sigma_l}(Z_p - Z) \quad (6.4.2)$$

$1.05\sigma_y$ 時に塑性断面係数 Z_p を適用する理由は，鋼管の場合 Z_p/Z=1.3 程度となるものの，σ_l 以降では応力－ひずみ関係が非線形となり，断面内で塑性化が進展していくことから，σ_y より大きい応力で，かつ比較的早期に全塑性状態になることを想定しているためである。(6.4.1)式，(6.4.2)式より，図 6.4.2(a)，(b)に示す各杭材の無次元化曲げモーメント－曲げひずみ関係が提示されている。

表 6.4.2 に試験体一覧を示す。文献 6.10), 6.12), 6.16)の実験パラメータは，地盤相対密度 Dr，初期軸力比 N_0/N_y，上部構造物の塔状比，杭頭補強部長

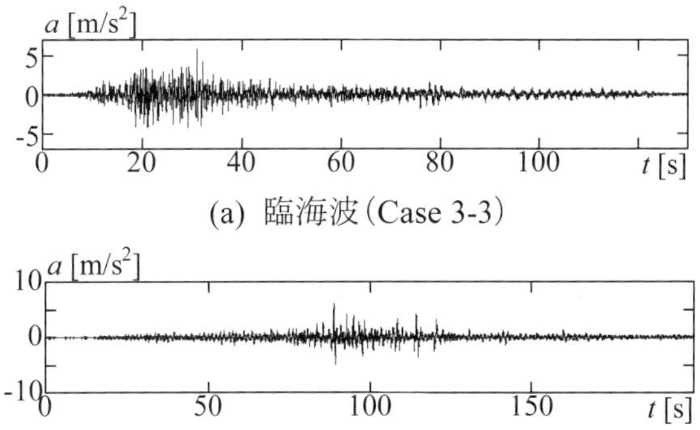

(a) 臨海波（Case 3-3）

(b) 浦安波（Case 3-10）

図 6.4.3 振動台で計測された入力波加速度応答時刻歴

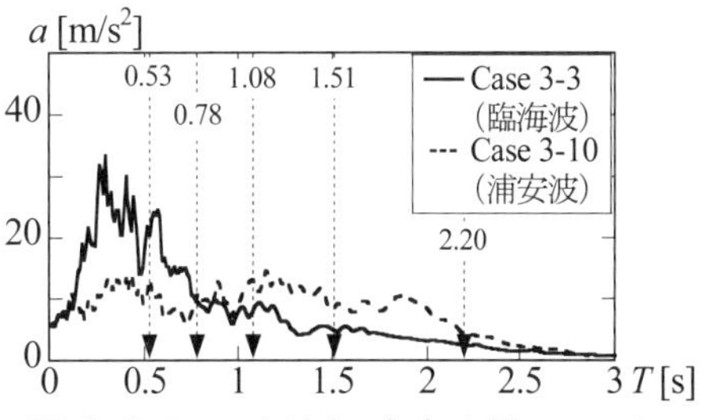

図 6.4.4 入力波加速度応答スペクトル

さ nD である。地盤相対密度 Dr は，比較的水平剛性の小さい 30%，比較的水平剛性の大きい 60%としている。杭の初期圧縮軸力比 N_0/N_y（初期軸力 $N_0=(m_1+m_2)g$）については，実構造物における鋼管杭の設計軸力を参考に，降伏応力度が高い真鍮杭では 0.33 とし，低いアルミ杭では 0.33，0.49 としている。なお，杭の降伏軸耐力 N_y（$=\sigma_y A_{pl}$）は真鍮材で 3921 kN，アルミ材で 2625 kN である。

文献 6.10)，6.12)，6.16)では，上部構造物の塔状比が 2.4~3.3 となるよう，図 6.4.1(d)の板ばね長さ h を調整している。塔状比は，基礎部上端から上部構造物上端までの高さを板ばね間距離（杭間距離）で除して求めている。なお，表 6.4.2 の上部構造物の固有周期 T_s は基礎部を固定したときのものであり，板ばね長さに基づき，下式より算出している。

$$T_s = 2\pi\sqrt{\frac{m_1}{nk}} \quad (6.4.3\text{a})$$

$$k = \frac{12E_{bp}I_{bp}}{h^3} \quad (6.4.3\text{b})$$

ここで，m_1：上部構造物質量，E_{bp}：板ばねのヤング係数，I_{bp}：板ばねの断面二次モーメント，n：板ばねの枚数である。文献 6.12)，6.16)では，中低層建築物を想定し，塔状比 1.9~2.8，(6.4.3)式より算定される上部構造物の固有周期 T_s を，Case 3-1~Case 3-2，Case 3-8~Case 3-12 では 0.42~0.78 s,

Case 3-3~Case 3-7 では 1.08 s としている。一方，文献 6.10)では，より塔状比の大きい試験体を対象としており，上部構造物の塔状比と固有周期は Case 4-1~Case 4-2 で 3.0，1.51 s，Case 4-3~Case 4-4 で 3.3，2.20 s を想定している。

杭頭補強部長さは，実構造物の中詰長さを参考に，一般的に用いられる 1*D* および最大中詰長さ 3*D*（*D*：杭径）を設定している。文献 6.4.2)では，具体的な補強部（中詰）長さとして，Case 3-4，Case 3-7 では杭頭補強部長さ 1*D*，Case 3-5 では杭頭補強部長さ 3*D* としている。

入力波形について，図 6.4.3 に土槽底面に設置した加速度計から得た入力波の時刻歴を示す。入力波には，人工地震波である臨海波と，2011 年 3 月 11 日の東北地方太平洋沖地震（M9.0）の K-net 浦安観測点での地表地震動記録（以降，浦安波と呼ぶ）の最大加速度を，表 6.4.2 中の値に調整したものを用いている。図 6.4.4 に，一質点系の入力波加速度応答スペクトルを示す。図中の▼は，表 6.4.2 に示した各試験体の上部構造物の固有周期を示す。臨海波の加速度応答スペクトルのピークは 0.3, 0.4, 0.55 s 近傍にあり，短周期成分が卓越する。固有周期 1.0 s 以上では応答が小さく，1.08 s~1.51 s でほぼ等しくなり, 2.20 s ではそれらの 2/3 程度となる。

（２）変動軸力と水平力を受ける鋼管杭の終局時までの挙動

図 6.4.5~図 6.4.8 に代表的な応答時刻歴として，Case 3-3，Case 3-4，Case 4-3，Case 4-4 の結果を示す。これらはいずれも杭材が真鍮，初期軸力比 N_0/N_y は 0.33 であり，臨海波の最大加速度を 5.0 m/s^2 に基準化した波を入力波としている。Case 3-3 を基準として，Case 3-4 は杭頭補強部の有無，Case 4-3 は塔状比，Case 4-4 は地盤相対密度 *Dr* と塔状比が異なる。図 6.4.5~図 6.4.8 の(a)は，各試験体の過剰間隙水圧比応答を示す。図 6.4.1(a)の地盤中に配置した 3 か所の水圧計のうち，地表から 3.4 m と 5.8 m（模型スケールで 85 mm，145 mm）の位置にある水圧計の結果を掲載する。ただし，Case 4-4 の地表から 3.4 m の結果については，水圧計が適切に設置できていなかったため，参考値として地表から 8.2 m（205 mm）の結果を示す。前節と同様，過剰間隙水圧比が急激に増大し r_u=1 となったときを液状化発生時刻と定義する。図 6.4.5~図 6.4.8 中の▽および縦破線は，液状化発生時刻を示す。また，図 6.4.5~図 6.4.8 の(b)は各試験体の上部構造物と基礎部の水平加速度，(c)はレーザー変位計により計測される上部構造物と基礎部の水平変位，(d)は上部構造物の応答による杭の変動軸力，(e)は杭の曲げひずみの応答時刻歴を示す。ただし，図 6.4.5(b)，図 6.4.7(b)の Case 3-3 と Case 4-3 については基礎部水平変位の計測結果がないため，参考値として上部構造物水平変位より板ばねの弾性曲げ変形から推定した上部構造物－基礎部の層間変位を引いた値を掲載する。図 6.4.5~図 6.4.8 の(d)について，本節では塔状比が異なる場合において，上部構造物の応答により生じる杭の変動軸力 ΔN_{bp} の違いに着目する。前節と同様，各板ばね X，Y をそれぞれ支持する 2 本の杭が，変動軸力を均等に負担すると仮定し，次式より上部構造物の応答による変動軸力 ΔN_{bp} を算出する。

$$\Delta N_{bp} = N_{bp} - \frac{m_1 g}{4} \tag{6.4.4}$$

$$N_{bp} = \frac{1}{2}\left(\frac{\varepsilon_{bp,vi} + \varepsilon_{bp,wi}}{2}\right) E_{bp} A_{bp} \qquad \text{(6.3.1b)再掲}$$

前節と同様，E_{bp}：板ばねのヤング係数，A_{bp}：板ばねの断面積，$\varepsilon_{bp,vi}$，$\varepsilon_{bp,wi}$：図 6.4.1(d)の板ばね X，Y の各両面（v_i，w_i）に貼付したひずみゲージ値である。板ばねの軸ひずみは，上部構造物が最終的に倒壊した側で，基礎部に近いひずみゲージ（図 6.4.1(d)中の X3 もしくは Y3）から算出する。なお，ひずみゲージより板ばねは加振開始から終局時まで弾性であることを確認している。図 6.4.5~図 6.4.8 の(d)では，変動軸力が杭 A，C に対して圧縮側となるときを負として表す。また，図中には液状化発生時から杭最大曲げひずみ時までの最大圧縮変動軸力 $\Delta N_{bp,max}$ を示す。図 6.4.5~図 6.4.8 の(e)の杭の曲げひずみは，図 6.4.1(c)の加振方向の杭両面（v_i，w_i）に貼付したひずみゲージ値の差の半分 $\varepsilon_{bi}=(\varepsilon_{pl,vi} - \varepsilon_{pl,wi})/2$ として算出し，i=1 の値を杭頭曲げひずみと定義する。また，杭頭補強杭の場合，中詰部材非充填部（以降，非補強部と呼ぶ）上端の曲げひずみは i=2 の値となる。各図中の横点線は初期軸力を考慮した杭の弾性比例限界ひずみ ε_{lc} であり，次式により算出する。

$$\varepsilon_{lc} = \varepsilon_l \left(1 - \frac{N_0}{N_y}\right) \tag{6.4.5}$$

ここで，ε_l：弾性比例限界応力度σ_l時のひずみである。また，図中の▲は最大曲げひずみ$\varepsilon_{b,max}$時を示す。$\varepsilon_{b,max}$時以降，Case 3-3，Case 3-4，Case 4-3，Case 4-4 ではいずれも杭は鉛直支持力を喪失し，上部構造物が倒壊したことから，$\varepsilon_{b,max}$時を以降終局時と呼ぶ。地盤相対密度 Dr=30%，塔状比 2.8，杭頭補強部なしの Case 3-3 について，図 6.4.5(a)より，過剰間隙水圧比は 21 s 付近で 1 に達し，地盤の液状化を生じる。図 6.4.5(b)より，液状化後から終局時前までの上部構造物の最大加速度は 1.2 m/s^2 である。Case 3-3 では 32 s 以降に，上部構造物および基礎部の水平加速度応答が一方向に急激に増大する。これは，加振により杭が終局状態となり，鉛直支持力を保持できなくなったため，上部構造物が倒壊したことによる。上部構造物は最終的に杭 A，C 側（負側）に倒壊した。図 6.4.5(c)より，終局時（$\varepsilon_{b,max}$時）の基礎部水平変位は-0.87 m である。図 6.4.5(d)より，液状化後の杭の最大変動軸力$\Delta N_{bp,max}$は 257 kN（初期軸力 N_0に対して 20%）である。図 6.4.5(e)より，曲げひずみ応答は液状化発生後に片振りし始め，28 s 付近で杭 A 杭頭部 A1 が弾性比例限界ひずみε_{lc}を超える。その後急激に増大し，A1 が 32 s 付近で 0.62%と最大となる（図 6.4.5 中の▼）。

地盤相対密度 Dr=30%，塔状比 2.8，杭頭補強部長さ 1D の Case 3-4 について，図 6.4.6(a)より，過剰間隙水圧比は 18 s 付近で 1 に達し，地盤の液状化を生じる。図 6.4.6(b)より，液状化後から終局時前までの上部構造物の最大加速度は 1.7 m/s^2 である。Case 3-4 では 44 s 以降に上部構造物と基礎部の加速度応答が急激に増大する。加振により杭が終局状態となり，上部構造物は杭 B，D 側（正側）

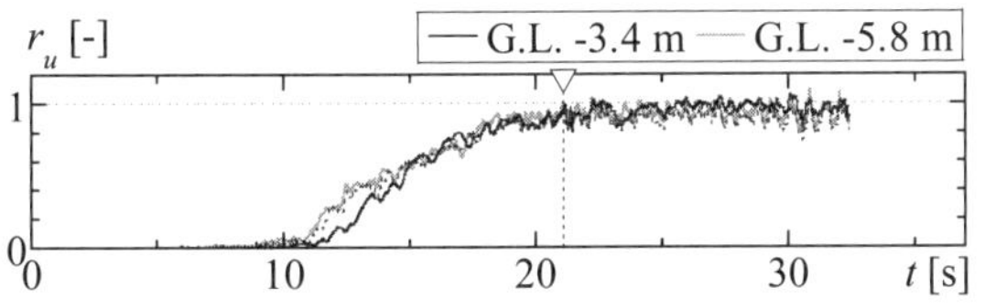

(a) 過剰間隙水圧比

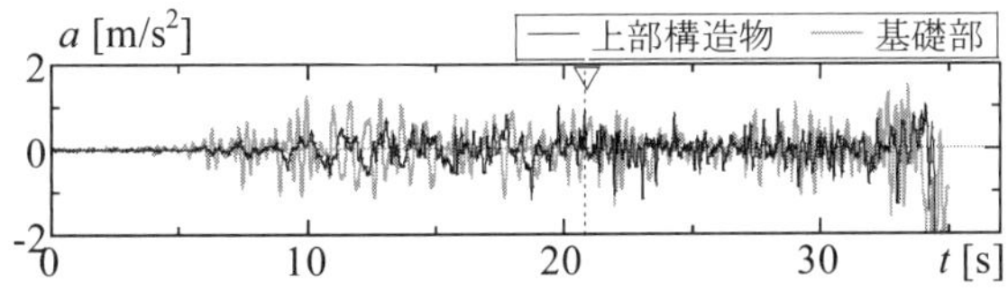

(b) 上部構造物と基礎部の水平加速度

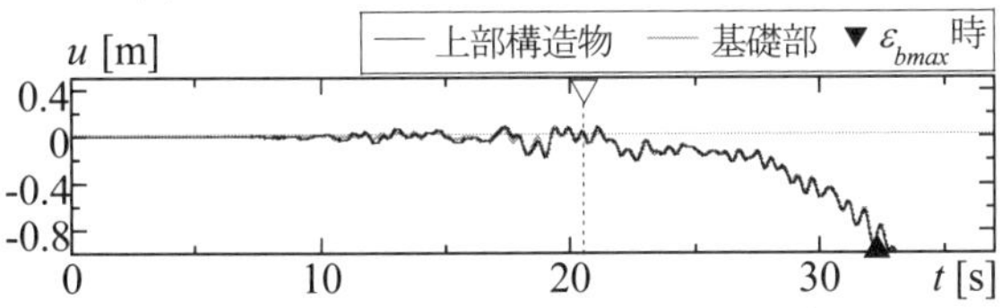

(c) 上部構造物と基礎部の水平変位

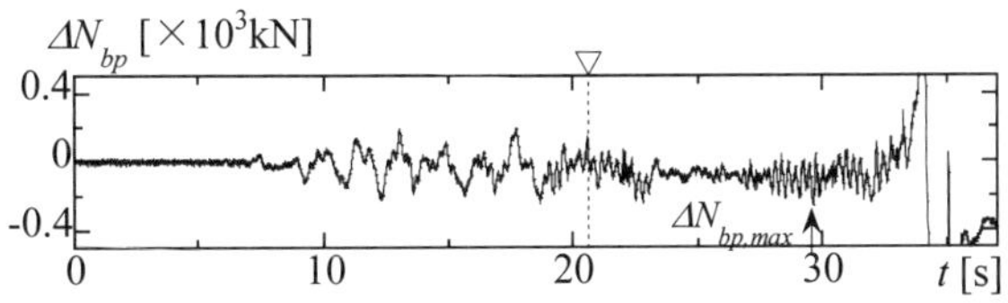

(d) 上部構造物の応答による杭の変動軸力

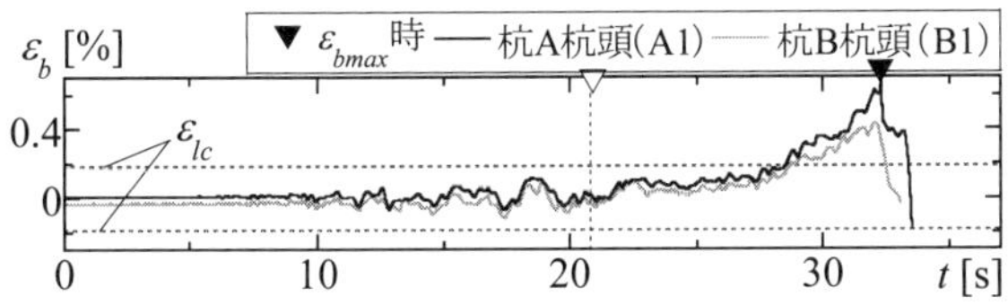

(e) 杭頭曲げひずみ

図 6. 4. 5 Case 3-3 の応答時刻歴
（Dr30%，塔状比 2.8，杭頭補強部なし）

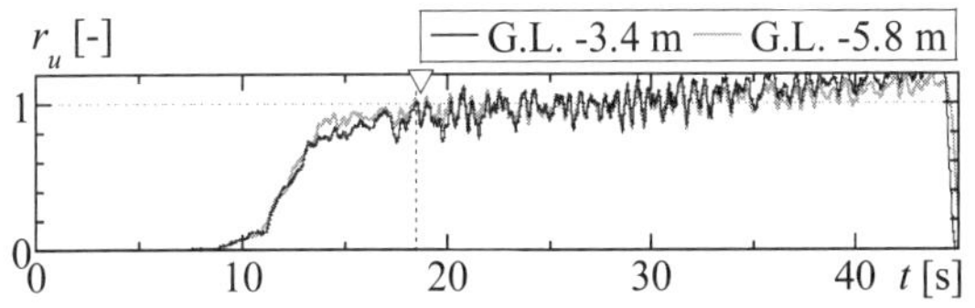

(a) 過剰間隙水圧比

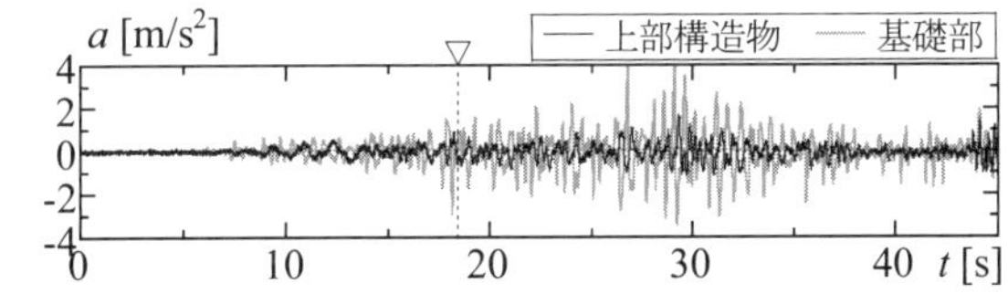

(b) 上部構造物と基礎部の水平加速度

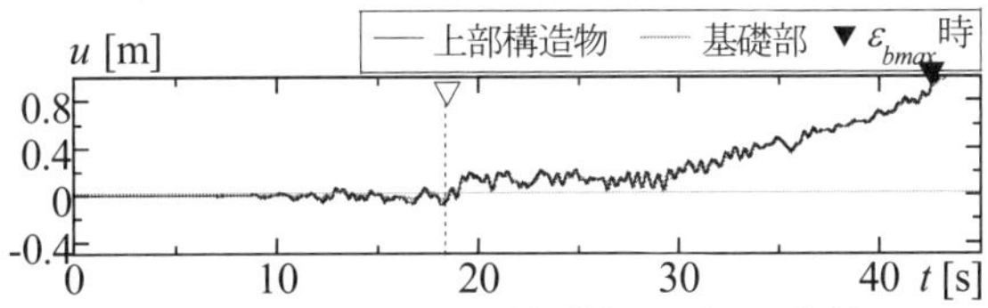

(c) 上部構造物と基礎部の水平変位

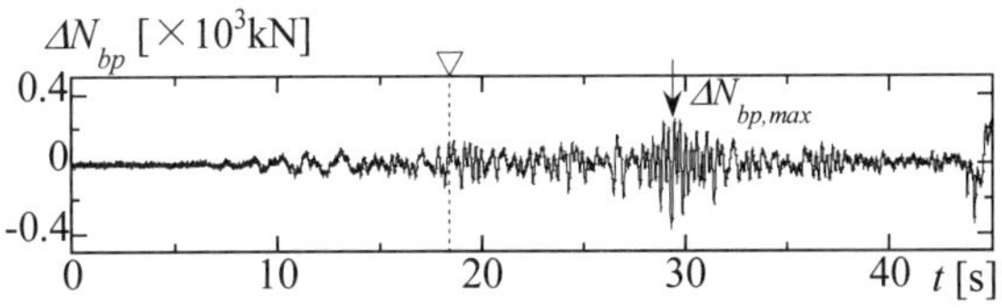

(d) 上部構造物の応答による杭の変動軸力

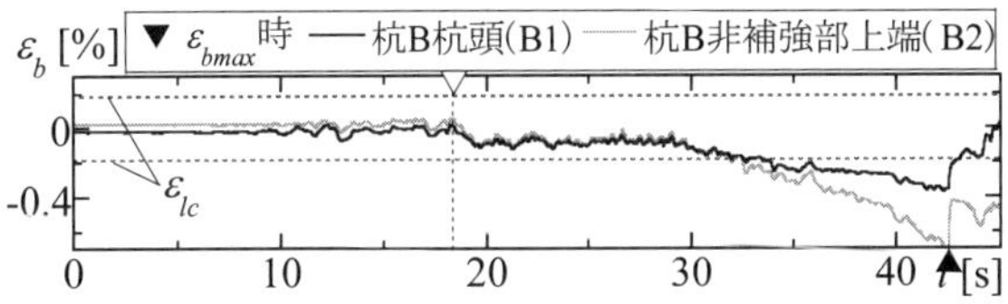

(e) 杭頭曲げひずみ

図 6. 4. 6 Case 3-4 の応答時刻歴
（Dr30%，塔状比 2.8，杭頭補強部長さ 1D）

に倒壊した。図 6.4.6(c)より，終局時（$\varepsilon_{b,max}$ 時）の基礎部水平変位は 0.87 m であり，絶対量は Case 3-3 と同程度である。図 6.4.6(d)より，液状化後の杭の最大変動軸力 $\Delta N_{bp,max}$ は 250 kN（初期圧縮軸力の 20%）と Case 3-3 とほぼ等しい。図 6.4.6(e)より，杭頭曲げひずみ応答は液状化発生後に片振りし始め，杭 B の非補強部上端 B2（図 6.4.1(c)の i=2）が 32 s 付近で弾性比例限界ひずみ ε_{lc} を超える。その後急激に増大し，Case 3-4 では杭 B の非補強部上端 B2 が 42 s 付近で 0.70%と最大となる（図 6.4.6 中の▲）。なお，杭頭補強部長さ 3D の Case 3-5 においても，Case 3-4 と同様，地盤の液状化発生後に曲げひずみが増大し，杭 A の非補強部上端 A2（i=2）の曲げひずみが杭中で最大となり，終局状態となることを確認している。

地盤相対密度 Dr=30%，塔状比 3.3，杭頭補強部なしの Case 4-3 について，図 6.4.7(a)より，過剰間隙水圧比は 21 s 付近で 1 に達し，地盤の液状化を生じる。図 6.4.7(b)より，液状化後から終局時前までの上部構造物の最大加速度は 0.7 m/s² である。Case 4-3 では 42 s 以降に上部構造物と基礎部の加速度応答が一方向に急激に増大する。加振により杭が終局状態となり，上部構造物は杭 B，D 側（正側）に倒壊した。図 6.4.7(c)より，終局時（$\varepsilon_{b,max}$ 時）の基礎部水平変位は 0.71 m であり，その絶対量は Case3-3（塔状比 2.8）よりも小さい。図 6.4.7(d)より，液状化後の杭の最大変動軸力 $\Delta N_{bp,max}$ は 180 kN（初期軸力 N_0 に対して 14%）であり，Case3-3 と同程度である。図 6.4.7(e)より，曲げひずみ応答は液状化発生後に片振りし始め，杭 B 杭頭部 B1 が 30 s 付近で弾性比例限界ひずみ ε_{lc} を超える。その後急激に増大し，B1 は 39 s 付近で 0.59%と最大と

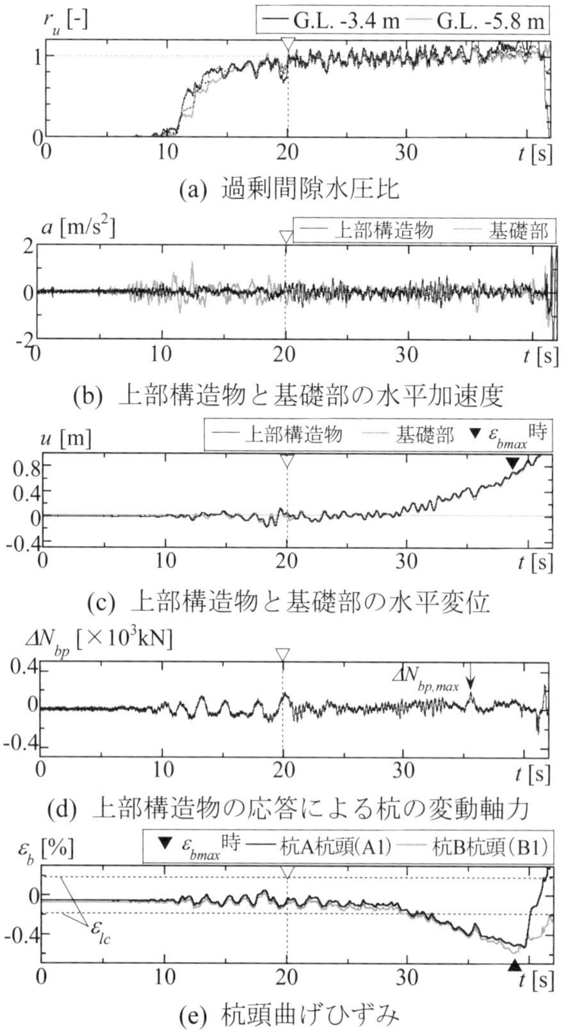

(a) 過剰間隙水圧比

(b) 上部構造物と基礎部の水平加速度

(c) 上部構造物と基礎部の水平変位

(d) 上部構造物の応答による杭の変動軸力

(e) 杭頭曲げひずみ

図 6.4.7 Case 4-3 の応答時刻歴
（Dr30%，塔状比 3.3，杭頭補強部なし）

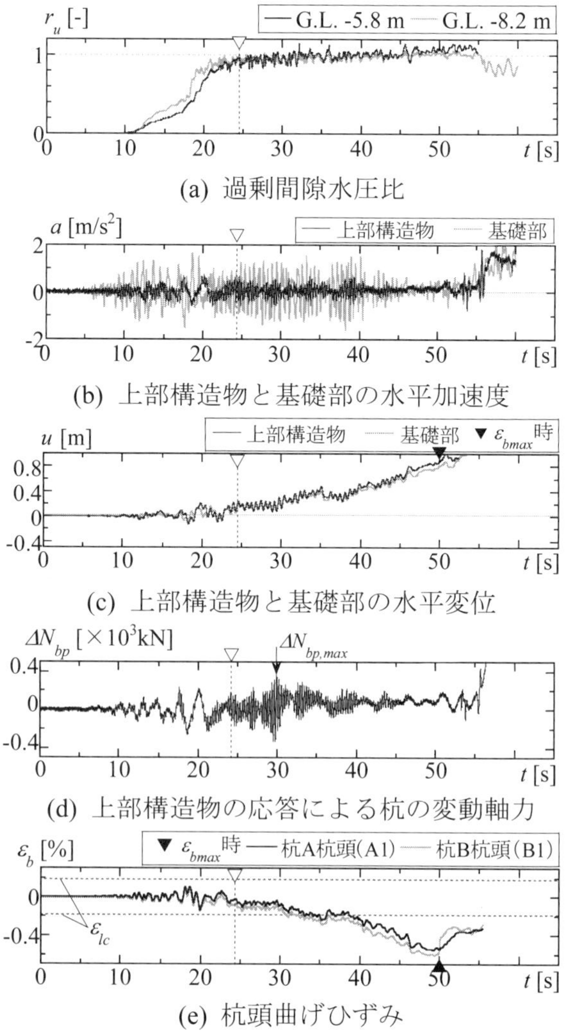

(a) 過剰間隙水圧比

(b) 上部構造物と基礎部の水平加速度

(c) 上部構造物と基礎部の水平変位

(d) 上部構造物の応答による杭の変動軸力

(e) 杭頭曲げひずみ

図 6.4.8 Case 4-4 の応答時刻歴
（Dr60%，塔状比 3.3，杭頭補強部なし）

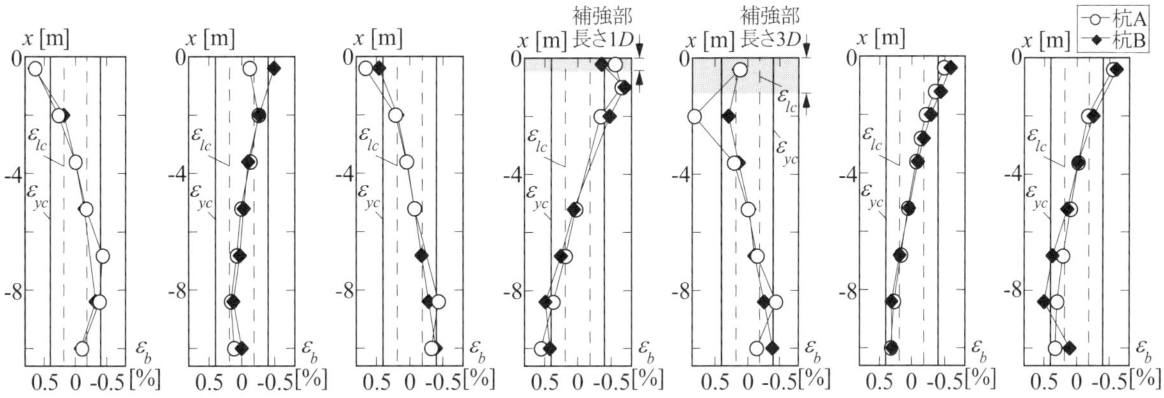

(a) Case 3-1　(b) Case 3-2　(c) Case 3-3　(d) Case 3-4　(e) Case 3-5　(f) Case 4-3　(g) Case 4-4

図 6.4.9 終局時の杭の曲げひずみ分布

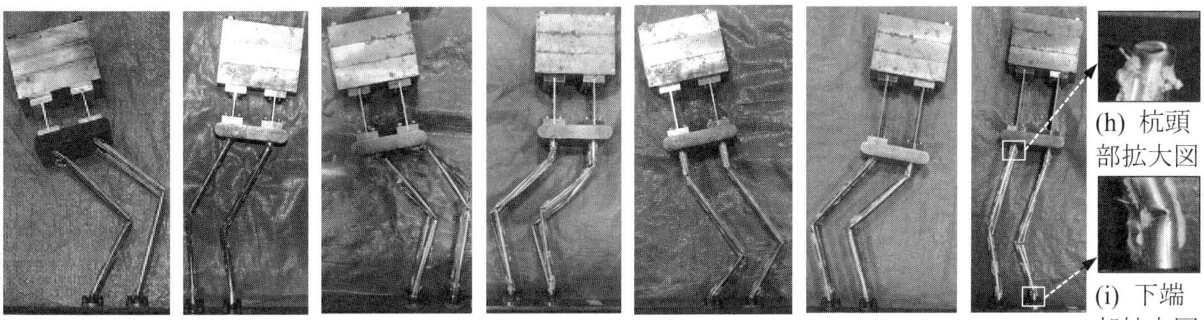

(a) Case 3-1　(b) Case 3-2　(c) Case 3-3　(d) Case 3-4　(e) Case 3-5　(f) Case 4-3　(g) Case 4-4　(h) 杭頭部拡大図　(i) 下端部拡大図

図 6.4.10 最終変形状態

なる（図 6.4.7 中の▲）。

地盤相対密度 Dr=60%，塔状比 3.3，杭頭補強部なしの Case 4-4 について，図 6.4.8(a)より，過剰間隙水圧比は 24 s 付近で 1 に達し，地盤の液状化を生じる。図 6.4.8(b)より，液状化後から終局時前までの上部構造物の最大加速度は 0.6 m/s^2 である。Case 4-4 では 55 s 以降に上部構造物と基礎部の加速度応答が一方向に急激に増大する。加振により杭が終局状態となり，上部構造物は杭 B，D 側（正側）に倒壊した。図 6.4.8(c)より，終局時（$\varepsilon_{b,max}$ 時）の基礎部水平変位は 0.75 m であり，その絶対量は Case3-3（Dr=30%，塔状比 2.8）よりも小さい。図 6.4.8(d)より，液状化後の杭の最大変動軸力 $\Delta N_{bp,max}$ は 355 kN（初期軸力 N_0 に対して 28%）であり，Case 3-3（Dr=30%，塔状比 2.8）と同程度である。図 6.4.8(e)より，液状化発生後曲げひずみ応答は徐々に片振りする。杭 B 杭頭部 B1 が 31 s 付近で ε_{lc} に達し，50 s 付近で最大 0.61%となる（図 6.4.8 中の▲）。

図 6.4.9(a)~(g)に，加振により終局状態となった試験体 Case 3-1~Case 3-5，Case 4-3~Case 4-4 の終局時（$\varepsilon_{b,max}$ 時）の曲げひずみ分布を示す。図 6.4.9 中には，破線と実線で初期軸力を考慮した弾性比例限界ひずみ ε_{lc} および降伏ひずみ ε_{yc} を示す。なお，初期軸力を考慮した杭の降伏ひずみ ε_{yc} は，次式により算出している。

$$\varepsilon_{yc} = \varepsilon_y \left(1 - \frac{N_0}{N_y}\right) \tag{6.4.6}$$

ここで，ε_y：降伏応力度 σ_y 時のひずみである。図 6.4.9 より，Case 3-1~Case 3-3，Case 4-3~Case 4-4 では杭頭（図 6.4.1(c)の i=1），杭頭補強部を有する Case 3-4（杭頭補強部長さ 1D），Case 3-5（3D）では非補強部上端（i=2）での曲げひずみが，杭中で最大となり降伏ひずみ ε_{yc} を超える。また，各杭下端部の曲げひずみも概ね降伏ひずみ ε_{yc} に達しており，終局時において杭頭部もしくは非補強部上端と，下端部の 2 か所で曲げひずみが降伏ひずみ ε_{yc} に達することが分かる。

図 6.4.10(a)~(i)に，終局状態となった試験体の最終変形状態の一例を示す。Case 3-1，Case 3-3，Case 3-5 の上部構造物は杭 A 側に，Case 3-2，Case 3-4，Case 4-3，Case 4-4 は杭 B 側に倒壊し，杭の曲げひずみが降伏ひずみ ε_{yc} に達した杭頭部（杭頭補強部杭の場合は非補強部上端）と下端部で局部変形が

みられる。図 6.4.5~図 6.4.8 の(e)より，終局時直後に杭頭（非補強部上端）のひずみが急激に低下することから，終局時に局部変形を生じたものと推測されている。下端部の曲げひずみについても同様の挙動を確認している。また，杭中央部付近にも局部変形がみられる。文献 6.10)，6.12)，6.16)では，曲げひずみ応答より，終局時以降に該当する位置のひずみが急激に増大することを確認しており，杭頭および下端部で局部変形を生じたことで，瞬時に応力が再配分され損傷が集中したものと考えられる。

6.4.2 液状化地盤において軸力と水平力を受ける鋼管杭の終局耐力

文献 6.17)では，液状化地盤において一定軸力または変動軸力と水平力を受ける鋼管杭の弾塑性大変形解析により，6.2 節の杭の修正一般化細長比から求められる杭の曲げ座屈耐力を適用した M-N 耐力曲線 6.1)6.8)6.17)を用いて，鋼管杭の終局耐力を評価する手法が提案されている。文献 6.10)，6.12)，6.16)では，文献 6.17)の手法を踏まえ，遠心載荷実験（本節の Case 3，Case 4）により得られた鋼管杭の終局耐力の評価が行われている。本項ではこれらの具体的な手法について紹介する。

図 6.4.11(a)，(b)に，文献 6.17)の軸力と水平力を受ける鋼管杭の数値解析モデルを示す。数値解析では，6.2 節の数値解析モデルが準用されており，6.2 節の仮定 1)，3)~4)，6)~10)に加えて次の仮定 14)~16)を設けている。

14) 杭に作用する荷重は，上部構造物の自重や慣性力により生じる転倒モーメントに伴う偶力による鉛直荷重，慣性力による水平荷重とする。上部構造の自重により杭頭に作用する軸力を N_0，地震時の慣性力により杭頭に作用する水平力と変動軸力を H および ΔN として，杭頭に作用する軸力 N ($=N_0 + \Delta N$)，水平力 H を与える。
15) 杭の細長比 λ は，単純支持の場合（$\lambda = l/i$）で λ=60~120 とする。これは，杭径 D=500 mm，板厚 t=10 mm（径厚比 D/t=50）としたとき，杭長（液状化層厚）l=10~20 m に相当する。
16) 杭の材端支持条件は杭頭固定ローラー下端ピン支持とし，杭頭の水平変形を許容する。

図 6.4.12 に，文献 6.17)の弾塑性大変形解析および

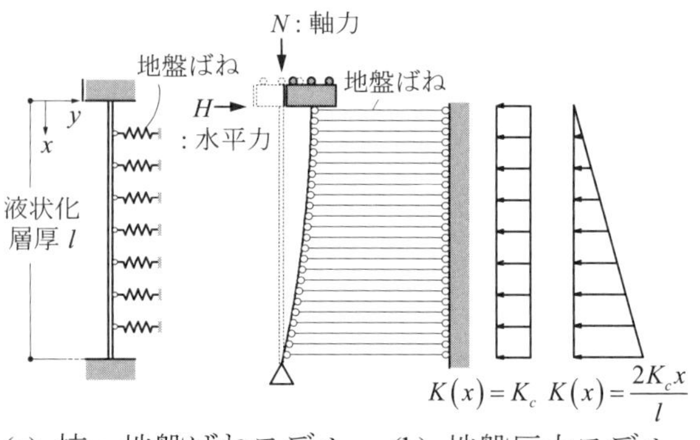

(a) 杭・地盤ばねモデル (b) 地盤反力モデル

図 6.4.11 液状化地盤において軸力と水平力を受ける杭の数値解析モデル

文献 6.10)，6.16)の遠心載荷実験による，杭の作用曲げモーメントと作用軸力の関係と，現行の設計指針 6.1)6.8)の M-N 設計耐力曲線の比較を示す。図 6.4.12 の縦軸は，杭の作用軸力 N を 6.2 節の杭の弾塑性曲げ座屈耐力 N_{cr0} で除した値，横軸は杭の作用曲げモーメント M_{pl} を杭の全塑性曲げ耐力 M_p で除した値である。遠心載荷実験結果として，杭頭補強部なしの試験体（Case 3-1~Case 3-3，Case 3-6，Case 3-8~Case 1-12，Case 4-1~Case 4-4）を掲載している。実験結果の評価においては，杭の作用軸力 N には(6.4.4)式による上部構造物の自重および変動軸力の和 N_{bp} と基礎部の自重（$m_2g/4$）を合わせた総和 N_{pl}，杭の作用曲げモーメント M_{pl} には図 6.4.2 の曲げモーメントー曲げひずみ関係を用いて杭曲げひずみより算定した値を適用している。

液状化地盤の水平変形拘束効果を考慮した杭の

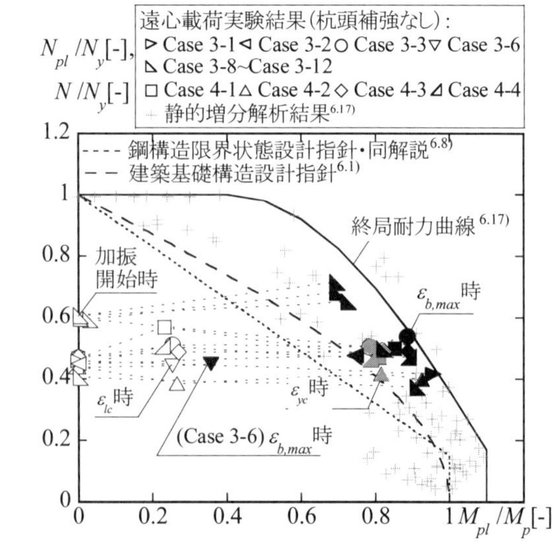

図 6.4.12 遠心載荷実験による液状化地盤における鋼管杭の作用圧縮軸力及び作用曲げモーメントの関係

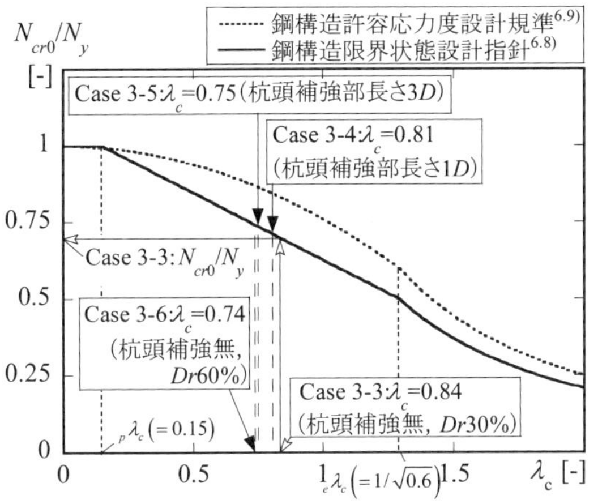

図 6. 4. 13 遠心載荷実験試験体の液状化地盤における鋼管杭の弾塑性曲げ座屈応力度

弾塑性曲げ座屈耐力 N_{cr0} について，6.2 節では(6.2.27)式の修正一般化細長比λ_c を用いることで，曲げ座屈耐力の下限値として鋼構造限界状態設計指針 6.8)の設計式を準用できることが示されている。これを踏まえ，杭の曲げ座屈耐力を安全側に評価するために，文献 6.10)，6.16)では鋼構造限界状態設計指針 6.8)の座屈曲線(6.2.29)式で算出される曲げ座屈耐力 N_{cr0} を採用している。実験結果の評価において，(6.2.27)式の修正一般化細長比λ_c を算定する際の水平地盤ばね定数 K_c は，前節と同様の手法で算定している。なお，地震時に液状化地盤は杭に対して水平抵抗として作用する場合と，水平荷重として作用する場合があるが，文献 6.10)の遠心載荷実験では，液状化後から終局時（$\varepsilon_{b,max}$ 時）までの範囲で，地盤変位 u_g と杭変位 u_f の関係が$|u_g|<|u_f|$かつ同位相（$u_g \times u_f > 0$）となることを確認している。そのため，文献 6.10)の知見を踏まえ，終局時（$\varepsilon_{b,max}$ 時）にかけて地盤反力は杭に対して抵抗側に作用すると考えている。以上により求められる Case 3-3~Case 3-6 の修正一般化細長比λ_c と設計指針 6.8)・設計規準 6.9)の座屈曲線の関係を図 6.4.13 に示す。杭の一般化細長比λ_c は 0.74~0.84 付近にあり，非弾性座屈範囲となっている。

図 6.4.12 では，遠心載荷実験結果に基づく地盤液状化後の作用圧縮軸力と作用曲げモーメントの代表的な履歴を細点線で示している。白プロットは加振開始時およびε_{lc} 到達時，灰色プロットはε_{yc} 到達時，黒プロットは終局時（$\varepsilon_{b,max}$ 時）の M-N 相関関係を示す。なお，加振により終局状態とならなかった Case 3-6 については，参考として最大曲げひずみ時（$\varepsilon_{b,max}$ 時）の結果を示す。また，＋は文献 6.17)の弾塑性大変形解析における杭の最大耐力を示す。

図 6.4.12 中の黒点線および黒破線は，鋼構造限界状態設計指針 6.8)および建築基礎構造設計指針 6.1)の M-N 設計耐力曲線であり，黒実線は文献 6.17)の終局耐力曲線である。文献 6.17)では，液状化地盤における鋼管杭の終局耐力を評価する際に，杭の曲げ座屈を考慮し，鋼構造限界状態設計指針 6.8)および建築基礎構造設計指針 6.1)の M-N 設計耐力曲線式中の N_y に，(6.2.29)式で求められる N_{cr0} を適用している。以下にこれらの耐力式を示す。

・鋼構造限界状態設計指針 6.8)：

$$\frac{M}{M_p} \le 1.0 \qquad \left(\frac{N}{N_{cr0}} \le 0.2\right) \tag{6.4.7a}$$

$$\frac{N}{N_{cr0}} + 0.80\frac{M}{M_p} \le 1.0 \qquad \left(0.2 < \frac{N}{N_{cr0}}\right) \tag{6.4.7b}$$

・建築基礎構造設計指針 6.1)：

$$\frac{M}{M_p} = \cos\left(\frac{\pi N}{2N_{cr0}}\right) \tag{6.4.8}$$

・文献 6.17)の終局耐力曲線（非弾性地盤）：

$$\frac{N}{N_{cr0}} = \cos\left[2\left(\frac{M}{M_p} - 0.4\right)\right] \qquad \left(0.4 < \frac{M}{M_p} \le 1.1\right) \tag{6.4.9a}$$

$$\frac{N}{N_{cr0}} = 1.0 \qquad \left(\frac{M}{M_p} \le 0.4\right) \tag{6.4.9b}$$

図 6.4.12 の M-N 相関関係より，終局耐力曲線は文献 6.17)の数値解析の最大耐力の上限となっている。一方，遠心載荷実験結果について，ε_{yc} 到達時の耐力は鋼構造限界状態設計指針 6.8)の M-N 設計耐力線を超える。また終局時（$\varepsilon_{b,max}$ 時）の耐力は，ひずみ硬化により建築基礎構造設計指針 6.1)の M-N 設計耐力曲線を超えて，文献 6.17)の終局耐力曲線上に分布している。

以上の結果より，文献 6.10)，6.16)および文献 6.17)では，液状化地盤において軸力と水平力を受ける杭の終局耐力は，6.2 節の修正一般化細長比λ_c を適用した鋼構造限界状態設計指針 6.8)の弾塑性曲げ座屈耐力 N_{cr0} で杭の作用圧縮軸力を無次元化することで，建築基礎構造設計指針 6.1)の M-N 設計耐力曲線により，杭の終局耐力を概ね安全側に評価でき，文献 6.17)の終局耐力曲線により耐力を概ね捉えられるという知見が得られている。

次に，文献 6.12)による，杭頭補強杭を対象とした鋼管杭の終局耐力評価について示す。

図 6.4.14 に，杭頭補強なしの場合（Case 3-3, Case 3-6），杭頭補強部を有する場合（Case 3-4~Case 3-5，Case 3-7）の作用曲げモーメントと杭の作用軸力の関係を示す。図 6.4.14 の横軸は，各履歴における鋼管部の作用曲げモーメント $M_{pl,s}$ を，鋼管部の全塑性モーメント ${}_sM_p$ で除したものである。作用曲げモーメント $M_{pl,s}$ には，各試験体の最大曲げひずみ位置（杭頭補強なしの場合 i=1，杭頭補強部ありの場合 i=2）での作用曲げモーメントを適用している。加振後に終局状態となった Case 3-3~Case 3-5 について，黒プロットは終局時（$\varepsilon_{b,max}$ 時）の結果を示す。また杭頭補強杭を対象とした Case 3-4, Case 3-5 について，終局時（非補強部上端が最大曲げひずみ $\varepsilon_{b,max}$ となるとき（$\varepsilon_{b,max}$ 時））の，杭頭部（i=1）の作用曲げモーメント $M_{pl,f}$ を中詰部材充填部の全塑性モーメント ${}_fM_p$ で除した値を，灰色プロットで示す。なお ${}_fM_p$ は，鋼管部の全塑性モーメント ${}_sM_p$ と中詰部材の全塑性モーメント ${}_aM_p$ を累加した値である。具体的には次式により算定している。

$${}_fM_p = {}_sM_p + {}_aM_p \tag{6.4.10a}$$

$${}_sM_p = {}_s\sigma_y \cdot {}_sZ_p \tag{6.4.10b}$$

$${}_aM_p = {}_a\sigma_y \cdot {}_aZ_p \tag{6.4.10c}$$

ここで，${}_s\sigma_y$：鋼管の降伏応力度，${}_sZ_p$：鋼管（円形中空断面）の塑性断面係数，${}_a\sigma_y$：中詰部材の降伏応力度，${}_aZ_p$：中詰部材（円形中実断面）の塑性断面係数である。

×および＋は，文献 6.12)の杭頭補強杭を対象とした弾塑性大変形解析結果であり，杭最大耐力時における杭頭部，および非補強部上端の M-N 相関関係を示す。なお，文献 6.12)の数値解析では，6.2 節の仮定 1)，3)~4)，6)~13)と本節の仮定 14)，15)が適用されており，パラメータは遠心載荷実験を再現するものとして杭頭補強部長さ 0~3D，軸力比 N/N_y=0.1~0.5，材端支持条件を杭頭固定ローラー－下端固定とし，水平地盤ばね定数を Dr=30，60%相当のものとしている。

図 6.4.14 より，Case 3-3~Case 3-5 の最大曲げひずみ位置（杭頭補強なしの場合 i=1，杭頭補強部ありの場合 i=2）での終局時（$\varepsilon_{b,max}$ 時）の耐力，および数値解析の非補強部上端の最大耐力は，建築基礎構造設計指針 6.1)の M-N 設計耐力曲線を超えて，文献 6.17)の終局耐力曲線上に分布している。

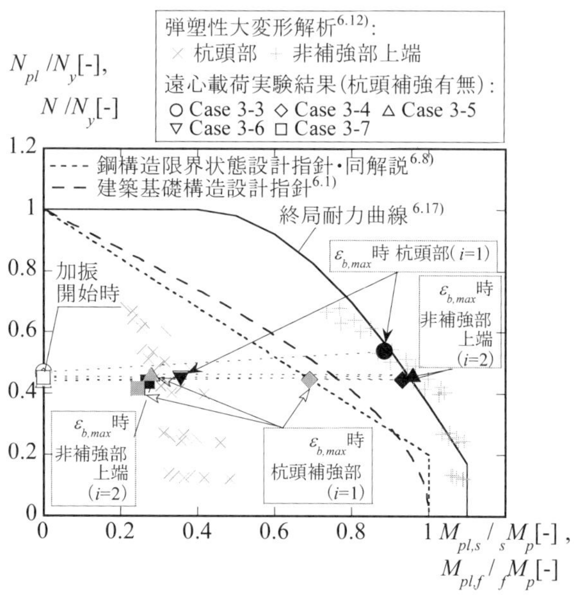

図 6.4.14 終局時の杭頭補強杭の作用圧縮軸力及び作用曲げモーメントの関係と設計指針の M-N 設計耐力曲線の比較

一方，杭頭補強杭を対象とした Case 3-4，Case 3-5 について，終局時（$\varepsilon_{b,max}$ 時）の杭頭部（i=1）の作用曲げモーメントと全塑性モーメントの比（$M_{pl,f}$ / ${}_fM_p$）は，Case 3-4 で $M_{pl,f}$ / ${}_fM_p$ =0.69，Case 3-5 で 0.28 程度に留まり，建築基礎構造設計指針 6.1)の M-N 設計耐力曲線の内側に分布する。杭頭補強杭の場合は，杭頭補強部の作用曲げモーメントが非補強部上端よりも大きくなるものの，補強部の断面性能はさらに大きいため，終局時においては杭頭よりも先に非補強部上端が全塑性モーメントに達したものといえる。例えば Case 3-4 では，補強部の杭頭作用曲げモーメントは非補強部上端の 2.68 倍となる一方で，全塑性モーメントは非補強部の 3.62 倍であることから，最大曲げひずみ時においても補強部は全塑性モーメント以下となる。

以上より文献 6.12)では，液状化地盤において軸力と水平力を受ける杭頭補強鋼管杭の終局耐力は，6.2 節の修正一般化細長比 λ_c を適用した鋼構造限界状態設計指針 6.8)の曲げ座屈耐力 N_{cr0} で杭の作用圧縮軸力を無次元化することで，杭頭補強部がない場合と同様に，建築基礎構造設計指針 6.1)の M-N 設計耐力曲線により杭の終局耐力を概ね安全側に評価でき，文献 6.17)の終局耐力曲線により耐力を概ね捉えられるという知見が得られている。

6.5 おわりに

本章では，縮小模型試験体を用いた遠心載荷実験により，液状化地盤における鋼管杭が上部構造物の自重および地震時の転倒モーメントにより曲げ座屈を生じる可能性を示すとともに，エネルギー法による曲げ座屈耐力評価法を紹介した。さらに，液状化地盤における鋼管杭の曲げ座屈耐力を考慮した，軸力と曲げを受ける杭の終局耐力評価法についても言及した。

6.2 節では，鋼管杭の液状化地盤における弾性曲げ座屈荷重の算定方法と，設計指針・設計規準の座屈曲線を用いた弾塑性曲げ座屈耐力評価法を紹介した。以下に，6.2 節のまとめを示す。

1) エネルギー法および弾性固有値解析より，液状化地盤において鉛直荷重を受ける鋼管杭，杭頭補強鋼管杭の弾性曲げ座屈荷重式を示した。
2) 鋼管杭および杭頭補強鋼管杭の曲げ座屈耐力は，液状化地盤による杭の水平変形拘束効果を考慮した修正一般化細長比により，鋼構造許容応力度設計規準 6.9)の座屈曲線により捉えられ，鋼構造限界状態設計指針 6.8)の座屈曲線により概ね安全側に評価できることを示した。
3) 杭頭補強部鋼管杭の場合，補強なしの場合よりも座屈耐力が上昇することを示した。本節では実際に施工される杭頭補強部の最大長さ（=3*D*）までを対象とした弾塑性大変形解析により，杭頭補強部による曲げ座屈耐力上昇率が最大 12%程度見込めることを示した。

6.3 節では，基礎部の水平変位を固定した上部構造物・杭基礎－液状化地盤系の遠心載荷実験により，上部構造物の自重および転倒モーメントによる変動圧縮軸力のみを受ける鋼管杭が，液状化地盤において曲げ座屈するときの挙動と耐力を明らかにした。以下に 6.3 節のまとめを示す。

4) 地震時の地盤の液状化により，地盤による杭の水平変形拘束効果が低下する場合，上部構造物の自重および転倒モーメントによる変動軸力が作用することで，杭の曲げひずみが急激に増加し，杭が曲げ座屈が生じることを示した。
5) 液状化地盤における鋼管杭および杭頭補強杭の曲げ座屈耐力は，地盤水平剛性を考慮した杭の修正一般化細長比を用いて，設計規準 6.9)の座屈曲線により捉えられることを示した。さらに杭頭補強杭の場合，補強なしの場合よりも座屈耐力が上昇し，本節の実験試験体の範囲では最大 4%程度上昇することを確認した。

6.4 節では，文献 6.10)，6.12)，6.16)の遠心載荷実験結果を基に，軸力と水平力を受ける鋼管杭が液状化地盤において終局状態となるまでの挙動を示した。また，文献 6.17)で提案された鋼管杭の終局耐力評価法を紹介した。以下に 6.4 節のまとめを示す。

6) 変動軸力と水平力を同時に受ける鋼管杭を対象とした遠心載荷実験により，地盤液状化後，杭の曲げひずみは杭頭部で最大となり，終局時には降伏ひずみを超えることを示した。一方，杭頭補強杭の場合，補強部の断面性能が高く，杭頭曲げひずみの増加が抑制されるため，非補強部上端の曲げひずみが増大して最大となることを明らかにした。
7) 液状化地盤において，変動軸力と水平力を受ける鋼管杭および杭頭補強鋼管杭の終局耐力は，鋼構造限界状態設計指針 6.8)の弾塑性曲げ座屈耐力を適用した建築基礎構造設計指針 6.1)の M-N 設計耐力曲線により，概ね安全側に捉えられ，文献 6.17)の終局耐力曲線が上限となることを示した。

参考文献

6.1) 日本建築学会：建築基礎構造設計指針，2019.11
6.2) 建設省建築研究所：平成 7 年兵庫県南部地震被害調査報告書，1996.3
6.3) 日本建築学会災害委員会：2011 年東北地方太平洋沖地震災害調査，2011.8
6.4) 木村祥裕，時松孝次：液状化地盤において鉛直荷重を受ける鋼管単杭の曲げ座屈応力度，日本建築学会構造系論文集，第 595 号，pp. 77-78，2005.9
6.5) 木村祥裕，時松孝次：液状化地盤において杭頭水平

変位を伴う鋼管杭の曲げ座屈応力度，日本建築学会構造系論文報告集，第617号，pp. 169-175, 2007.11
6.6) 木村祥裕，時松孝次：液状化地盤において杭頭回転拘束を受ける鋼管杭の曲げ座屈応力度，日本建築学会構造系論文集，第 74 巻，第 638 号，pp. 721-730，2009.4
6.7) Boulanger, R, Kutter, B, Brandenberg, S, Singh, P, Chang, D. (2003) Pile foundations in liquefied and laterally spreading ground during earthquakes: Centrifuge experiments & analyses, Report No. UCD/CGM-03/01, University of California at Davis.
6.8) 日本建築学会：鋼構造限界状態設計指針・同解説，2010.2
6.9) 日本建築学会：鋼構造許容応力度設計規準，2019
6.10) 木村祥裕，的場萌子，田村修次：塔状比の大きい上部構造物・杭基礎－地盤系の遠心載荷実験に基づく液状化地盤における鋼管杭の終局メカニズム，日本建築学会構造系論文集，第 86 巻，第 779 号，2021.1
6.11) 木村祥裕，小河利行，佐伯英一郎：製造方法の異なる冷間成形鋼管の局部座屈挙動，鋼構造論文集，第 8 巻，第 29 号，pp. 27-34，2001.3
6.12) 木村祥裕，的場萌子，後藤天志郎，田村修次：遠心載荷実験装置を用いた上屋・杭基礎-地盤系における液状化地盤の杭頭補強鋼管杭の終局耐力評価，日本建築学会構造系論文集，第 82 巻，第 738 号，pp. 1221-1231，2017.8
6.13) 木村祥裕，岸野泰典，田村修次：遠心載荷装置を用いた上屋・杭基礎－液状化地盤系における中空円形断面杭の曲げ座屈実験，日本建築学会構造系論文集，第 80 巻，第 717 号，pp. 1707-1716，2015.11
6.14) 田村修次，肥田剛典：地震時土圧と側面摩擦力を考慮した応答変位法による杭応力評価，日本建築学会構造系論文集，第 76 巻，第 670 号，pp. 2115-2121，2011.12
6.15) Tokimatsu, K. and Yoshimi, Y.: Empirical Correlation of Soil Liquefaction based on SPT N-value and Fines Content, Soils and Foundation, Japanese Society of Soil Mechanics and Foundation Engineering, Vol. 23, No. 4, pp. 56-74, 1983.12
6.16) 木村祥裕，後藤天志郎，的場萌子，田村修次：遠心載荷装置を用いた上屋・杭基礎－地盤系における液状化地盤下の鋼管杭の動的メカニズムと終局耐力，日本建築学会構造系論文集，第 81 巻，第 730 号，pp. 2079-2089，2016.12
6.17) 木村祥裕，時松孝次：液状化地盤において一定軸力及び水平力を受ける鋼管杭の最大耐力と終局曲げモーメント，日本建築学会構造系論文集，第77巻，第 675 号，pp. 775-781，2012.5
6.18) 安達直人，鈴木康嗣，三浦賢治：振動台実験による杭の地盤反力と液状化地盤応答の関係，日本建築学会構造系論文集，第 578 号，pp. 75-82，2004.4

鋼構造物の座屈に関する諸問題 2022

2022年11月25日　第1版第1刷

編　集
著作人　一般社団法人　日本建築学会

印刷所　昭和情報プロセス株式会社

発行所　一般社団法人　日本建築学会
108-8414　東京都港区芝 5－26－20
電　話・(03) 3456－2051
FAX・(03) 3456－2058
http://www.aij.or.jp/

発売所　丸善出版株式会社
101-0051　東京都千代田区神田神保町 2-17
神田神保町ビル
電　話・(03) 3512－3256

ISBN978-4-8189-0670-9　C3052